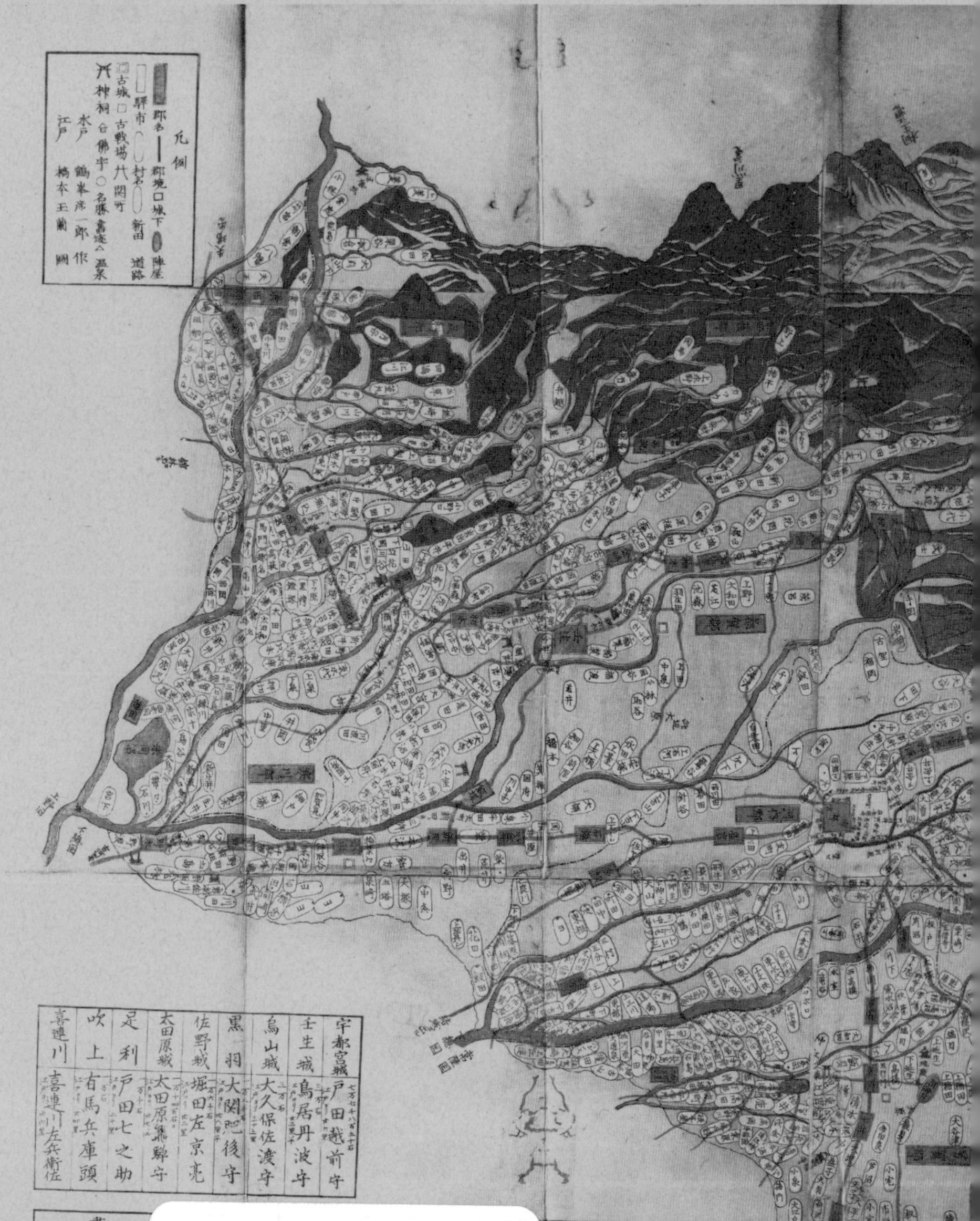

下野国全図野州九郡（栃木県立博物館所蔵）地図は右が北、上が西となるよう配置されている。

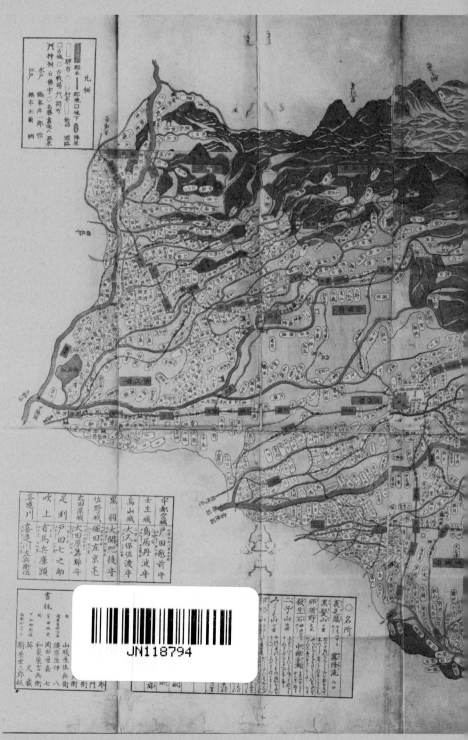

大学的栃木ガイド
——こだわりの歩き方

松村啓子・鈴木富之・西山弘泰・丹羽孝仁・渡邊瑛季 編

昭和堂

口絵1　カネホン採石場（2020年5月撮影　写真提供：渡邊瑛季）

口絵2　カトリック松が峰教会（2022年10月撮影　写真提供：渡邊瑛季）

口絵3　那須疏水（2022年10月撮影　写真提供：松村啓子）

口絵4　土上平《どじょうだいら》放牧場における乳牛の放牧（2022年9月撮影　写真提供：塩谷南那須農業振興事務所）

口絵5　しもつかれ（出典：農林水産省Webサイト）

口絵6　鮎のくされずし（写真提供：宇都宮市教育委員会事務局文化課）

口絵7　渡良瀬遊水地空撮写真（2019年1月撮影　出典：国土交通省関東地方整備局Webサイト）

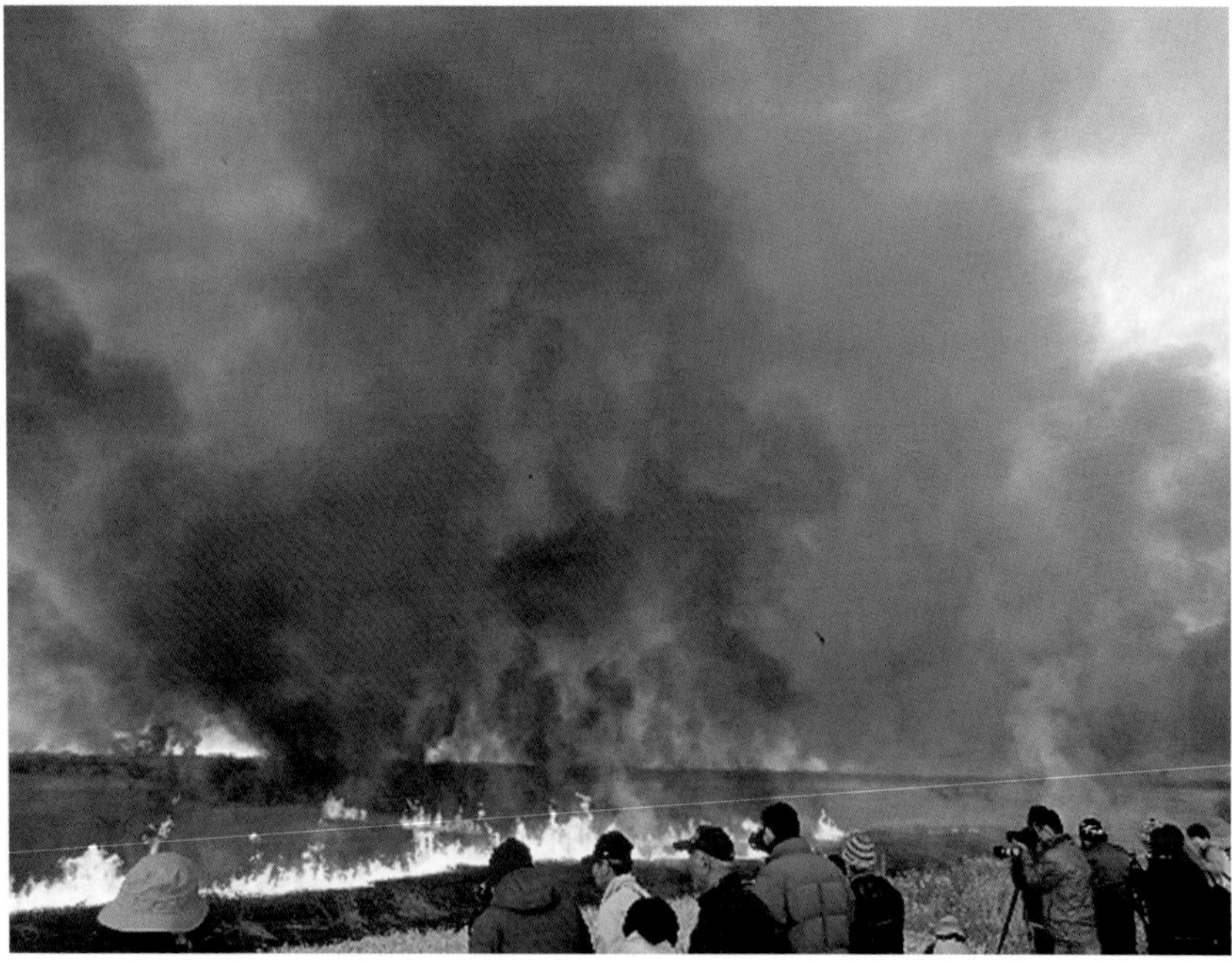

口絵8　渡良瀬遊水地のヨシ焼き（2019年3月撮影　写真提供：森田裕一）

はじめに

ようこそ、『大学的栃木ガイド』へ。本書を手に取っていただき、ありがとうございます。『大学的栃木ガイド』は、読者に栃木県について深く知ってもらうために、選りすぐりのトピックを紹介し、それぞれのゆかりの地へといざなうことを目的としています。観光ガイドブックとは異なり、研究や課外活動のために、栃木のことをもっと知ろうとする県内外の大学生、地元を題材にした大学での学びを先取りしたい高校生、歴史探訪や街歩きを趣味とする一般の方々、栃木の変化に関心を寄せる県外在住の出身者や元居住者の方々などを読者層として想定しています。

日ごろ大学生と接する編者は、「栃木県のさまざまな側面に関心を持ち、それらの魅力を語れるようになってほしい」、「もっと出身県に誇りを持ってほしい」と感じています。東京都心まで新幹線で一時間足らずという恵まれた交通条件のもと、都市の利便性と、農山村の物質的・文化的な豊かさを享受できる栃木は、総じて暮らしやすい土地です。首都圏在住者からは、気軽に訪問できる日帰り観光地、東北地方在住者からは、東京にアクセスしやすい程よく栄えた地域、と捉えられています。しかし、さらに遠方の人々にとってはどうでしょう。「いちご」をのぞき、栃木のパブリックイメージはあいまいで、世界遺産を擁する国際観光都市・日光ですら、栃木県にあることは十分に認知されていません。このような、栃木を知らない他者に、地元の魅力について自信を持って語ることができるようになるには、時間はかかりますが、観光地を含む県内各所を自分の足で歩き、五感で感じとる経験を重ねることが大切です。その時の道案内として携行してほしいのが、本書です。

新型コロナウイルス感染症ＣＯＶＩＤ-19の終息はまだ見通せないものの、二〇二二年現在、各大学では感染リスクを抑えつつ、地域に赴いて現地の方々と交流し、協働する実践型の授業を再開しています。コロナ禍での行動制限を経て、私たちは地域のリアルに触れることがどれほど尊い経験であるかを痛感しました。本書が、地域を学ぶ大学生のみならず、栃木という未知の「世間」に一歩を踏み出そうとする、社会人や移住希望者の方々の背中をそっと押す存在になればと願います。

さて、『大学的栃木ガイド』は三部構成となっています。

第一部「いしずえを照らす」では、県土の自然的・歴史的な基盤に光を当てます。激しさと穏やかさを併せ持つ栃木の自然環境や、山のランドスケープをじっくりと紹介したのち、時代を冷静に見据え、模索しながら新天地を切り開いてきた為政者、地域リーダー、庶民の足跡を、さまざまな角度から浮かび上がらせます。「県民性にこれという特徴がない」と揶揄されてきた栃木人の底力を垣間見ることでしょう。

第二部「いろどりを映す」には、「栃木らしさ」を構成する事象をちりばめました。生産量や購入金額のランキングが常に注目されるいちごと餃子をはじめ、ものづくり県としての素顔、県名のルーツである蔵の街、他県に比類のない大谷石《おおやいし》文化や移動型の野外歌舞伎、むらづくり活動、ソウルフードなど、盛りだくさんです。切ない思い出を夕景とともに歌いあげる、あのご当地ソングも登場します。

第三部「しるべを刻む」では、少子高齢化と人口減少という地方共通の課題を、中心市街地活性化、交通、農村観光、防災などの現在進行形のプロジェクトを通して読み解いていきます。財政支出や環境負荷を抑えながら人々の暮らしを守り、生き心地のよいコミュニティを維持するには、どうすればよいか。コロナ禍によるライフスタイルの変化は、地方のビジネスチャンスになりえるか。こういった難問に県内で先駆的に取り組んでいる好事例が紹介されます。読者は、今日起こりつつある変化の目撃者です。願わくは地域の人々とことばを交わし、彼らの試行錯誤の歩みを、未来への道標《みちしるべ》として記録してほしいというメッセージを、第三部のタイトルに込めました。

『大学的栃木ガイド』の執筆陣は、「大学的地域ガイド」シリーズの既刊本とはやや趣を異にしています。特定の大学に閉じることなく、栃木をフィールドに精力的に研究を続けている県内外の大学教員、博物館や自治体シンクタンクの研究者の方々に加わっていただきました。多彩な執筆者を得て「オールとちぎ」を実現できたことが、本書最大の特徴であると言えるかもしれません。そして、県内二五市町のうち、本文とコラムのトピックに取り上げたのは一五市町（見返し裏の地図を参照ください）ですが、第一部の近世下野《しもつけの》国《くに》の記述では、現在の大田原市、さくら市、茂木町、上三川町も登場します。編者五名はいずれも地理学を専門とするため、地名のふりがな、地図、写真、図表の読み取りやすさには特に注意を払ったつもりですが、不十分な点がありましたら、ご寛恕いただければ幸いです。紙幅の関係で、麻、かんぴょう、益子焼《ましこやき》、日光の社寺など、栃木を語る重要なキーワードのいくつかはテーマに取り込むことが叶いませんでしたが、将来その機会が巡ってくるとしたら、続編に期待したいと思います。

本書の刊行にあたっては、科学研究費補助金 基盤研究（C）「畜産クラスターによる知識・技術移転と地域レジリエンスに関する研究」（研究代表者　松村啓子）、および同若手研究「人口減少社会下の首都圏外縁部における観光地域の衰退とその再生戦略に関する研究」（研究代表者　鈴木富之）の一部を使用しました。

最後になりましたが、不慣れな編者たちをやさしく勇気づけ、豊富なご経験に基づく強力なアシストで、企画から刊行までの一年あまりを伴走くださった、（株）昭和堂の大石泉様に心より感謝申し上げます。大石様、そして期限内の原稿提出に協力くださった執筆者の方々のおかげで、本書を世に送り出すことができる幸運をしみじみと感じています。

編者を代表して　　松村啓子

第1部

いしずえを照らす——とちぎの自然と歴史

栃木県の地形と気候

瀧本家康

はじめに

二〇一四（平成二六）年の栃木県の調査によれば、(1) 栃木県のイメージとして「災害が少ない」「自然環境に恵まれている」が五〇％以上を占めている。

栃木県は日本最大の関東平野の北側に位置し、茨城県、群馬県とともに北関東三県を成している。したがって県内の多くの地域は平野の一部を成しているが、南関東の他都県とは異なり、栃木県は標高一〇m程度の県南から県内最高峰の日光白根《しらね》山（二五七八m）まで、非常に標高差が大きいのが特徴でもある。また、県内には四つの活火山があり、「那須《なす》岳」、「日光白根山」、「高原《たかはら》山」に加え、二〇一七年に「男体《なんたい》山」が国内一一一番目の活火山に認定されたことは記憶にも新しい。

県内はこのような平野と火山による地形とともに、鬼怒《きぬ》川や那珂《なか》川などの一級河川の作用によって形成された河川地形も特徴的である。県内の平地は広い範囲で見れば関東平野

（1）「栃木県に関するイメージ調査」結果より（http://www.pref.tochigi.lg.jp/a01/houdou/documents/260422chousakekka.pdf 二〇二二年一〇月五日最終閲覧）

の北限に相当するが、山地に近いこともあり丘陵地や扇状地が発達している。特に那須野が原扇状地は四万ヘクタールの複合扇状地であり、複合扇状地としては国内最大といわれている。那珂川と箒《ほうき》川が合流する那珂川町あたりを南東側の頂点として、北東側の那須連山にむけて木の葉のような形で広がっている。

一方、このような起伏に富む地形から、県内の気候も単一ではなく、平野部から山岳部まで大きく気候が異なっている。しかし、栃木県は周囲に海がない内陸に位置していることから、いわゆる内陸気候の特色を示し、夏は暑く、冬は寒い傾向がある。

1 川がつくる県内の地形

先述のように、栃木県は平野から山地まで起伏に富んだ地形であり、大きく見れば南東から北西に向かって標高が高くなっている。

県内最高峰の日光白根山（二五七八m）から宇都宮市（一〇〇m前後）を経て、渡良瀬《わたらせ》遊水地（二〇m前後）までの地形断面図を描いてみると、その起伏の大きさが明瞭である（図1）。このような地形断面図は国土地理院の地理院地図（https://maps.gsi.go.jp/）で簡単に作成できるため、ぜひ読者も実際に作成してみてほしい。

このような起伏に富んだ県内ではあるが、大きな河川が特徴的な地形を形成している。まず山岳地域に着目すると、川の上流部には、川の侵食作用が強いために深い谷が削られてできたV字谷が形成される（図2）。

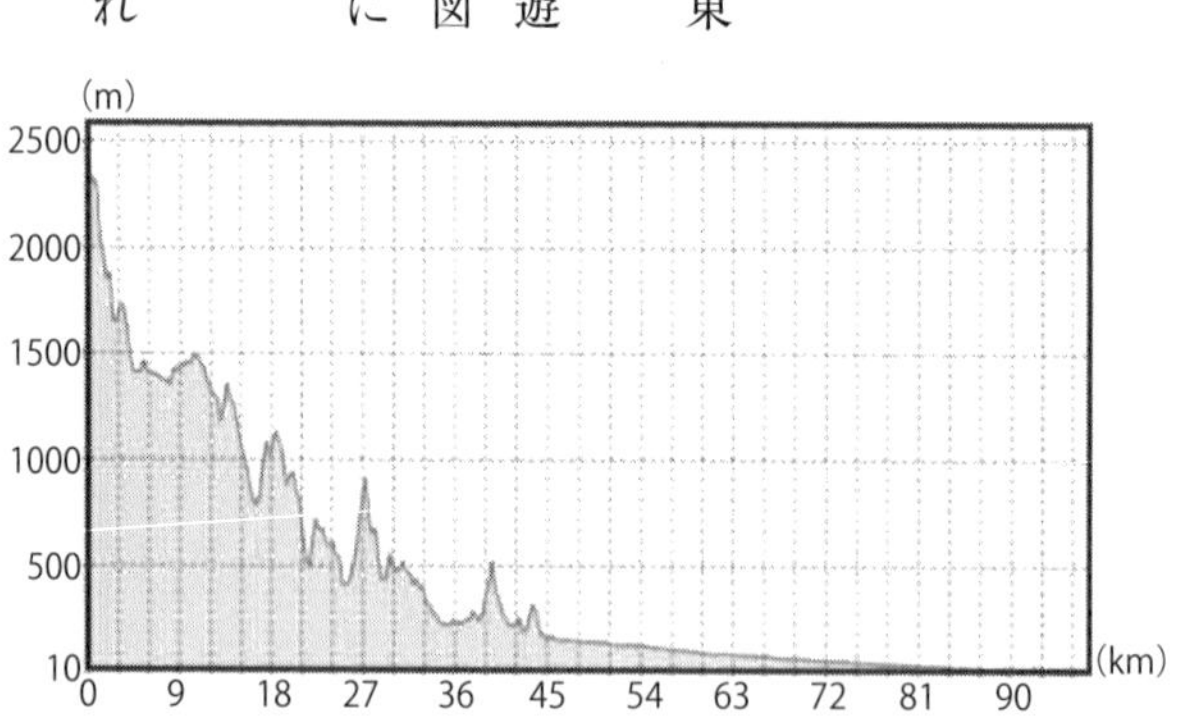

図1　白根山～宇都宮～渡良瀬遊水地までの断面図（地理院地図により筆者作成）

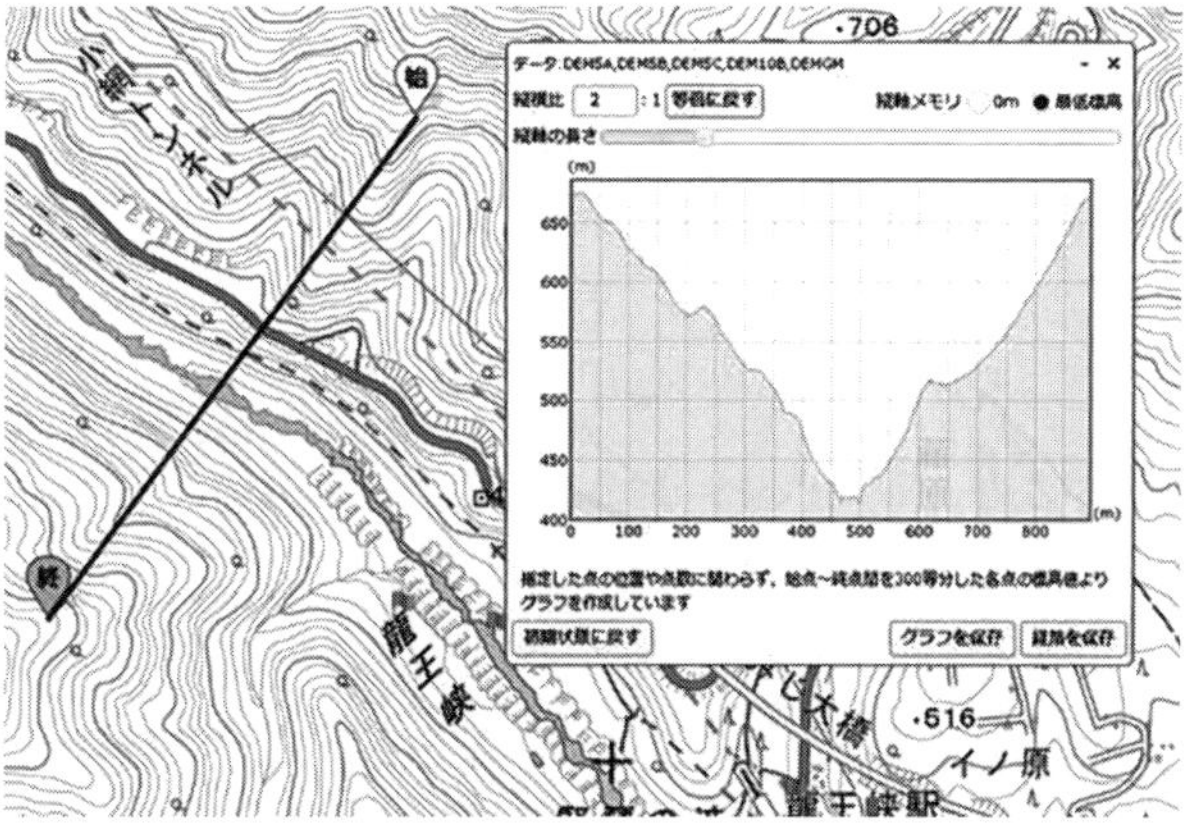

図2　龍王峡のV字谷の断面図（地理院地図により筆者作成）

龍王《りゅうおう》峡

県内では、V字谷の景勝地として鬼怒川温泉と川治《かわじ》温泉の間にある龍王峡が有名である。日光国立公園に属し、今から二二〇〇万年前に海底火山活動によって噴出した火山岩が鬼怒川の流れによって侵食され、現在のような景観になったといわれている。険しい岩盤が露出し、さながら竜が暴れまわったような形跡を残していることから「龍王峡」と名付けられたといわれている。龍王峡は岩石の種類と色によって紫竜峡、青竜峡、白竜峡と呼び名が分かれている。

鬼怒川を挟んだ両岸の地形断面図を描くと、まさに「V字」をしていることがよくわかる。その傾斜は約三〇度程度であり、この角度は多くのV字谷に共通している。このように場所が異なるV字谷であってもその傾斜の角度がほぼ一定値を示すのは傾斜角が概ね三五度を超えると斜面表層での侵食が加速し、それ以上斜面が急になるのが妨げられるからであり、その限界の角度を「安息角《あんそくかく》」と呼んでいる。これらのことから、扇状地だけでなく、自然の作用によって形成される斜面の角度の限界は三〇度程度であり、スケールの大小にはよらない。そのため、富士山の斜面や砂場で作る砂山、自宅の砂時計が作る斜面などでも同様に安息角が見られる。

那須野が原扇状地

次に、平野部に着目すると、鬼怒川や那珂川の作用によって形成された扇状地が特徴的である。扇状地は、川が山岳部の谷を抜けて平地に出ると、水の流れる速度が遅くなり、それによって流水による運搬力が弱まり、川の水に含まれていた土砂が谷の出口にたまっていくことで形成される。洪水が起こると、川はたまった土砂をよけて別の流れやすい場所を流れるようになり新しい場所に土砂を堆積していく。このようなことが繰り返されることによって、谷の出口を頂点とした扇状の地形が形成される。

複数の河川の作用によって複合してできた扇状地を複合扇状地と呼び、岩手県の胆沢《いさわ》、栃木県の那須野が原、富山県の黒部《くろべ》川、滋賀県の安曇《あど》川などが複合扇状地として有名である。

那須野が原は、県北部の那須地域に位置し、那珂川と箒川に囲まれた一帯を指す。那須連山や大佐飛《おおさび》山地山麓部から箒川と那珂川の合流部にかけて広がる標高一五〇～五〇〇mほどの緩やかに傾斜した台地で、那須野が原台地とも呼ばれている。

中央部には扇状地特有の水無《みずなし》川の熊川、蛇尾川《さびがわ》が流れている（写真1）。那須野が原の地表から三〇～五〇㎝より下部は砂礫層のため、大雨の時以外表層に流水を見ることはない。

現在那須地域は県下有数の農業地帯であるが、このような扇状地の特性から、かつては石ころだらけの荒野だった。現在でも那須地域の牧場などでは、その名残を見て取ることができる（写真2）。

こうした不毛の原野を現在のような緑豊かな農地へ変えたのは、川を横切り四方へ延び

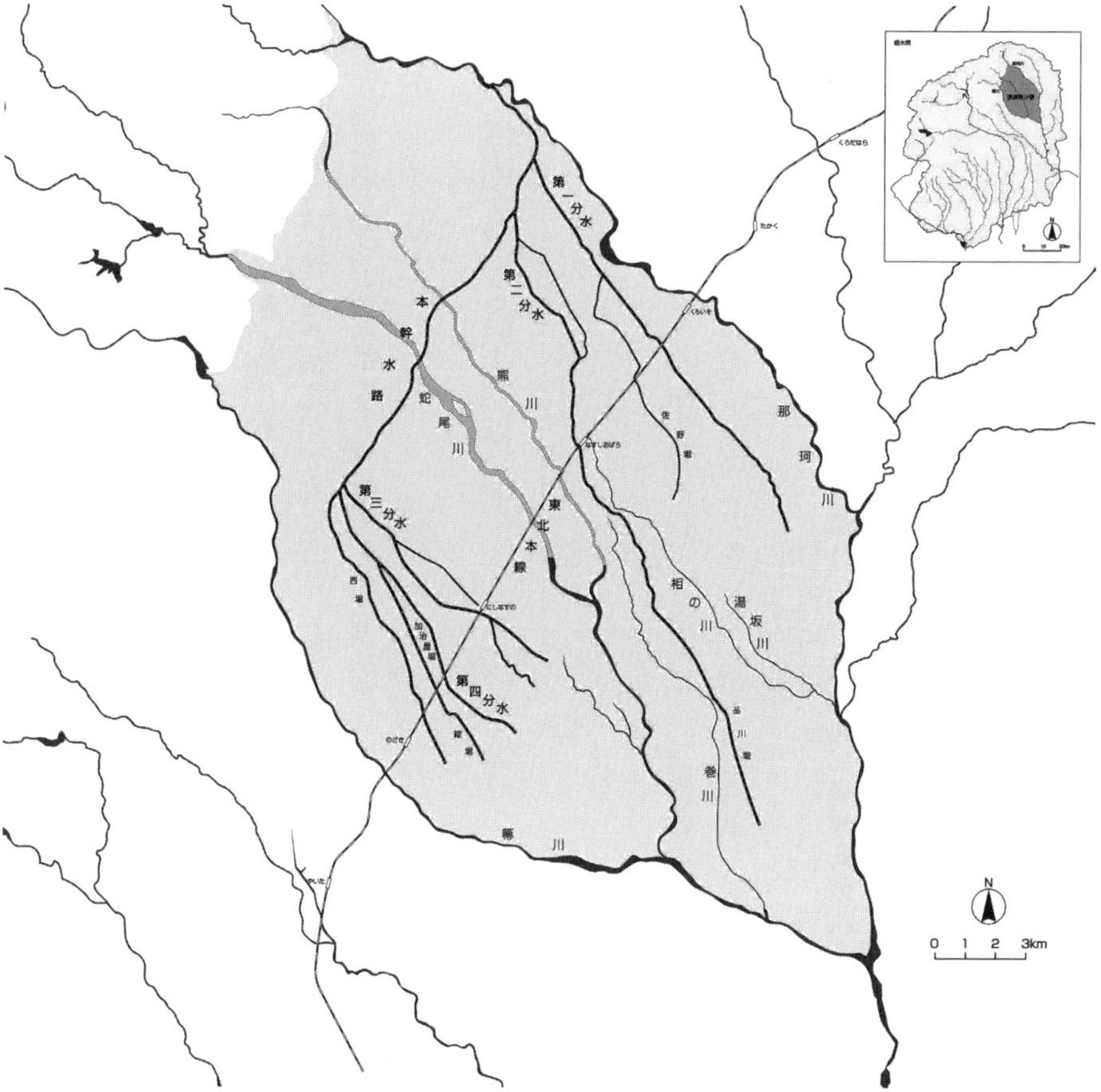

図3　那須疏水地図（図版提供：那須塩原市教育委員会）

写真2　大きな石が転がる牧場（筆者撮影、2020年3月20日）

写真1　蛇尾川のようす（筆者研究室所属学生撮影、2020年1月6日）

る「疏水」という人工水路である（図3）。

灌漑用としての那須疏水が開削されたのは明治になってからであり、県北の実業家である印南丈作《いんなみじょうさく》と矢板武による国への陳情と、殖産興業政策を背景に那須野が原に華族農場を開いた有力華族たちの後押しでようやく予算が認められた。水無川の熊川や蛇尾川は地下に伏流水が流れているが、疏水ではその下をくぐらせるように、トンネルを掘って水を通し、サイフォンの原理の応用で向こう岸に吹き出させた。こうした那須疏水の総延長は三三〇㎞におよび、福島県の安積《あさか》疏水、琵琶湖疏水に並ぶ日本三大疏水に数えられている。

2　火山がつくる県内の地形

火山の分布

県内には四つの活火山があり、それらの活動により風光明媚な地形が形成されている。日本には活火山が国土の面積に比して多いが、どこにでもできるわけではなく規則的な配列をしている。

栃木県の活火山は東日本火山帯に属し、同じ火山帯に属する火山の成因は共通している。東日本火山帯の場合は、太平洋プレートの沈み込みが原因で形成されている。

ユーラシアプレートの下に沈み込んだ太平洋プレートが一定の深さに達すると水の働きによってマグマが形成される。このマグマが地表に噴出したものが火山となる。そのため、プレートが沈み込む海溝からほぼ平行となる位置に火山が分布することとなり、この線を火山フロントと呼んでいる（図4）。

男体山と中禅寺湖

奥日光は、男体山をはじめとした火山の活動によって繊細かつダイナミックな地形がつくられている。男体山は中禅寺《ちゅうぜんじ》湖や華厳《けごん》の滝とともに県内有数の観光地にもなっており、明治時代の駐日外交官もその風景を絶賛したといわれている。そのため、明治中頃から昭和初期にかけて、中禅寺湖畔には各国の大使館をはじめ多くの外国人別荘が建てられ、国際的な避暑地としてにぎわいを見せた。

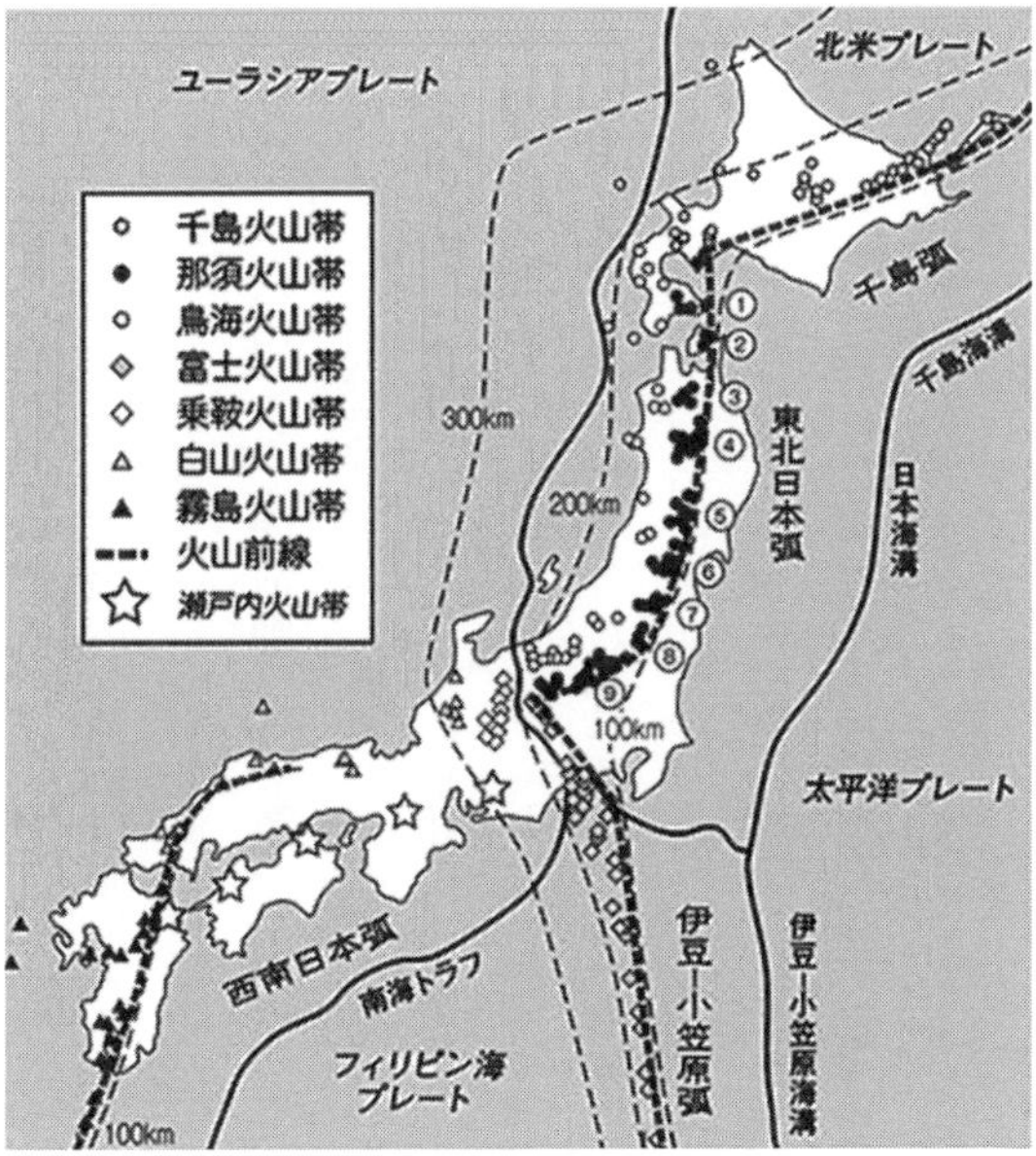

図4　日本列島の火山分布とプレートの配置（出典：巽好幸著『地球の中心で何が起こっているのか』幻冬舎、2011年）

　男体山は標高二四八六m、関東で二番目に標高の高い成層火山である。男体山の全体を見ると、円錐形の美しい山体とともに、山体斜面には「薙《なぎ》」と呼ばれる薙刀《なぎなた》でえぐったような放射状の谷が多く見られることが特徴的である。このような地形は、現在、男体山が崩壊をし続けているためであり、その構造が溶岩と火山灰や軽石の互層になっていることが原因である。火山灰や軽石は雨によって流れ出し、不安定になった硬い溶岩が崩れる、ということを繰り返して崩壊が山頂に向かっていく。

男体山の火山としての活動は、最新の噴火が約七〇〇〇年前に発生したマグマ水蒸気爆発であり、それ以降の噴火の痕跡は見られていない。

また、中禅寺湖は約二万年前に男体山から流れ出た溶岩流（華厳溶岩）が太古の大谷《だいや》川を堰き止めたことで形成された。そして、中禅寺湖を流れ出た大尻《おおじり》川（大谷川の源流部）の水が高さ九七ｍの大岸壁を一気に落下する「直下型」の華厳の滝も有名である。華厳の滝は、那智《なち》の滝、袋田《ふくろだ》の滝と並んで日本三名瀑の一つである。

中禅寺湖を堰き止めている岸壁には崩れやすい地層も含まれているため、これまでに何度も崩壊し、その度に華厳の滝の位置は移動している。華厳の滝ができた当初の位置は現在よりも八〇〇ｍほど下流にあったと考えられており、その移動速度は約〇・〇一八ｍ／年であると見積もられている。

なお、余談であるが、華厳の滝は豪快な水の落下が見ものであるが、実際にはその下流で水力発電を行っていることから、電力供給や防災の観点から滝の上流にある中禅寺ダムで水量が調節されている。また、その水量は栃木県のＨＰでもリアルタイムに確認することができる。(2)

塩原《しおばら》温泉郷

このように栃木県は男体山の属する日光火山群、高原火山群、那須火山群などの火山が

(2) 現在の華厳滝の落水量(https://www.pref.tochigi.lg.jp/h07/kegonnotaki_rakusuiryo.html 二〇二二年一〇月五日最終閲覧)

もたらす風光明媚な地形や温泉といった多くの恩恵を受けている。県内には多彩な泉質の温泉があり、六〇〇を超える源泉数を誇る。

特に、その中でも塩原温泉郷は一二〇〇年以上の歴史を持ち、湯量豊富で景観の良い温泉地として栄えている。塩原温泉郷には半径五km以内に一五〇もの源泉があり、毎分一万リットルの湯が湧いている。また、環境省が定義する療養泉の泉質一〇種類のうち六種類の泉質が揃う全国的にも珍しい温泉地である。

鹿沼土《かぬまつち》

一方、県内にある火山ではないが、隣の群馬県の五つの活火山のうちの一つである赤城《あかぎ》山からもたらされるめぐみは本県と非常に関連が深い。それが「鹿沼土」である。「鹿沼土」は、盆栽づくりや草花を育てるときに使う培養土の一つで、最も良く知られた銘柄である。「鹿沼土」とは、栃木県鹿沼市産出の軽石の総称で、赤城火山から噴出された降下軽石であること、直径数㎜から三㎝程度のやや軟質の軽石で、適度な保水性を持ち、通気性が高く、雑菌をほとんど含まないこと、吸着性があり肥料分を逃さないこと、強い酸性土であることなどの特徴があり、サツキなどのツツジ科の植物や東洋ランなどの栽培には欠かせない。

鹿沼軽石（ＫＰ）は約三万年前に赤城火山から噴出された軽石で、偏西風に乗って東へ流され、栃木県から茨城県そして太平洋まで降り注いだ。栃木県東部の益子《ましこ》町付近でも、切り割りなどに見事な鹿沼軽石層を見ることができる（写真3）。

鹿沼市から南の栃木市にかけての辺りが、厚さ一五〇㎝以上と最も厚くなっており、また平坦な台地上に安定して分布しており、採掘に最も有利である。これが鹿沼地区で鹿沼土が採取される最大の理由であると考えられる（図5）。

大谷《おおや》石

また、県内の石材としては、「大谷石」と「葛生《くずう》石灰岩」が有名である。

写真3　切り割りに現れた鹿沼軽石（KP）層・厚さは50cm 程（栃木県益子町）（『鹿沼土の話①ー採掘から製品まで』徐・須藤・高木、2019年、302頁より引用）

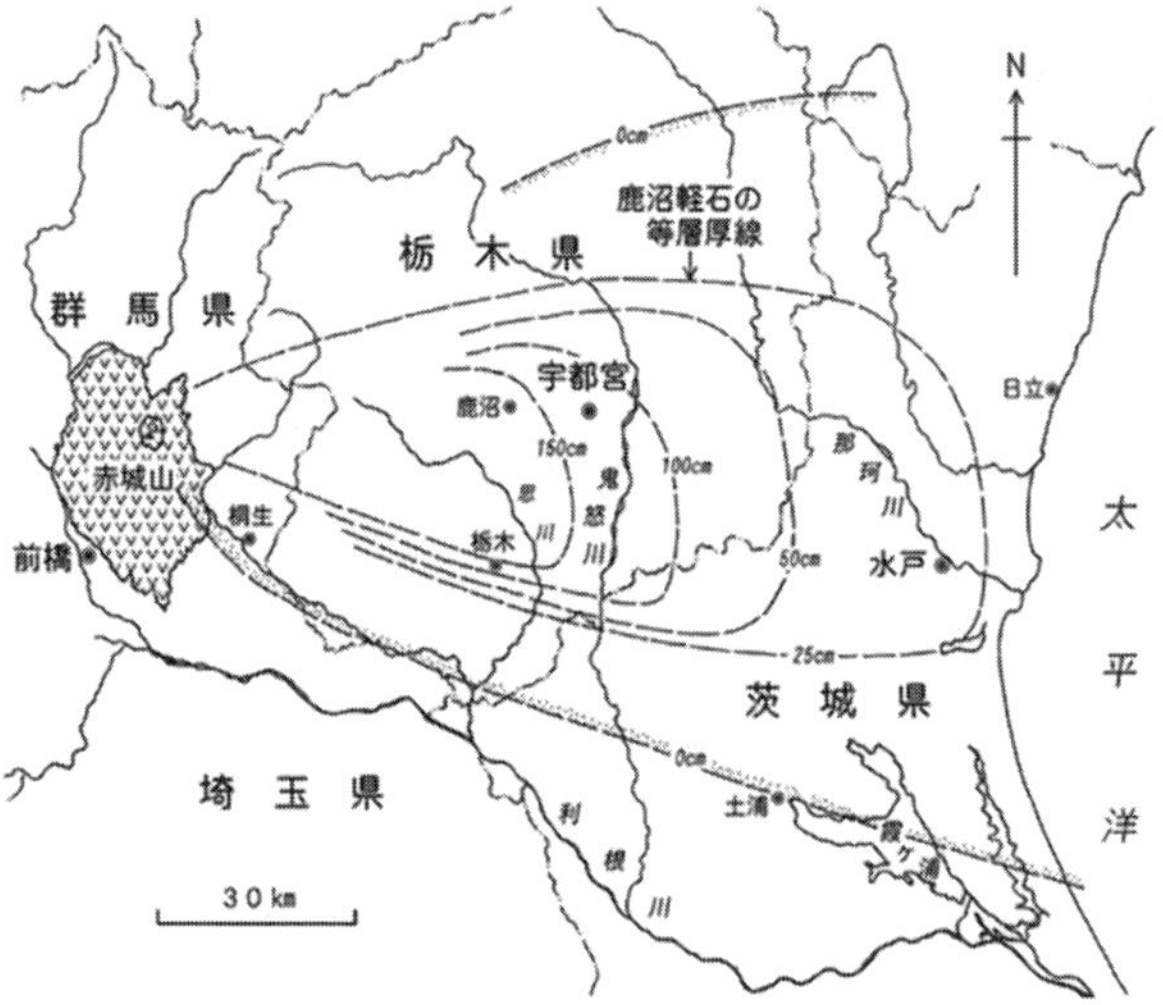

図5　赤城火山と鹿沼軽石層の分布（関東ローム研究グループ（1965）を基に作成）（『鹿沼土の話①ー採掘から製品まで』徐・須藤・高木、2019年、303頁より引用）

「大谷石」とは、宇都宮市の北西部、大谷町を中心に田下《たげ》町、田野町など、東西約四㎞、南北約六㎞に分布する凝灰岩《ぎょうかいがん》を総称したものである。凝灰岩とは火山灰が固結してできた岩石であり、日本では日本海側を中心に広く分布する新第三紀（約二三〇〇万年前から二六〇〇万年前）のグリーンタフ（緑色凝灰岩）が有名である。

大谷地区では江戸時代中期から本格的に大谷石の採掘が進められてきた。最盛期には九〇億円超を産出していたが、近年はコンクリートブロック等の台頭により四億円程度まで産出量は減少している。それに伴い、二五〇ヶ所程度あったといわれる採掘場が六ヶ所を残して廃坑となっている。

大谷石は、フランク・ロイド・ライトが来日し、旧帝国ホテル・ライト館の内外装に大谷石を使用したことでも有名である。また、このことはその産地「大谷町」にとっても衝撃的なことであった。それまで宇都宮周辺では、擁壁、石塀、石蔵等に多く使われ、都内でも擁壁、石塀、道路の排水溝程度が多く、本格的な建築は少なかった。全国の凝灰岩等の軟石は、そのほとんどが土木用の素材としてのものであり、大谷石もその傾向が強かったが、建築物としては、県内では石蔵、都内では一部教会建築に使われていた。帝国ホテルの建築を機に一気に近代建築に使われるようになる。宇都宮市内では、カトリック松が峰教会、聖ヨハネ教会、旧大谷公会堂、解体されてしまった旧県教育会館、旧宇都宮商工会議所、仲見世通りの映画館、そのほか公共建築や商業建築にも多用された。全国各地に凝灰岩等の「石の文化」が多く存在するが、「大谷石」ほど、建築の素材として関東首都圏はもとより、全国あるいは世界に普及したものはない。

栃木の大地の歴史

ところで、大谷石のようなグリーンタフは「海底」火山の活動に伴い形成されたものである。

一般的に凝灰岩も含めていわゆる地層は海底下で形成される。もちろん陸上でも火山灰などは堆積するが、岩石や地層として固化する前に風化や侵食の影響を受けてしまうからである。栃木県は「海なし」県であり、海底火山と一見結びつきはないように感じられる。そこで、この謎をひもとくもう一つの発見を紹介すると、二〇一二年三月に鬼怒川河川敷で一〇〇〇万年前のほぼ全身がそろった鯨の化石が見つかっている。このことも現在の栃木県の位置から考えるときわめて不思議である。これらの事実を説明するには、当時の栃木県は海底下にあったと考える以外にない。実際、新第三紀頃の栃木県を含めた関東平野は海底にあり、宇都宮周辺は内湾であったことがわかっている。

栃木県の大地の歴史を簡単にまとめると、過去二回、海の底に沈んでいたと考えられている。一回目は古生代末～中生代（約二・四億年前～八〇〇〇万年前）にかけての時代である。二回目が新生代中新世（約一五〇〇万～八〇〇万年前）であり、この時期には現在の足尾山地や八溝《やみぞ》山地は島となっていた。この二回目の海底で形成された地層や化石が陸化して現在見られるのである。

葛生石灰岩

県内では「大谷石」とともに、石材として佐野市の「葛生石灰岩」も有名である。「葛生といえば石灰、石灰といえば葛生」といわれるほど広く知られている。ここで産出する炭酸カルシウムを主成分とする石灰岩は、古生代ペルム紀（約二・六億年前）にはるか南の赤道付近の海底火山上にサンゴ類などの海中生物の骨や殻が長い年月かけて堆積したものがその後岩石となり、プレートの移動とともに日本にやってきたものである（図6）。

石灰岩を鉱業的に資源として取り扱う場合は鉱石名として「石灰石」と呼んでいる。日本には全国各地に石灰岩が分布しており、二〇〇以上の石灰石鉱山が稼動している。この石灰石は天然資源に乏しい日本において自給率一〇〇％を誇り、国内年間生産量は一・四億トンにのぼる。採掘の歴史は古く、一五九六年に土地の代官が葛生山中の石を焼き、粉にしたものを大名に献上したとの伝承がある。

佐野市葛生周辺の石灰岩地域は北東を上に大きくカーブした形をしている。この形はプレートに乗って運ばれてきた石灰岩の地層が日本列島に押し付けられたときに曲がったと考えられている。

佐野市では湧水が湧き出る出流《いずる》原弁天池《はらべんてんいけ》が有名であるが、ここも石灰岩の割れ目から水が湧き出たことでつくられている。

3　栃木県の気候

太平洋側気候と内陸性気候

栃木県は全般に太平洋側気候区に分類されるが、海に面していないため内陸性の気候や北部から北西部の山地は日本海側の気候の特徴も有している。

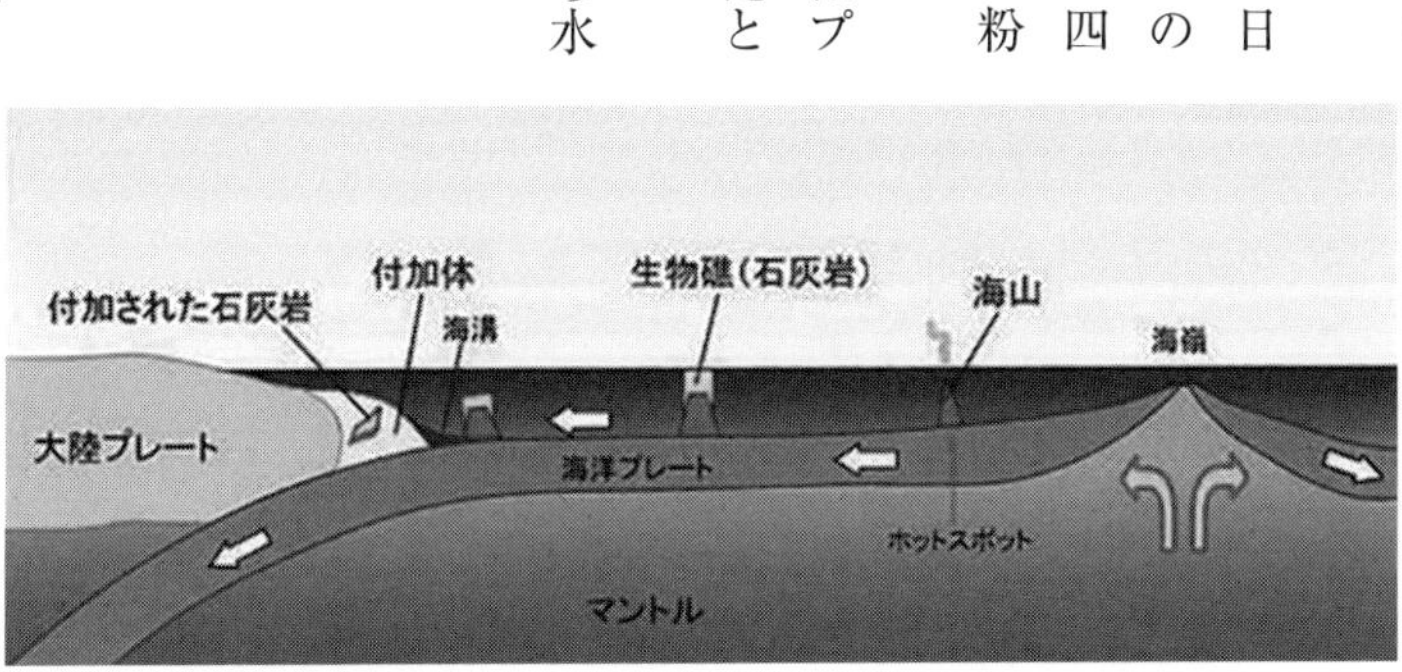

図6　石灰岩の形成過程（模式図）（出典：石灰石鉱業協会HP）

県都宇都宮市は「餃子のまち」として最近では有名であるが、この背景には、市内に駐屯していた第一四師団が中国に出兵したことで餃子を知り、帰郷後に広まったことがある。宇都宮市の夏暑く冬寒い年間の寒暖差の大きい気候の中でスタミナをつけるために餃子人気が高まったともいわれている。

栃木県の夏の暑さと冬の寒さを比較したときに、より顕著なのは冬の寒さである。宇都宮市の一月の平均気温は二・五℃で、同じ北関東の県庁所在地である水戸市（三・〇℃）や前橋市（三・五℃）よりも平均気温が低い。また、宇都宮市の冬日（一日の最低気温が〇℃未満）は年間七九・七日もあり、東北地方の仙台市（七〇・三日）や福島市（七一・六日）よりも多い。

冬は放射冷却により朝の最低気温が下がるため、一二月、一月の平地での日較差は大きく一〇℃〜一四℃となる。栃木県では冬の厳しい寒さに加え、北海道や東北地方に比べて断熱性能が低い住宅が多いことからヒートショックによる冬季の死亡リスクが全国で最も高い。[3]

栃木県の気温と降水量

しかし、県内には先述のように平野から山岳地域まで幅広い地域が存在するため、その気候の違いも大きい。

平均気温は宇都宮を含む平地で一二℃〜一五℃であるが、北部山地では七℃〜九℃となり、気温分布は標高分布にほぼ相似する（図7）。

降水量は北部山地で多く、日光では年間の降水量は二一〇〇㎜を超える。冬季は季節風の影響で北西に向かうほど降水日数は多くなる。台風が関東地方に接近した場合や、県の

（3）東京新聞二〇二一年三月二六日（https://www.tokyo-np.co.jp/article/167739）

西側を通過する場合は、水蒸気を多く含む空気が山岳部の南東斜面を強制的に上昇させられ、雨雲が発生・発達するため、日降水量が五〇〇㎜を超えることもある。また、降水量は六月から七月の梅雨期より台風や雷雨の影響を受ける八月から九月が多い。一方、冬の降水は少なく、宇都宮市の一月と二月の降水はそれぞれ三三・九㎜、四二・九㎜にすぎない。これは県北西部の山地の影響が大きく、北西の季節風が新潟県と関東地方の境界に横たわっている山岳地帯にぶつかり、風上側で大量の雪を降らせ、乾燥した冷たい空気が山地を超えて平野部に吹くからである。そのため、冬季の晴天日数も多く、宇都宮市の一月の日照時間は二〇四・八時間と全国でも有数の長さである。しかし、空気が乾燥することから火災が発生しやすくなり、栃木県は全国でも火災発生率が高

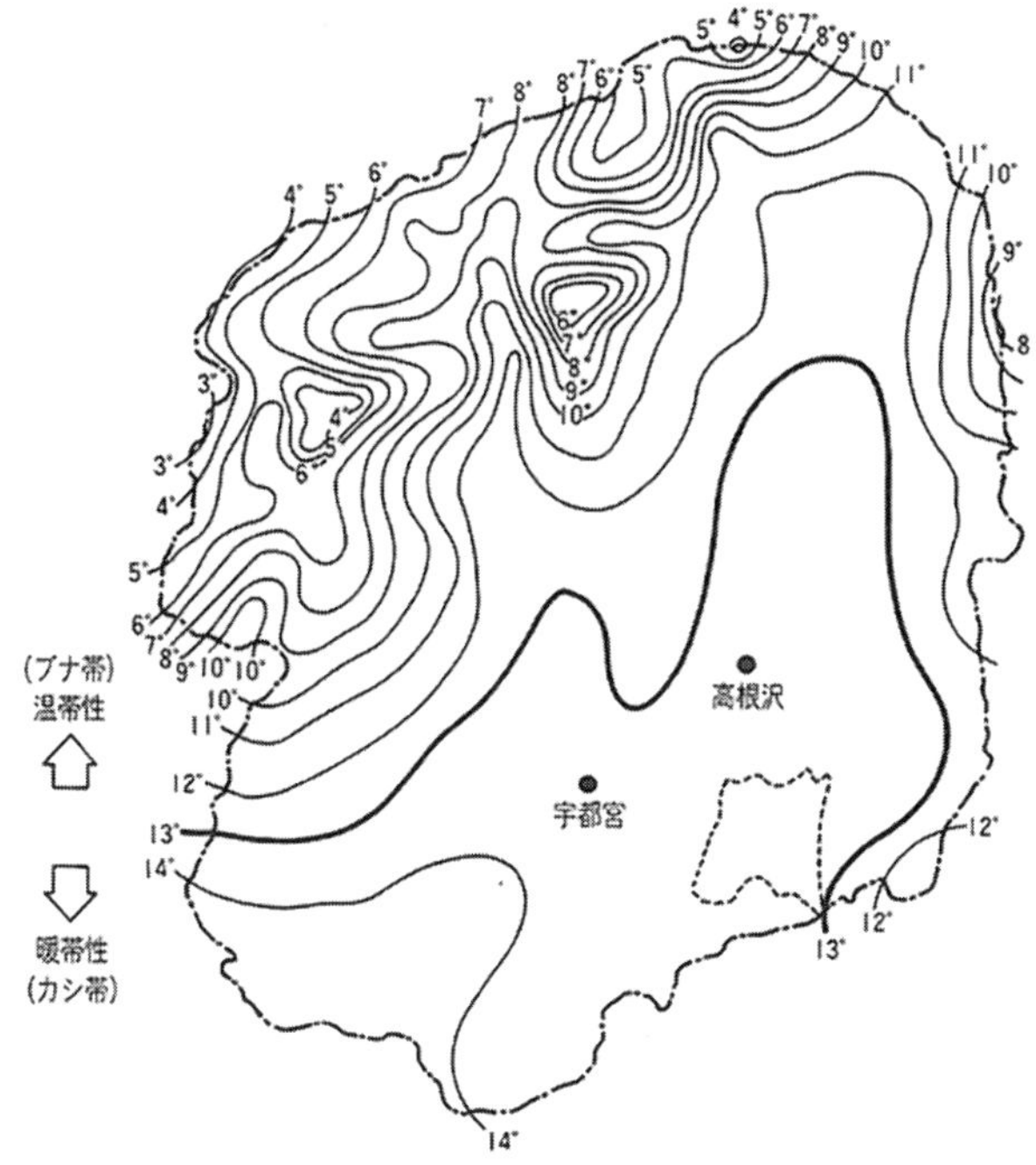

図7　栃木県の平均気温(「栃木県の気候図」より)(出典：高根沢町史　通史編I)

いといわれている。

栃木県の雷

北関東は雷がよく発生する地域としても知られており、特に夏の雷は全国でも有数の多さである。宇都宮の四月から九月の雷日数は二四・二日（平年値）で、全国の気象官署で最多となっている（図8）。そのため県都宇都宮市は「雷都」とも呼ばれている。年間雷日数の九〇％がこの時期に発生しており、春から夏にかけては頻繁に雹害が発生し、農作物に大きな被害を及ぼすほか、落雷による電力・通信の被害や、強雨による浸水等の被害も多い。北関東で雷がよく発生するのは、地形が大きく関係している。栃木県の北部から西部にかけて二〇〇〇m級の山々が連なっており、山の斜面は南東方向に向いているため日差しを強く受ける。加えて、夏には高温多湿の南東の季節風が太平洋から関東平野に吹き、その風が山の斜面を上り、上昇気流となって雲を発生させる。

栃木県では近くにそびえる山の名前をつけて八溝《やみぞ》雷、那須雷、高原雷、日光雷、足尾雷などと呼んでいる。このように落雷の多い栃木県では、落雷保険の加入率が他県よりも多いともいわれている。

雷は昔から「地震、雷、火事、おやじ」といわれ、恐れられてきたが、栃木県では雷のことを「らいさま」と呼び、雷神を崇拝している。雷には降雨が伴い、農産物の生育の手助けになるため、雷に感謝を込めて祈る風習がある。なお、栃木県のローカルヒーローとして「雷神ライサマー」が活躍している。

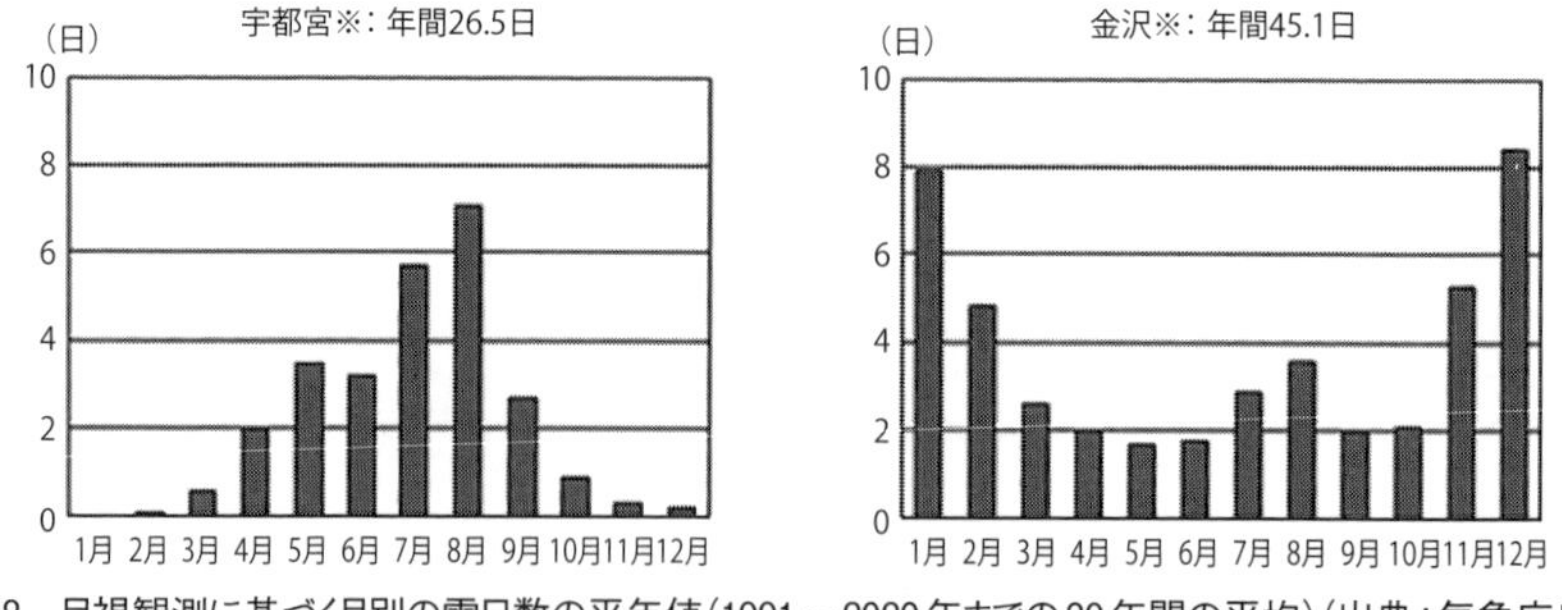

図8　目視観測に基づく月別の雷日数の平年値（1991～2020年までの30年間の平均）（出典：気象庁HP）

男体おろしと那須おろし

冬は男体おろし、那須おろしと呼ばれる北西からの季節風が吹き、平地では乾燥した冬晴れの日が多い。冬型の気圧配置が強まると「風花《かざはな》（晴天時に風に舞うようにちらちらと降る雪）」による雪が観測される。また、標高の高い北部山地では雪の日が多くなり、最深積雪が一ｍを超えることもある。

那須おろしや男体おろしは、限られた地域でのみ観測されるため局地風と呼ばれる（図９）。局地風には地形の影響を受けて生じる風も多く、特に「おろし」は山脈を超えて斜面を吹き降りる風を指す。また、那須おろしなどは関東平野に特有の「空っ風」の一部でもあり、こうした強風は寒候期の冬型気圧配置下で、上空に寒気が流入して強い北西風が吹くとき

図9　日本の主な局地風の分布（出典：吉野正敏 著『風の世界』東京大学出版会、1989年）

に、日中、関東平野の広い範囲で同時に発生する。関東平野全域で日の出頃から強まり始め、正午過ぎに最大となり、日没後に衰退する。

風が強いときには風速二〇m／sを超えることもあり、台風は最大風速一七・二m／s以上の熱帯低気圧であることを考えると、空っ風の強さは一時的に台風にも匹敵するかそれ以上の強風であるといえる。また、このような強風により街路樹や電柱がなぎ倒され、農作物に被害が出ることもあるため、空っ風がよく吹く地域では強風被害対策として、風上側に屋敷林を設けている家屋が多く見られる。

たとえば、那須塩原市内には、道路に沿って農家を中心とした家が列状に並んだ集落が多く見られる。このような集落は列状集落と呼ばれ、旧奥州街道や会津中街道などの街道沿い、江戸時代の用水沿いに多い。特に高阿津《たかあつ》用水沿いの上大貫《かみおおぬき》、下大貫《しもおおぬき》などの集落は、もともと箒川沿いにあった集落が川の氾濫を避けて河岸段丘沿いに移動したもので、その延長は約六kmと日本有数である。

集落の家屋には冬季の強風から守るヤウラ（屋敷林）が特徴的に見られ、一部には防風林の土盛（土手）などが見られる。ヤウラは農村地域を中心に見られるが、場所により「一面囲い」・「二面囲い」・「三面囲い」などの違いがあり、家屋の立地と卓越風の方向・強さにより選ばれてきたと考えられる。集落周辺の航空写真のURLを示したので、読者のみなさんもご自身で屋敷林を探してみてはいかがだろうか（写真4）。

先述のように、おろしが吹く平野部では空気が乾燥し、火災の発生率が高い傾向がある。二〇二一年二月には、足利市で大規模な山火事が発生し、延焼拡大の原因にはおろしが影響していたと見られている。

写真４　那須塩原市大貫地区の列状集落の航空写真
（Googleマップより筆者作成）

〔出典ウェブサイト〕

国土地理院　https://maps.gsi.go.jp/（二〇二二年一〇月五日最終閲覧）

石灰石鉱業協会　https://www.limestone.gr.jp/introduction/（二〇二二年一〇月五日最終閲覧）

高根沢町 https://trc-adeac.trc.co.jp/WJ11E0/WJJS06U/0938605100/0938605100100010/ht000330（二〇二二年一〇月五日最終閲覧）

気象庁　https://www.jma.go.jp/jma/kishou/know/toppuu/thunder1-1.html（二〇二二年一〇月五日最終閲覧）

グーグルマップ https://www.google.com/maps/@36.8954432,139.926899,5171m/data=!3m1!1e3（二〇二二年一〇月五日最終閲覧）

column

栃木県の気候変動

瀧本家康

「異常気象」という言葉を聞く機会が近年では増えている。毎年のように「異常」といわれると、それはもう「通常」ではないかと思うほどである。たとえば、夏の暑さの「異常さ」もそのうちの一つであろう。

関東平野の内陸部に位置する栃木県や群馬県では、比熱の大きな海の水による気温の変化緩和効果が沿岸部よりも小さく、そのために一日や一年の中での気温差（日較差や年較差）が大きいのが特徴である。

毎年夏には、埼玉県熊谷《くまがや》市が「日本一暑いまち」として報道されるようになってしばらく経つが、県内でも県南の佐野では二〇二〇年八月一一日に県内観測史上最高の三九・八℃を記録し、この日には小山《おやま》で三八・九℃、真岡《もおか》で三八・二℃など猛烈な暑さとなった。一方、宇都宮は三七・五℃であり、概ね県南の都市の方が気温が高い傾向が見られる。

さて、このように近年では県内の夏の暑さも厳しさを増しているが、ここで重要なのは、「暑い」という言葉が「他の年と比べて」と「他の都市と比べて」の二種類の意味を含む点である。前者は時間的な推移の中で暑さを捉えているのに対して、後者は空間的な広がりの中で暑さを捉えている。

そこで、この二つの観点から県内の「暑さ」について分析してみたい。

まず、気温の時間的な差異であるが、県都宇都宮市では、過去一〇〇年間に約二・三℃上昇している（図1）。一方、日本の過去一〇〇年間の気温上昇は一・二四℃である。

このことから、宇都宮市の気温上昇量は日本の平均よりおよそ二倍程度大きいことがわかる。それでは、この宇都宮市と日本の平均との違いは何によるのだろうか。それを考えるために、県内の那須高原の気温の変化と比

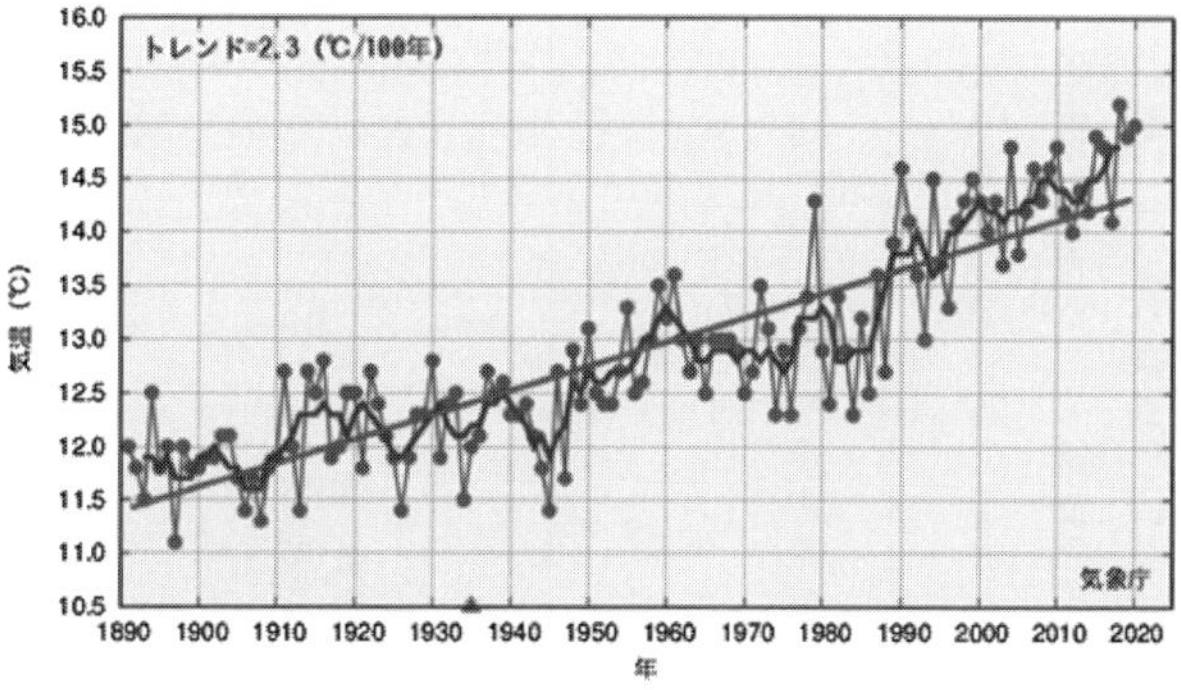

図1　宇都宮市の気温の変化（出典：栃木県の気候変動（気象庁リーフレット））

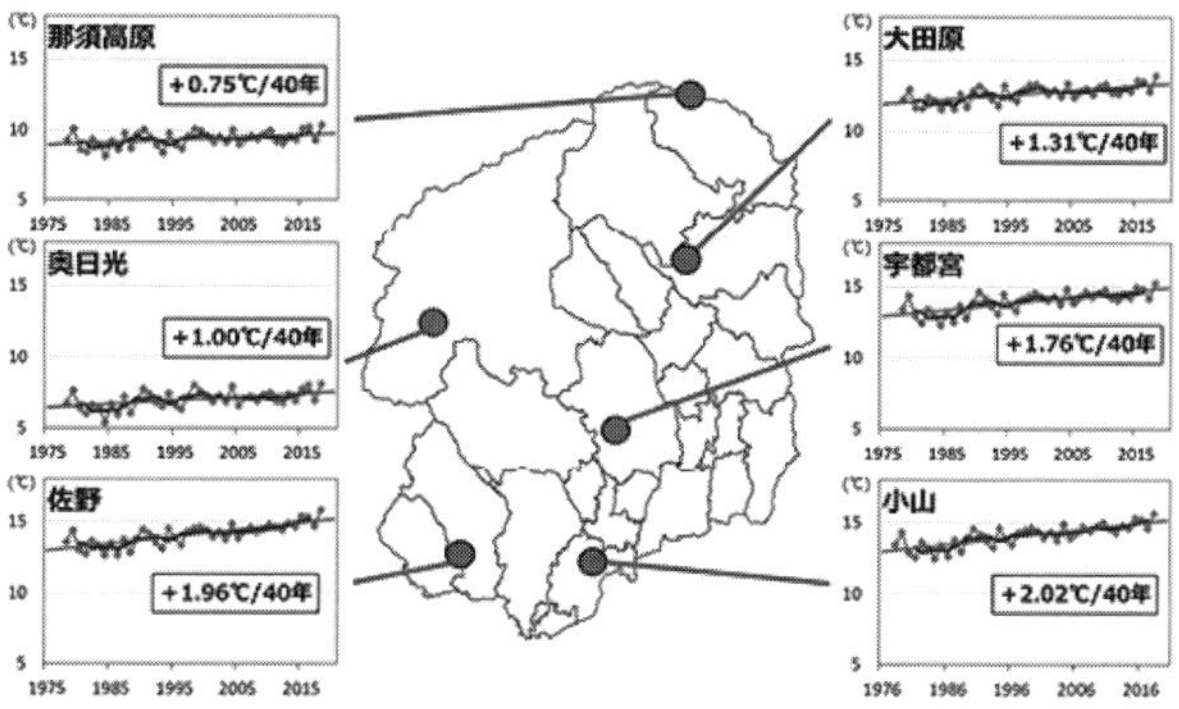

図2　県内の年平均気温の変化（1978～2018年）（出典：栃木県気候変動対策推進計画　令和3（2021）年3月策定）

較してみると、過去四〇年間では宇都宮が一・七六℃の上昇であるのに対して那須高原は〇・七五℃の上昇にとどまっている（図2）。

　また、日本の平均気温の上昇量の算出においては、都市化の影響が比較的小さいと見られる気象庁の一五観測地点の観測値が用いられており、宇都宮市は含まれていない。これらのことから、宇都宮市における一〇〇年間で二・三℃の気温上昇は、いわゆる地球温暖化による地球全体の気温変化と都市化による局所的な気温変化の二つの影響を受けた結果であると考えられる。那須高原は比較的都市化の進展が小さいことから、おおよそ〇・七五℃程度が地球温暖化による上昇量であると仮定すると、一・七六℃から〇・七五℃を差し引いた一・〇一℃程度が都市化による上昇量であると見積もることができる。

　このように、県内の各地域では地球温暖化と都市化の影響を相互に受けた結果として、いずれの都市においても気温は上昇傾向を示している。

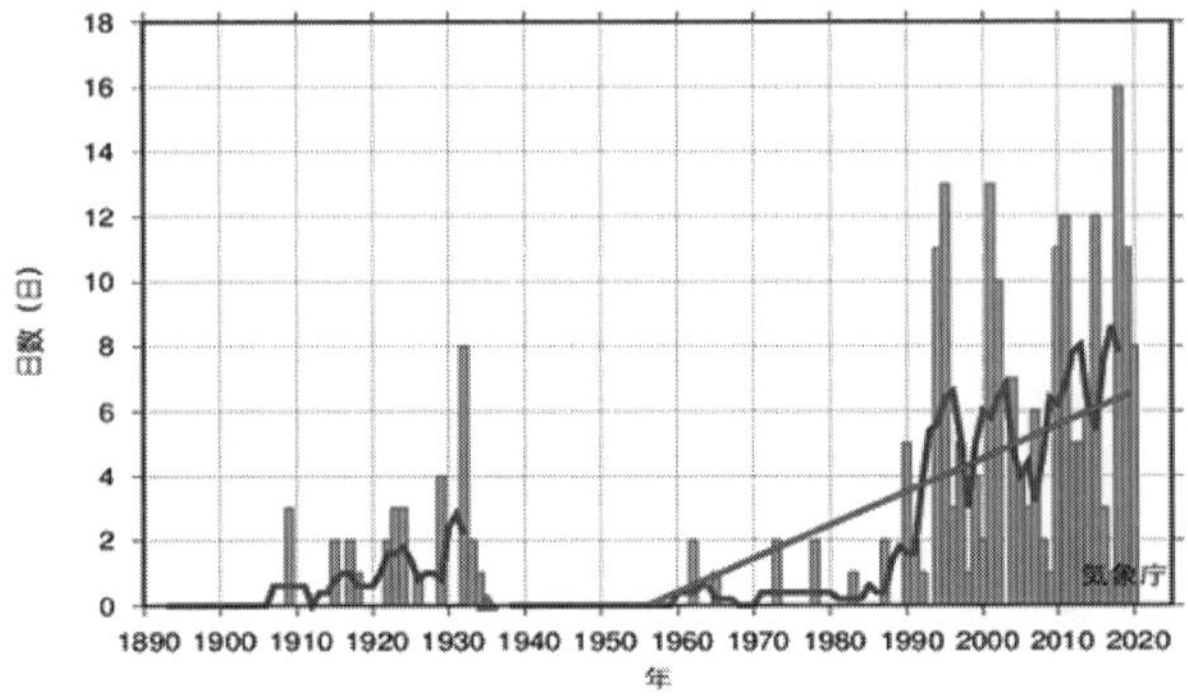

図3　宇都宮市の年間猛暑日日数（出典：栃木県の気候変動（気象庁リーフレット））

そして、いま話題としていた夏の暑さについても上昇傾向であることから、猛暑日日数や真夏日日数も顕著に増えている（図3）とともに、それにより熱中症搬送者数も増加傾向にあるといえる。

ここまで、時間的な推移として県内の気温が上昇傾向であることを見てきたが、空間的に比較をすると、市街地の方が郊外よりも暑さが厳しく感じられる。また、先述のように例えば宇都宮と那須高原を比較すると都市化の進んだ宇都宮の方が気温の上昇率が大きい。これらのことから、都市部は郊外よりも暑いと断定してよいのだろうか。

それを考えるためには、「暑さ」とは何かをきちんと検討する必要がある。私たちが感じる「暑さ」や「寒さ」は「気温」だけでは決まらないという点が重要である。例えば湿度が高ければ気温が低めであっても蒸し暑く感じるし、風が強ければ気温が高めであっても寒く感じるということは多くの方が体験していることだろう。そして、夏の体感的な暑さには、湿度や風とともに周囲の物体からの熱（専門的には「赤外放射」）の影響が大きく関係している。日中、太陽の日射にさらされたビルの壁は触れられないほど高温になっており、温まった壁から出る熱によっても私たちは「暑さ」を感じている。市街地はビルだけでなく道路なども含めて周囲をコンクリートに囲まれており、そこからやってくる熱を感じているのである。

以上のことから、確かに市街地の夏の暑さは厳しいが、それは気温だけによるものではないことがわかる。そうすると、次の疑問として、都市と郊外では「気温」はどちらが高いのか、ということが浮かんでくる。一般的

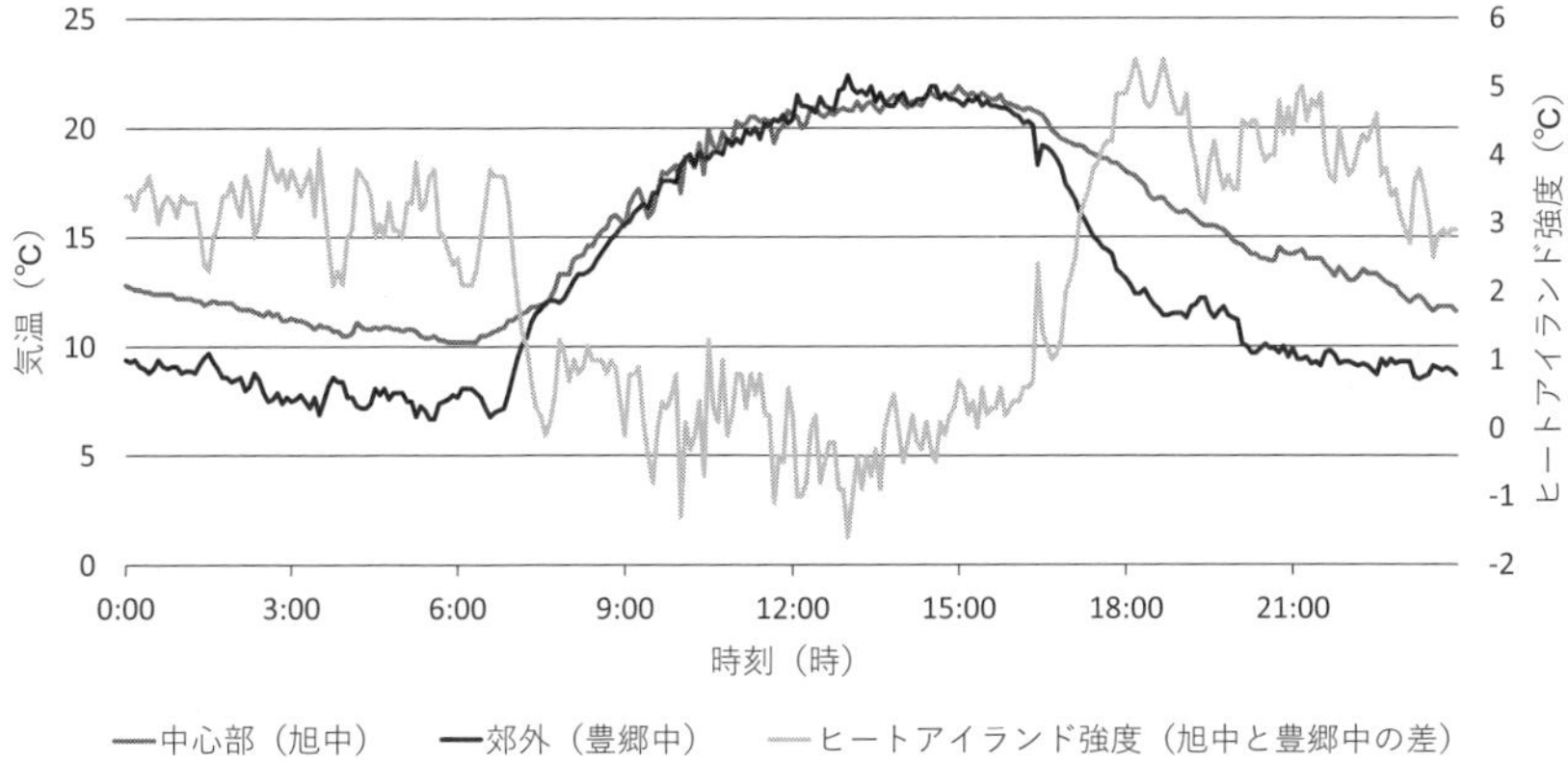

図4　宇都宮市内旭中学校と豊郷中学校における2018年10月21日の気温とヒートアイランド強度の日変化（筆者作成）

に、都市部は郊外よりも気温が高く、同心円状に気温が都市中心部に向かって上昇していくようすから「ヒートアイランド現象」と呼ばれている。しかし、「ヒートアイランド現象」については多くの方が誤解している点が二点あり、一つは先ほどの疑問に対する答えとなる「日中の気温は都市部も郊外もほぼ同程

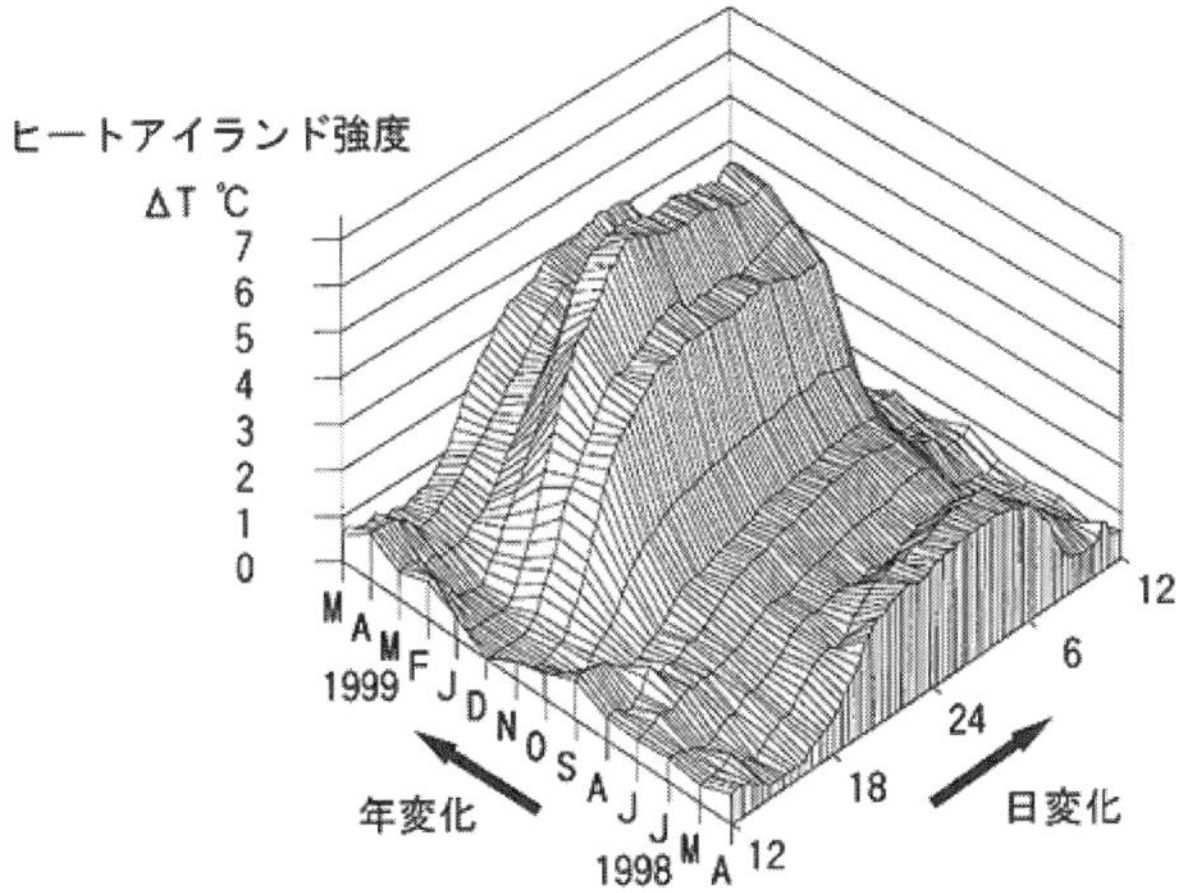

図5　東京のヒートアイランド強度の年変化と日変化（1998年4月～1999年3月）（出典：三上岳彦「都市のヒートアイランド現象とその形成要因―東京首都圏の事例研究」地学雑誌114巻3号、2005年）

度である」という点である。そして、もう一点は「ヒートアイランド現象」が一般的に顕著となるのは、夏季日中ではなく、冬季の早朝であることが多い点である。

まず一点目について、実際の事例として、筆者が二〇一八年一〇月二一日に宇都宮市の中心部（旭中学校）と北部の田園地帯が広がる郊外（豊郷中学校）の二点で観測した気温とその差を図4に示した。これを見ると、一五時位から七時位までは都市部の方が気温が高い「ヒートアイランド現象」が顕著に生じており、気温差（＝ヒートアイランド強度）は最大で五・四℃にも達している。しかし、日中は両者の気温はほぼ同程度であり、私たちが最も暑さが厳しいと感じられる時間帯であっても都市部と郊外の気温に違いはないことがわかる。このことからも私たちが感じる市街地の「暑さ」は先述のように気温だけでなく、周囲の建物等からの熱の影響が大きいことがわかる。

そして、二点目については、図5に東京の例を示したように夏季の日中よりも冬季の夜間～早朝の方がヒートアイランド強度は大きいことがわかる。私たちは夏季の日中の厳しい暑さから、ヒートアイランド現象はその時に最も強く生じていると勘違いしがちであるが、実際にはその時の都市部と郊外の気温には違いはなく、都市部が熱を溜め込む一方で、放射冷却が強く郊外で起こる冬季の夜間の方がヒートアイランド現象は顕著になるのである。

〔参考資料〕
栃木県の気候変動（気象庁リーフレット）
https://www.data.jma.go.jp/tokyo/shosai/umi/kikouhenka/leaflet2021/pdf/tochigi-l2021.pdf（二〇二三年一〇月五日最終閲覧）
栃木県気候変動対策推進計画（令和三（二〇二一）年三月策定）
https://www.pref.tochigi.lg.jp/d02/eco/kankyou/ondanka/documents/kikoukeikaku.pdf（二〇二三年一〇月五日最終閲覧）
都市のヒートアイランド現象とその形成要因―東京首都圏の事例研究、三上（二〇〇五）
https://www.jstage.jst.go.jp/article/jgeography1889/114/3/114_3_496/_pdf/-char/ja（二〇二三年一〇月二日最終閲覧）

山のランドスケープからみた栃木の地域特性

高橋俊守

はじめに

栃木県は、日本最大の平野である関東平野の北縁にあり、平野から山地への移行部に位置し、北及び東西の三方を山地に囲まれている。すなわち、栃木県の北には日光・高原・那須火山、東には八溝山《やみぞさん》・鷲子山《とりのこさん》・鶏足山《けいそくさん》等の八溝山地、西には皇海山《すかいさん》・太平山《おおひらさん》・唐沢《からさわ》山《さん》等の足尾山地が、平野を取り巻くように連なっている。このため、栃木県では概ね県内のどこからでも山が見える土地柄で、海に面していない内陸県であることも加わり、自然や文化はもっぱら山からの影響が強い。ここでは、山のランドスケープの視点から、栃木の地域特性について考えてみたい。

なお、ランドスケープとは、自然または人間による作用、もしくは自然と人間の相互作用の結果として特徴付けられる地域を意味している。ランドスケープを特徴付ける要素は、地質、地形、水、土壌、気候、植生などの自然的要素をはじめ、土地利用、都市計画、土地所有、歴史などの文化的社会的要素、さらには、人の記憶や連想、五感による受けとめといった内面的要素もある。このため、山をランドスケープの視点から分析して特性を明らかにすることで、人と山の関係を知ることができるだろう。

1　栃木における「ヤマ」の用法

栃木の集落と「ヤマ」の関係

「ヤマ」と聞いて、知らない人はおそらくいないだろう。では、「ヤマ」と聞いたときに、どのようなランドスケープを連想しているのだろうか。一九七七（昭和五二）年に編纂された『栃木県方言辞典』で調べてみると、当時六五歳以上のお年寄りが使う言葉として「ヤマいり」が記載されている。「ヤマいり」とは、旧正月二日ないし四日に、餅米、魚、ミカン、鮭などを、大木の下や祠に供えて山神を祀る儀式を意味している。「ヤマいり」の用法が確認されたのは、関東平野の縁辺部の広い範囲であった。この場合の「ヤマ」とは、山の神が宿るところを意味している。

また一方で、栃木の北部では、「ヤマ」は「野良」の意味で用いると記載されている。例えば、「ヤマ仕事」といえば、それは野良、つまり田畑で営まれる農作業を意味しているようだ。一般的には、「ヤマ」といえば、地形的な起伏を伴う山地を連想するだろうから、必ずしもそうでない場所を指す言葉としても用いられているというのは意外ではないだろうか。民俗学者の福田は、集落のあるムラの周囲に耕地としてのノラがあり、さらにその周囲に採取地としてのヤマがあるという基本的な枠組みを示した。ところが栃木県北部では、ムラの周囲はノラであってもヤマと呼ぶため、これに当てはまらない。つまり、この場合の「ヤマ」は、集落から山に至る田畑を含んだ連続したランドスケープを意図しているようだ。言い換えれば、人は「ヤマ」に囲まれて、あるいは「ヤマ」の中で暮らしているのである。

ところで、集落の近くにある山を意味する言葉として「里山」がある。里山について記した日本で最古の文書として、一六六一年に佐賀藩が示した「山方ニ付テ申渡条々」が知られている。ここでは､山にある資源を見回る役人の係として「奥山廻」「里山廻」があったとされている。集落から遠くにあるのが奥山で、近くにあるのが里山である。村からの距離に応じて、山から得られる資源には違いがあり、そうした資源を見廻るための備えも異なっていたと考えられる。この資料以外にも、加賀藩、秋田藩、尾張藩でも「里山」の記載がある文書が見つかっていることから、少なくとも江戸時代には全国各地で「里山」の呼称が定着していた。ところが、栃木では、農山村を歩いてお年寄りに尋ねてみても、講演会で聴衆に尋ねてみても、筆者は今のところ「里山」の用法があったことを確認できていない。「里山」といえそうな山であっても、単に「ヤマ」としかいわないという回答がほとんどであった。どうやら栃木では、集落からの距離や位置関係で山の呼称を変える「里山」の用法は一般的ではないようだ。このことは、人と「ヤマ」の距離の近さを示しているのではないだろうか。すなわち、栃木では距離によって区別して捉えるまでもないほど、「ヤマ」は身近な生活圏にある対象であるように感じられている。

栃木では平野にも「ヤマ」がある

「山高きが故に貴からず、樹有るを以て貴しと為す」

これは、実語教《じつごきょう》の書き出しである。実語教は、平安時代ないし鎌倉時代につくられたと考えられ、江戸時代には寺子屋で児童の教科書として普及し、近代では明治時代頃まで用いられていた。庶民の教訓としての実語教の書き出しは、「山は高いから貴いのではなく、そこに木々が生えているから貴いのである」というたとえであった。ちなみにこのたとえは、外見が立派であっても、中身が伴わなければ価値がないことを説いている。注目しておきたいのは、山と森は一体的に捉える対象であるということだ。実際に、山と森ないし林は、言語的に異なる語源を持つにもかかわらず、概念的に共通部分が多いことから、類似した意味内容を指す言葉として用いられてきたことが指摘されている。

山と森に共通部分が多いとしても、まったく木が生えていない山があったとするなら、そのようなところは「ヤマ」とは呼んでも、わざわざ森や林とはいわないだろう。それでは、平らなところでも木が生えていれば、そのような場所を「ヤマ」と呼ぶことはないのだろうか。栃木県北部では、ノラをヤマと呼ぶ方言があるくらいであるから、概念的に共通部分がある森や林については、「ヤマ」と呼びやすいようにも思われた。研究室の大学院生であった阿久津《あくつ》瞳《ひとみ》さんがこうした仮説に興味を持ち、平野から山地まで、栃木県在住の六五歳以上のお年寄り七九名を対象に聞き取り調査を実施してくれた。設問は単純で、「平らなところに木が生えているような場所をヤマと呼びますか?」である。調査の結果、平野と山地の住民で、「ヤマ」の用法が異なっているらしいことを見出した。

平野の住民は、地形が平らなところであっても、起伏のあるところであっても、木が生えているところであれば、そこを「ヤマ」と呼ぶ人が多かった。つまり、平野では「ヤマ」と森ないし林はあまり区別されずに用いられている。栃木の平野には、農用林や生活林として、田畑とは異なる平地林の特徴ある景観が随所に見られる。このような平地林は、生活に必要な薪や木材を採取したり、堆肥をつくるために木の葉をさらったり、季節風を防いでくれたりする、生態系サービスをもたらす森や林である。平野の住民は、このような平地林を「ヤマ」と呼んでいるようだ。

これに対して、山地の住民は、平らなところに木が生えていても「ヤマ」とは呼ばないという答えが多くなる。山地における「ヤマ」は、もともと起伏を伴う地形との結びつきが強く、森や林もここに成立している。このため、山地の住民にとっては「ヤマ」はそもそも地形的な起伏を伴う斜面にあるものである。したがって、平らなところに木が生えているだけでは、木材や燃料、食料や狩猟等の様々な山の生態系サービスをもたらす源泉という程までの関係性は感じにくいようである。

なお、生態系サービスとは、生物多様性によって機能する生態系によって、人間が利用できる多様な資源が形成されることや、生態系におけるこれらの自然資本の蓄え・財のことである。例えば日本の里山は、古くから人間の生活の場であるとともに、人間が生きるために必要な多様な恵み、すなわち生態系サービスを享受するための場でもあったため、生態系を持続的に管理するために求められる様々な工夫がなされてきた。

以上見てきたように、栃木においても山と森ないし林には、共通する要素が多く、意味内容にも重複する部分が認められる。ただし、平野における「ヤマ」は、森や林との関連がより強いのに対して、山地における「ヤマ」は起伏を伴う地形との関連がより強いようである。また、いずれの場合においても、「ヤマ」は森や林とともに、人々の暮らしに恵みをもたらす生態系サービスの源泉としての意味内容が含まれているようだ。栃木では山地に「ヤマ」があることはもちろん、平野でも集落の周りのあちらこちらに森や林としての「ヤマ」があり、いずれの「ヤマ」も暮らしに欠かすことのできない生態系サービスをもたらす源泉としての意味合いを含んでいると考えられる。

2 山名の由来と山の分布特性

地図と辞典に見られる栃木の山名

ここからは、実際に栃木にある地理的な対象となる「山」について考えてみることにしよう。このため、国土地理院の二万五〇〇〇分の一地形図をもとに、栃木に見られる山名を抽出するとともに、研究室にある地理情報システム（GIS）を用いて山の位置関係を整理してみることにした。なお、国土地理院の二万五〇〇〇分の一地形図は、統一した内容と精度で全国を網羅して整備された最も大縮尺の地図である。現在、公的な基礎情報として用いられているのは、従来からある紙媒体の地形図から移行された「電子国土基本図（地図情報）」であるため、これをGISで表示しながら調べることができる。

ところで、国土地理院の地図に記載された山の数とは、そもそもどのような情報なのだろうか。国土地理院のホームページには、「国土地理院では、山の定義はしていません。辞典等によりますと、山というのは、周りに比べて地面が盛り上がって高くなっているところと言われています」と書かれている。ではどのようにして山名を掲載したのかといえば、地図の作成に際して、全国の市町村から寄せられた山名の回答がもとになっているようだ。したがって、山の定義や調査方法によって、地図に掲載される山名の数も変わってくることになる。

一方で、日本山名辞典は、国土地理院の二万五〇〇〇分の一地形図に記載されている山名・峠名のほか、自然地域名称や登山の対象としてのピーク、各地域の人々に係わりの深いと思われる山名を収録したもので、全国におよそ二万五〇〇〇の山や峠が認められるという。そこで、地図情報と日本山名辞典をもとに、栃木県の範囲で地図に記載された山を数え上げたところ、地図情報に二九七、辞典に記載された山名をあわせると全体で三三八の山を確認することができた。なお、栃木県の山の数は関東地方一都六県では、群馬県

図1　栃木県の地図と辞典に記載された山の位置図
▲国土地理院2万5千分の1地形図に山名がある山
△上記を除いて辞典に山名がある山

に次いで多く、この数値は平野から山地への移行部に位置する北関東の地理的な特性の一側面を示していると見なすことができるだろう。

栃木の山名の由来

地名には、その土地と結びついた言語、民俗、地理、信仰、歴史、文化などの情報が含まれている。このため、地名としての山名の由来や山の分布を探ることによって、栃木の人々が山に対して抱く印象や、人々の暮らしと山の関係をうかがい知ることができる。このような視点から、栃木に三三八ある山名の由来について、研究室の大坂《おおさか》咲來《さくら》さんと卒業研究を兼ねて調査を行うことにした。

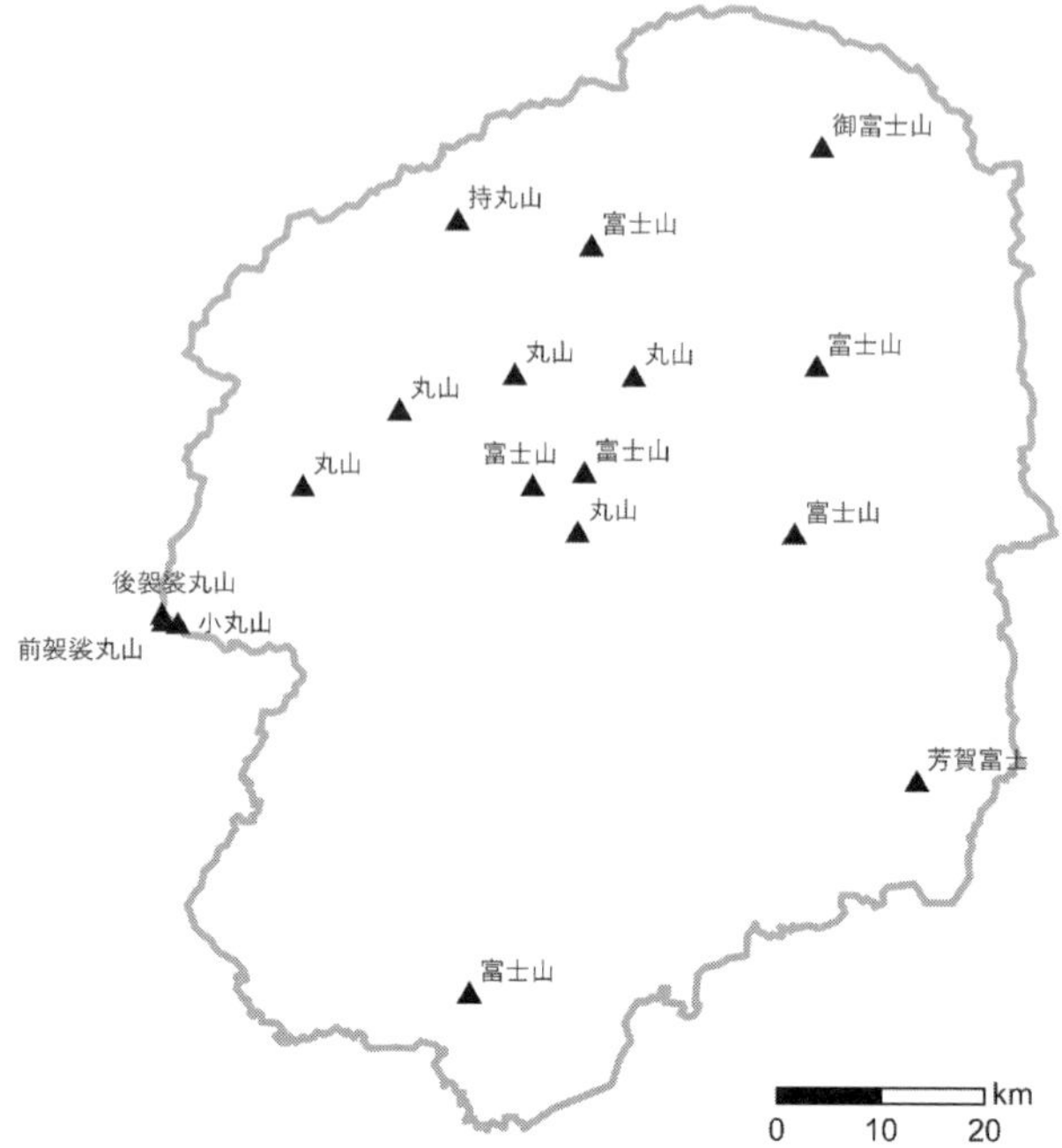

図2　栃木の山名で最も多い「丸山」、「富士山」を名称に含む山の位置図

国土地理院が山の定義をしていないことからも

わかるように、「山」が示す範囲は曖昧で、公的な行政機関が行う登録制度もないため、山名の由来をまとめて網羅した資料も見られなかった。そこで、栃木の山や民話に関する複数の書籍をあたり、山名由来の情報を収集したところ、現時点で二〇〇あまりの山名の由来を整理することができた。この結果を、日本山名辞典を参考に、自然的特性として「地形・山容」、「方位・位置」、「気象・気候」、「岩石・地質」、「動植物」及び、文化的特性として「宗教・信仰」、「民間説話・歴史」、「民俗・文化」に大別して対応関係を分類整理した。山名には複数の由来を持つ場合があり、以下に示すのは山名由来の一つの側面に過ぎないが、概要を紹介する。

まず、山名の由来で最も多かったのは、「地形・山容」に関係するもので、全体の半数以上の山名が該当していた。その代表例が、形が丸く見える「丸山」と、富士山のように円錐形をした「富士山《ふじやま》」である。「丸山」は、栃木に五ヶ所あり、名称の中に「丸山」を含む山を加えると九ヶ所も認められる。「富士山」は丸山よりも平野部に近い場所に七ヶ所ある。この他、飯を盛り上げたような「飯盛山」、茶を挽く臼の形に似ている「茶臼岳」、山中に小平地を持ち、大きさの順も表す「太郎山」、男性的な山容の「男体山」と女性的な山容の「女峰山」(これらには宗教・信仰的な意味もある)、積雪により山頂が白嶺となる「白根山」等が挙げられる。

山名の由来で次に多かったのは、「宗教・信仰」に関係するもので、全体の約四割の山名が該当していた。最も多いのは、「地形・山容」でもとりあげた七ヶ所ある「富士山」で、「浅間山《せんげんさん／やま》」とあわせて、江戸時代以降に浸透した富士山信仰の名残を留めている。さらに、山にある石を神仏として祀ったことに由来する「石尊山《せきそんさん》」は四ヶ所、出羽三山の月山や月神を祀り修験道とも関係した「月山」は四ヶ所、火防《ひぶせ》の神様である愛宕信仰にちなんだ「愛宕山」は三ヶ所ある。この他、太平山神社を祀る「太平山」、羽黒山神社を祀る「羽黒山」、鷲子山神社を祀った「鷲子山」、男体山と女峰山の神の間に生れた子供を意味する「大真名子山」、神や仏の名前にちなんだ「薬師岳」、「不動岳」、「稲荷山」、「帝釈山」、「毘沙門山」、「地蔵岳」等を挙げることができる。日本古来の宗教である修験道をはじめ、神道や仏教においても、山は神仏が住まうところと見なされ、山で修行を行うことで験力を得て人々を救済できると考えられていた。このため、山名には、様々な宗教や信仰の舞台として山岳信仰の名残が色濃く残されているのである。

山名の由来で、「地形・山容」と「宗教・信仰」に次いで多かったのは、「方位・位置」と「民間説話・歴史」で、それぞれ全体の約二割の山名が該当していた。「方位・位置」の典型例は、中程に位置することを意味する「中山」、「中岳」で六ヶ所認められる。この他、人里に近い山を示す「外山」、西の「西立室」に対して「東立室」、見晴らしの良い位置にある「物見山」、芦が茂る川の尾に位置する「足尾山」等がある。一方で、「民間説話・歴史」では、会津、白河、黒羽三藩の領界の確認を行った「三本槍岳」、藤原秀郷が築いたとされる唐沢城があった「唐沢山」、高台に城や武家の館が建てられた「高舘山」等で、歴史的な営みがあったことをもとにした山名が見られる。

全体のおよそ一割かそれ以下であったのは、「気象・気候」、「岩石・地質」、「動植物」、「民俗・文化」であった。例えば、山に雲がかかると雨が降るといわれる「鳴虫山」、鶏の足跡のように見える岩が山頂にある「鶏足山」、猿に似た岩石がある「庚申山」、岩が多く岩でできた「岩山」、害虫駆除の虫送り行事が行われていた「鳴蟲山《なきむしやま》」、氷室が設けられていた「氷室山」等である。

栃木の山の分布特性

国土地理院の二万五〇〇〇分の一地形図に記載されている二九七の主要な山を対象に、

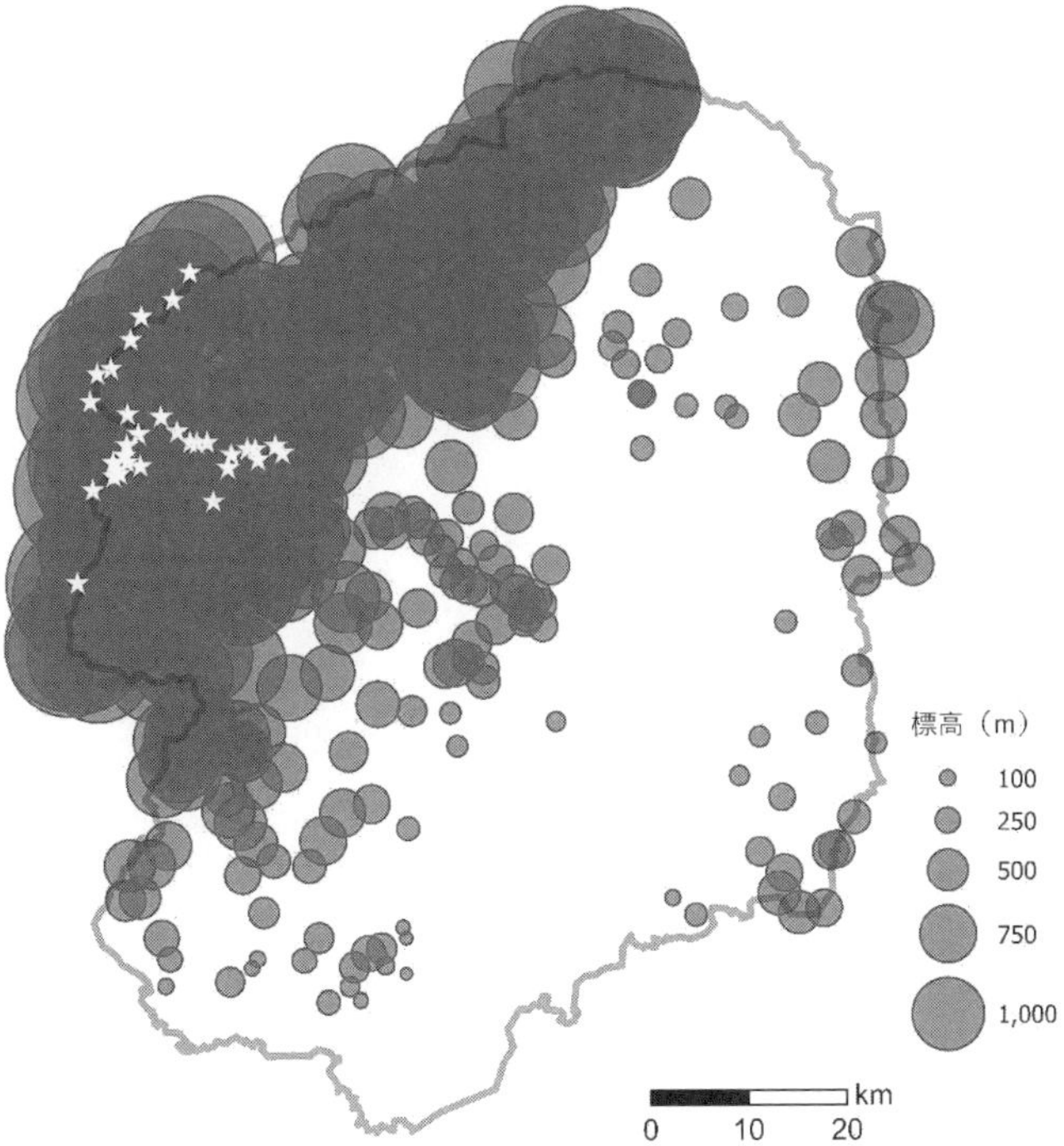

図3　栃木の山と標高の分布図
丸が大きいほど標高が高いことを示している。2000mを超える山の位置に星印を付した。

ＧＩＳを用いてコンピュータで可視化して分布特性を調べてみる。まず、山の主要な地理的特性の一つである標高について見ると、「磯山」の五一ｍが最低で、日光白根山ともいわれる「白根山」の二五七八ｍが最高である。「白根山」については、関東地方から北にある山の中では最高峰となり、日本固有種で一属一科のシラネアオイの自生地があることでも知られている。標高が二五〇〇ｍ以上差があるところも、平野から深い山地まで変化に富んだ地形をもつ栃木の特性を表している。栃木の山の標高の平均値は一〇四〇ｍであったが、平野をとりまく標高が五〇〇ｍ以下の山が全体の約三割の九二ヶ所と最も多い。これに次いで、標高が一〇〇〇ｍから一五〇〇ｍの山も約二割の六九ヶ所と多く、栃木の山の標高分布には二峰性がある。標高の高さを丸の大きさで示した地図を作成してみると、北西部の日光に二〇〇〇ｍを超える高山が二七ヶ所集中しているのをはじめ、火山帯にそって一〇〇〇ｍを超える高い山が連なっている様子が分かる。

　次に、地形図に記載された主要な山が集中している場所について調べて見よう。山は標高とともに、山頂の周囲に一定の地理的範囲をもっているが、この範囲を明確化することは難しい。そこで、便宜的に山の位置を山頂として、カーネル密度推定という方法でＧＩＳを用いて山の密度を調べることにする。この結果、標高や地形による山の分布状況とは異なった、山の密度が高い地域が浮き彫りになってきた。ここでは、山の密度が高い地域の成り立ちについて考えてみよう。

　まず、栃木で最も山の密度が高かったのは、宇都宮市北端の古賀志《こがし》山地であった（図４のＡ・写真１）。中心付近は日光街道が縦貫し、その東側には篠井金山があり、かつては「金山千軒、徒千軒」といわれるほど賑わい、戦後も銅や亜鉛の採掘が行われていた。山頂に

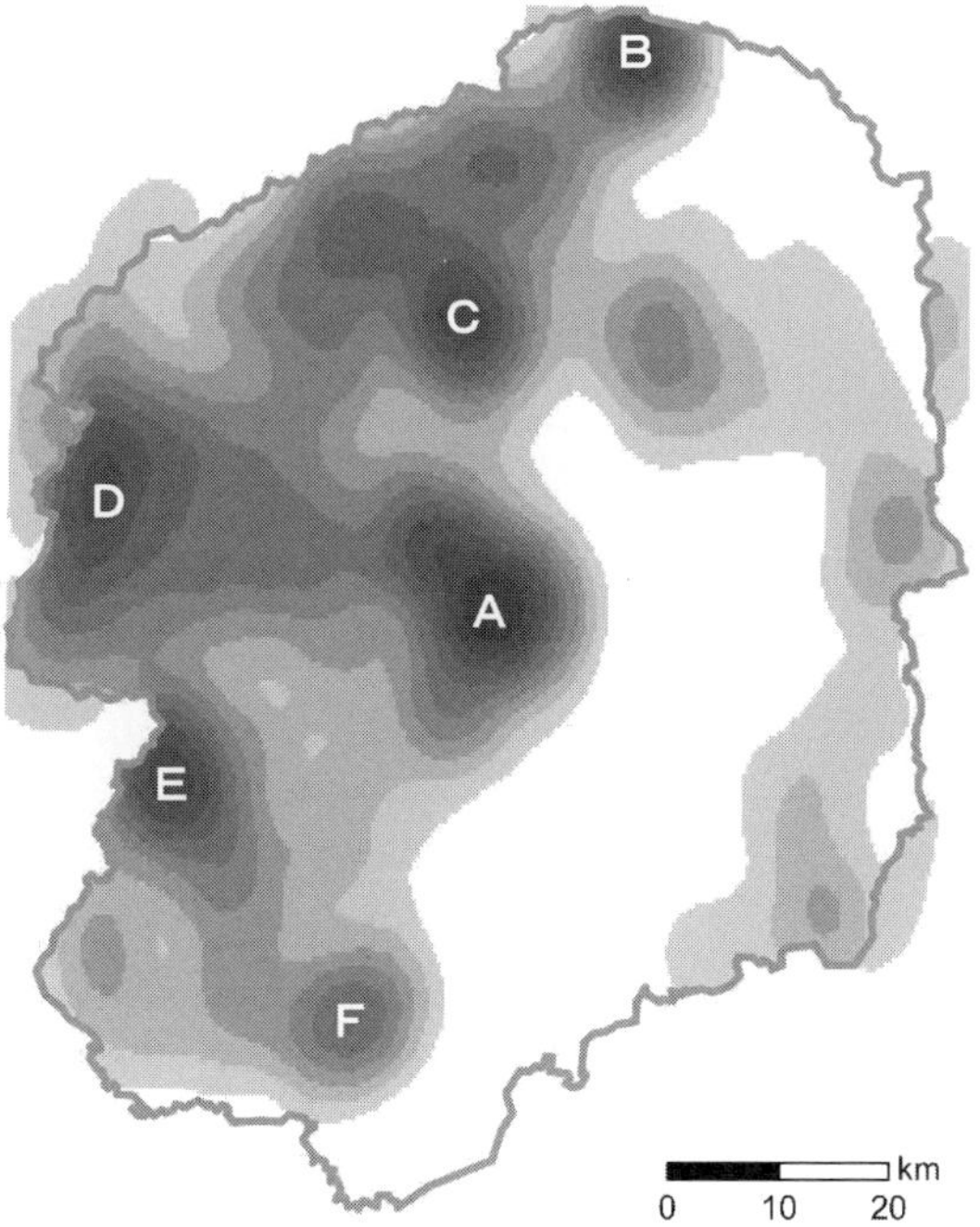

図4　栃木の山の密度の分布図
色が濃いところほど、地図に山名が記載された山の密度が高い地域であることを示している。

石祠が残る山も多く、「多気山《たげさん》」、「鞍掛山」、「羽黒山」のように、修験道の信仰や山岳修行が行われた山も見られる。現在は、篠井富屋連峰の低山ハイキングコースとして人気がある。

　次に山の密度が高かったのは、栃木県の北端にある「茶臼岳」を中心とした「朝日岳」、「三本槍岳」、「黒尾谷岳」、「南月山」等の那須火山であった（図4のB）。那須連山は火山活動が活発で、その周囲は古くから温泉地として賑わい、西側には会津中街道が縦貫していた。茶臼岳中腹にある温泉の湧出地は白湯山《はくゆさん》といわれ、修験道の霊場であった。山域には当時の名残を留める石造物も各所に残されている。火山について見ると、塩谷町・矢板市・那須塩原市・日光市の境界にあり、古代より山岳信仰が盛んだった「鶏頂山」、「釈迦ヶ岳」等の高原火山（図4のC）、日光市西端の修験道が盛んだった「男体山」「白根山」

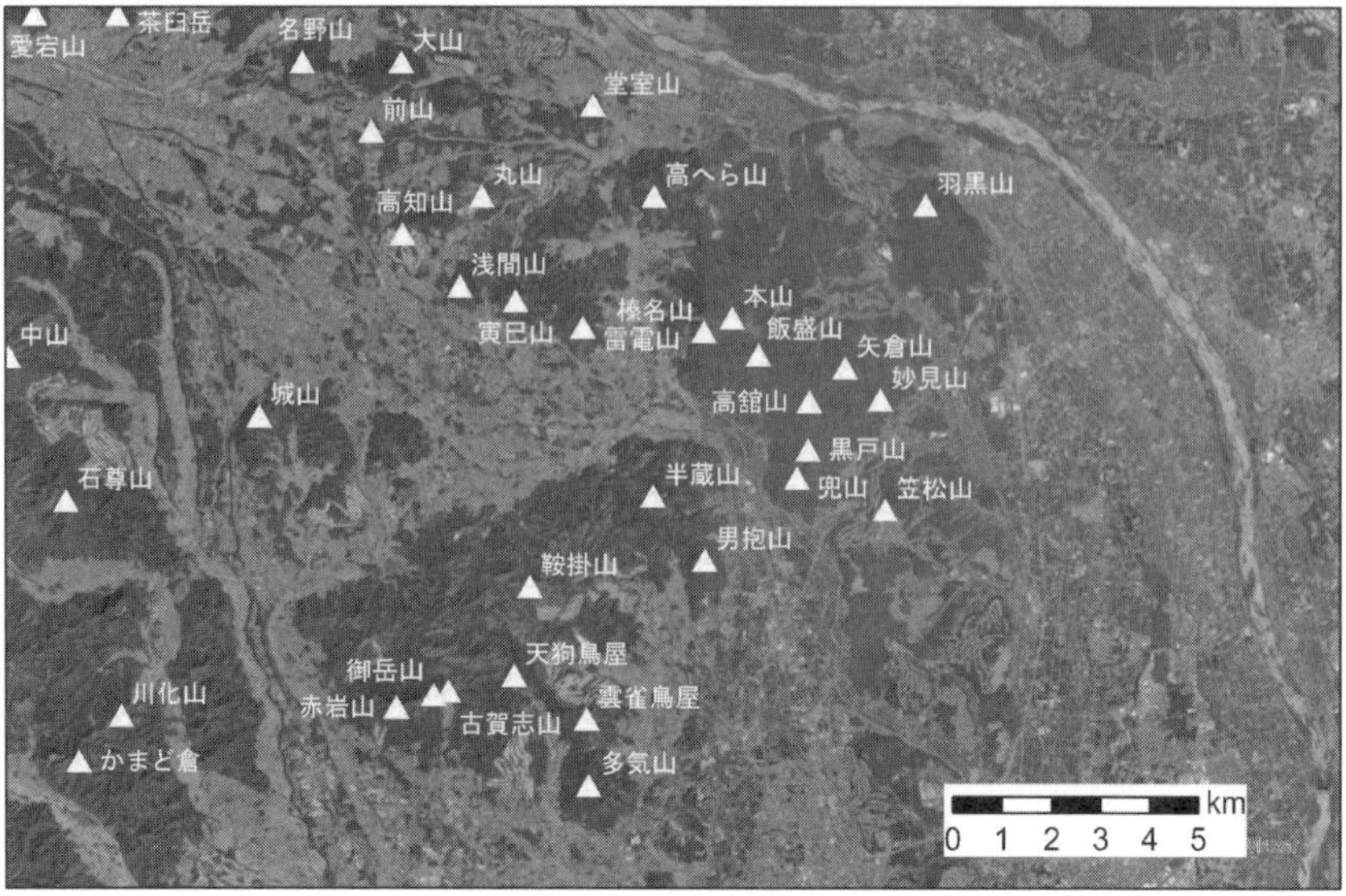

A　栃木で山の密度が最も高い宇都宮北部の古賀志山地

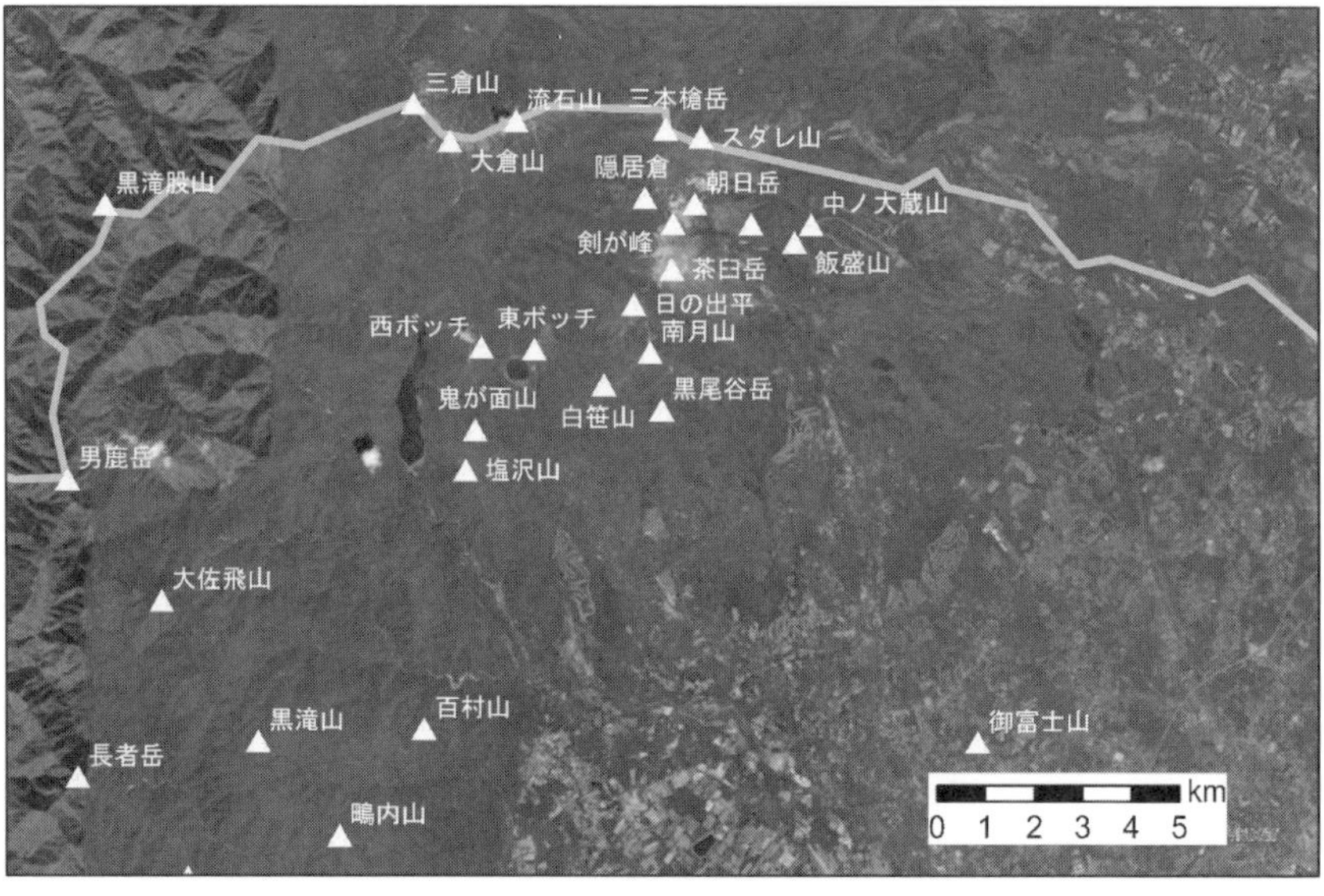

B　山の密度が高い那須火山の山々

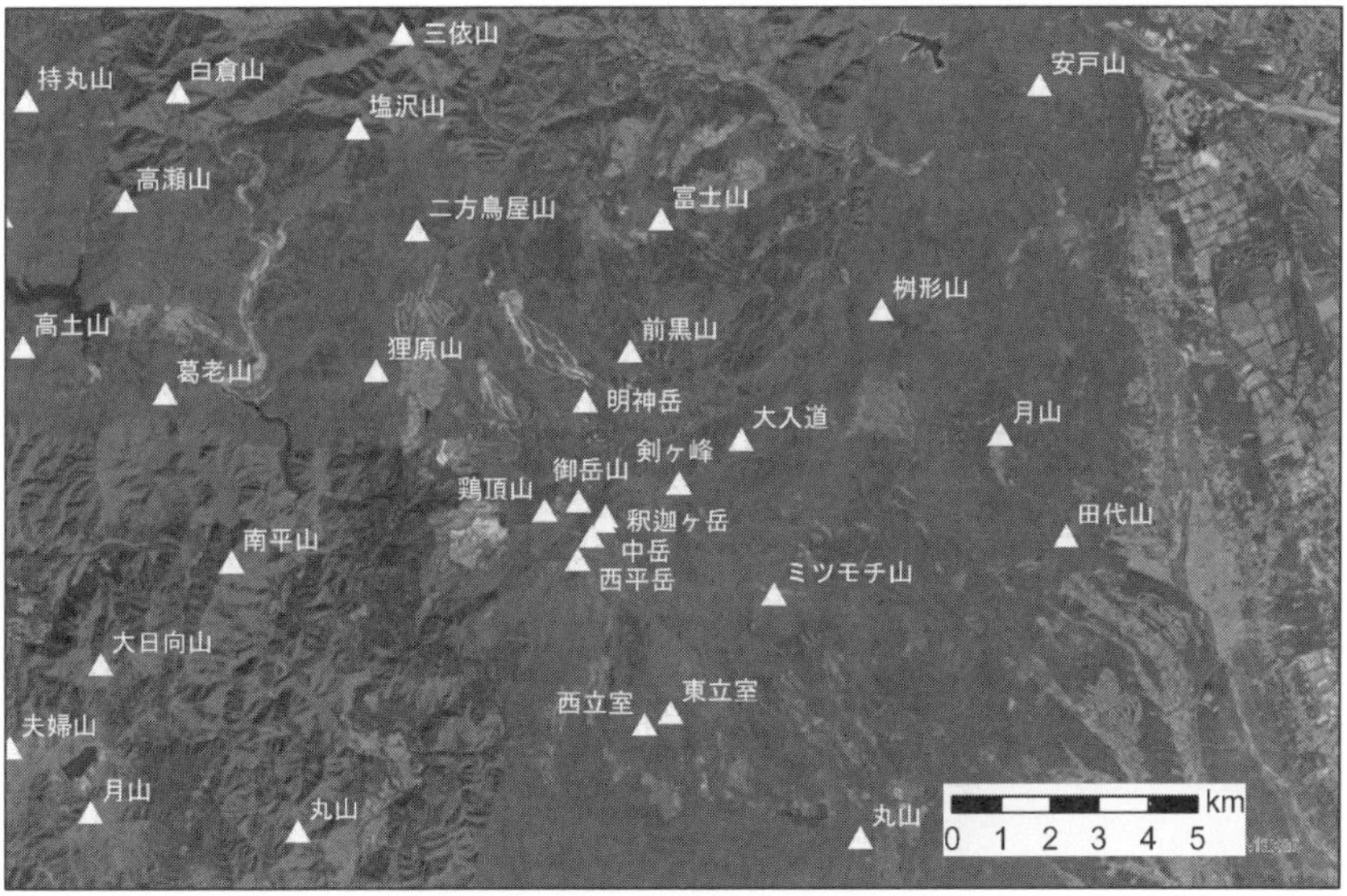

C　山の密度が高い高原火山の山々

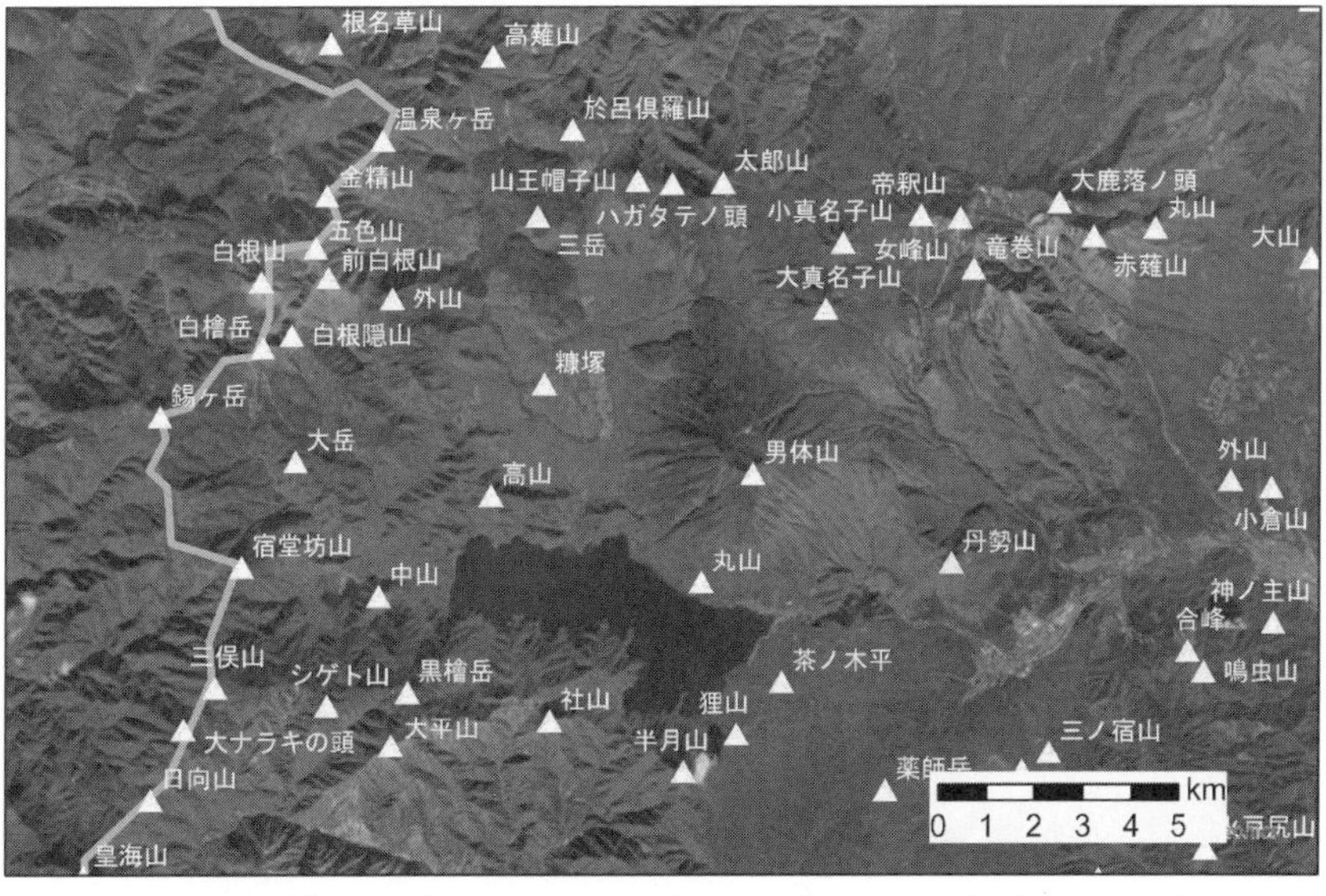

D　山の密度が高い日光火山と足尾山地の北端には、標高2000mを超える山々が連なる

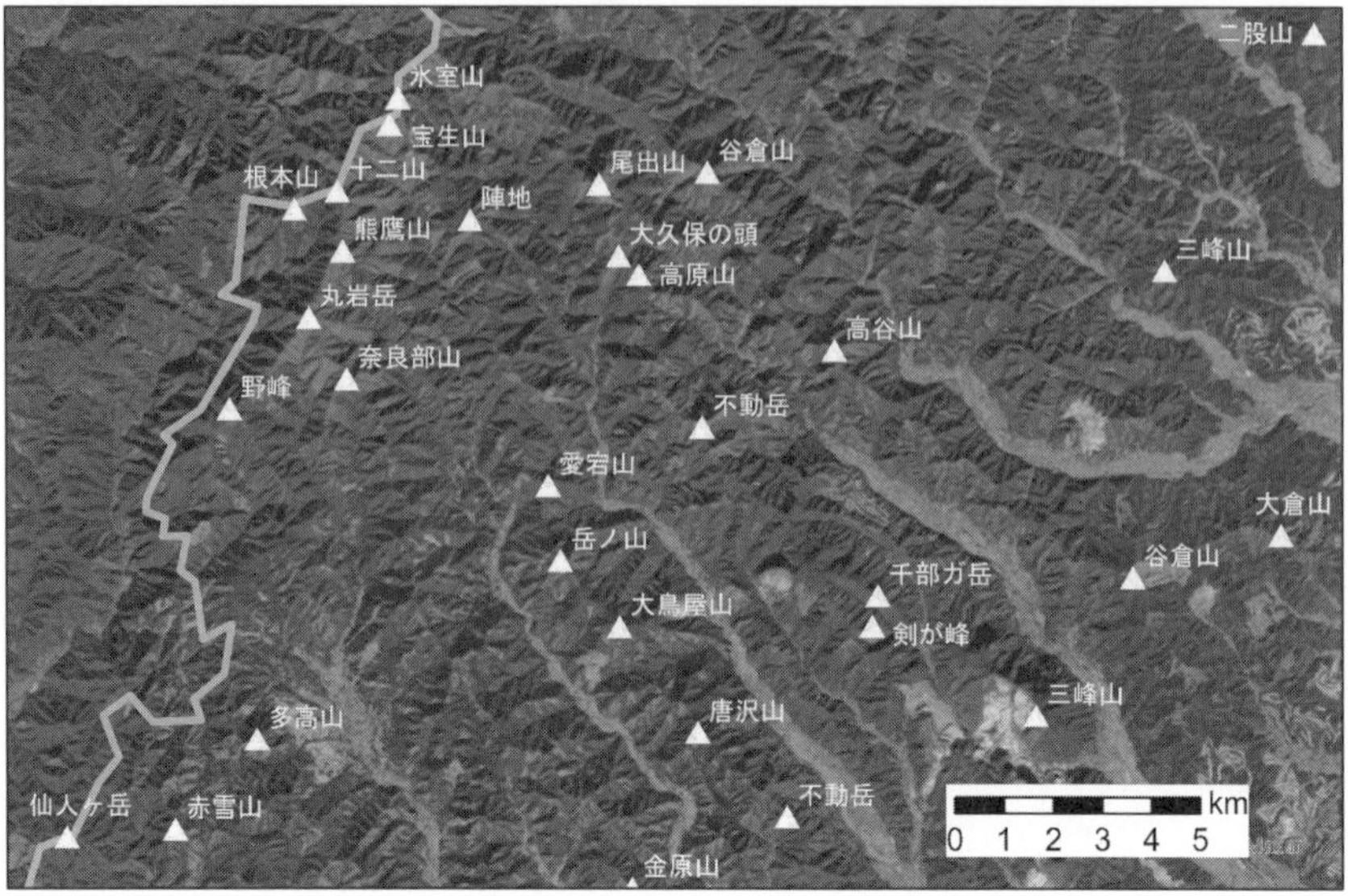

E　山の密度が高い山岳信仰が盛んだった根本山とその周辺の足尾山地

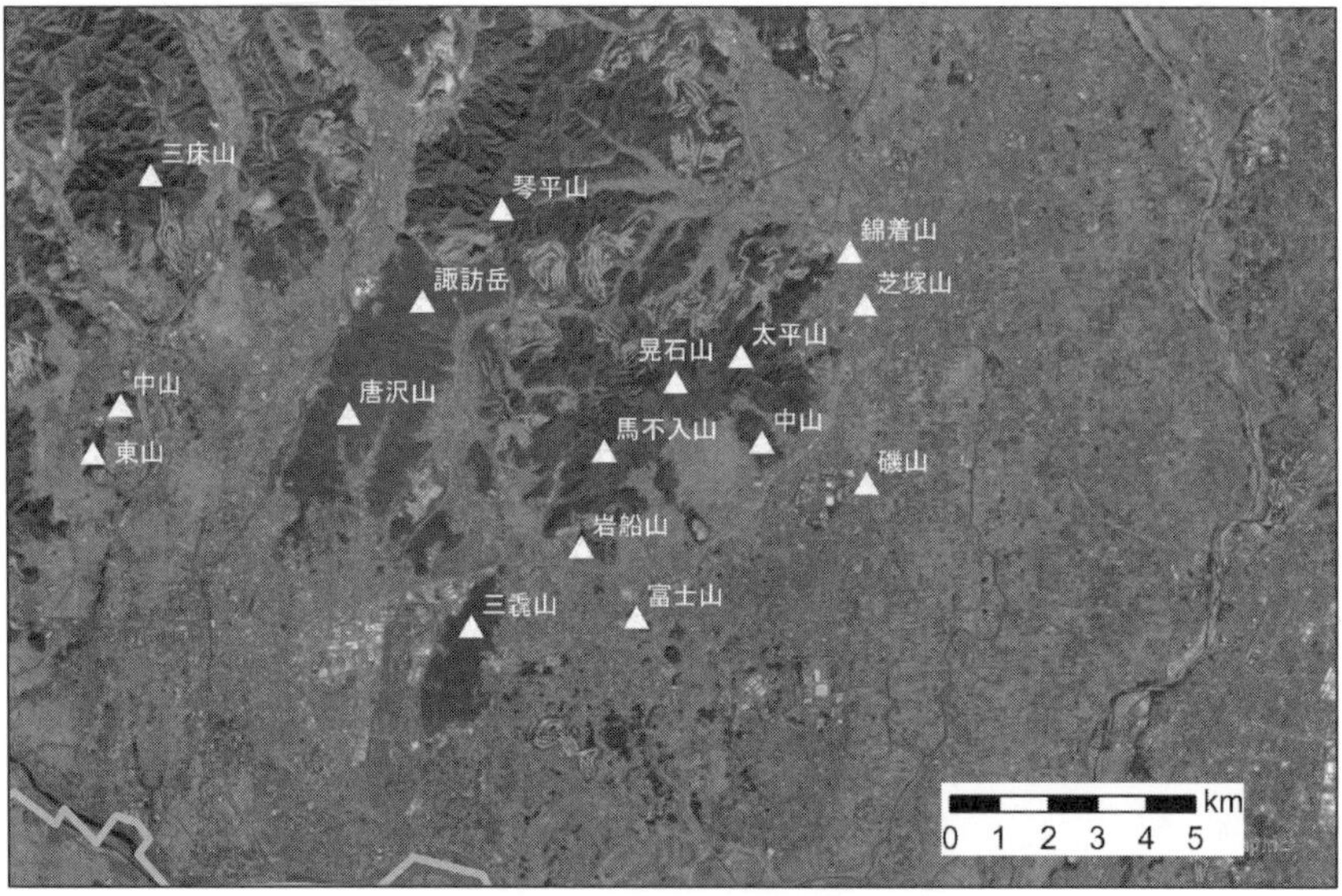

F　山の密度が高い栃木市の足尾山地南端の低山

写真1　栃木で最も山の密度が高い宇都宮北部の古賀志山地の山々（兜山、黒戸山、高舘山、飯盛山、本山の頂が見える）。北方の遠景には高原山や那須山を望む。

等の中禅寺湖周辺の日光火山の周辺の広い範囲（図4のD）でも山の密度が高かった。

この他、栃木県南部の佐野市や栃木市にかけての足尾山地においても、低山の密度が高い地域が認められた。江戸時代に根本山神講で多くの参拝者が訪れた県境の「根本山」を中心とした地域（図4のE）、日本三大霊山として信仰を集めた「岩船山」、万葉集の和歌にも詠まれた「三毳山《みかもやま》」等がある栃木市の歴史ある低山帯（図4のF）である。

おわりに

どこからでも山を臨むことができる栃木においても、ビルに視界を遮られ、水道の蛇口を水源と勘違いする程便利な生活をおくる現代人にとっては、山のことを身近な対象として意識しにくくなっているかもしれない。しかし、山の存在は、今日でも栃木の人々の言葉の中にしっかりと刻みつけられているようだ。山は、有形の対象としてだけでなく、無形の対象、すなわち人と山の関係に基づく印象を備えた内面的な対象でもあるのである。

また、山といえばたいていは、自然の営力によって形成された盛り上がった地形を連想しがちであるが、山の地理的分布は、こうした自然条件に加えて、人と山との関係に基づいた、土地への命名に基づいている。人間にとって山は、燃料や木材、水をはじめとする暮らしに不可欠な生態系サービスの恵みをもたらしてくれる存在である。同時に、栃木においては特に、山岳信仰や修験道の霊山としての役割が北部の那須、高原、日光の火山をはじめ各所で色濃く残されている。また、山の密度が最も高かった地域は、古くから栃木で最大の都市である宇都宮の北部にあり、金鉱の採掘や山岳信仰、修験道等で人と山の関係が歴史的に深い地域であった。

このように、山の地理的分布には、自然的条件に加えて、人と山の文化的な関係が色濃く反映されている。かつて人々は、山の生態系サービスに依存して暮らし、信仰や生活、職業的な目的で様々な社会組織を形成して山々を盛んに訪ね歩いていた。こうした人と山の深い関係の名残が、山名の地域的な偏在として現れているのであろう。山のランドスケープの視点から、人と山の関係を再考してみることで、見えてくるものがたくさんあるように思う。

〔参考文献〕
国立国語研究所『日本言語地図第4集』大蔵省印刷局、一九七〇年

森下喜一『栃木県方言辞典』桜楓社、一九七七年
福田アジオ『日本村落の民俗的構造』弘文堂、一九八二年
角川日本地名大辞典編纂委員会『栃木県地名大辞典』角川書店、一九八四年
徳久球雄・武内正・石井光造編『日本山名事典』三省堂、二〇一一年
国際連合大学高等研究所日本の里山里海評価委員会『里山・里海―自然の恵みと人々の暮らし』朝倉書店、二〇一二年
武内正・石丸哲也『日本の山を数えてみた』山と渓谷社、二〇一五年
岩松文代「「森」「林」「山」と「森林」「山林」の言語的関係」『山林』一二、二〇一八年
池田末則監修・村石利夫編著『日本山岳ルーツ大辞典』竹書房、一九九七年

column

牧場《まきば》点描——酪農いまむかし

松村啓子

栃木は、北海道につぐ生乳《せいにゅう》生産量を誇る。本県酪農の中核を占める那須塩原市《なすしおばら》（生乳産出額本州一位）および那須町の酪農家（二〇二二年現在の農場数は、二市町で三一二。栃木県畜産振興課調べ）は、第二次世界大戦後の開拓地に多く分布する。標高が高く強酸性土壌の旧軍用地、国有林、民間未墾地などに入植した農家は、あいつぐ冷害（一九五三年・一九五四年）や、那須山麓集約酪農地域の指定（一九五五年）を受けて、酪農専業化の道を選んだ。

本コラムでは、県内のあまたの牧場《ぼくじょう》のなかから、美しい景観を有し、かつ酪農県・栃木の歩みをいろどる魅力的な四つの牧場《まきば》（図1）を紹介したい。

足尾山地の横根山《よこねやま》（標高一三七三メートル）山頂からのびる緩やかな尾根に、鹿沼市営の前日光牧場《まえにっこうぼくじょう》がある。現在乳牛と肉牛の夏季放牧が行われており、併設の前日光ハイランドロッジには、家族連れやハイカーが訪れる。この地には、明治初期に栃木で最初の牧場が開かれた。一八七六（明治九）年に横根山から地蔵岳《じぞうだけ》にかけての山腹に安生《あんじょう》順《じゅん》四郎《しろう》（のちに県議会議長や上都賀《かみつが》郡長を歴任）が開いた、発光路《ほっこうじ》牧場である。安生は乳牛の夏季放牧と繁殖を行い、出産後の母牛を栃木町ほか県内一〇ヶ所に設けた牛乳販売所での搾乳に供した。最盛期の飼養頭数は一〇〇頭を超えていたという。県内酪農の発祥地が那須地域ではなく、県西部の標高一〇〇〇メートルに達する山中であったことは興味ぶかい。

那須地域を代表する観光牧場の那須千本松牧場（那須塩原市。以下、千本松牧場）は、明治期の華族農場に由来する。明治一〇年代から那須野が原に続々と開設された大農場の一部では牛乳生産が行われていた。そのうち那須開墾社では、一八八七（明治二〇）年前後には大田原《おおたわら》、塩原温泉、日光へと牛乳を広域販売していた。那須開墾社は一八九三（明治二六）年に解散し、株主の一人である松方正義《まつかたまさよし》が配分地に開墾社の植林地や購入地を加え、千本松農場として引き継いだ。千本松農場は緬羊《めんよう》、農耕馬、競走馬の繁殖と販売を行ったが、牛乳生産の記録は残っていない。一九二八（昭和三）年に同農場は、正義の長男・松方巌《いわお》が取締役を務めていた十五銀行の子会社である蓬《ほう》莱《らい》殖産株式会社（現・ホウライ株式会社）に譲渡された。のちに千本松牧場と名前を改め、一九六〇年代から酪農と観光事業が開始された。東北自動車道の西那須野塩原ＩＣに近接し、多くの来場者が訪れる広大な園内では、飼料栽培、乳牛の放牧、自社工場での乳製品製造が行われている。

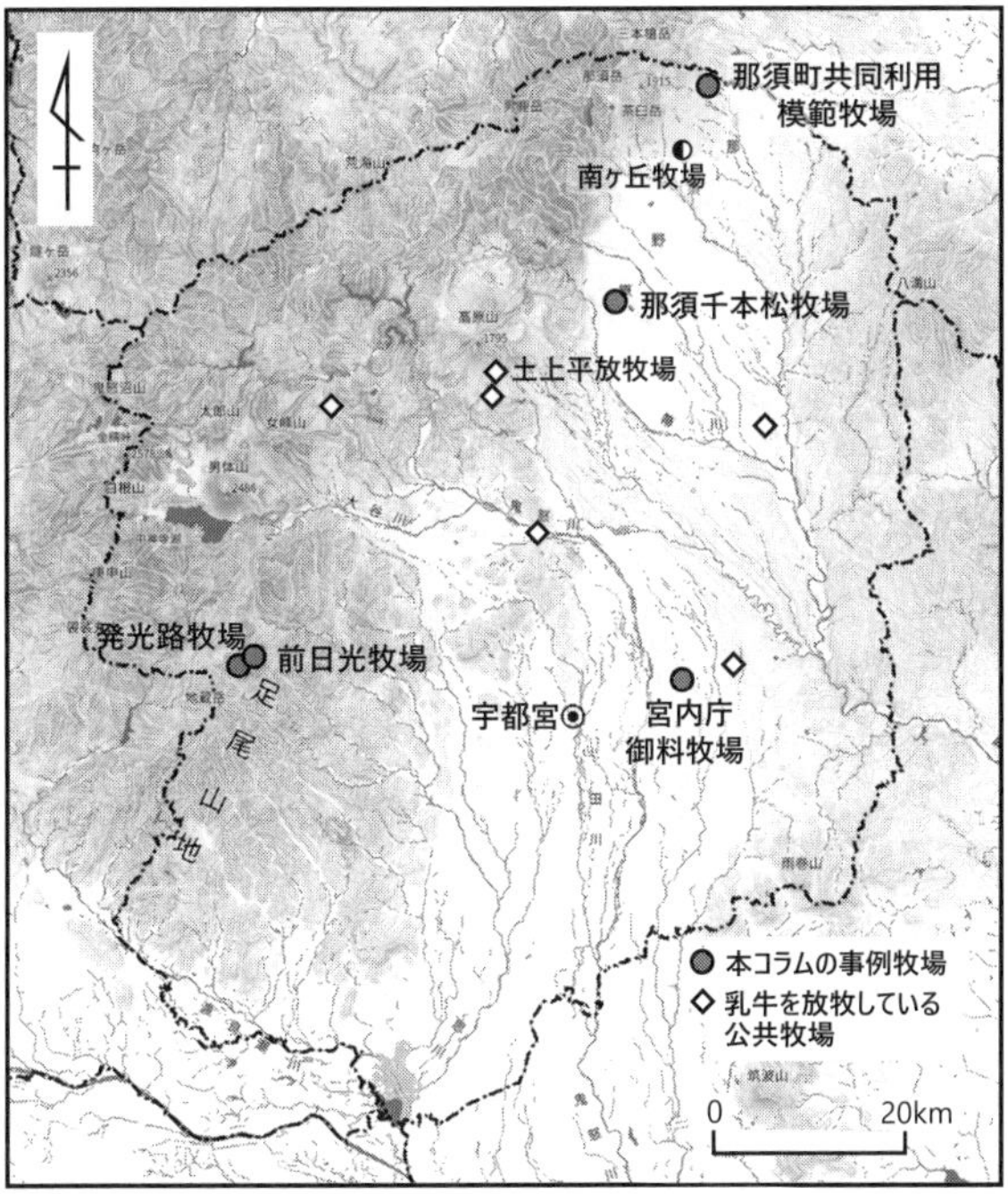

図1　事例牧場の分布（2022年）（地理院地図vector（標準地図＋陰影起伏図）を基図に作成）

高根沢《たかねざわ》・芳賀《はが》の両町にまたがり、宝積寺《ほうしゃくじ》台地上に位置する宮内庁御料《ごりょう》牧場は唯一無二の存在である。同牧場は、成田市三里塚にあった下総《しもうさ》御料牧場が、新東京国際空港建設にともない一九六九（昭和四四）年に移転開設されたものである。皇室専用の家畜および農畜産物を生産するために、乗用・輓用馬《ばんようば》、乳牛、緬羊、豚、鶏、キジが飼養されているほか、畑で野菜の栽培が行われている。乳牛はホルスタイン種・ジャージー種の二種が飼養

写真1　那須町共同利用模範牧場（2022年6月、筆者撮影）

され、生乳は場内の製酪場で低温殺菌牛乳、乳酸菌飲料のカルグルトほか各種乳製品に加工される。二〇一六年からは年四回の一般向けの見学会も開催されている（二〇二〇年〜二〇二二年は不開催）。

那須町共同利用模範牧場（写真1、一九六七年開設。以下模範牧場）は、先の前日光牧場や、口絵写真の県営土《ど》上平《じょうだいら》放牧場（塩谷町）と同様に、酪農家や肉牛農家から育成牛を預かる公共牧場（二〇二二年は県内一四ヶ所が供用中）の一つである。かつて軍馬補充部高津放牧場があった那須岳東麓の標高六〇〇〜一〇五〇メートルに、二〇二二年五月現在三五〇頭の乳牛が放牧され、千本松牧場、南ヶ丘牧場とともに日本遺産「明治貴族が描いた未来」の構成文化財に指定されている。

模範牧場を含む一部の公共牧場は、夏だけでなく年間を通じて牛を預かってくれる。預託中に後継牛（めす子牛）を得るための性選別精液を用いた人工授精や、価格の高い和牛子牛を得るための受精卵移植を行うなど、繁殖施設としての役割も大きい。こうした公共牧場は、大規模化が進んだ県内の酪農家にとっては、労働・飼料コストを抑え、牛舎のスペース不足解消に力を貸してくれる心強い味方なのである。

〔参考文献〕

磯　忍『那須野─自然と農村と歴史文化─』下野新聞社、二〇〇九年
栃木県史編さん委員会編『栃木県史　史料編　近現代五』一九七五年
那須野が原博物館編『那須野が原に農場を　─華族がめざした西洋─』二〇一八年
橋本　智『とちぎ農作物はじまり物語』随想舎、二〇〇九年
ホウライ株式会社ホームページ https://www.horai-kk.co.jp/corporate/history/（二〇二二年七月一〇日最終閲覧）

戦国の城郭都市・宇都宮多気《たげ》

江田郁夫

1　中世の宇都宮

　宇都宮は、もともとは神社の名前であり、それが神主の名字となり、そして地名にもなった。すなわち、下野国《しもつけのくに》（栃木県）の一宮・宇都宮大明神（現二荒山《ふたあらやま》神社、以下宇都宮社）の神職をつとめる藤原朝綱《ともつな》は源頼朝から社務職（神職の長）を許され、宇都宮氏を名乗った。そして、宇都宮社の門前町であり、かつ関東と陸奥《むつ》（おもに現青森・岩手・宮城・福島県）を結んだ街道（中世の奥大道《おくだいどう》、近世の奥州道中）の宿場町であり、宇都宮氏の城下町でもあった町自体もやはり宇都宮と呼ばれた。

　鎌倉時代の宇都宮は宇都宮社の境内である宮中《きゅうちゅう》とその門前の町屋や寺院、また奥大道に沿って上河原《かみがわら》・中河原《なかがわら》・下河原《しもがわら》（小田橋《こたはし》とも）などの宿場、そして宇都宮氏の館と一族・家臣の屋敷などが立ち並び、東国（東日本）でも有数の中世都市を形成していた。宇都宮を支配した宇都宮氏は、鎌倉幕府屈指の有力御家人として知られ、政治・経済力のみならず、和歌などの文化力にも秀でていた。たとえば、古来からの優れた和歌を集めた「百人一首」は、宇都宮氏の五代当主頼綱の依頼をうけて歌人藤原定家が編んだものがもとになっている。

宇都宮氏は武人としても優れ、鎌倉幕府の滅亡後、約六〇年におよんだ南北朝の内乱において「坂東一の弓矢取り」と評されている（『太平記』）。勇猛で知られた坂東（東国）武者のなかでも、一、二を争うような存在だったのである。平安時代末期から戦国時代に至る中世をつうじて、宇都宮氏はほぼその勢力を保ち、同氏の本拠地宇都宮もまた繁栄を維持した。

ところが、戦国時代、とくに一五七〇年代（元亀・天正年間）を迎えて状況は大きく変化する。畿内近国では織田信長が室町幕府を滅ぼして統一事業を推し進めつつあったが、そのころ関東でも小田原城（神奈川県小田原市）を本拠とする北条氏がすでに南関東を勢力下に収め、北関東進出を本格化させていた。一五七八（天正六）年には北条氏四代当主氏政が下総結城城《ゆうき》（茨城県結城市）に攻め寄せ、宇都宮国綱《くにつな》をはじめとする下野・常陸（茨城県）の大名・国衆《くにしゅう》（大名よりも小規模な領主）は協力して結城氏の支援に乗り出している。かれらは相互の対立を越えて反北条氏連合（東方の衆とも）を結成し、生き残りを図ったのである（図1）。

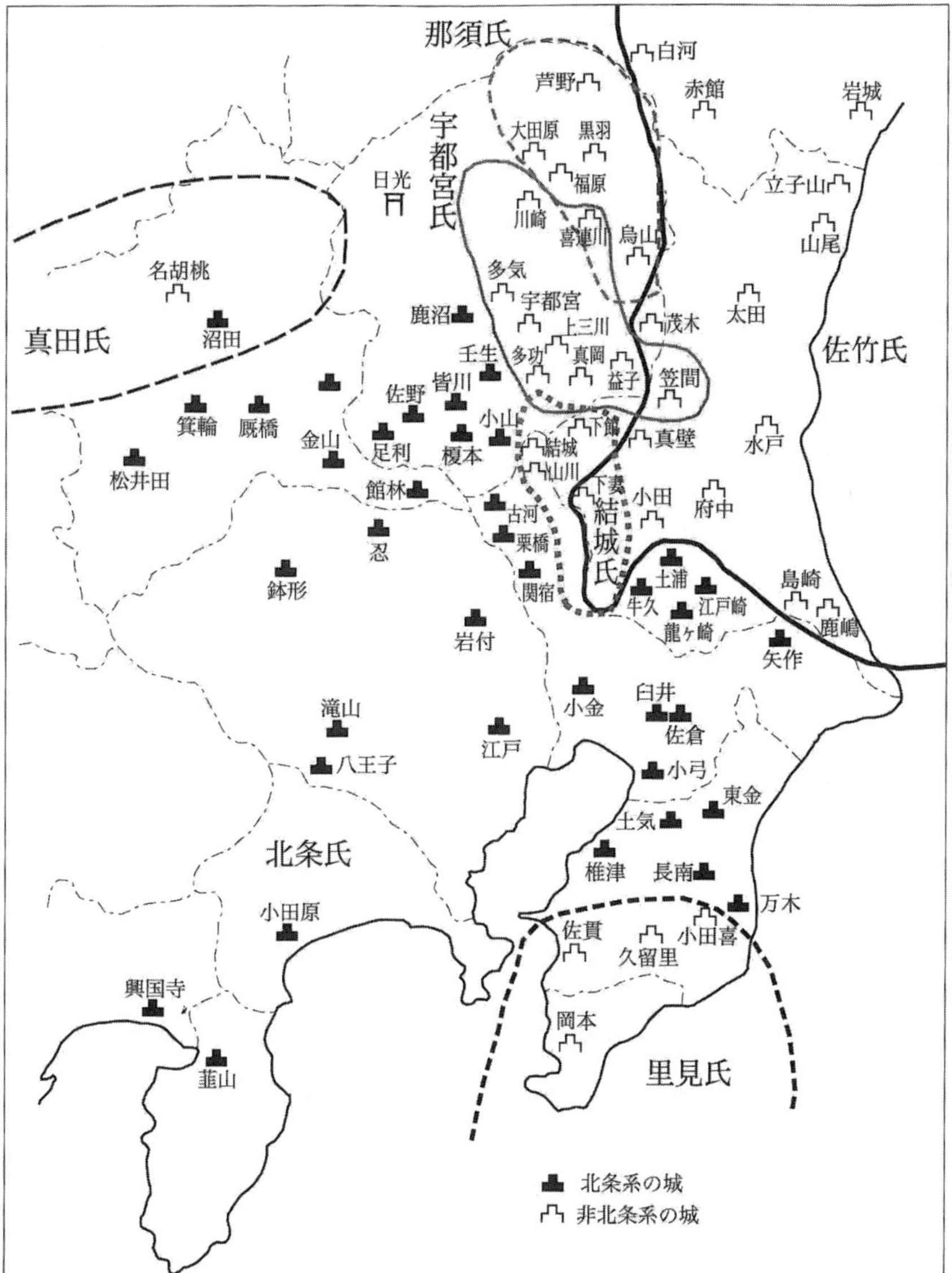

図1　天正末期の関東地方勢力分布図（出典：『北関東の戦国時代』高志書院、2013年）

2 宇都宮氏の危機

一五八二（天正一〇）年三月には織田信長が武田勝頼を攻め滅ぼし、これにともなって関東・東北地方はほぼ信長の傘下に属した。この結果、北関東での北条氏と反北条氏連合との武力衝突は影をひそめ、信長の先兵として重臣の滝川一益が上野《こうずけ》（群馬県）に入国した。ところが、同年六月二日に信長が明智光秀によって討たれ（本能寺の変）、滝川一益も上野神流川《かんな》での合戦で北条氏直（氏政の子）に敗れて伊勢（三重県）に没落する。

まもなく北条氏は北関東侵攻を再開し、上野の再領国化を手始めに東上野・西南下野一帯（いわゆる両毛方面）でも反北条氏連合との軍事衝突を繰り返している。とはいえ、勝頼や信長など北条氏に対抗しうる外部勢力が消滅して以降、北条氏の軍事力は圧倒的で戦局は北条氏優位に推移していった。

一五八五（天正一三）年までに北条氏は東上野と小山・足利などの西南下野の要衝を押さえたため、反北条氏連合方の宇都宮国綱はいよいよ北条氏の直接的な脅威にさらされることになった。危機的な状況に直面した国綱は、その打開策として本拠の移転に踏み切った。一二世紀後半以来、約四〇〇年にわたって本拠としてきた宇都宮城にかわり、北西約八キロメートルに位置する多気山《たげさん》をあらたな本拠に選んだのである。

多気山は標高三七七メートルの独立丘陵で、中腹には宇都宮氏の先祖宗円《そうえん》が滋賀県大津市の石山寺から招き寄せたと伝わる不動尊を祀った持宝院があり、国綱のころには「田気の御堂」と呼ばれていた（『今宮祭祀録』）。現在と異なり、往時は「田気」と表記されていたことがわかる（以下、本文中では多気に統一）。

宇都宮社が鎮座する丘陵の南に広がる舌状台地を利用した宇都宮城は、いわゆる平城であり、防衛力の面で必ずしも万全ではなかった。その点に関連して、国綱と連合していた結城晴朝《はるとも》も「抱《かか》えなく候」（ある物をしっかりと保つ、または、落ちようとするものを支えることができない。『日葡辞書』）と宇都宮城を評している（「歴代古案」[1]九）。

いっぽう、多気山は丘陵部だけでも最大で東西約一・五キロメートル、南北約一・五キロメートルの規模をもつ独立丘陵であり、山城としての要害性、そして広さの点でも申し分がなかった。くわえて、宇都宮城からの距離もそれほど離れておらず、戦時下での移転先としても好都合だった。以上のような諸条件を勘案したうえで、多気山が宇都宮氏のあらたな本拠に選ばれたと考えられる。

しかしながら、北条氏の軍事攻勢がつづくなかでの本拠移転であり、移転のタイミングを誤ればかえって北条氏に付け込まれる可能性もあった。甲府（山梨県甲府市）から新府城（山梨県韮崎市）へ本拠を移転した勝頼が、移転後まもなく信長に滅ぼされた事実はその危険性を雄弁に物語る。では、国綱はどのようにして危機を乗り切ったのだろうか。

(1) 江戸時代に米沢藩によって編纂された越後長尾・上杉氏関連の古文書集。全二〇巻一〇冊。

3　宇都宮氏の本拠移転

宇都宮氏支配下の氏家郡《うじいえ》（現栃木県さくら市、塩谷町、高根沢町）の総鎮守今宮明神《いまみやみょうじん》（現さくら市今宮神社）の神職が中世に記した『今宮祭祀録』によると、一五八五年八月二〇日に国綱は「田気の御堂」の建立を宣言し、さっそく翌二一日から普請・作事を本格化させた。見逃せないのは、国綱が属する反北条氏連合の盟主であり、国綱の伯父でもあった常陸太田城主佐竹義重《よししげ》（妹が国綱の母親）が普請・作事に協力し、具体的には「鹿嶋・行方《なめがた》・佐竹の人夫をもって御建立候」とされていることである。

「田気の御堂」の建立は宇都宮氏だけでなく、連合する佐竹氏の影響下にあった鹿嶋・行方（茨城県南部地方、いわゆる鹿行《ろっこう》地域）や佐竹氏らの人夫たちの全面的な協力のもとで実施されたのである。宇都宮氏領内の一寺院の建立ならば、わざわざ遠方の佐竹氏らの協力まで仰ぐ必要性はない。「田気の御堂」の建立はあくまで隠れ蓑で、実態は多気城の築城工事だったことはあきらかだろう。「敵を欺くにはまず味方から」のたとえどおり、多気山中腹に「田気の御堂」を建立する（実際は中興・修復か）との名目で領内外から人夫を集め、八月二一日以降急ピッチで築城を進めていったとみられる。

多気城築城と国綱らの引っ越しはひとまず年内には完了していた模様で、宇都宮氏の本拠移転を知った北条氏直軍は守備が手薄になった宇都宮に攻め寄せ、一二月一五日に宇都宮社境内（宮中）に乱入して「大明神の御殿を初め、楼門・廻廊・日光堂・大御堂・小寺山・蓬莱」などの社寺仏閣のほか、これに隣接する興禅寺・東勝寺など「一処も残らず、悉く焼き払う」といった乱暴狼藉を働いた（『今宮祭祀録』）。国綱が多気城に移ったあと、宇都宮城には家臣玉生《たまにゅう》氏を代官として在城させていたが、玉生氏は城の防御で手いっぱいで宇都宮社周辺までは守り切れなかったのである。

ちなみに、織田信長が岐阜から安土（滋賀県近江八幡市）に本拠を移した際には、一五七六（天正四）年正月中旬から築城を本格化させ、信長本人は二月二三日に安土城へと移った。信長の親衛隊である馬廻衆《うままわりしゅう》もこれに従い、安土山麓に各自の屋敷地を与えられ、屋敷の造営は自身の責任で行っている。また、本丸等の石垣普請や天守閣の作事は、移動後の四月一日から実施された（『信長公記』）。

以上を参考にすると移転作業の優先順位としては、まず①多気城の築城が最優先で、それがおおむね完成した時点で②国綱と一族・家臣が多気城に移り、それと並行して③一族・家臣の屋敷地造営が行われたとみられる。ただし、多気城が宇都宮氏の本拠として実際に機能するためには、武士たちのほかその家族や商人・職人、そして僧侶・神職など、経済・宗教・文化にかかわる多種多様な人びとの移住も当然必要となってくる。したがって、④城下町の造成と住人の移住も必須だった。一五八五年一二月の北条軍による宇都宮社と門前町の焼き討ちは、結果的に本拠移転に付随した④の作業をさらに加速させたとみられる。

興味ぶかいことに多気城の南山麓には、「下河原・塙田《はなわだ》・源石町《もとこくちょう》・扇町《おうぎまち》・裏町《うらまち》」や「粉《こ》河寺《かわじ》・清願寺《しょうがんじ》」といった小字名が残されている。このうち、下河原は奥大道沿いの宿場町、塙田は宇都宮社周辺の地名に由来する小字で、以上からは宇都宮から多気への移住にあたって、基本的には下河原・塙田といった宇都宮での旧居住地ごとに多気の新城下での居住区域が割り振られていたことがあきらかとなる。

いっぽう、源（元か）石町・扇町・裏町に関しては多気移住以前から同様の町場が宇都宮に存在した確証はないが、源石町・扇町は近世の宇都宮城下でも確認できるので、少なくとも多気城下から近世の宇都宮城下に移った可能性は十分に考えられる。だとすると、

第２図　多気城跡縄張図（１：7,500）

図2　多気城跡縄張り図（出典：『宇都宮市埋蔵文化財調査報告書第42集　多気城跡』宇都宮市教育委員会、1997年3月）

多気城下の時点で米商人や扇職人などといった職種別に居住区域を区分していたことがうかがえ、多気城下が宇都宮氏によって計画的に整備された本格的な城下町だったことがわかる（図2）。

その点は寺院の場合も同様で、粉河寺は宇都宮氏、清願（巌か）寺は宇都宮氏重臣の芳賀氏の菩提寺であり、ともに宇都宮から移転した。注目されるのは、宇都宮では散在していた両寺院が多気城下ではほぼ隣接していたらしいことで、同城下では粉河寺や清願寺などの関連寺院を集めた寺町が形成されていたとみられる。

4　城郭都市多気

宇都宮氏の本拠移転は城だけでなく、町場も一体となったものだった。一五八五年以降、宇都宮氏の一族・家臣はもちろん、宇都宮の住民たちの多くも多気に移ったのである。となると、多気城は単なる山城ではなく、城下町も含めた城郭都市だったことになる。

その点を証明するのが、実際に多気城で戦った武士たちの証言である。たとえば、北条軍に属して多気城を攻めた桜《さくら》井《い》武《ぶ》兵衛《へえ》はつぎのように記した。「新うつの宮たけ（多気）にて、京牢人村井・我等やりはじめを仕り候」（「桜井家文書」）。槍を得物に戦った多気城を武兵衛は「新うつの宮」と認識していた。かつての宇都宮がそっくり多気に移ったと武兵衛らが理解していたことがわかる。

いっぽう、北条軍の撃退に成功した城主国綱は、手柄をあげた家臣の山田・菊地氏らに

写真1　多気城遠景

「太（大）谷口において粉骨を抽んじ相動《はたら》かれ候」とその戦功を賞している（「秋田藩家蔵文書」四八ほか）。「口」とは「入口、または、戸口」を意味するので（『日葡辞書』）、山田氏らが多気城下の東側の出入口である「太谷口《おおやぐち》」で北条軍と交戦したことがあきらかになる。もちろん、北条軍が攻め寄せたのは「太谷口」だけではなかったらしく、「諸口において堅固の防戦、（北条軍の）手負・死人数百余人」と国綱は述べている（「森島本甲斐国志草稿」）。「諸口」とあるように多気城下への出入口は複数あり、主としてそれらの「諸口」で両軍の激戦が繰り広げられたのである。

なぜ北条軍は「太谷口」などの「諸口」に殺到し、国綱も味方から提供された鉄砲などを重点的に「諸口」に配置して「堅固の防戦」に努めたのだろうか。その理由を具体的にうかがわせるのが、多気山から約〇・五キロメートルほど南東に位置する丘陵上から発掘された堀と土塁である（割田遺跡）。堀は幅五・五メートル、深さ二・五メートル、その両側に土塁が築かれ、内側の土塁は幅四～五メートル、高さ一・二メートルの規模で、堀と土塁を合わせれば堀底からの高低差四・五メートルの急斜面が形成されていたという（『割田遺跡』）。以上のような堀と土塁が丘陵上を横断するように約四〇〇メートルにわたって構築されており、多気城を守る「外郭の一つ」と考えられている。

つまり、割田遺跡の堀と土塁は、宇都宮の住民があらたに移住した多気城下を防衛するために構築されたものであり、遺跡の立地・構造・規模から堀と土塁は城下全域を囲むようにめぐらされていたと判断できる。当時、「市街地や村落などの周囲をすっかり取り囲んでいる柵、または、防壁」を「惣構《そうがま》へ」（『日葡辞書』）と称したが、割田遺跡の堀・土塁は多気城の惣構の一部だったのである。

したがって、多気城の攻防戦では、まず最初に城の外縁部である惣構で戦闘が行われ、その際には防備が厳重な惣構のなかで城内への侵入路となりうる「太谷口」などの「諸口」に双方の軍勢が集中したのである。一般に「周囲を城壁や土塁などで囲んだ都市」を城郭都市と呼んでいるが（『広辞苑』ほか）、城下全域をとり囲んだ惣構を有していた多気城はまさに城郭都市と称してよかろう（写真1）。

5　多気から宇都宮へ

一五九〇（天正一八）年、織田信長の後継者羽柴（豊臣）秀吉が、総勢二〇万人を超える大軍で北条氏を小田原城に攻めた（小田原合戦）。約三ヶ月にわたった籠城戦のすえに北条氏は降伏し、当主氏直は高野山（和歌山県高野町）に追放、その父氏政は自害した。北条氏の滅亡によって、国綱ら反北条氏連合の危機はようやく去った。

その後、秀吉は宇都宮、つづいて陸奥会津（福島県会津若松市）まで下向し、天下統一の総仕上げを行っている（宇都宮・会津仕置）。秀吉の宇都宮滞在は同年七月二六日から八月

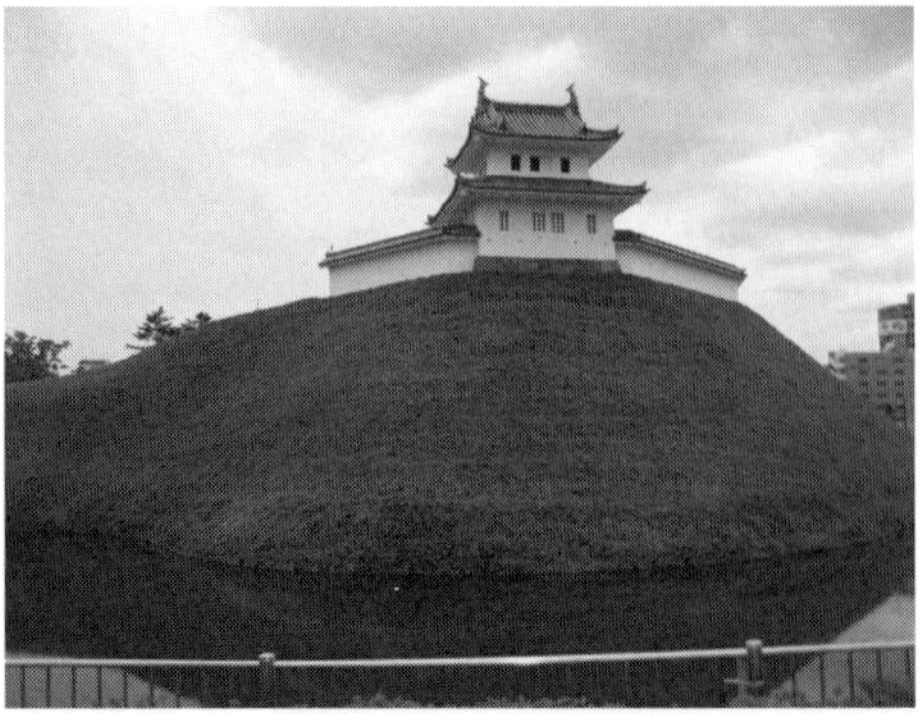

写真2　宇都宮城

四日にわたり、会津からの帰路でも八月一四日に宇都宮城に宿泊した。結局、往路で八泊九日（同年七月は三〇日まで）、復路で一泊二日、のべ一一日間の宇都宮滞在だった。秀吉の会津滞在は三泊四日にとどまった模様なので、小田原合戦後、秀吉が東国でもっとも長期間滞在した場所が宇都宮だった。

国綱が多気城を本拠としていたこともあって秀吉の滞在中、宇都宮城は秀吉軍に接収された。秀吉の奉行衆は七月一三日に早くも宇都宮に到着しており（『今宮祭祀録』）、一三日の時点で宇都宮城は秀吉軍に明け渡されたとみられる。その後、同城には秀吉の奉行増田《ました》長盛《ながもり》をはじめ、金森《かなもり》長近《ながちか》、京極《きょうごく》高次《たかつぐ》らの家臣が駐留し、警備にあたった（写真2）。

国綱をはじめ、佐竹義宣《よしのぶ》（義重の子、国綱の従兄弟）や伊達政宗・最上《もがみ》義光《よしあき》など、秀吉に従った関東・東北の大名・国衆は、秀吉が滞在する宇都宮城を訪れて臣礼をとり、秀吉から人質の提出や不要になった領内諸城の破却等を命じられた。また、秀吉に提出した領地の申告書（差出）をもとに、後日、個別に領地支配を認められている。いっぽう、宇都宮への参向を怠った大名・国衆の多くが取り潰しの憂き目にあった。秀吉は以後の関東・東北支配の大枠を宇都宮でほぼ決定しており、その関係で滞在が当初の予定よりも長期化したのである。

帰洛のため、秀吉が八月一五日に宇都宮城を離れたあと、国綱はふたたび本拠を宇都宮に戻した。多気に本拠を移転してから五年ぶりとなる。直接のきっかけは、秀吉の奉行石田三成・増田長盛両人の「御しおき」だったという（『今宮祭祀録』）。「征服した国や土地に砦を造っておく、または、守備兵をおく」などの意味をもつ「仕置」だが（『日葡辞書』）、この場合は宇都宮・会津仕置に付随して三成・長盛から国綱に移転の指示があったとみられる。

秀吉の天下統一で戦国の世が終わり、国内平和が実現したのにともなって本拠の役割も大きく変化し、それまでの軍事面から政治・経済・文化面へと優先順位が移ったということだろう。戦国末期に構築された城郭都市多気は、わずか五年間の実働期間とはいえ、宇都宮氏の防衛戦略や築城技術、そして城下町建設のノウハウなどが随所で具体化された貴重な存在といえる。往時の惣構の全周は八キロメートル近くにおよんだ可能性があり、だとすると、戦国最大規模といわれる小田原城の惣構（全周九キロメートル）とさして遜色がなかったことになる。ぜひ早急に多気城の保存・整備策を講じるとともに、さらなる実態の解明が今後進められることを期待したい。

〔参考文献〕
荒川善夫『戦国期東国の権力構造』岩田書院、二〇〇二年
市村高男「文献史料から見た飛山城の歴史と性格」江田郁夫編著『下野宇都宮氏』戎光祥出版、二〇一一年
市村高男「「惣無事」と豊臣秀吉の宇都宮仕置」江田郁夫・簗瀬大輔編『北関東の戦国時代』高志書院、二〇一三年
宇都宮市教育委員会『宇都宮市埋蔵文化財調査報告集第42集　多気城跡』同教育委員会、一九九七年
宇都宮市教育委員会『宇都宮市埋蔵文化財調査報告集第108集　割田遺跡』同教育委員会、二〇二〇年

江田郁夫『戦国大名宇都宮氏と家中』岩田書院、二〇一四年

江戸時代の宇都宮
――まちなかの商いとひろがる流通――

寺内由佳

はじめに

城下町を、その土地の歴史的・地理的性格に沿って形成された個性豊かな都市として捉えるならば[1]、現代の宇都宮で生活し、より良い都市社会の在り方を模索する私たちは、このまちが城下町であった時代の姿を知る必要があるだろう。もっとも、社会構造がまったく異なる江戸時代と現代を短絡的に比較したり、同一視することは不相応である。しかしながら、城下町を構成する町々、そこで展開された営みや人びとの暮らしぶりに目をむけることで、このまちの本質的な特徴を認識したり、見直すことができるのではないか。また、顔も知らぬ先人たちの姿を思い浮かべ、愛着をもつことは、私たちの日々の生活に新たな彩りをもたらすだろう。

そこでこの章では、現在は〈まちなか〉とよばれる中心市街地が〈城下〉と称されていた江戸時代を舞台に、どのような店が立ち並んでいたのかを概観し、その特徴をみたうえ

（1）吉田伸之による「伝統都市」論、城下町論を参照（吉田二〇一二年）。

で、需要の高い商品とそれを扱う商人に注目しながら、宇都宮という都市の性格を考えたい。

1　城下の成立と基本構造

城下町としての宇都宮の基盤は、城主が頻繁に交替した近世初期に築かれた。一五九八（慶長三）年から一六〇一（慶長六）年まで在任した蒲生《がもう》秀行《ひでゆき》による城の修築、武家地と町人地の区別などに始まり、一六一九（元和五）年から一六二二（元和八）年まで在任した本多正純《ほんだまさずみ》は、領内の総検地、城の改修、城下の町割り、奥州街道の付け替え、日光街道の整備や宿場の設定など、大規模な都市計画を実施した。その後も城や町場の工事・整備は続き、完成された城下を示した概要図が図1(2)である。

宇都宮城下は、城と明神（現二荒山神社）を結んだ線上を境に区分される。すなわち、馬場町《ばばちょう》より東側に展開する町場が下町《したまち》、西側に展開する町場が上町《うわまち》となるが、上町の大部分は本多正純による街道と宿場の整備によって形成された町々であり、町場としての歴史は下町のほうが長い。

現在も下町・上町というエリアの区分はしばしば用いられる。たとえば一七世紀後半に始まったとされる明神の祭礼「大明神大祭」の付祭りは、「菊水祭《きくすいさい》」として継承されているが、毎年一〇月の最終土日に開催されるこの祭りで、神輿の渡御は両エリアごとに行われ、年ごとに土曜・日曜で下町・上町の順番が入れ替わる。なお、昨今はいくつかの町で

（2）嘉永期成立の「宇都宮城絵図」を元に、宇都宮市史編纂室による「江戸時代城下復元図」も参照。

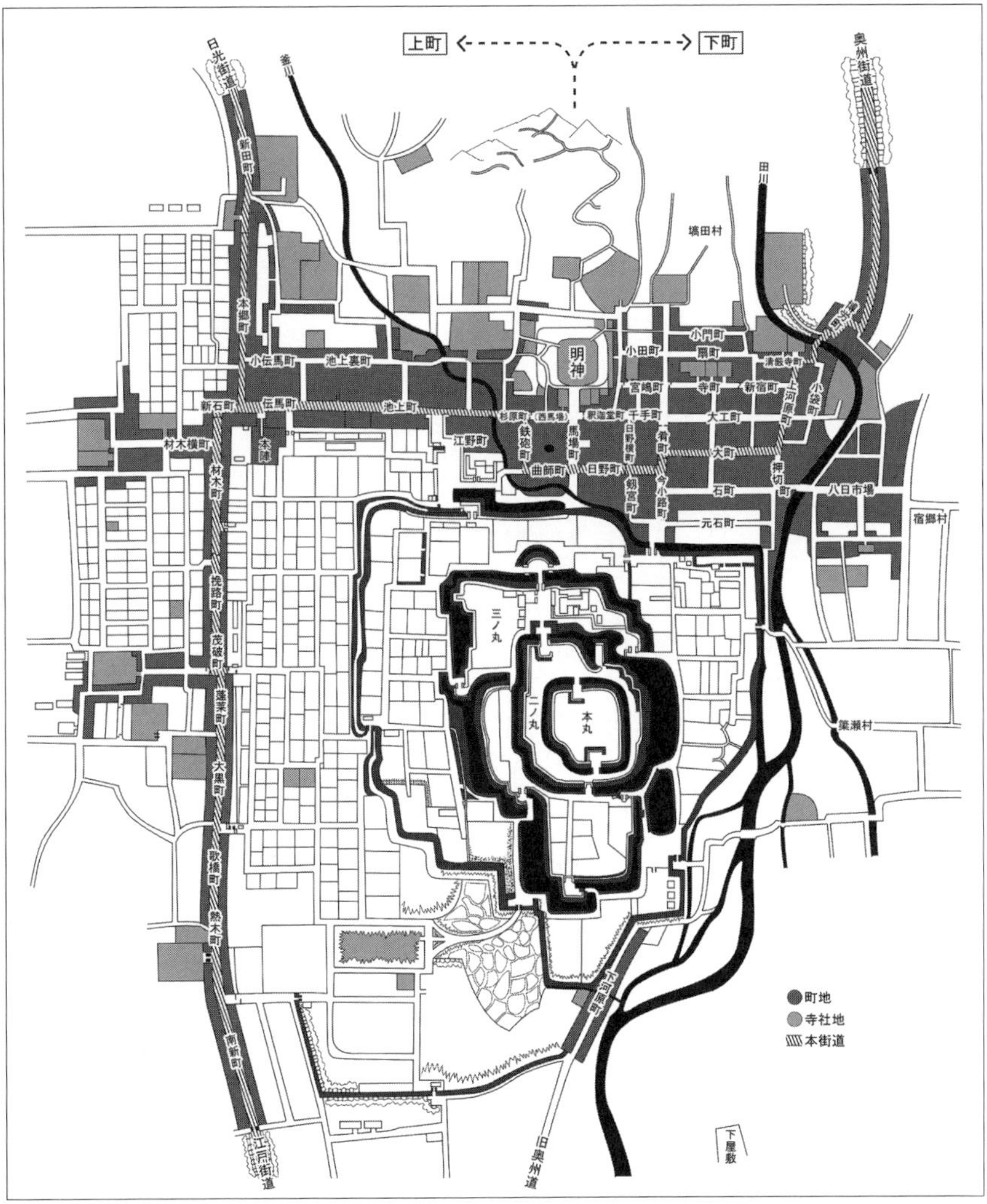
上町
下町
日光街道
釜川
奥州街道
田川
塙田村
新田町
本郷町
小伝馬町
池上裏町
明神
小門町
小田町
扇町
清巌寺町
宮嶋町
寺町
新宿町
上河原町
小袋町
新石町
伝馬町
池上町
杉原町
(西馬場)
釈迦堂町
千手町
大工町
村木横町
本陣
江野町
鉄砲町
馬場町
日野横町
肴町
大町
押切町
曲師町
日野町
剱宮町
今小路町
石町
八日市場
元石町
宿郷村
村木町
挽路町
茂破町
蓬莱町
大黒町
歌橋町
熱木町
南新町
江戸街道
三ノ丸
二ノ丸
本丸
簗瀬村
下河原町
旧奥州道
下屋敷
町地
寺社地
本街道

図1　城下概要図

江戸時代の山車が複製され、伝統的な練り物への関心も高まっている。

　ところで宇都宮藩には一七世紀初めより有力な譜代大名が配置されたが、長くともおよそ四〇年余りで交替となり、一七七四（安永三）年に戸田忠寛《とだただとお》が再封となると、以降は幕末まで戸田家が治めた。このように領主が長らく定着しないなかで、宇都宮という都市を発展させてきたのは、古くから定住した町人・商人たちであったといえよう。そこで次に城下の商業について、下町・上町の様子を見ていきたい。

2　下町の商い

　一七九二（寛政四）年頃に成立した「宇都宮町中諸職人諸商人留全《うつのみやちょうじゅうしょしょくにんしょしょうにんとめぜん》」(3)という史料には、町ごとに各種商工業者の数が記されている。全四〇町、七三業種（商人四三・職人三〇）、総数は五一一人となり、城下で様々な食料品・生活用品が売られていた様子を概観できる。この史料をもとに下町・上町それぞれの特徴を整理する。

　下町では、穀物・魚・青物などの食料品、衣料品・雑貨類など、生活必需品を扱う商人が多く、種類も豊富である。また、業種によっては特定の町に集住する傾向も見られる。たとえば穀問屋はすべて（一一人）が石町《こくちょう》、穀物屋（穀屋）は三三人中一六人が大工町《だいくちょう》、魚問屋（一人のみ）は大町《おおまち》、魚屋も一六人中一一人が大町、古着屋は三九人中一五人が寺《てら》町《まち》、一二人が宮嶋町《みやじまちょう》、荒物屋は三二人中一八人が上河原町《かみがわらまち》というように、いくつかの業種では少なくとも半数以上が一町あるいは二町に集まっている。この場合、藩から認められ

（3）「戸田家文書」二九。当文書は栃木県立図書館の所蔵で、藩主戸田家に伝わる史料の一部で構成される。

た営業権をもとに仲間（株仲間）が結成されていることが多い。穀問屋や魚問屋・魚屋などが該当する。これらはいずれも一七世紀前半から独占的に仕入れを行う権利や専売権を有した。年代が下ると他の町（上町を含む）での営業が認められるものもあるが、このような旧来からの特権をもつ商人の存在が下町の特徴だといえる。

さらに、下町では一七世紀前半から市が開かれた。青物や魚などが売買された大町・新《しん》宿町《じゅくちょう》の六斎市、上河原町の初市である。元々、六斎市は上河原町で開かれるはずだったが、奥州街道沿いであるため通行の妨げになるという理由から新宿町に変更され、正月一一日夜の初市のみを上河原町で開くこととなった。現在も毎年一月一一日に上河原町の街道沿い（現上河原通り）で開催されている初市は、昼間から賑わい、おたりや（冬渡祭・春渡祭）とともに伝統的な冬の風物詩となっている。

このように、下町は商業が盛んになる時期が上町よりも早く、伝統的・特権的な商いが展開されていた。なお、戊辰戦争(4)後に穀問屋から味噌醸造業へと転換した青源《あおげん》（青木屋源四郎）は、二〇二一（令和三）年に移転するまで石町（現三番町）に本社を構えていた。また、江戸時代は古着屋を営み、のちに呉服屋へと転換したのが宮嶋町（現宮町）の丸伊呉服店（丸井屋伊兵衛）である。古着屋は宮嶋町・寺町に集まっていたが、現在も丸伊呉服店から寺町（現仲町）へ入ると、呉服店のほか婚礼衣装や白衣・制服などを扱う店が散見される。その一部は、江戸時代から業種の転換をしつつ衣料品の商いを継続している。

（4）宇都宮藩は新政府側につき、大鳥圭介や土方歳三らが率いる旧幕府軍と激しい攻防戦を展開した。戦火によって下町は全焼、上町もほとんどが焼けた。そのため城や明神をはじめ、城下の建造物の大部分が消失した。

3 上町の商い

上町についても「宇都宮町中諸職人諸商人留全」をもとに概観する。上町は奥州街道・日光街道を利用する人びとで賑わった、街道沿いの宿場として発展した町場である。

宿場の中核となるのは宿泊施設が集まる町であり、伝馬町《てんまちょう》・池上町《いけがみちょう》が該当する。「宇都宮町中諸職人諸商人留全」が作成された寛政四年当時、旅籠屋《はたごや》は三一人存在したが、一六人が池上町、一五人が伝馬町で営業していた。伝馬町は奥州街道・日光街道の分岐点＝追分であり、参勤交代の大名や幕府役人などの要人が宿泊する本陣、その予備施設となる脇本陣があり、人馬の継ぎ立てを行う問屋場も置かれていたため、外部の人びとが最も多く訪れる町であったといえる。旅籠屋の他には、城下に一八人存在した糀《こうじ》屋の内、一五人が伝馬町に集まっている。また、池上町は東西に長く、商工業者の数は城下で最も多かった（四四人、上河原町と同数）。旅籠屋の他には衣料品や造酒屋、醤油屋、たばこ入などの雑貨を扱う商人、大工や鍛冶屋、紺屋などの職人も存在した。なお、伝馬町の商工業者は三三人、その近隣である本郷町は二四人、小伝馬町は一九人、材木町は一四人というように、追分付近がとくに賑わっていた様子がうかがえる。

酒や醤油は旅籠屋経営に必須の商品であり、糀は醸造の主要原料である。このような旅籠屋に関連する商売の展開が上町の特徴といえる。上町という町場（宿場）の設定以降、伝馬町・池上町で旅籠屋が増加・繁栄し、人や物資の往来が活発になると各種日用品も扱われるようになり、二町を中核としながら他の町々でも商業が充実していった様子が想像される。

なお、江戸時代から現在まで池上町（現泉町）で宿泊業を営むのがホテル丸治《まるじ》（丸屋治兵衛）である。また、初代は一七八八（天明八）年に近江から移り住んだとされる造酒屋で、現在も「菊」「七水」などを製造販売するのが池上町（現本町）の虎屋《とらや》本店（虎屋七右衛門のち彦五郎）である。

以上のように下町・上町の特徴を整理すると、町場としての性格は明らかに異なる。とくにポイントとなるのは、城下の消費者にむけた商売か、外部からやってきた人びとにむけた商売か、という点である。旧来より城下（あるいは近隣地域を含む）の庶民の需要に応え、日々の生活を支えていたのは下町の商人であり、一方、街道を往来する人、宿泊する人にむけたサービスと商品を充実させたのが上町の商人であった。

4 商品流通にみる宇都宮の性格

「宇都宮町中諸職人諸商人留全」からは、宇都宮という都市そのものの特徴も浮かび上がってくる。城下で取引された商品の全体を見渡すと、宇都宮藩にはこれといった産物がないこと、つまり、外部へ移出する（全国規模で流通する）ような生産物、よく知られた特産物がないことに気がつく。この特徴は一見、欠点や弱点のように感じられるだろう。しかし、多種多様な商品と人びとが往来した宇都宮は、集散地としての重要な役割を担っていたのである。それがよくわかるのが、衣料品の流通である。

衣料品には、新品の織物と古着がある。織物とは絹・木綿・麻織物などで、主に呉服屋で販売される様子をイメージしてもらいたい。新品の織物は高価であるため購入する（できる）層は限られており、江戸時代の庶民は安価な古着を日常的に購入し、着用していた。

宇都宮城下においても古着の需要の高さは明らかである。「宇都宮町中諸職人諸商人留全」をみると、城下で最も多い業種が古着屋であり、寛政四年時点では三九人だった。一方、呉服屋は四人である。なお他の史料[5]によれば、古着屋は寛政期に四〇から五〇人ほどが営業しており、繁昌していた様子が想像される。ちなみに、京都に本店・日野町に出店があった呉服商人の奈良屋与兵衛が記した書状[6]によれば、宇都宮城下では祭礼（大明神大祭および付祭り）が最大の書き入れ時であり、他は婚礼衣装など、祝事での需要が主であったという。

織物にはそれぞれ生産地があるが、古着には存在しない。古着の場合、卸売市場がある都市や、織物生産地とその周辺が主な仕入元となる。宇都宮城下で古着が盛んに売買された理由として、このような商品が集まりやすい土地の存在が深く関わると考えられる。

ところで、一括りに古着といってもその種類や品質は様々であり、新品同様の品から使い古しのボロ布まで商品として扱われた[7]。そのなかで最も良質といえるのは呉服屋の売れ残り品で、在庫整理のために古着（新古品）として売り払われた品々である。また、袖《そで》や衿《えり》、身頃《みごろ》（からだの前面や後面を覆う部分）などを部分的に解き分けて販売することも一般的であった。

このような古着が集まり売買されるのが市場である。大規模な卸売市場があった江戸や

（5）「古着仲間私用帳」（「東京大学法学部法制史資料室所蔵文書」甲二—三七四五）。
（6）京都市個人所蔵、宇都宮店より京都店へ近況を知らせるために送られた年代不詳の書状。
（7）古着の具体的な内容については杉森二〇〇〇年、三浦一九九七年・第三編、吉田一九九四年を参照。

大坂は古着流通の中心地であり、最大の集散地となっていた(8)。江戸には関東や奥州・羽州から多くの商人が仕入れに訪れ、古着問屋や呉服問屋と取引を行う者もいた。江戸から比較的近距離にあった宇都宮の古着商人にとって、江戸は欠かせない仕入元であった。

なお、織物の生産地では、売れ残り品や規格外品などがしばしば安価で取引されていた。これらもまた新古品のように扱われ、他所から訪れた古着商人に販売されていた可能性が考えられる。実際に、宇都宮の古着商人も仕入れのために周辺の織物生産地へ出向いている。たとえば、安価な木綿織物を生産した佐野・栃木、絹織物を生産した足利、紬《つむぎ》や木綿織物を生産した結城《ゆうき》などである。

商売をするうえでの基本は商品の確保であるが、遠方へ出向けば旅費は嵩む。資本金がなければ仕入れも困難であった。江戸や周辺の織物生産地へ自ら積極的に出向くような古着屋は品揃えが良いため、このような店には一般の消費者だけでなく、同業者が仕入れのために訪れた。そこには、城下や周辺の農村に限らず、遠方の者も含まれる。とくに奥州の商人は多額・多量の仕入れを行った。ピンからキリまで幅広い商品が存在した古着は、消費者の需要が細分化していたため、彼らは複数の店を回って多種多様な商品を揃えた。

古着屋だけでなく、呉服屋の取引関係を見ても、奥州の商人はかなりの得意先であった。では、宇都宮の呉服屋はどのような織物を販売していたのか。

全国で生産される各種織物は、生産地から直接仕入れるか、江戸の呉服問屋から仕入れることが主であった。客のニーズに合わせて様々な織物を取り揃えたが、その中心は木綿織物であり、とくに縞木綿《しまもめん》(9)の需要が高かった。また、絹織物に分類されるが比較的安価な紬(10)も人気商品だった。この傾向は宇都宮に限らず、ある程度普遍的な傾向といえるだろ

(8) 古着の流通については、とくに江戸を中心とする流通構造を明らかにした吉田一九九二年を参照。

(9) 先染めの糸で縞模様を織り出した綿布。

(10) 紬糸(屑繭か真綿に縒りをかけて紡いだ糸)または玉糸(玉繭から紡いだ太くて節の多い糸)を用いた平織の絹布。

う。宇都宮は、全国的に人気が高かった真岡《もおか》木綿（晒木綿《さらしもめん》）や結城紬・結城縞（縞木綿）の生産地に近かったため、これらが呉服屋の主要商品となっていた。

なお現在、宇都宮市の伝統工芸として知られる宮染《みやぞめ》は、江戸時代、田川沿いに集まっていた紺屋が真岡木綿を染めていたことに始まるという。現在のまちなかでは、三番町の福《ふく》井染工場《いそめこうじょう》（一九〇三（明治三六）年創業）が宮染の伝統技能を継承している。

このように古着商人と呉服商人が扱う商品や取引先を概観すると、衣料品の流通上で、江戸やいくつかの織物生産地と奥州が、宇都宮を介してつながっていたとわかる。宇都宮という都市の発展には、集散地としての役割が大きく関わっていたといえるだろう[11]。

おわりに

戊辰戦争の戦火と第二次世界大戦下の空襲によって、宇都宮のまちなかは二度、焦土と化した。そのため現存する歴史的建造物は極めて少なく、市民が城下町だった頃の宇都宮に想いを馳せることは稀だろう。しかし本章で見てきたように、私たちが行き来しているまち並みは、江戸時代に整えられた基盤の上に成立しているのである。もちろん江戸時代とは異なり、現在は町ごと、あるいはエリアごとに必ずしも特徴があるわけではない。しかしながら、脈々と受け継がれてきた営みがあることを忘れてはならない。老舗の経営や季節ごとの行事、暮らしのなかの風習など、同じまちの同じ場所で生きてきた数多の先人たちの歩みは、私たちのすぐ身近なところに息づいているのである。

（11） 宇都宮を中心とする古着の流通については寺内二〇一八年・二〇二〇年・二〇二二年、織物の流通については寺内二〇二一年を参照。

また、筆者を含む宇都宮市民の大部分は、幼少期にはじめて地域の歴史にふれた際、主に地理上の特質から、「江戸時代の宇都宮は、江戸と奥州の中間にある〈要地〉だ」と教え込まれただろう。中間に位置することがなぜ〈要地〉なのか、宇都宮の他にもそのような都市はあるのではないか、と疑問を抱いた人は決して少なくないはずである。人の流れとモノ（商品）の流れへの注目が、この疑問を解き明かす、ひいては宇都宮という都市の性格を理解するためのヒントとなるだろう。

〔参考文献〕

『宇都宮市史第六巻・近世通史編』宇都宮市史編さん委員会、一九八二年
『栃木県史通史編4・近世一』栃木県史編さん委員会、一九八一年
杉森玲子「古着商人」吉田伸之編『シリーズ近世の身分的周縁4商いの場と社会』吉川弘文館、二〇〇〇年
寺内由佳「宇都宮城下の古着商売—寛政から文政期における古着仲間の様相をもとに—」『史学雑誌』一二七—九、二〇一八年
寺内由佳「近世地方都市・宇都宮にみる古着流通—沢屋宗右衛門・丸井屋伊兵衛を例に—」『史学雑誌』一二九—六、二〇二〇年
寺内由佳『近世の衣料品流通と商人—地方都市宇都宮を中心に—』山川出版社、二〇二二年
三浦俊明『譜代藩城下町姫路の研究』第三編　清文堂出版、一九九七年
吉田伸之「表店と裏店—商人の世界、民衆の世界」同編『日本の近世9都市の時代』中央公論社、一九九二年
吉田伸之「江戸のリサイクル—古着屋と古着の市をめぐって」吉村武彦ほか編『日本の歴史を解く一〇〇話』文英堂、一九九四年
吉田伸之『伝統都市・江戸』東京大学出版会、二〇一二年

column

宇都宮のシンボル　大いちょう

橋爪孝介

宇都宮市とイチョウ

県都宇都宮市の木はイチョウである。市制九〇周年記念として一九八六（昭和六一）年に、二位以下の候補に大差を付けて市の木に選出された。市立中央図書館前のイチョウ並木や、市南東部の瑞穂野《みずほの》地区にある成願寺《じょうがんじ》のイチョウなど、市内には名所が点在するが、ひときわ市民に親しまれ、「宇都宮のシンボル」とまでいわれるのが、「大いちょう」である。市の天然記念物としての名称が「旭町《あさひちょう》の大いちょう」であるのに、単に「大いちょう」と呼ばれることの方が多い点でも、市を代表するイチョウであることをうかがわせる。

大いちょうとその生い立ち

大いちょうは、中央通り（シンボルロード）といちょう通り（南大通り）が出会う交差点の北西の角に立つ、樹高三三メートル、幹回り六・二メートルのイチョウの巨木である。高さ約三メートルの土塁の上にあることを差し引いても、隣に建つ八階建てのビルとほぼ同じ高さがあり、圧倒的な存在感を誇る。文献記録は残っていないが、約四〇〇年の樹齢から逆算すると、本多正純《ほんだまさずみ》が宇都宮城下を整備していた江戸時代初期に植樹されたものと見られる。大いちょうが立つ場所が、宇都宮城三の丸と百間堀《ひゃっけんぼり》の境目だったことからしても、城下の整備記念に植えられたと考えて差し支えなかろう。高い建物がほとんどなかった当時、大いちょうは現在以上に目立ったはずであるが、江戸時代の名木を選んだ「宇都宮七木」には、大いちょうの名は出てこない。お城の木ということで、庶民には「権力の象徴」として映ったのだろうか。

写真1　ビルとほぼ同じ高さの大いちょう（2021年11月撮影）

写真2　終戦後の黒くすすけた大いちょう（写真提供：宇都宮市文化課）

シンボルたる所以

「宇都宮は二度、戦争で市街地を焼失した」と言われる。一度目は幕末の戊辰戦争で、二度目は第二次世界大戦の宇都宮空襲である。その両方の被害を受けながらも生き残ったのが、大いちょうである。特に宇都宮空襲では、大いちょうは熱風に煽られてすべての葉を焼失し、同じく空襲に遭った市役所前の大ケヤキが枯死する中にあって、空襲の翌年、一九四六（昭和二一）年に、青々とした葉を茂らせ、戦争で心も体も傷ついた市民に生きる希望と勇気を与えたと伝えられる。なお、「大いちょうは空襲で焼け焦げた」と解説されることが多いが、宇都宮市文化課の調査によれば、大いちょうそのものは焼けず、周囲が炎上する中で葉を失い、黒くすすけたのが真相だという。

戦争を生き抜いた大いちょうの物語は、市民の間で語り継がれるだけでなく、学校教育でも取り上げられた。市内の学校で「大いちょうプロジェクト」として、大いちょうから取れた銀杏の実からイチョウの木を育てる取り組みが行われたり、県の道徳教材に収録されたりした実績がある。

再生は「奇跡」なのか

大いちょうが戦災後に再び芽吹いたことを「奇跡の復活」だと思っている人は少なくない。ところが、戦火に巻き込まれながらも復活を遂げたという伝承のあるイチョウの木は全国各地に存在する。たとえば、東京の浅草寺や飛木《とびき》稲荷神社には表面が焼け焦げたイチョウの木が今も残り、特に後者は『七本の焼けイチョウ』の題名で絵本化されている。

実は、イチョウは水分を多く含むため「燃えにくい木」とされ、厚みのあるイチョウの葉も水分が多く、なかなか燃えないため、焼却処分に苦労するという側面がある。毎年多量の落ち葉をもたらし、管理上、手間のかかるイチョウが寺社に多く植えられているのは、防火や類焼防止の願いを込めたから、という説がある。

こうしてみると、大いちょうの再生物語は、ごくありふれたものなのかもしれない。とはいえ、今でも大いちょうの前で足を止め、じっと見上げる人がおり、地域住民が落ち葉を清掃するなどして大切にしている事実は、大いちょうが「ありふれた木」ではないことを示している。物言わぬ大いちょうは、戦後復興を果たし、絶えず変化し続ける宇都宮のまちを静かに見守り、「宇都宮のシンボル」であり続けている。

〔参考文献〕

大塚雅之「二つの戦争を生き抜いた街の生き証人「大イチョウ」」福田三男編『栃木県謎解き散歩』新人物往来社、二〇一二年
『ふるさと　とちぎの心　栃木県道徳教育郷土資料集（中学校編）』栃木県教育委員会、二〇一四年
日野多香子『七本の焼けイチョウ』くもん出版、二〇〇一年

二宮尊徳と栃木県

玉真之介

はじめに――二宮尊徳とは？

幕末の北関東は、地球全体の寒冷化もあって冷害と飢饉が続き、農村が荒廃して人口が減少していた。現在の栃木県真岡《もおか》市には、小田原藩主大久保家の分家である宇津家の所領「桜町領」があった。その知行高は四〇〇〇石。かつては栄えたこの所領も、幕末にはやはり人口が減少し、田畑の半ば以上が荒れ地と化していた。その桜町領に一八二三（文政六）年、小田原藩主大久保忠真《おおくぼただざね》の命を受けて、妻と一歳半の長男を連れて足を踏み入れたのが、二宮金次郎、後の二宮尊徳だった。金次郎は三七歳になっていた。

この時から、二宮金次郎による北関東農村復興への挑戦が始まる。それは苦難の連続であったが、一〇年後には桜町領にはっきりと成果が表れた。年貢納入は四割増え、農家戸数と人口も増加傾向に転じていた。このうわさは、関東一円に広がり、彼のもとへは武士や百姓、町人までも、多様な人々が教えを請いに集まってきた。金次郎の考えは「報徳」

図1　岡本秋暉「二宮尊徳肖像」（小田原市尊徳記念館所蔵）

（徳に報いる）と呼ばれ、農業振興の具体的な方法も「報徳仕法」として体系化されていった。その結果、「報徳仕法」は、金次郎自身や弟子たちによって東は福島県、南は静岡県まで広がっていったのである。

　この金次郎の名声は幕府の耳にも届き、ついに一八四二（天保一三）年に二宮金次郎は、時の老中水野忠邦によって幕臣に取り立てられることになった。金次郎、五六歳の時である。この時に、金次郎は名前を「尊徳」と改めた。幕臣となった尊徳が生涯の最後に取り組んだのが、徳川幕府の開祖「神君」家康公を奉る日光東照宮の所領「日光神領」の復興である。しかし、その道半ばの七〇歳で尊徳は没する。明治維新の一二年前である。日光神領復興の事業は、長男の弥太郎に引き継がれ、また尊徳の教えも「報徳思想」として多くの門人たちによって引き継がれた。また明治になると尊徳の生き方は、幸田露伴『二宮尊徳翁』（明治二四年）などによって広められ、明治末には「手本は二宮金次郎」と文部省唱歌にもなり、その名前を知らない人はいなくなった。

　今日でも二宮尊徳の名前だけは多くの人が知っている。しかし、二宮尊徳の農村復興の実践が栃木県であったことや、実際の尊徳の生き様や教えを知る人はほとんどいなくなってしまった。その一方で、栃木県はいうに及ばず、全国の農村はいま、人口減少、農家数の減少、荒廃地の増加という問題を抱え、ちょうど幕末の北関東とよく似た事態に立ち至っている。それゆえ、改めて二宮尊徳が栃木県でどのように農村復興に取り組んだのか振り返ってみることには、今日的な意味があるといえるだろう。

1 桜町領までの金次郎

二宮金次郎が生まれたのは栃木県ではなく、相模国栢山《かやま》村（小田原市栢山）である。その生年は、天明の大飢饉の一七八七（天明七）年であった。そこに自然災害と生涯闘い続けた金次郎が象徴されている。金次郎は長男で、生まれた家は、耕作地二町三反（二・三ヘクタール）を所持する中層上位の農家だった。しかし、金次郎が五歳の時、近くの酒匂《さかわ》川の堤防が決壊して大洪水となり、家の田畑がことごとく荒地となった。その被害から立ち直れていない一四歳の時に父が亡くなり、二年後には母も亡くなって、金次郎は母方に預けられた弟二人と別れて、父方の叔父の家で暮らすこととなったのである。

図2　幸田露伴著『二宮尊徳翁』口絵（日光市歴史民俗資料館・二宮尊徳記念館所蔵）

この時から、金次郎が一心不乱に取り組んだのは、売り払った農地を請け戻して生家を再興し、弟二人と共に暮らすことだった。その目標は、金次郎が二四歳で自宅を新築する時までに達成されたが、それまでには様々な逸話が伝えられている。あの薪を背負って読書をした話や、捨苗を植えて米を収穫した話、堤防に松苗を植えた話などが有名である。ともかく金次郎は読書や学習、情報収集を欠かさず、目標に向かって日々コツコツと努力を積み重ねたのだった。それは後に、「積小為大《せきしょういだい》」（小を積んで、大を為す）という格言として報徳思想の実践倫理となっていく。

金次郎は農業だけではなく、服部家という武家に奉公に出て、そこで働く人らを対象に「五常講」という相互金融の仕組みを考案・実践した。この五常講とは儒教の説く「仁義礼智信」の五つの徳目を守って相互にお金の融通をするものだった。金次郎はその後、請われて服部家の家政再建にも取り組み、また借金に苦しむ小田原藩の藩士や領民を救うための公的貸付制度を藩に献策したりした。それらを通じて、金次郎は遂に小田原藩主大久保忠真の目にとまり、宇津家桜町領の復興を命ぜられたのである。

幕末の各藩はいずれも財政が苦しく、その改革に有能な人材の登用を積極的に行っていた。金次郎もそうした人材として登用され、後には士分となり、帯刀も許された。金次郎は、桜町領復興を引き受けるにあたり、過去にさかのぼってデータを収集・分析して、向こう一〇年間の宇津家への年貢上納額を「定免」、すなわち定額とすることを認めてもらった。その上で、定額を上回った年貢徴収額を荒地興しの元手として、毎年荒地開墾を増やしていくこととした。このように、金次郎は領主財政にも「分度《ぶんど》」という制限を設けて、余剰を桜町領内で循環させて開墾が継続できる仕組みを計画したのである。

2　桜町領の復興

金次郎は、桜町領に赴任する前に、これまで苦労して回復した二町四反（二・四ヘクタール）の農地や家屋敷・家財もすべて売却し、そのお金を桜町領復興の元手とすることにした。そればかりか、自家の復興のためにひたすら取り組んできたこれまでの自分を「一人身勝手の所行」と反省し、「自他を振り替え」て「一家を廃して万家を興す」という並々ならぬ覚悟で退路を断ったのだった。荒廃した北関東の農村を建て直すことは、並の覚悟でなせる事業ではなかったのである。

写真1　桜町陣屋跡（写真提供：真岡市教育委員会）

実際に、金次郎一家が到着した当時の桜町領は荒れ果てていた。何より深刻だったのは、村の農家の心が荒んでいたことだった。農業生産は、春に種を蒔き、苗を植え、草を取り、手間をかけ、ようやく秋に収穫となる。その間に自然災害が襲うこともある。何とも根気のいる作業の連続で、かつ災害のリスクもある。幕末には商品経済がすでに農村にも深く浸透し、手っ取り早く〝楽して稼ぐ〟人たちも出てきた。江戸へ出ればすぐ金になる日稼ぎ仕事があった。農家の生活も次第に自給によらず、現金購入が増え、借金を増やす原因にもなっていた。

こうした状態を前に、金次郎が取り組んだ第一は、農業生産に取り組む農家の意欲を喚起することだった。後に体系化される報徳思想の四つの柱、「至誠」「勤労」「分度」「推譲《すいじょう》」。この内、「至誠」「勤労」は、誠を尽くして真剣に自らの職分に取り組むことである。村民自身が主体性、自発性を発揮しなくては、どのような施策も効果を期待できない。そのために金次郎は、精を出して頑張る人の表彰、道・橋の補修、寺社の修築、手習い所設置、家や屋根の修復助成、お救い米の施与などの、日々の暮らしや生活の立て直しにつながる方策を講じた。まずは質素でも日々の生活が立ち行くことで、生きる希望が生まれ、農業に取り組む意欲も沸いてくる。それに治水・用水施設の修築などの農業の生産基盤の整備を行うことで、作物が実り収穫する喜びの実感にもつながっていく。

さらに金次郎は、「農間稼ぎ」の奨励も行った。農業には必ず農繁期と農閑期がある。その農閑期を有効に利用して農外仕事で追加所得を得るのが「農間稼ぎ」である。いわば兼業の奨励である。それは自然災害への備えともなり所得の安定にもつながる。ここに、現在へつながる教えがある。少子高齢化・人口減少が続く現在の農村に対し、これまでの農政は規模拡大や企業化などの効率性向上ばかり力を入れてきた。農業生産だけを見て、それを担う農家の〝生活〟に目を向けてこなかった。金次郎が重視したのは、まず農家の生活の安定である。現在の農村に必要なのも、「半農半X」をはじめとして農業だけではなく、農外所得を含めた所得を増やして、農村での暮らしを安定させることで、農村に暮らす人を増やすことである。

金次郎はまた、農家を増やすために、外から農家を迎え入れる方策や潰れた家の再興、新百姓の取り立てなどに積極的に取り組んだ。いまでいうＵＪＩターンや田園回帰の奨励策である。そのためにも、住む家と仕事、子供の教育、生活環境の整備等に取り組んだのだった。ここからも、今日の地方創生政策は学ぶべきである。

3　立ちはだかる困難と金次郎

こうした金次郎の農村復興の取り組みは、はじめからうまくいったのではなかった。むしろ、外から突然やってきて新しいことを次々はじめた金次郎に対する反発も少なくなかった。とりわけ、名主などの村の代表者は、これまでのやり方を大きく変えることに抵抗があった。名主の中にはこれまで隠れて行っていた不正がばれることを恐れたものもいた。金次郎は村々を繰り返し歩いて回り、不正を見つけたときは断固とした姿勢で臨み、不正をした名主を解任したりもした。

とはいえ、桜町領の役所といえる桜町陣屋に常駐するのは、金次郎だけではなかった。宇津家の家臣が二人、役人としていた。前は農民だった金次郎の役場の中での立場は弱く、四年目には士分に昇進したが、他の役人や名主との関係がすぐに改善したわけではなかった。これに対して、金次郎は成績優秀者を積極的に表彰し、実績を積み重ねて理解者、支持者を増やしていくしか方法はなかったのである。

荒地の開墾や道・橋・用水路などの改修は、農家が総出で行うことが望ましいが、村のためとはいえ出役を強要されることへの反発もあった。そこで金次郎は、労働者を雇い入れることで農家の負担を軽減した。また、北陸に多かった浄土真宗は間引きなどの産児制限を禁じていたので、北陸は人口が過剰となっていた。そこで金次郎は北陸からの移民を積極的に受け入れた。ただし、これに対してもよそ者が来ることに反発するものもいた。

　こうした金次郎の桜町領復興に立ちはだかる困難が頂点に達したのが、小田原藩から新たに役人として赴任した豊田《とよだ》正作《しょうさく》との確執だった。そこには、これまでのやり方に囚われず、新たな方法で復興に取り組む金次郎と、あくまで藩の官僚的な行政の論理にこだわる豊田との考え方の違いがあった。ついに金次郎も意を決して御役御免の願書を書いて提出した。しかし、その願書は預かり置きとされ、金次郎と豊田との対立は継続することとなった。

　金次郎が突然、桜町領から姿を消したのは一八二九（文政一二）年の正月だった。金次郎が桜町領に来て五年が経過していた。村は大騒ぎとなる。ほどなく金次郎が成田山新勝寺で断食祈願を行っていることが知れ、村民は安堵とともに金次郎の帰りを待った。豊田は解任された。金次郎が断食祈願を終えて四月に村へ帰ったときは、多くの村民が出迎えた。それ以降、桜町領は一丸となって復興も目に見えて進展するようになったのである。

　この出来事は、金次郎の思想形成にも大きな意味を持っていた。断食祈願を通して金次郎は、自分が正しく、非は相手にあるとする考えを「半円」であったと反省し、我を捨てて接するなら反発もないという「一円」の境地に達した。それを金次郎は「我無ければ敵無し、我有らば敵有り」と表現していた。一〇年間という約束で引き受けた金次郎の復興事業は最初に述べたように、大きな成果をもたらし、村民の嘆願によってさらに五年継続することとなった。その頃から天保の大飢饉といわれる飢饉が続くが、桜町領は東北・関東の諸藩とは違って戸数、人口ともに増加していたのである。

4 報徳思想の体系化

金次郎が到達した「一円」の思想は、また「一元」の思想でもあった。それは「天地」「陰陽」「男女」など自然界、人間界において対をなすものはすべて「元は一つ」という世界観である。天がなければ地もない。陰がなければ陽もない。男がなければ女もない。両者は合わさって「一円」となる。この「一元」の思想から、金次郎は「君臣」の関係も、家臣・領民がいなければ主君も領土もない、両者合わさって「一円」になると考え、藩に対しても毅然として対峙したのだった。

金次郎はまた、万物にはそれぞれ固有の「徳」が備わっていると考えた。「万物具徳」論である。それは自然も人も天地万物すべてである。その「徳」を引き出し、活かして、万人の幸福と社会・国家の繁栄に貢献するのが「報徳の道」なのである。さらに金次郎は「天道」と「人道」を区別して、「天道」が自然の法則であるならば、「人道」とは「興(富)国安民」の実現のために自らの職分に励むことであり、すなわち「至誠」「勤労」「分度」「推譲」に励むことであるとした。

「至誠」「勤労」はすでに述べたが、「分度」とは余剰を生み出すために支出に限度を設けることであり、「推譲」とはその余剰を自己の将来や他者に譲ることである。前者を「自譲」、後者を「他譲」という。「経済のない道徳は戯れ言だが、道徳のない経済は犯罪である」という金次郎の言葉は、この「推譲」について述べたものである。私欲を制して「推譲」を実践することこそ「人道」の基本であり、金次郎はこの「人道」を桜町領の農家に対してだけでなく、宇津家や小田原藩に対しても求めたのであった。

金次郎によって体系化された報徳思想は、「報徳仕法」と呼ばれて北関東を中心に各地へと広まっていった。藩の領主が行財政改革のために取り組む場合が多かったが、村や町で導入・実践されることもあった。金次郎の一番の弟子で、金次郎の生涯を『報徳記』に描いた富田《とみた》高慶《たかよし》は、奥州中村藩（福島県相馬市・南相馬市）の家臣であり、中村藩では藩を挙げて報徳仕法に取り組み、大きな成果を得たのであった。

5　日光神領の復興と尊徳の最期

金次郎は老中水野忠邦によって幕臣に取り立てられ、「尊徳」と改名したことは最初に述べた。もう時は幕末であり、その年は隣の清国がイギリスとのアヘン戦争に破れ、開国と自由貿易を強制され、香港を割譲された南京条約締結の年であった。それから二年して、尊徳に日光神領の仕法雛形（復興計画書）作成の命が下る。それも、日光神領だけではなく、どの地域にも適用できる雛形という命であった。尊徳は、張り切って息子の弥太郎や富田高慶らの門弟十数人にも手伝わせて、全力を挙げてその作成にあたった。

こうして二年の歳月をかけて、全八四冊にもなる雛形が完成した。簡略化せよとの命を受け二〇冊減らしたが六四冊に及ぶ大作となった。ところが、それを受け取った幕府からはなかなか実施の命が下らなかった。巨大な官僚機構と化した幕府は、多くの部署の裁可が必要で、各部署が裁可を先送りするため実施の決断が遅れたのである。その間、尊徳は栃木県芳賀《はが》郡の東郷に居を移して、方々の報徳仕法の実施に携わった。尊徳に日光神領の復興実施の命が下ったのは雛形完成から六年半後だった。尊徳はすでに六七歳となっていた。その喜びもつかの間、尊徳に届いた知らせは、身ごもっていた娘の文がこの世を去ったというものだった。

楽しみにしていた初孫にも会えず、最愛の娘を失った尊徳は、それでも日光神領の復興のために廻村を開始した。それは真夏の炎天下での苦行にも似たものだった。その中で尊徳は病に倒れる。それ以後、尊徳の容態はあまり改善せず、もっぱら病床から弟子たちに指示を出すのがやっとだった。そして、ついに尊徳はこの世を去る。日光神領復興の仕事は息子の弥太郎に引き継がれることとなったのである。

写真2　二宮尊徳銅像（日光市歴史民俗資料館・二宮尊徳記念館所蔵）

おわりに――二宮尊徳と現代

先にも述べたように、平成三〇年間の農政は規模拡大と企業化ばかりに力を入れてきた。それは、この時代の経済政策が世界的に規制緩和と市場競争最優先を基調としていたからである。その基調のもとで、社会に蔓延したのは〝道徳なき経済〟であった。市場競争に勝つために労働者を使い捨てにするブラック企業が登場した。貧富の格差が拡大した。ワーキング・プアと呼ばれる非正規雇用の若者たちが増える中で、カルロス・ゴーンの年収は二〇億円を超えた。お金が有り余って宇宙旅行へ出かける者もいれば、保育所が足らず働きたくても、働けない母親が多数いる。

さらに深刻なのは不正や腐敗の蔓延である。あの東芝や神戸製鋼が粉飾決算や検査不正を何年もやっていた。「日本企業の不正に関する実態調査」によれば、過去三年間に上場企業の三社に一社が不正を行っていた。競争に負けることへの恐怖が経営者のモラルを崩壊させた。これは日本だけの話ではなく、世界中である。フォルクスワーゲンも長く排ガス規制の不正を行っていた。市場競争で急成長した中国における腐敗は桁外れである。「道徳のない経済は犯罪である」。今こそ尊徳が説いた「人道」の基本である「至誠」「勤労」「分度」「推譲」の生き方を経済に取り戻さなければならない。地方創生にとっても、桜町領の復興の取り組みから多くのヒントが引き出せる。一つのポイントは、先にも述べたように、農業を地域における生活手段の一つとして、その他の仕事とも組み合わせ、さらに子供の教育や生活環境の整備など、地域における暮らしを支える産業や分野を総合的に支援して、地域に生きる幸せを実感する希望と意欲を引き出すことである。

以上の二宮尊徳の生涯については、大藤修『二宮尊徳』（吉川弘文館、二〇一五年）に依拠した。また、今日の地方創生に関しては拙著『日本農業5・0次の進化は始まっている』（筑波書房、二〇二二年）を参照願いたい。さらに、栃木県には、二宮尊徳のゆかりの地に尊徳の生き様や思想を学ぶことのできる施設がある。真岡市には二宮尊徳資料館があるし、日光市には二宮尊徳記念館がある。いずれも充実した資料展示があり、もっともっと活用される必要があるだろう。

写真3　二宮尊徳資料館正面（写真提供：真岡市教育委員会）

下野国《しもつけのくに》の農と百姓の元気

平野哲也

はじめに

旧来、江戸時代の下野国の村や百姓のイメージは芳しいものではなかった。それは、下野国を主たるフィールドに研究が積み重ねられてきた「農村荒廃論」に起因する。研究者の関心を集めた「農村荒廃」現象は、一八世紀半ば以降一九世紀前期にかけて下野国の村々で生じた家数・人口の著しい減少、耕作者を失った手余荒地《てあまりあれち》の増大である。当該期には潰百姓《つぶれびゃくしょう》[1]も続出した。これらは、農業生産が立ち行かず貧窮化し、居村を捨てたり、死に絶えたりする百姓の惨状の証拠とみなされた。生産基盤の脆弱な小百姓がまず没落し、小百姓を小作人とする地主経営も傾き、村全体が疲弊していく道筋が描き出されたのである。そこには、百姓はどんな時でも先祖伝来の田畑にしがみつき、農耕に専心するものとして、百姓の暮らしを狭義の農耕からのみ理解しようとする限定的な視座が潜んでいた。そうした視点では、離農・離村は百姓の窮状としてしか捉えられない。

（1）破産して経営を維持できなくなった百姓

当初、「農村荒廃」の原因として、下野国の農業生産力の低位性・後進性が指摘された。やがて、市場経済と百姓経営の関わりに目が向き、江戸問屋や地方都市商人・豪農による搾取、領主の過重な年貢収奪など、百姓経営の発展を妨げる諸要因が解析された。これまでの歴史研究は、他律的に市場経済に巻き込まれ、商品（特産物）生産に励むものの、その成果・利益を他に奪われ、力なく没落する貧窮百姓像を提示してきたのである。

しかし、江戸時代の村方文書を丹念に解読し、実際に現地を調査してみると、下野国の代名詞ともなった「農村荒廃」像とは異なる様相がさまざま見えてくる。本章では、農耕も含めた生業の実態と農書に注目し、下野国の百姓の力量を見直していきたい。

1　百姓の生業の多様性と柔軟性

実は特産物大国だった下野国

明治初期（幕末期の状況を反映）における特産物生産量の旧国別ランキング[2]から、産物ごとに下野国（栃木県）の順位と全国内構成比を眺めてみよう。

実綿（第一五位、二・四％）、生糸（第一八位、一・一％）、藍葉（第六位、二・九％）、楮皮《こうぞかわ》（第一八位、一・六％）、漆汁《うるしじる》（第七位、四・五％）、葉煙草（第一位、七・八％）、菜種（第一七位、二・一％）、麻（第一位、一八・三％）、朝鮮種人参（第四位、一五・九％）、椎茸（第一五位、一・一％）、藺草《いぐさ》（第九位、二・六％）

下野国は、葉煙草と麻が全国一位の生産量を誇り、他にも多くの特産物生産で全国の二

（2）琉球を除く全国七三国を対象、『日本農書全集四五巻　特産一』

○位以内に入っている。他にも、鬼怒《きぬ》川や那珂《なか》川の上流域では木材・薪炭生産が、安蘇《あそ》郡・都賀《つが》郡の山間では石灰生産が盛んであった。種類と生産量の両面で、下野国は全国有数の特産物生産国だったのである。ただし、中小大名・幕府・旗本の領地が複雑に入り組む分散錯綜支配[(3)]が特徴の下野国では、藩が殖産政策・専売制を推進する大大名の領国に比べて、特産物生産に対する領主権力の梃子《てこ》入れは弱かった。とすると、これだけの特産物を育んだ要因は、生産・流通に資金を投下する商人の牽引力も無視できないが、第一に、それぞれの地域で日々生産に勤しんだ百姓の努力・活力に求められなくてはならない。収奪され続け、貧困を極める百姓ばかりの地域に産地が形成されるわけがないのである。

（3）一村が複数の領主によって分割支配される相給《あいきゅう》村も多かった。

「農村荒廃論」を覆す同時代の証言

下野国の中でも芳賀《はが》郡・河内《かわち》郡・塩谷《しおや》郡は「農村荒廃」が著しい地域と考えられてきた。この三郡は、相対的に水田率が高く、米麦中心の主穀生産地帯であり、目立った特産物をもたなかったからである。実は、米は江戸時代最大の商品なのだが、畑での特産物生産と比較して米作は自給的で停滞的な側面が強調されてきた。しかし、主穀生産地帯の百姓は一七世紀半ば以降、米価の高騰を追い風に新田開発を推し進め、購入肥料の干鰯《ほしか》[(4)]を投入して米作の生産力を高め、米の販売に力を入れた。米の生産・販売を軸とする百姓経営が充実し、地域経済が活況を呈したのである。ところが一八世紀中期から一九世紀前半にかけて米価が下落、低迷を続け、米作の収益性が悪化する。一転して、米作は不利になった。「農村荒廃」現象はそうした時期に顕在化した。

一九世紀前期の主穀生産地帯における百姓の生業・暮らしの実態、離農の原因・社会背

（4）江戸時代の下野国の村々は、主に九十九里浜や鹿島灘沿岸で生産される干鰯を購入・移入していた。

景を端的に知らせてくれる史料がある。塩谷郡桜野村（現さくら市）の地主・米穀肥料商瀧澤又兵衛《たきざわまたべえ》が一八二九（文政一二）年に著した『田夫真手兵衛無手物語《でんぷまたべえむだものがたり》』である。又兵衛の目には、当時の桜野村周辺の状況が次のように映っていた。

　今の百姓は、苦労の割に利益の得にくい農業を避け、すぐに利益があがり贅沢ができる商売や職人稼ぎに心を奪われている。昔は、次男や娘を分家して農家[5]を増やすことが百姓の誇りであった。ところが今の親は、次男は町で店奉公させ、三女は旅籠屋の女中に出したと言って喜んでいる。子どもたちも、町の風俗に憧れて、店を持ったり、茶屋の妻となったりしている。親も、子女の町場での奉公・諸稼ぎこそが我が家の繁栄と喜んでいる。そのため、しだいに百姓の家数が減少し、この三〇年余の間に近隣村々で潰百姓が続出した。近年は、百姓が商人以上に計算高くなり、本業である農業を疎かにするようになった。大人は、香具師《やし》仲間に入ったり、町で煮売りを始めたり、牛蒡や人参を売りに市へ出たり、玩具を売ったり、子どもも役者の文を売ったり、こぞって銭儲けの算段に明け暮れている。農業に専念しても埒《らち》はあかない、水田耕作は控えて駄賃を稼げ、木挽《こびき》をしろと、田植え時の五月にもかかわらず、手に入れる日銭の拡大ばかり追い求めている。こうして百姓が現金獲得に執着し、他の稼ぎに乗り出すため、田地は荒廃し、農業が衰退していったのだ。

　又兵衛の観察眼は鋭い。主穀生産地帯の桜野村周辺にあって、低米価が続く状況下で米作を続けていては、百姓の収入は減り、暮らし向きは厳しくなる。しかし現実の百姓は損得勘定に優れ、より有利な生業・稼ぎ・収入源を模索し、農耕（とくに米作）と商売・職人稼ぎの収益性を見比べ、主体的に後者を選び取っていた。その結果、田畑が荒れ、潰百姓が増大した。貧困が募り絶望の淵に追いつめられた百姓が、泣く泣く農耕を離れたわけ

（5）ここでいう農家とは、田畑耕作に頼る農業経営の単位という意味

ではない。当時の百姓の周りには、農耕を縮小・放棄しても十分現金を稼げる社会状況が広がっていたのである。

活発化する百姓の消費行動

『田夫真手兵衛無手物語』からは、百姓が現金取得に躍起となる主因が自身の消費行動にあったこともうかがえる。一九世紀前期の桜野村周辺の百姓は、衣服や装身具の華美と値段を競い合い、天明飢饉の食料危機を忘却したかのように食の質を向上させていた。又兵衛によれば、飯に占める割合が、一八世紀半ばに米一・稗《ひえ》二で極上とされていたところが、一八世紀末には米の割合が逆転し、一九世紀前期に徐々に米の割合が増え、米ばかりの飯を食べる者も出てきた。中には「稗・麦は馬の食い物だ（人間の食べ物ではない）」と言い放つ百姓まで現れた。宇都宮へわざわざ飛脚を遣わして珍しい食材を買い、鰻でもスッポンでも値段の高いものを嬉々として食べていたという。

芳賀郡に目を転じても、同様の傾向が見てとれる。芳賀郡では、米価高騰により地域の景気が上向いた一八世紀初頭に百姓の消費行動が一気に活発化した。その後、米価低迷が続く一八世紀後半〜一九世紀前半にも、百姓の消費は衰えるところがなかった。芳賀郡の百姓は、旅回りの役者や雑芸人を村に招き寄せては芝居や諸芸能の興行を楽しみ、自らも遊芸に没頭した。寺社参詣や物見遊山、湯治に出かける者も増大した。冠婚葬祭や年中行事が壮麗化し、百姓間の贈答も派手になった。着物・脇差・煙草の購入、寺社参詣費用の調達などの目的で借金する小百姓も多かった。これらの借金は、豊かな暮らしを求める消費欲の裏返しといえる。大小を差す百姓の帯刀風俗も目立ってくる。持高が一石未満で、一見極貧層と思える百姓が、飯米用の白米（最も付加価値の高い米）を一年中買い続けた例もある。百姓の間で、自家製の濁酒ではなく、高価な清酒を買って飲む風潮も広まった。「農村荒廃」というと、ろくに消費もできない惨めな百姓像が思い浮かぶ。しかし下野国の主穀生産地帯では、そうした見方を否定する百姓の旺盛な消費行動がふんだんに確認されるのである。消費の面から見ても、百姓は元気であった。

諸営業・賃銭稼ぎの機会拡大

芳賀郡の百姓の消費行動の盛り上がりは、百姓に新たな稼ぎ口をもたらした。たとえば百姓の清酒需要の高まりを見て取った地主が酒造業を始めると、そこから酒を買い周囲の百姓に販売する売り子が村々に登場した。一八世紀末以降、村や在郷町(6)で居酒屋や煮売り屋などの飲食商いを始める百姓が増えてくる。村々の帯刀風俗の広まりを機会と捉えた百姓は研職《とぎしょく》を営んだ。

下野国を流れる鬼怒川・那珂川・渡良瀬《わたらせ》川とその支流では、下野国はもとより北関東・奥羽と江戸を結ぶ水運・河岸《かし》（川港）が発達した。下野国には、奥州道中・日光道中・日光道中壬生《みぶ》通り・例幣使《れいへいし》道など幕府が直接管理する主要街道が走り、その周囲に幾多の脇街道が併走していた。江戸時代中後期には、下野国の特産物生産の隆盛や江戸移出量の増大を背景に、河川水運では新河岸が、陸上交通では新道が簇生《そうせい》してくる。それにつれて、新旧の河岸・街道（宿場）の間で荷物の引受競争が激化した。船頭や馬方・人夫といった交通労働者の需要も高まり、労賃が高騰した。多数の旅人や人足が集まる河岸・宿場には、宿屋・茶屋・居酒屋やその他雑業の必要性も拡大した。交通運輸をめぐる労働市場は売り

（6）農村部に生まれた商工業的性格をもった集落。商工人が定住して実質的な町場として地域市場の中心となる。

手市場になっていた。そこで周辺村々の百姓は、高い賃金を求めて河岸や宿場に働きに出ていったのである。

真岡《もおか》木綿に関わる生業

一八世紀後半より芳賀郡では木綿が特産物となり、集散拠点の真岡町の名前をとって真岡木綿と称された。最盛期の文化～天保年間には、芳賀郡や常陸《ひたち》国南西部で年間三八万反もの綿布が織り出され、主に江戸に移出・販売された。百姓は畑で綿作を拡大し、女性が機織をして現金を稼いだ。芳賀郡の村々の女性はたいてい綿布を織っていたが、この頃には自給用よりも商品生産の要素が強まっていた。米価低迷が続く一九世紀前期、木綿の生産・販売の有利性は米作に勝っていた。

畑で栽培・収穫された後の木綿には、機織以外にも、綿繰《わたくり》・綿打《わたうち》・糸取《いととり》・晒《さら》しなどの加工過程が伴う。それぞれの工程に人手が必要となり、ひとたび木綿生産が盛んになると数々の労働力需要が生まれ、百姓に稼ぎの機会を提供した。芳賀郡の地主は、大量の綿繰・糸取のために専門の職人や村の女性を雇い、賃銭を払っている。芳賀郡の村々では一九世紀、綿打渡世に没頭する百姓が増えてくる。たとえば、それまで米作に励んでいた百姓家族の惣領息子[7]が技術を身につけ、実家を留守にして（米作の放棄）、綿打で綿作百姓の家々を回り賃銭を稼ぐ例がある。持高の稀少な百姓家族の当主がまず単身村外に出て綿打稼ぎを始め、やがて家族全員を呼び寄せた例もある。彼らは、高値の魚肥を投じても採算が合わない米作を見限り、綿打渡世を新たな生業に選んだのである。百姓の家々を回る綿打職人の中には、仲買人として綿の集荷に手を伸ばす者もあった。栽培・加工・流通の各部門を生

（7）家の跡目を継ぐべき息子

業に組み込む百姓の増大が、真岡木綿の産地形成を支えていたのである。

町へ稼ぎに出る百姓と後押しする村

芳賀郡では、豊富な稼ぎと華やかな暮らしに憧れ、町に出ていく百姓が後を絶たなかった。実際、下野国内の在郷町には、地借《じかり》・店借《たながり》として下野国内外から百姓が集住している。在郷町は、後背地域の特産物の集散地となる。そのため、地域特有の産物の集荷・加工・移出・販売に関わる諸職が増大した。足利町では機業や染色業、日光道中間々田宿《ままだ》（現小山市）では旅館業、田沼宿（現佐野市）では石灰関連の諸営業のようにである。もちろん町の在来住人もそれらに従事したが、急速に高まる労働需要は町外から多くの百姓を引き寄せた。地域産業発達の一因は、それまで村で農耕に勤しんでいた百姓の町場への労働力移動にあったのである。

関東農村全体に影響力を及ぼし、膨大な人口を吸引したのは江戸であった。江戸には多種多様な就労機会が広がっており、身一つで飛び込んでも日雇や雑業労働(8)で生きていくことができた。水陸両面で江戸と結ぶ交通路が発達していた下野国も例外でなく、百姓が巨大な労働市場江戸へ向かっていった。その主体は若者であった。芳賀郡小貫村《おぬき》（現茂木町《もてぎ》）の名主小貫万右衛門《まんえもん》は、一九世紀前期の若者が、村方と町方の暮らしを苦楽明暗の対照と捉え、農業を捨て、町場の商売・職人稼ぎに乗り出す風潮を批判している。町場の稼ぎ・暮らしを有利と見た若者は、進んで離農・離村した。武家奉公を志願して江戸に登った者もいる。武家奉公人となれば、その間は武士身分を獲得し、給金を得て帯刀も許された。百姓から見て武家奉公は、江戸暮らしができる魅力的で合法的な就労機会だったのである。

（8）江戸には、小商い・棒手振り・車力など、大きな資本や高度な技術を要しない労働・仕事の需要があった。

当該期の下野国の村方文書を読んでいると、村（村役人）が村内百姓の町場への出奉公や移住を認め、領主にそれを要請する事例にたびたび出くわす。小百姓の離農・離村は、村の迷惑を顧みない自分勝手な行為に見える。しかし村の側も、農業生産が不振となる中で無理に百姓を抱え込まず、村外で新たな生業に臨もうとする百姓の意志・行動を容認していたのである。そこには、労働力需要の変化を見極め、より需要の大きい方へ百姓を押し出す村の判断があった。つまり、村は自ら人口を減らし、耕地を荒らし、村全体の農業生産（とくに米作）を縮小していたのである。この場合、村を出る百姓と居村の間には合意が形成されていたといえる。町の引く力と村の押す力が一致したところに、百姓の生業選択と離農・離村が勢いを増したのである。

荒畑の林畑《はやしばた》利用

一八世紀中期以降、芳賀郡の谷間の村々では、山裾の下畑《げばた》・下々畑《げげはた》を対象に杉・檜・雑木の植林が進められた。当時、鬼怒川流域は、江戸市場への林産物供給圏に組み込まれていた。百姓は、生産性の劣る畑を江戸向けの商品（材木・薪炭）生産の場として利用し始めたのである。平地の村々でも、かつて農作物を栽培していた荒畑に雑木を植え、林畑に変える動きが起こっている。そうした林畑の多くは、一七世紀の新田開発ブームの中で無理に拓かれた、本来農耕に不向きな畑であった。

林畑は、種々の効用を備えていた。まず、冬期の厳しい北西風から麦作を守る防風・防砂林となる。雑木林であれば薪炭を生産できる。落葉が肥料となるので、やがて肥沃な畑に戻すことができる。畑に比べて年貢も低廉で、管理の手間も省ける。

百姓は、多大な労力が要る荒畑の再開発をあえて急がず、多様な機能・価値をもつ平地林（林畑）を意図的に作り出したのである。林畑には、江戸時代前期の過剰開発によって崩れた生産環境のバランス（田畑の耕作を維持するためには肥料源や防風のための林野が必要）を回復する効果もあった。こうした土地利用の転換には、社会状況や自然環境の変化に適応する百姓の知恵が詰まっている。

百姓の米作回帰

天保年間も後半に入ると、それまで低迷を続けていた米価が諸物価を凌駕して高騰し、米の商品価値が高まってくる。以後幕末期にかけて、芳賀郡の村々では人口が回復・増加に転じ、新田畑開発が隆盛した（とくに水田造成が進展）。

米穀流通が活性化する中で、村の中に新規の米穀商人が台頭し、町場に住む旧来の米穀問屋の商売を脅かした。何十年前の先祖の代に質流れになった田畑を取り戻そうとする者（質入れ主の子孫）とそれを拒む者（質取り主・金主の子孫）との間で、耕地の獲得競争が激しさを増した。これらはすべて、農耕に対する百姓の意欲の高まりを示している。芳賀郡の百姓は、米生産が有利に変わると再び米作を志向し、村での暮らしに比重を移したのである。

2　農書が物語る百姓の力量

多くの農書を生み出した下野国

江戸時代の下野国において、とくに主穀生産地帯を中心に、百姓の生業選択の結果、農業生産のふるわない時期があった。だからといって、すべての百姓の農耕意欲が消沈したわけではない。むしろそうした時期だからこそ、農業生産の不振を打開するために農法改良に励む百姓もあった。その何よりの証として農書[9]が挙げられる。

『日本農書全集』Ⅰ期・Ⅱ期には、江戸時代の日本列島に誕生した農書のうち、選りすぐりの三一三点が収められている。関八州だけでも五〇点を数える。その中で下野国の農書は一三点を占める。下野国は、関東で見ても日本全体で見ても、優れた農書を飛び抜けて多く生み出した国だったのである。しかも、それらの農書はすべて一九世紀以降に成立している。下野国の農書群を前にすると、百姓の無力・没落を強調する「農村荒廃論」に違和感を感じざるを得ない。農法改良を農書に結実させた百姓の底力を積極的に評価すべきではないだろうか。下野国の農書は、農業生産の安定・向上に力を注ぎ、優良農法を編み出した百姓の存在証明なのである。やはり下野国の百姓は元気だった。以下、いくつかの農書を取り上げ、それぞれの特色を紹介していきたい。

(9)　前近代社会において、農業技術や農業の心得を中心に記録された著作物の総称

主穀生産を軸とする集約農法の追究

芳賀郡小貫村の名主小貫万右衛門が一八〇八（文化五）年に著した『農家《のうか》捷径抄《しょうけいしょう》』と河内郡下蒲生村《しもがもう》（現上三川町）の名主田村吉茂《たむらよししげ》が一八四一（天保一二）年に著した『農業《のうぎょう》自得《じとく》』は、下野国を代表する農書である（図1）。『農家捷径抄』は、主穀・雑穀生産を中心とする集約化（経営規模抑制のもとでの多労多肥農業）と余稼ぎ（商品作物栽培・農産加工・林業などの副業）を組み合わせた小規模経営の利点を説き、農家経営の収支計算モデルを指し示した。『農業自得』の農法は、自得農法と称される。とくに、播種量・苗数を削減した薄蒔き・疎植農法（健苗育成を企図）、通説であった草木雌雄説を批判した独自の種子変化論、畑作物の合理的な作付体系は特筆すべき成果である。田村家の長年の耕作帳記帳に基づく実験・観察の賜であり、近代的な科学の芽も見え始めている。さらに吉茂は幕末維新期に『農家肝用記《かんようき》』『農業根元記《こんげんき》』『農業自得附録』『吉茂遺訓』などの農書を次々書き残した。

いずれも一九世紀前半の主穀生産地帯に成立しており、書き手が農事の実践者で、地主・名主として村を指導する立場にあった点も共通する。試行錯誤の末、地元の風土に適した優良農法を生み出す背後には、自家経営の安定・発展だけでなく、周囲の小百姓の農業生産を引き上げ、村・地域全体を振興しようとする著者の使命感があった。

鬼怒川流域の農書群

奥州道中と鬼怒川水運の結節点となる塩谷郡上阿久津村《かみあくつ》(10)（現さくら市）や同郡氏家宿《うじいえ》（現さくら市）にも多くの農書が現存する。上阿久津村の河岸問屋・村役人・地主で俳人でも

(10) 江戸時代の鬼怒川舟運の遡航終点となる河岸場

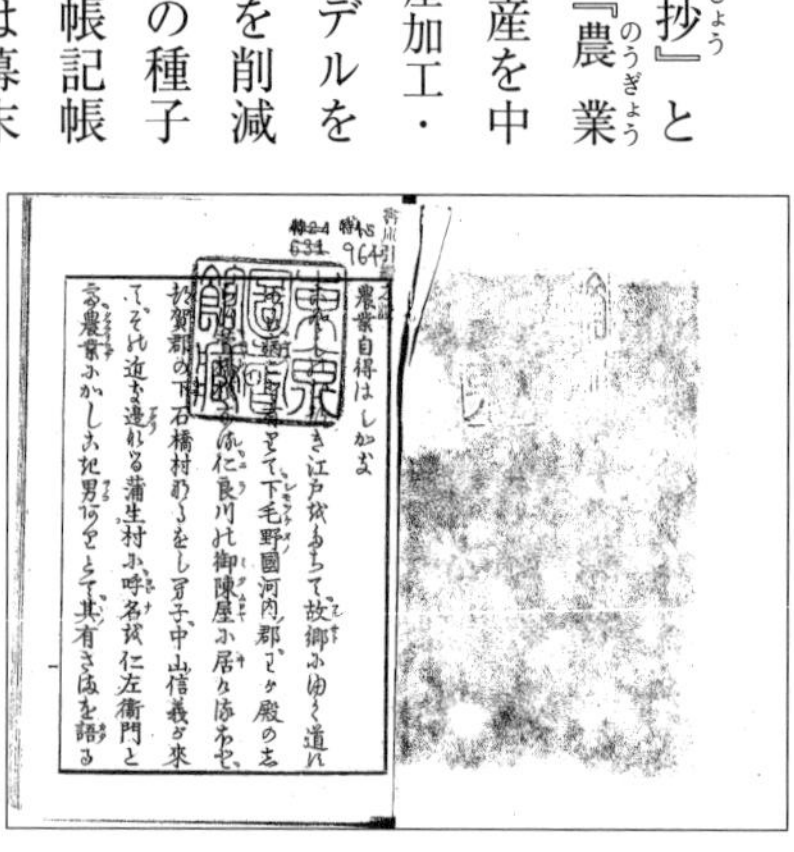

図1　農業自得（国立国会図書館デジタルコレクション）

あった稲々軒兎水《とうとうけんとすい》（加藤長右衛門）が一八四五（弘化二）年、『深耕録《しんこうろく》』を著した。これは、兎水が田村吉茂の自得農法に触発され、それに倣いつつ、地元の農事に目配りしながら記したものである。下野国の主穀生産地帯における農法普及・伝播の早さが注目される。その基盤には、優良農法の吸収に熱心な有力百姓間の情報ネットワークがあった。

兎水の墓地に隣接する与作稲荷神社（嘉永三年に現在地に移転）には、一八八〇（明治一三）年奉納の「四季農耕図絵馬」（一年の稲作風景）があり、他にも酒造り・薪炭津出し・鋸引きなど庶民の生業を描いた明治時代の絵馬数枚が奉納されている。また氏家宿の惣鎮守今宮神社には、一八四四（天保一五）年一二月奉納の「天保飢饉絵馬」が掲げられているが、その右半分にはクルリ棒を使った脱穀や唐箕《とうみ》の前での俵詰めなどの農作業が描かれている。このように、文字による記録以外に、在来農法をさまざまな媒体に絵で表現したものを絵農書という。

鬼怒川を遡った河内郡大室村《おおむろ》（現日光市）では一八六六（慶応二）年、名主で売木人[11]の関根矢之助《せきねやのすけ》が『農家用心集《のうかようじんしゅう》』を著した。天保飢饉を体験した矢之助は、凶作・飢饉に対する備えを説き、あわせて育成林業の必要性を訴えた。『農家用心集』は救荒書であると同時に、百姓の稼ぎを増やす地域振興の書でもあった。

農耕文化の粋を示す農耕彫刻

下野国には絵農書の名作が多い。田川上流部沿岸の河内郡瓦谷村《かわらや》（現宇都宮市）で幕末期に製作された「天棚農耕彫刻《てんだな》」は、とくに目をひく。下野国や陸奥国《むつ》南部・常陸国では日天・月天に五穀豊穣を祈る天祭《てんさい》（天然仏）が行われ、そのために天棚が設置された。瓦

（11）鬼怒川上流域の有力百姓で、竹木を筏に組んで川下げする筏荷主。民間の林産物生産・流通の担い手。

写真1　久野の小松神社彫刻（写真提供：鹿沼市教育委員会）

左上　**田起し**　本殿向かって左側（南西）、右上　**代かき**　本殿向かって左側（南西）、左中　**田植え**　本殿裏（北西）、右中　**草取り**　本殿裏（北西）、左下　**稲刈り**　本殿向かって右側（北東）、右下　**脱穀・調製・蔵入**　本殿向かって右側（北東）

谷村の天棚は、車のない二階建彫刻屋台の形態をとっている。その一階欄間《らんま》部分には、七面にわたって、季節ごとの稲作風景が彫り込まれている。彩色を伴う、手の込んだ透かし彫りである。地元の伝承によれば、村人の農作業を彫刻師に見せて彫らせたものだという。さらに、天棚の一階格子窓に野菜、床下部分には洪水に飲み込まれた人馬の彫刻がある。前面琵琶板には、白装束の行人や日天・月天に向かって突き進む褌《ふんどし》姿の若衆など、天祭の光景が彫り込まれている。これらの彫刻は、全体で一つの物語を構成しているように思われる。瓦谷村の百姓は、祭礼の施設に、水の恵みと水の脅威の中で営まれる村の暮らしを映し出し、水の安定と五穀豊穣、家内・村内安全を神仏に祈願したのである。

思《おもい》川右岸に立地する都賀郡久野《くの》村（現鹿沼市）小松神社の農耕彫刻（一八六八〈明治元〉年九月竣工）も力強い。本殿の腰回り部分、西面・北面・東面に各二面ずつ、合計六面かけて、春から秋までの稲作風景の透かし彫りが施されている。彫り師は、都賀郡上久我《かみくが》村（現鹿沼市）出身の名工神山政五郎《かみやままさごろう》(12)とその弟子たちである。百姓の出の政五郎と小松神社の氏子たち（久野村の百姓）の豊作への願いが結びついたところに生まれた傑作である（写真1）。

黒羽藩領の多彩な農書

黒羽藩領（藩主大関家）には数々の農書が誕生した。一八一一（文化八）年、農政を担当していた家老鈴木武助《ぶすけ》が、天明飢饉の体験をふまえて、飢饉の恐ろしさと平生の用心・備荒貯穀を領民に教諭する『農喩《のうゆ》』を著した（図2）。『農喩』は、百姓教諭書として他藩にも広く流布していった。一八一七（文化一四）年には、藩主大関増業《おおぜきますなり》が、領内の老農から

(12) 地元の神社彫刻をはじめ、下野国内の鹿沼・今市・徳次郎《とくじら》・喜連川・氏家などの宿場で数多くの屋台彫刻を手がけた。とくに菊の彫刻が得意で、「菊政」と通称された。一八〇八（文化五）年生まれ。一八九二（明治二五）年没。

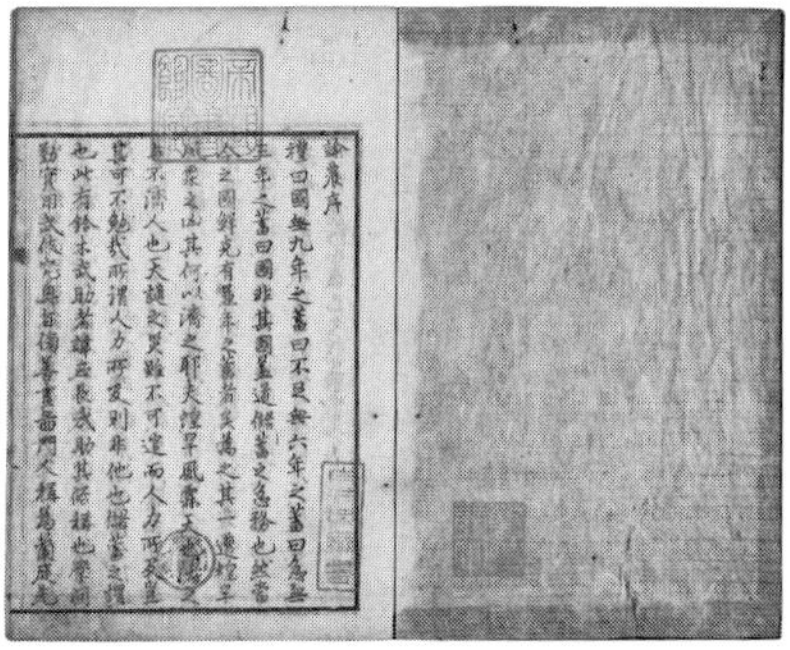

図2　農喩（国立国会図書館デジタルコレクション）

上申させた農事情報を元に、西国の農書も引用しながら『稼穡考《かしょくこう》』を編纂した。増業は、藩政改革の一環として、換金作物の奨励、漆栽培、硫黄採掘など、殖産政策に力を入れた藩主であった。黒羽藩士の興野《きょうの》隆雄《たかお》も一八四九（嘉永二）年に山林書『太山《とやま》の左知《さち》』を著した。那須郡・芳賀郡内の八溝山地を領地にもつ黒羽藩には、豊富な山林資源から板・材木を生産し、那珂川・鬼怒川を利用して江戸に移出できる利点があった。そこで隆雄は、江戸市場を見据えて、地元の自然環境に適合した杉の植栽方法を考案した。江戸時代後期の黒羽藩では、領民・藩士・藩主を挙げて農林業に対する関心を高め、産業振興に邁進していたのである。

写真2　諭農の碑（筆者撮影）

一八四八（嘉永元）年四月、陸奥との国境付近、那須郡板屋《いたや》村（黒羽藩領、現那須町）を通る奥州道中沿いに「諭農《ゆのう》の碑《ひ》」と呼ばれる、高さ一七〇センチメートル、幅八〇センチメートルほどの石碑が建てられた（写真2）。板屋村の百姓が切り出した地元の芦野石に、芦野宿（現那須町）で問屋・酒蔵業を営む篤志家戸村忠恕《ただゆき》が撰文したものである。約七〇〇文字の碑文には、稲の病虫害駆除・予防法、穀物の貯蔵法、不作時の緊急の作物栽培法、飢饉時の食物調理法、飢人の食事法などが記されている。天保飢饉の記憶を忘れず、不断の凶作・飢饉対策を促すことが狙いであった。いわば石に刻まれた農書である。石碑は風雪に耐え、朽ち果てることがない。「諭農の碑」には、飢饉を克服する具体的方策と用心の重要性を村人共有の知識・心構えとして後世に永く引き継ごうとする、板屋村百姓の強い思いが込められている。しかも奥州道中沿いにあるから、碑文の内容は周辺村々の百姓や街道を行き交う人々の目に触れる。「諭農の碑」は、長期間にわたり地域内外へ農法を発信する役割を担う、公開性の高い農書でもあった。

おわりに

江戸時代中後期の下野国において、最も停滞的・後進的で「農村荒廃」現象が深刻化したとされる主穀生産地帯の百姓は、農耕・米作と諸稼ぎを組み合わせたり、それぞれを往復したり、生業の複合と選択の中でしっかり生きていた。百姓の生業の内容と範囲は幅広く、その選択についても柔軟であった。百姓はもちろん農耕を重視するが、それだけに固執していたわけではない。さまざまな市場動向を見極め、生業を自在に変化させながら、暮らしをよりよく組み立て直していたのである。村もまた、時代状況に合わせて、家数・人口と耕地、農業生産を伸縮させる柔構造を有していた。

貧窮化の象徴であった「農村荒廃」現象は実は、農耕から商工・諸稼ぎ・諸営業へ向かう百姓の意志と行動が引き起こしたものであり、むしろ百姓の活力・たくましさの証左と捉え直すことができる。下野国の百姓には、自分たちを取りまく社会経済状況の変化に主体的かつ的確に対応する力が備わっていたのである。それは、自然環境の変化に適応し、災害を克服する力にもつながっていく。

多彩な農書群も下野国の百姓の知恵と工夫の結晶である。各種農書は農法の技術的水準の高さを、農耕彫刻は農耕文化の豊かさを今に伝える貴重な歴史遺産なのである。

〔参考文献〕
玉真之介『日本農業5・0　次の進化は始まっている』筑波書房、二〇二二年
平野哲也『江戸時代村社会の存立構造』御茶の水書房、二〇〇四年
平野哲也「Ⅴ　近世」木村茂光編『日本農業史』吉川弘文館、二〇一〇年
平野哲也「江戸時代における百姓生業の多様性・柔軟性と村社会」荒武賢一朗・太田光俊・木下光生編『日本史学のフロンティア2　列島社会を問い直す』法政大学出版局、二〇一五年
平野哲也「『田夫真手兵衛無手物語』の世界」『栃木県立文書館研究紀要』第二一号、二〇一七年
深谷克己・川鍋定男『江戸時代の諸稼ぎ』農山漁村文化協会、一九八八年
『日本農書全集』第Ⅰ期、第一～第三五巻、農山漁村文化協会、一九七九～一九八三年
『日本農書全集』第Ⅱ期、第三六～第七二巻、農山漁村文化協会、一九九三～一九九九年

column

ビール麦生産日本一の礎と田村律之助

渡邊瑛季

五月から六月にかけて栃木県南部の農村地帯を訪れると、水が張られ、まだ背の低いコメの苗が植えられた田と、高さ数十センチメートルほどの黄金色に実ったムギが作付けされた農地が混在して広がっている景観を目にすることができる（写真１）。

写真１　水田とムギ畑が混在する景観（下野市《しもつけ》、2021年5月撮影）

栃木県は、全国有数のムギの生産地である。冬作のイネ科食用作物の総称を「ムギ類」と呼ぶ。ムギ類の中でもコムギと三種のオオムギ（二条オオムギ、六条オオムギ、ハダカムギ）は、統計上「四麦」と呼ばれる。栃木県では、これらすべてのムギ類が栽培されており、とくに二条オオムギ（ビール麦）の生産量は、全国第二位（二〇二一年度産）を誇っている。二〇二一年に日本国内で収穫された二条オオムギのうち、栃木県産は三万五三〇〇トンで、これは全国の収穫量の二二・六％にも達する。なお、一位は佐賀県で四万五一〇〇トンであった。

栃木県が日本有数のビール麦の生産地となった背景には、田村律之《りつの》助《すけ》による功績が大きい（写真２）。彼は、一八六七（慶応三）年に、現在の栃木市大平町西水代《おおひらまちにしみずしろ》地区にあたる都賀《つが》郡旧西水代村に生まれた。彼は一九歳から東京農林学校（現在の東京大学農学部）で学び、卒業後に故郷に戻ると、栃木県農事講習所の教師として無報酬で農業

写真2　田村律之助（『全国篤農家列伝』）

を指導した。彼の功績は、コメ・ムギの奨励品種の選定と普及、養蚕の奨励、畜産の改良といった農業そのものだけでなく、農事の改良・発達を図ることを目的として設立された地主・農民の団体である「農会」運営の整備改善、児童の人権・女性の労働条件の改善など多岐にわたる。その中でも最大の功績とされているのは、ビール醸造用のオオムギの国内での安定供給をはかるため、今日では当たり前となっている「契約栽培」の手法を導入し、ビール麦の生産を普及させたことである。栃木県農会はビール麦契約栽培を積極的に奨励し、一九一七（大正六）年には日本一の生産県となった。それ以降、ほぼ毎年一位となってきた。ビール麦の栽培は、栃木県が日本一の産地となっているカンピョウの生産とも組み合わされた。ビール麦の藁《わら》は長くてなめらかであることから、カンピョウ生産の際の敷き藁として使用された。また、肥料の吸収性が強いというビール麦の特性を利用し、カンピョウ畑の畝のスペースでビール麦を栽培しても栽培面積の割に収量が得られた。なお、これらはビール麦が機械で収穫されるようになる以前の話である。

　このような田村律之助の数々の功績をたたえ広く発信する目的で、田村律之助生誕一五〇年にあたる二〇一七年に栃木市で「田村律之助顕彰会」が発足した。彼の母校である栃木市立大平南小学校では、郷土学習として田村律之助について学んでおり、その際の資料として田村律之助顕彰会が作成・監修したマンガ「ビール麦の父田村律之助物語」（二〇二〇年発行）などが用いられている。

　栃木市の太平山《おおひらさん》神社の表参道「あじさい坂」には、田村律之助の石像が建立されている。宇都宮市に本社を置く株式会社ファーマーズ・フォレスト傘下のろまんちっく村ブルワリーは、田村律之助が栃木県を全国有数のビール麦の産地にした功績をもとに、クラフトビール（地ビール）を二年間かけて研究し、「律之助物語—麦処《どころ》—」と「律之助物語—麦秋—」という商品名で二〇一九年に数量限定で発売した。このビールに使われているビール麦は、田村律之助の母校である栃木市立大平南小学校の児童と田村律之助顕彰会とが共同で栽培、収穫したものであり、栃木市産の麦芽が一〇〇％使用されているのが特徴である。

現代で当たり前のように手軽にビールが飲める背景には、ビール麦の栽培を広めた田村律之助の多大な功労があった。ぜひともおいしいビールを飲みながら、彼に想いをはせていただきたい。

〔参考文献〕

栃木市立大平南小学校・田村律之助顕彰会『ふるさとともに生きる—田村律之助と地域の発展—』二〇一七年
橋本智「二条大麦〈ビール麦〉」『とちぎ農作物はじまり物語』随想舎、二〇〇九年

那須野が原と開拓農場群

金井忠夫

はじめに

明治期の那須野が原開拓は、明治政府の殖産興業政策と那須地域の地域開発が同時並行する形で進行する。それは、北海道を含めた東日本における政府の農業政策と地域の原野開墾が、タイアップする形で進められた。明治政府が農業分野での欧化政策として、欧米式の大農法を推進し、那須野が原はその「実験地」となる。一方で、移住者のコメへの執着が強く、それは灌漑用水による稲作化であった。政府の高官や華族が、明治政府の政策や方針を自己の農場で実現する一方で、地元では灌漑用大水路としての那須疏水の開削を通して稲作栽培を原野地に模索する。しかし、砂礫層の那須野が原の地質がそれを阻み、県北の穀倉地帯の姿は、戦後の電気揚水によるポンプアップを待たなければならなかった。ただ、当時の地域の人々も「近代」を肌で感じ取り、「西洋」を体現していく。それが、葡萄酒製造であり、綿羊の飼育であり、牛乳の生産であった。

欧米式の大農法は北海道農法として定着した以外は継続されず、開拓が始められた一八八〇（明治一三）年より一〇年程度で大きく舵を切り、小作制へと転換していく。くしくも、それを導いたのは松方正義《まつかたまさよし》によるデフレ政策であった。農村の疲弊により、次三男以下は都市労働者として流出し、その一部を那須野が原開拓が吸収するのである。

1　那須野が原の地質的特性

那須野が原は、那珂川《なかがわ》と箒川《ほうきがわ》に挟まれた木の葉状の台地で、広さ約四万町歩に及ぶ広大な複合扇状地である。北は那須火山、東は八溝《やみぞ》山地、西に塩原山地、南は喜連川《きつれがわ》丘陵に囲まれている。那須野が原の中央には蛇尾川《さびがわ》と熊川が流れ、山地を出ると水は地下に浸透し、扇頂部から扇央部にかけては伏流水となり「水無川《みずなし》」となる（写真1）。那須野が原は、周辺の山地から運ばれた砂礫が広く堆積し、その層は扇頂部では厚く扇端部では薄い。

こうした自然環境により、那須野が原は扇頂部から扇央部にかけて那須東原と那須西原の二大原野が横たわり、他に糠塚原《ぬかずかはら》と湯津上原《ゆづかみはら》を併せて約一万九〇〇〇町歩の原野が存在した。こうした原野は、近世においては入会地（秣場）であり、周りの村々の採草地として存在した。一八七三（明治六）年に布告された地租改正により、入会地の官民有区分が行われ、官有地に編入される。これが明治期の那須野が原開拓の素地となり、国から土地を借りて（拝借）、多くの開拓農場が創設されるのである。

写真1　水が伏流する蛇尾川

2　那須野が原の初期開拓

ここで、近世末期から近代初期の那須野が原開拓前史を確認しておきたい。

幕末期は、幕藩体制の緩みから、商品流通経済が発達し、商人層が台頭する。那須野が原においては、天保期のはじめに大田原《おおたわら》寺町の豪商若林善兵衛（生没不明）が、那須西原の内現在の那須塩原市南郷屋《みなみごうや》西方を開拓する。また、一八四一（天保一二）年には、米沢藩士加勢友助（一七九一―一八六三）により、現在の大田原市加治屋《かじや》付近から那須塩原市一区町・二区町・二つ室付近を開墾している。果樹栽培などの生育は良好であったが、四年後の一八四五（弘化二）年に野火[1]に遭い、焦土と化してしまう。

一八七七（明治一〇）年には、伊王野《いおうの》村（現那須町伊王野）の鮎瀬淳一郎（一八二六―一九〇二）により遠大な那須野が原開拓が計画される。結果として、実現はしなかったが、産物は養蚕・製茶・牧畜といった先見性あるもので、この後鮎瀬も発起人となる那須開墾社の事業に大きな影響を与える。士族による開墾は、一八六九（明治二）年に大田原藩の開墾計画や、一八七〇（明治三）年に烏山藩や大田原藩の嘆願書が提出されるが、実施された形跡はない。

一方で、明治の初期段階から、那須野が原は明治政府から注目されていた。一八七一（明治四）年には、那須野が原を中心に荒蕪地の測量調査が行われる。一八七四（明治七）年には牧羊場開設のための荒蕪地調査が行われ、結果として下総《しもふさ》牧羊場（千葉県）が開設さ

（1）野火とは、人為的に枯れ草を燃やす行為。

れる。一八七八（明治一一）年には関八州大三角測量のため那須西原に基線測量の南北点が設置され測量に入った。さらに、一八七六（明治九）年の士族授産政策に基づく士族開墾地の選定調査でも候補地となる。この調査により、福島県対面原外四原野が選定されこれが国営安積《あさか》開拓へと繋がる。

那須東原においては県営那須牧場が開設される。栃木県の殖産興業政策に力を注いだ初代県令鍋島幹《なべしまみき》（男爵・一八四四―一九一三）により、一八七八（明治一一）年に現在の那須塩原市豊浦地区に開設された県営那須牧場は、那須野が原において最初で最後の官営農場であった。

一方で、明治政府は模範農場計画において、一八八〇（明治一三）年に那須西原に勧農局用地を確保する。『那須原模範混同農事目論見書』[2]には、各年次別の試算がなされ、前文には、「是ノ開墾ノ方法タルヤ西洋農器ヲ旨トシ（以下略）」と記され、西洋農具を使用して行うことを謳っている。事業計画では、開墾・牧畜・植林を内容とした官営模範農場であった。しかし、実現することはなく、一八八一（明治一四）年に入り、那須開墾社に約四〇〇町歩と大山巌（公爵・一八四二―一九一六）・西郷従道《じゅうどう》（侯爵・一八四三―一九〇二）の共同経営による加治屋開墾場に約五〇〇町歩が貸し下げられる。こうして、勧農局用地は、民間に貸下げられ、すでに明治政府が官営事業を起こす時期ではなかったことを物語っている。

（2）那須野が原博物館所蔵「那須開墾社関係文書」（64）

3　那須野が原開拓と農場群

那須野が原に創設された農場は四〇を数え、本州最大の農場群となる。一八八〇（明治一三）年に、民間農場の先頭を切って三島通庸《みちつね》（子爵・一八三五―一八八八）を中心とした鹿児島県士族の結社農場としての肇耕社《ちょうこうしゃ》（後の三島農場）が創業する。続いて地元の名望家の人たちによる那須開墾社が創設され、社長に印南丈作《いんなみじょうさく》（一八三一―一八八八）、二代目社長に矢板武（一八四九―一九二二）が就任する。肇耕社で約一〇〇〇町歩、那須開墾社では約三〇〇〇町歩に及ぶ広大な開拓農場が創出された。

その後続々と農場が開設され、その中で華族に列せられた人たちの農場は一九農場に上り、那須野が原は本州最大の華族農場群となる。欧州貴族を模範とする華族は、欧州貴族の領主的な性格を意識したことは事実である。「土地を持つ」「領主となる」という思いが、土地取得へと繋がる。華族たちは、開拓の柱である開墾・植林・牧畜の中で、それぞれの考え方により、開拓を行い農場経営を開始する。

華族農場としては、一八八二（明治一四）年に那須西原において、大山・西郷による加治屋開墾場〔五〇〇〇町歩〕が創設され、後に分割され大山農場・西郷農場となる。

那須東原では青木周蔵（子爵・一八四四―一九一四）の青木農場〔一五八六町歩〕が、佐野常民《つねたみ》（伯爵・一八二二―一九〇二）による佐野農場〔二五七町歩〕が同じ一八八一（明治一四）年に開設される。那須野が原南方の湯津上原には一八八三（明治一六）年に品川弥二

写真2　千本松農場の米国製バインダーによる刈取り（昭和6年頃、写真提供：那須野が原博物館）

写真3　大山農場の牛と牛舎（昭和初期、写真提供：那須野が原博物館）

写真4　三島農場の馬鈴薯の出荷（昭和10年頃、写真提供：那須野が原博物館）

郎（子爵・一八四三―一九〇〇）による品川開墾（一二二六町歩）が発足する。品川は、信用組合（産業組合）の実践を視野に、那須疏水第二分水（品川堀）や蛇尾川からの龍尾《りゅうび》用水・富士川用水を開削しながら、五〇％を越える水田率を誇った。これは、那須野が原においては、驚異的な数字であり、水田化・小作農化を以て品川信用組合を組織する。明治政府の要職に在りながらも政府の大農制とは一線を画し、個人農場として自身の農場では小農制を実践していくのである。品川開墾は後に傘松農場と称し、平田東助（伯爵・一八四九―一九二五）に引き継がれる。

一方、対照的なのが松方正義（公爵・一八三五―一九二四）による一八九三（明治二六）年に創設された千本松農場である。千本松農場は那須開墾社解散後に分割された土地を取得し最大一六五〇町歩と広大な面積を有して、西洋農具を駆使して大農法を展開した。それは、国策としての欧米式大農法を自らの手で実践し継続していったのであった（写真2・3・4）。

こうして、那須野が原に創設された農場の内訳を見ると、栃木県内の名望家による地元の結社あるいは個人農場は、七農場で一七・五％にとどまり、農場面積は五五五九町歩で二七・九％となり、比較的規模の大きい農場が存在した。また、県外の結社ないしは個人農場は一四農場で三五％であり、農場面積で四四八八町歩・二二・五％となり、比較的農場規模は小さかった。爵位を持つ華族が経営する華族農場は一九農場で四七・五％を占め、農場面積も九九一五町歩・五〇％に達し、那須野が原の農場のちょうど半分が華族農場で占められていたことになる。

一般の農場が、金融・経済恐慌などにより経営を断念する中で、華族農場は比較的戦後まで経営が継続され、戦前の自作農創設による土地の放出とともに、戦後の農地解放により土地を失う。ただ、華族農場の多くが赤字経営であり、「本邸からの仕送り」により経営を維持してきた経緯がある。華族としての体面と土地への執着が、那須野が原開拓を継続していく要因であった。

なお、那須開墾社が解散する際に、株主に株数に応じて土地を配分された。その中で、実業家であり三菱財閥の三代目である岩崎久弥《ひさや》（一八六五—一九五五）も株主の一人であったが、多くの株主が土地を取得して農場経営に乗り出す中で、岩崎は土地を売払っている。那須野が原では、収益は上がらないと判断したのであろうか。

表1　那須野が原農場一覧

No.	農場名	開設年	開設者	爵位	肩書き	面積(町歩)	位置	備考
1	肇耕社	明治13(1880)	三島通庸他			1,037	西原	明治19年解散
2	那須開墾社	明治13(1880)	印南丈作・矢板武他			3,419	西原	明治21年分割
3	郡司開墾	明治14(1881)	郡司忠平・磯金平他			50	西原	地元結社農場
4	加治屋墾場	明治14(1881)	大山巌・西郷従道	公侯		500	西原	明治34年分割
5	漸進社	明治14(1881)	西山真太郎		馬頭町長	373	東原	明治27年分割
6	那須東原開墾社	明治14(1881)	吉田市十郎他		大蔵小書記官	985	東原	通称「埼玉開墾」
7	東肇耕社	明治14(1881)	深津無一他		大蔵主税官	683	東原	明治19年拝借替
8	佐野農場	明治14(1881)	佐野常民	伯爵	博愛社社長・大蔵卿	257	東原	
9	青木農場	明治14(1881)	青木周蔵	子爵	外務大臣・独逸公使	1,586	東原	
10	石丸農場	明治15(1882)	石丸安世他		大蔵大書記官	233	東原	
11	深川農場	明治15(1882)	深川亮蔵他		佐賀藩士	254	糠塚原	
12	共墾社	明治16(1883)	天野武三郎他		宇都宮警察署長	108	東原	
13	品川(傘松)農場	明治16(1883)	品川弥二郎・平田東助	子伯	内務大臣	226	湯津上原	
14	山縣農場	明治17(1884)	山縣有朋	公爵	総理大臣	762	伊佐野	
15	毛利(豊浦)農場	明治18(1885)	毛利元敏	子爵	旧長府藩主	1,436	東原	
16	長地農場	明治19(1886)	渡辺国武	子爵	大蔵大臣・福岡県令	101	西原	
17	三島農場	明治19(1886)	三島通庸	子爵	栃木県令・警視総監	673	西原	旧肇耕社
18	戸田農場	明治20(1887)	戸田氏共	伯爵	旧大垣藩主	883	東原	
19	山田農場	明治21(1888)	山田顕義	伯爵	内務卿・司法大臣	111	黒田原	
20	渡辺農場	明治21(1888)	渡辺千秋	伯爵	宮内大臣	136	大田原	
21	千本松農場	明治21(1888)	松方正義	公爵	大蔵大臣・総理大臣	1,650	西原	旧那須開墾社
22	矢板農場	明治21(1888)	矢板　武		下野銀行頭取	360	西原	旧那須開墾社
23	鳥山農場	明治21(1888)	鳥山貞利		東京府会議員	152	西原	旧那須開墾社
24	大久保農場	明治21(1888)	大久保利和	侯爵	大蔵省官吏	119	西原	旧那須開墾社
25	佐佐木農場	明治21(1888)	佐佐木高行	侯爵	参議兼工部卿	130	西原	旧那須開墾社
26	大島農場	明治21(1888)	大島高任		日本鉱業会長	190	西原	旧那須開墾社
27	千坂農場	明治21(1888)	千坂高雅		岡山県令	72	西原	
28	野村農場	明治22(1889)	野村　靖	子爵	内務大臣・逓信大臣	375	糠塚原	
29	田嶋農場	明治23(1890)	田嶋弥三郎		養蚕家	65	西原	
30	鍋島農場	明治26(1893)	鍋島直大	侯爵	旧佐賀藩主	383	東原・糠塚原	旧石丸・深川農場
31	伊東農場	明治28(1895)	伊東弥太郎		日本銀行員	100	西原	
32	若林農場	明治30(1897)	若林謙次郎		肥料商	140	西原	
33	植竹農場	明治32(1899)	植竹三右衛門		貴族院議員	375	糠塚原	旧野村農場
34	藤田農場	明治33(1900)	藤田和三郎		薪炭商・県議会議員	842	東原	旧東原開墾社・漸進社
35	高田農場	明治33(1900)	高田慎蔵		高田商会	190	西原	
36	大山農場	明治34(1901)	大山　巌	公爵	陸軍大臣・元帥	273	西原	旧加治屋開墾場
37	西郷農場	明治34(1901)	西郷従道	侯爵	海軍大臣・元帥	246	西原	旧加治屋開墾場
38	細川農場	明治36(1901)	細川潤次郎	男爵	枢密院顧問官	68	西原	
39	甲子農場	昭和3(1928)	甲子不動産			190	西原	
40	栄農場	昭和13(1938)	村尾敏一		村尾汽船社長	229	西原	

4　那須疏水の開削

移住者や地元民が熱望した灌漑用大水路としての那須疏水が開削される（写真5・図1）。

那須疏水は、福島県の安積原野を潤す安積疏水と琵琶湖の水を京都に導き運河・発電に利用された琵琶湖疏水と共に、日本三大疏水の一つに数えられる。那須原飲用水路の開削、運河構想の開削運動を経て、那須疏水は印南・矢板らの陳情と那須野が原に農場を持つ華族や政府高官の後押しにより開削が許可され、国費一〇万円が下付された。ただ、その陳情は一八八三～八五年の間に六回二三六日に及んだ。これだけの期間と労力を費やした背景には、先の飲用水路開削において国の起業公債を取得しており、国は同じ事業で二回の支出を認め難かったと推測する。工事は、内務省土木局の直轄工事として、工事の総監督に大分出身の南一郎平（一八三六―一九一九）が安積疏水に引き続き指揮をとった。一八八五（明治一八）年四月一五日に起工式を挙げ、那珂川から取水し、那須東原・那須西原を横断する本幹水路が開削される。そして同年九月一五日に通水式が挙行され、一六・三kmの本幹水路が通水した。翌年には本幹水路より第一分水から第四分水までのほとんどが完成し、各農場に配水された。四本の分水路の延長は約四九kmで、上流より第一分水・第二分水・第三分水・第四分水が通水し、その後さらに多くの支線が開削された。

しかし、那須野が原は複合扇状地で、水が浸透しやすい地層のため、疏水の水が有効に使われたとはいえなかった。ただ、那須疏水の漏水により、那須野が原の地下水位が上昇

写真5　那須疏水西岩崎取入口（写真提供：那須野が原博物館）

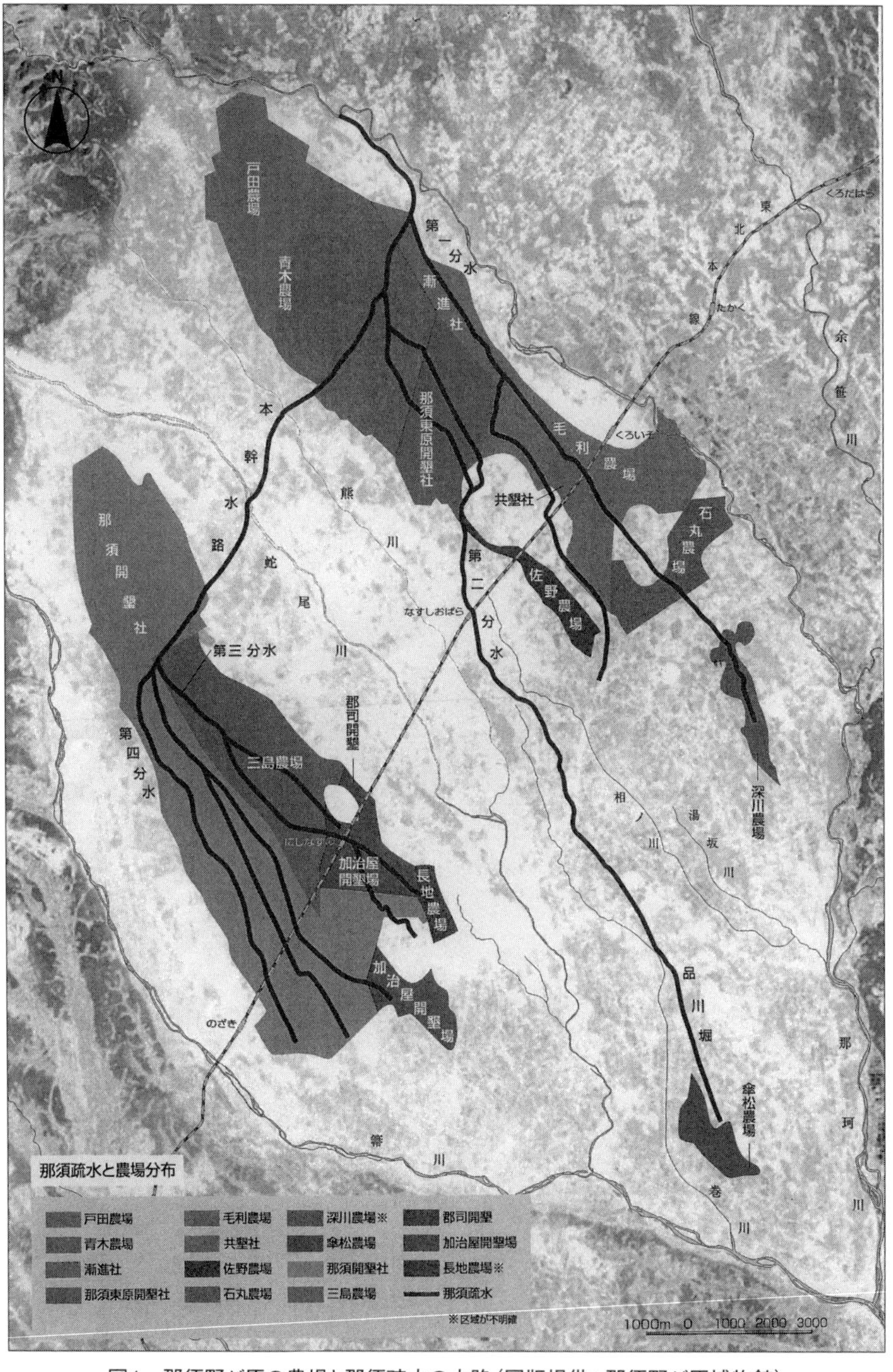

図1　那須野が原の農場と那須疏水の水路（図版提供：那須野が原博物館）

し、それが戦後の電気揚水による水の汲み上げと那須疏水による灌漑用水の併用により、県北の穀倉地帯として生まれ変わる。

5　ロイヤルリゾートの礎

那須野が原には、開拓農場地内に多くの洋風別邸が存在する。開拓地である那須野が原は、避暑地としても存在した。

現在、那須東原に青木周蔵による青木別邸があり、那須西原には、千本松に松方正義が建てた「万歳閣」の別名を持つ松方別邸がある。下永田地区には、栃木県立那須拓陽高等学校の農場敷地に大山巌が建てた大山別邸があり、煉瓦造りの重厚な洋館と「薩摩屋敷」と呼ばれる和館が併設されている（写真6）。那須野が原から離れ、矢板市伊佐野の地には解体移築された山縣別邸が、深い木々の間に山縣睦邸とともにたたずむ。

写真6　大山別邸（写真提供：那須野が原博物館）

建物が和洋折衷であることも特徴の一つである。たとえば、大山別邸に顕著に見られるように、洋館で公務を果たし、和館でプライベート空間として過ごすというスタイルであったと思われる。松方別邸の二階は、暖炉がありながら座敷となっている。

一方で、塩原温泉にも多くの別荘が点在し、大正天皇の御用邸建設をピークに延べ七〇を超す別荘[3]が温泉地に建てられた。これは、一八八四（明治一七）年に三島通庸による塩原新道の開削と一八八六（明治一九）年の日本鉄道会社奥州線[4]の敷設による那須（現西那須野）駅の開業によるところが大きい。そして、三島弥太郎（通庸長男・一八六七―一九一九）が塩原別荘を宮内省に献上し、一九〇四（明治三七）年大正天皇の塩原御用邸として使用されることになる。明治政府の高官や華族、財界人が来塩し、さらに文豪たちが塩原の風景を著し、画家は塩原の自然や温泉風景を描いた。

塩原という山地に建設された塩原御用邸は、その前には広大な那須野が原が広がり、そこには天皇の藩屏としての華族の農場が占めていた。その光景は、皇居の周りに華族を住まわせている光景にもつながる。また、新那須温泉の開発、那須御用邸の誘致を主導したされるのが松方正義である。

（3） 那須塩原市那須野が原博物館編『塩原温泉ストーリー』（二〇一六年）より。

（4） 現在の東北本線で、当初は私鉄として開業した。

おわりに

こうして那須野が原は不毛の原野から県北の穀倉地帯へと変貌する。それは、全国からの移住者たちにより開墾されてきた結果でもある。開拓地と避暑地、近代の那須野が原開拓は、戦後の農地解放により農場の解体や電気揚水による地下水の汲み上げによりその姿を一変させるが、避暑地としてのリゾート化は山地も含めて進み、新たな展開を見せている。そこには別邸を含めて開拓遺産が数多く残されている。

〔参考文献〕
栃木県史編さん委員会『栃木県史　史料編　近現代五』栃木県、一九七五年
栃木県史編さん委員会『栃木県史　通史編8　近現代三』栃木県、一九八四年
那須疏水百年史編さん委員会『那須疏水百年史』那須疏水土地改良区、一九八五年
西那須野町史編さん委員会『西那須野町の開拓史』西那須野町、二〇〇〇年
那須塩原市那須野が原博物館『近代を潤す　三大疏水と国家プロジェクト　安積疏水・那須疏水・琵琶湖疏水』二〇〇九年
那須塩原市那須野が原博物館『那須野が原に農場を―華族がめざした西洋―』二〇一八年

column

明治期の日光観光

村松英男

多くの欧米人の歴史家によると、フランスで誕生したジャポニスムは、一八七八年のパリ万国博覧会で開花したとされる。それにより、西欧で広がったオリエンタリズムやエキゾチシズムが作り上げた東洋への関心に加え、江戸時代の文化への興味が東アジアへの旅行に対する大きなモチベーションとなった。しかし、一八九九年の条約改正までは、江戸幕府が一八五八年に欧米諸国と結んだ「外国人遊歩規定」により、国内に居留する外国人の行動範囲は、開港場を中心に一〇里四方（半径約四〇キロ）とされていた。従って、この時期、日本国内を旅行できる欧米人は、公使や領事、または、学術研究目的の人々に限られていた。いわゆる、特権階級の人たちであった。

一般の観光客による旅行記は、文明の優越を背景として日本の魅力に関する誇大宣伝や失望、エキゾチシズムへの感銘などが入り混じっていたのに対し、この特権階級の人々による旅行記には観察事象の冷徹な分析が読み取れる。この時代の旅行記でよく知られているのが、イザベラ・バードの「Unbeaten Tracks in Japan」（「日本の未踏路」）である。当初は、妹への私信や日記を集めた個人的旅行記と理解されていたが、実際には、記録とキリスト教普及の可能性を探るために、用意周到に計画・準備された公的な報告書の性格を帯びていた。

当時の特権階級の外国人の日本滞在をイメージすると、移動手段は籠・チェアーであったと推測され、まるで腫れ物に触るような扱いをされていたと考えられる。彼らにとって、常に発生する異文化との接触や、北西ヨーロッパにはない夏の極度の蒸し暑さと蚊からの逃避は不可欠であった。いわゆる、中世ヨーロッパ文学における「ロクス・アモエヌス」（「心地よき場所」）が必要であったことは想像に難くない。

一八九〇年前後になると、蚊のいない、夏の涼しい気候を求めて、奥日光で外国人による別荘の建築が始まった。最盛期には、大使館や外交官の別荘が、中禅寺湖畔に四〇棟以上建てられていた。その名残が見られるのが、中禅寺湖畔西六番地である。かつて、トーマス・グラバーの別荘が建っていたところで、今では、暖炉のみが残っている。グラバーは、故郷・スコットランドでのトラウト・フィッシング（マス釣り）の風景に思いを重ねて、私財を投じ、湯川にマスを放流した。また、当時の英国駐日公使であったアーネスト・サトウは、ジョサイア・コンドルに助言を求め、個人の別荘（後に英国大使館が買い上げた）を中禅寺湖東湖畔に新築した。現在でも、英国大使館別荘記念公園として、整備され、現存している。イザベラ・バードは、「日本の未踏路」執筆のために来日した際には、ヘボン師からの紹介で金谷カテッジイン（現・金谷ホテル）に滞在し、好印象を記している。また、一八七九年にイギリスに帰国した後にも、大旅行の途中に数回、静養先として日本に立ち寄り、中禅寺湖畔にあるサトウの別荘で心地よい時を過ごしたことを記している。他に、中禅寺湖東湖畔には、フランク・ロイド・ライトの弟子でチェコ出身のアントニン・レーモンドの設計によるイタリア大使館別荘が、イタリア大使館別荘記念公園（写真）として整備され、現役で使用されているフランス大使館別荘とベルギー大使館別荘とともに現存している。

旧イタリア大使館別荘（筆者撮影）

水上飛行機が飛んだり、外国人滞在者によるヨットレースが開催されたりするなど、当時の奥日光は夏季の一大社交場となり、いつしか、「夏の外務省」といわれるようになった。山（男体山）と湖（中禅寺湖）の美しい風景と、夏の涼しい気候に、静謐な湖面に沈む夕日の美しさが加わり、中禅寺湖東湖畔は北西ヨーロッパの人々にとって、母国の風景に似た「ロクス・アモエヌス」として、villa（別荘）を建てるのに珠玉の場所であった。このことが、今日でもこの地が夏のリゾートとして静かな人気を呼ぶ所以なのである。

〔参考文献〕
井戸桂子「日光を訪れた二人の女性—イザベラ・バードとメアリー・ダヌタン—」『駒沢女子大学研究紀要』一九、二〇一二年
Izabella L. Bird. "Unbeaten Tracks in Japan" John Murray Publisher, London, 1888
金坂清則『イザベラ・バードと日本の旅』平凡社、二〇一四年
中橋弘之『金谷カテッジイン物語』文藝春秋企画出版部、二〇一七年
寺本敬子『パリ万国博覧会とジャポニスムの誕生』思文閣出版、二〇一七年
バウマン・A．H．『外国人のロクス・アモエヌス「箱根」』ブックウエイ、二〇一二年

column

宇都宮の近代製糸場——川村迂叟《うそう》と大嶹商舎《おおしま》

——髙山慶子

幕末期に開国して世界の貿易体制に組み込まれた日本は、毛織物や綿織物といった工業製品などを外国から輸入する一方で、輸入額に見合う（あるいはそれ以上の）国産品を輸出して、貿易収支の均衡を図る必要に迫られた。その主要な輸出品として、明治政府が国を挙げて生産に取り組んだのが、生糸《きいと》である。

生糸とは絹織物の原料で、蚕《かいこ》が糸を吐き出してつくった繭《まゆ》をときほぐし、その繭糸を数条合わせて一本の糸にしたものである。これらの過程を担う産業として、蚕種（蚕の卵）を製造する蚕種業、蚕を飼育して繭を生産する養蚕業、そして繭から生糸を製造する製糸業がある。江戸時代から養蚕が盛んであった群馬県は、著名な蚕種家・養蚕家を数多く輩出し、一八七二（明治五）年には官営の富岡製糸場が創設されるなど、日本の養蚕製糸業の中心地として知られている。一方、隣接する栃木県は、一八七七（明治一〇）年の繭生産額が群馬県の一三七万円に対して六万円であるなど、養蚕業では目立った生産地ではなく、製糸業でも明治初期の国内における地位は低い。しかし、川村迂叟が宇都宮に創業した大嶹商舎は、国内はもとより海外にも広く知られた製糸場であった。

川村迂叟（一八二二〜一八八一）は江戸・東京の豪商で、江戸時代には伝左衛門（川村家代々の当主の通称）を名乗った。一九一〇（明治四三）年に生前の迂叟の事績をまとめた「川村迂叟事歴概要」（国立公文書館所蔵）によると、川村家は近江国（現在の滋賀県）出身で、早くから江戸に出て幕府や大名の用達《ようたし》をつとめたとみられる。江戸時代中頃（正確な年代は不詳）には譜代大名の戸田家に金銭を融通するようになり、迂叟の代には、戸田家の献策により幕府が実施した山陵修補（陵墓の修築）事業に一万五〇〇〇両を出資するなど、川村家は財政

「大嶹商舎商標」（栃木県立博物館所蔵）

の窮乏に苦しむ戸田家を支えた。

一八六二（文久二）年、戸田家から財務整理を任され、禄高五〇〇石を与えられたことを機会に、迂叟は戸田家が領有する宇都宮藩領に赴き、領内を巡検した。不毛な地が多く産業が振るわない現状を目の当たりにした迂叟は、新田を開発し、茶園を開設した上に、新たな挑戦として養蚕製糸業に取り組んだ。迂叟は河内《かわち》郡石井村（現在の宇都宮市石井町他）の村民と協議した上で、私費を投じて鬼怒川沿いの大嶹川原に堤防を築き、その堤内を開墾して、陸奥《むつ》（現在の福島県他）・信濃《しなの》（長野県）・上野《こうずけ》（群馬県）から購入した苗を植えて桑を栽培した（桑の葉は蚕の餌で、養蚕業には大量の桑を要する）。そして迂叟は蚕室（蚕を飼育する部屋）を建設し、宇都宮や水戸などから女性工員（工女）を集めて、製糸場を開設した。

この製糸場の創業は一八七一（明治四）年で、富岡製糸場より一年早い。当初は石井製糸所と称され、人力の工場であったが、後に水力や蒸気による動力を備え、イタリア式の器械を導入するなど、本格的な近代工場となり、名称も大嶹商舎となった。大嶹商舎が生産する生糸は、一八七六（明治九）年のアメリカ合衆国フィラデルフィアでの万国博覧会で「品質秀絶、製造精細」と評され、一八八五（明治一八）年に国内で開催された生糸等の物産の共進会では、栃木県産の生糸は「大嶹商舎を除いて、他に見るに足るものはない」、「大嶹商舎を模範として改良を加えるように」と評された。一八八〇（明治一三）年にはアメリカの前大統領グラントが視察に訪れ、帰国後に「米国生糸雑誌」のなかで「日本東京の富豪川村迂叟氏は、宇都宮に広大な製糸工場を設立し、これを大嶹商舎と称した。氏は日本生糸の品質改良に意を注いで余念がない。又氏は公私の事を問わず、常に仁愛深い人」と述べている。

迂叟は、幕末期の貿易開始以降、大量の金銀貨が国外へ流出する状況を憂い、生糸を製造して主要な輸出品とすることを決意した。明治政府の主導で国内に養蚕製糸業が広く展開する前に、迂叟は国や藩を頼らず、私財をなげうち、速水堅曹《はやみけんそう》（日本初の器械製糸所である前橋製糸所の創設者）のもとにいちはやく工女を派遣して器械製糸の伝習を受けさせるなど、自らの才覚で養蚕製糸業をはじめたのである。大嶹商舎は後に川村家の手を離れ、一九一五（大正四）年に操業を終える。現在は用水路（川村堀）の跡がわずかに遺るばかりで、かつて大嶹商舎が存在したことを知る人は少ない。それでも大嶹商舎は、幕末維新期という激動の時代に自らの手で時代を切り開いた先人の足跡として、栃木県の近代産業史にその名を刻んでいる。

〔参考文献〕
佐野瑛『大日本蚕史』大日本蚕史編纂事務所、一八九八年
宇都宮市史編さん委員会編『宇都宮市史 近・現代編Ⅱ』宇都宮市、一九八一年
栃木県史編さん委員会編『栃木県史 通史編七・近現代二』栃木県、一九八二年
速水美智子「大嶹商舎の出発と速水堅曹」川村朝夫・川村敏夫編『川村家の記録』Ⅵ、私家版、二〇一七年
髙山慶子『江戸の名主 馬込勘解由』春風社、二〇二〇年
土金師子「飼育技術の改良からみる養蚕農民の近代―群馬県の養蚕家・松下政右衛門と井草太郎右衛門―」鈴木淳編『経済の維新と殖産興業―一八五九～一八九〇―』明治維新を担った人たち②、ミネルヴァ書房、二〇二二年

第2部

いろどりを映す——とちぎの魅力

栃木県の産業集積の地域差——県央と両毛——

丹羽孝仁

はじめに

栃木県の産業にはどのような特徴があるだろうか？

本章では、産業集積[1]の観点から、また様々なデータを用いて、栃木県の地域経済の特徴や産業の強みを紹介したい。

1　県の情報（一般統計）

地域経済や地域の産業の特徴を知るための、第一の方法は、経済センサスや国勢調査のような大規模に実施されている統計資料を調べることだ。

図1には、栃木県における産業大分類別の就業者数の推移が示されている。二〇一五年

（1）　ここでいう産業集積とは、比較的狭い地域に相互に関連の深い多くの企業が集積している状態を指す（吉見二〇一二）。

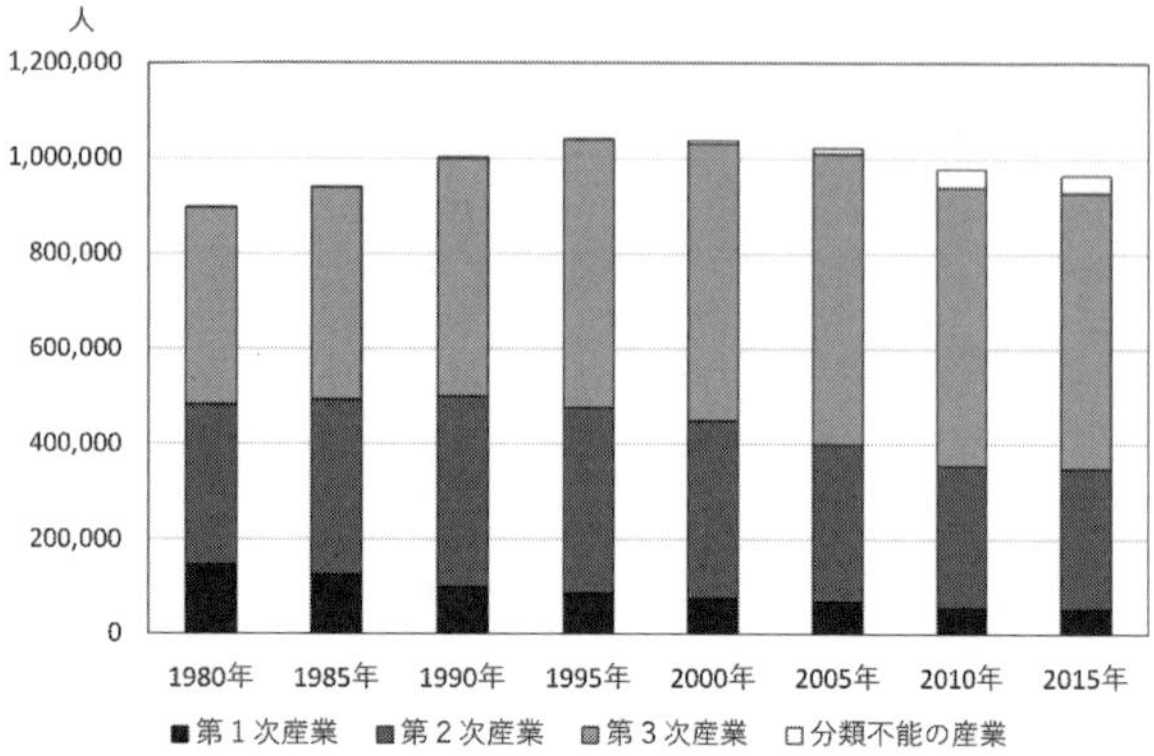

図1　栃木県の産業大分類別就業者数の推移

出典：「国勢調査」より筆者作成

時点、第一次産業には五万三〇〇〇人（五・五%）、第二次産業には二九万六〇〇〇人（三〇・七%）、第三次産業には五七万九〇〇〇人（六〇・一%）が働いている。

これを全国と比較してみよう。日本全体の就業者数では、二〇一五年時点で第一次産業に三・八%、第二次産業に二三・六%、第三次産業に六七・二%がそれぞれ占める。働いている人に注目すると、栃木県は全国に比べ、第一次産業と第二次産業の割合が高く、第三次産業の割合が低い。総じて、第三次産業への集中度合いが低いといえる。これは、栃木県がバランスのとれた産業構造をもつことを表している。

栃木県は、第一次産業と第二次産業に強みをもつ。第一次産業では、イチゴや生乳、ニラなどいくつもの農畜産物で全国有数の生産量を誇るほか、地域ブランド農産物も多く、例えば那須《なす》烏山《からすやま》市中山地区の中山かぼちゃや大田原《おおたわら》市の大田原とうがらしなどがある。また、宇都宮市新里《にっさと》町の新里ねぎは農林水産省の地理的表示保護制度の対象産品に指定されている。こうした地域の風土と結びついた良品質な農産物がある。

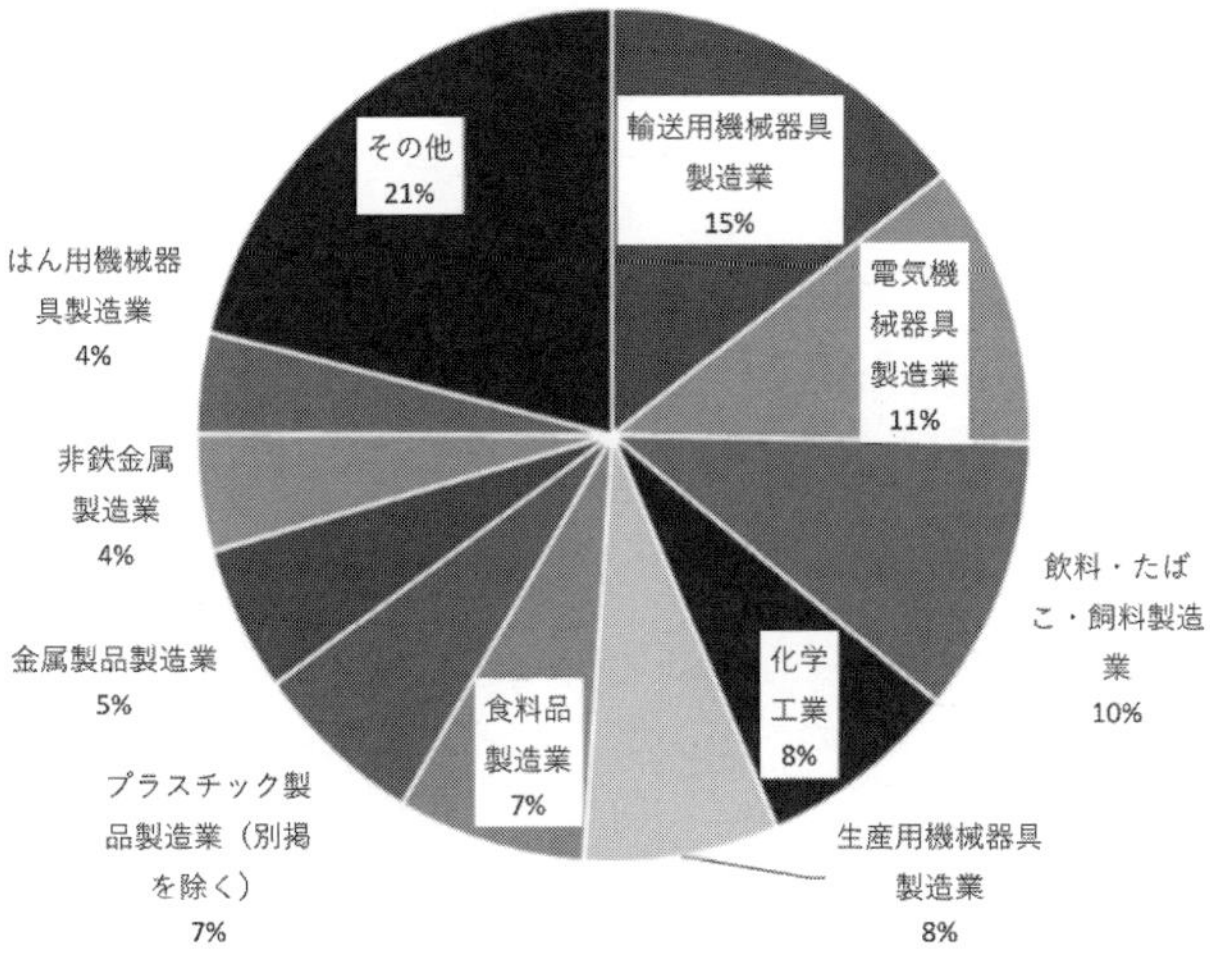

図2　栃木県の産業大分類別製造品出荷額等の構成比（2019年）
出典：「工業統計調査」より筆者作成

他方、第二次産業は、製造品出荷額等の金額が約九兆円（二〇一九年）と全国一三位の規模にあるとともに、「県内総生産額に占める製造業比率四一・八％（全国二位）」であり、栃木県の経済にとって製造業は重要な産業である。栃木県の製造業の内、最も主要な業種は輸送用機械器具製造業である（図2）。自動車や航空機の生産がこれに該当し、栃木県には株式会社本田技術研究所や日産自動車株式会社、株式会社SUBARUなどの工場が立地する（表1）。次いで電気機械器具製造業や飲料・たばこ・飼料製造業が続く。現在は、パナソニック株式会社アプライアンス社やファナック株式会社、カゴメ株式会社、カルビー株式会社などが生産拠点を置いている。

栃木県内の主要な工業用地は、宇都宮市周辺の県央地域から県南地域にかけて分布している（図3）。県内にある工業団地のうち、事業所数、就業者数、製造品出荷額等で上位五つの工業団地を選別してみても、この傾向が読み取れる（表2）。表1で見るように、

表1　栃木県に立地する主要な企業

輸送機械関連		
（株）ブリヂストン	那須塩原市	自動車・モノレール・モーターサイクル用タイヤ等
ボッシュ（株）	那須塩原市	ABS（アンチロック・ブレーキ・システム），ESC（エレクトロニック・スタビリティ・コントロール）
（株）本田技術研究所	芳賀町・高根沢町	四輪車のシステム開発
本田技研工業（株）	真岡市	エンジン・ミッション部品，足廻り部品等
（株）ケーヒン	高根沢町	自動車システム研究開発
（株）SUBARU	宇都宮市	旅客機の設計・開発・製造，航空機
日産自動車（株）	上三川町	自動車
（株）小松製作所	小山市	鉱山機械用ディーゼルエンジン，アクスル等
日立金属（株）	真岡市	自動車用鋳造部品
GKNドライブラインジャパン（株）	栃木市	自動車用駆動系部品
いすゞ自動車（株）	栃木市	商用車及び建設機械のエンジン・アクスル
医療機器・医薬品関連		
キヤノンメディカルシステムズ（株）	大田原市	画像診断機器，医療情報システム
全薬工業（株）	大田原市	医薬品等
持田製薬工場（株）	大田原市	医薬品等
（株）資生堂	大田原市	医薬部外品
中外製薬工業（株）	宇都宮市	医療用医薬品
久光製薬（株）	宇都宮市	医療用医薬品
マニー（株）	宇都宮市	手術用縫合針，各種手術・歯科・眼科治療機器等
グラクソ・スミスクライン（株）	日光市	医療用医薬品，ワクチン等
（株）ナカニシ	鹿沼市	歯科医療・外科医療・一般産業用製品
花王（株）	市貝町	紙製衛生用品
精密機器関連		
（株）栃木ニコン	大田原市	一眼レフカメラ用交換レンズ，産業用レンズ
東京計器（株）	那須町	航空機搭載用電子機器・航法機器・サイトレーダ機器等
キヤノン（株）	宇都宮市	デジタル一眼レフカメラ用交換レンズ，ビデオカメラ用レンズ
キヤノン（株）光学技術研究所	宇都宮市	光学技術の研究開発，放送機器の開発・販売
（株）ミツトヨ	宇都宮市	精密測定機器
富士フイルムテクノプロダクツ（株）	佐野市	カメラ用光学素子，医療用内視鏡等
電機・情報機械関連		
富士通（株）	大田原市	光・無線通信機器等
パナソニック（株）アプライアンス社	宇都宮市	有機ELテレビ，液晶テレビ等
日立グローバルライフソリューションズ（株）	栃木市	ルームエアコン，冷蔵庫，ヒートポンプ給湯器等
（株）東光高岳	小山市	電力用変圧器，開閉装置，制御装置・監視システム等
ファナック（株）	壬生町	CNC，サーボモータ，サーボアンプ
飲料・食料品関連		
カゴメ（株）	那須塩原市	缶・ペットボトル・紙パック飲料等
エバラ食品工業（株）	さくら市	調味料食品
アサヒグループ食品（株）	さくら市	育児用粉乳，乳幼児用食品等
カルビー（株）	宇都宮市	菓子
丸大食品（株）	下野市	ハム，ソーセージ等
サントリースピリッツ（株）	栃木市	ウイスキー，チューハイ等
森永製菓（株）	小山市	菓子
ハウス食品（株）	佐野市	香辛食品類，加工食品類，健康食品・スナック類等
（株）Mizkan	栃木市	食酢

出典：「企業立地に関するご案内」Webサイトより筆者作成

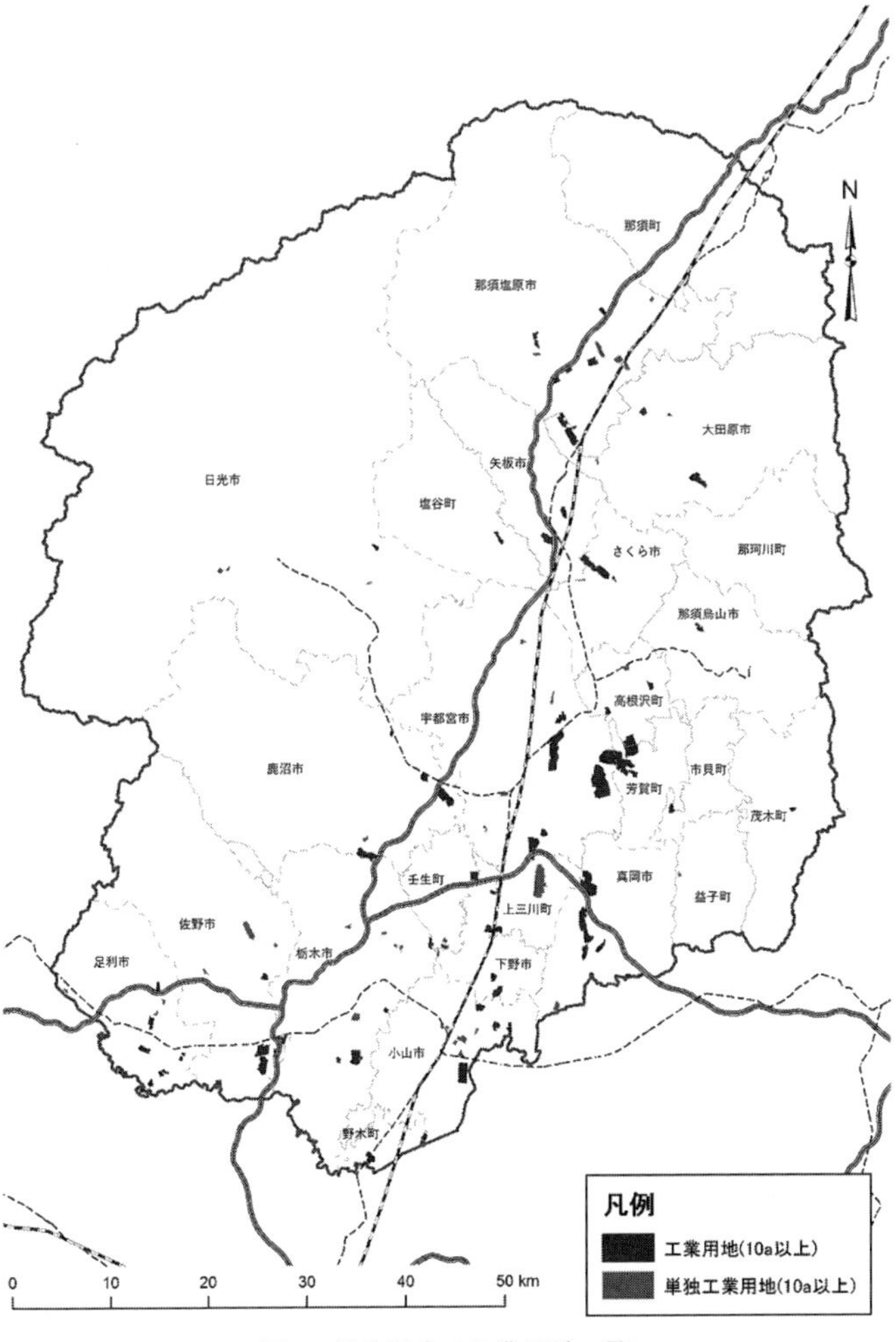

図3　栃木県内の工業用地一覧

出典：国土交通省「国土数値情報」より筆者作成

表2　栃木県内の工業団地の比較（2017年）

ランキング	事業所数	か所	従業者数	人	製造品出荷額等	百万円
1	宇都宮工業団地（宇都宮市）	61	清原工業団地（宇都宮市）	10,707	清原工業団地（宇都宮市）	1,416,810
2	瑞穂野工業団地（宇都宮市）	46	真岡第1工業団地（真岡市）	6,111	小山第一工業団地（小山市）	350,295
3	佐野工業団地（佐野市）	43	宇都宮工業団地（宇都宮市）	5,507	宇都宮工業団地（宇都宮市）	276,340
4	清原工業団地（宇都宮市）	39	鹿沼工業団地（鹿沼市）	5,285	真岡第1工業団地（真岡市）	263,920
5	真岡第1工業団地（真岡市）	39	小山第一工業団地（小山市）	4,523	鹿沼工業団地（鹿沼市）	246,020

出典：栃木県「栃木県の工業」より筆者作成

こうした大規模な工業団地には、県外から進出してきた工場が多い（鵜飼 一九九〇）。県央地域に立地する大企業については個別事例で後述したい。

これとは対照的に、栃木県南西部に位置する足利《あしかが》市や佐《さ》野《の》市の製造業は伝統的に群馬県東部と深く結びつき、産業集積を形作ってきた。両県にまたがる地域は両毛《りょうもう》地域と呼ばれ、両毛広域都市圏総合整備推進協議会が一九九二年に立ち上がっていたり、群馬銀行と足利銀行が二〇二二年に両毛地域での連携協定「りょうもう地域活性化パートナーシップ」を結んだりと、一つの都市圏として結びつきが強い。

また、こうした県央地域と両毛地域の特徴は、製造業の事業所分布からも読み解くことができる。図4には二〇一六年時点の製造業の事業所分布が示されている。事業所数で見ると、県央地域よりも両毛地域で事業所の集中的な立地が確認できる。足利市や佐野市の製造企業は、群馬県側の企業、特に太田市に立地する株式会社ＳＵＢＡＲＵ群馬製作所の下請企業として経済的な結びつきを有する（松橋 一九八二、宇山 二〇一八、岡部 二〇一八）。

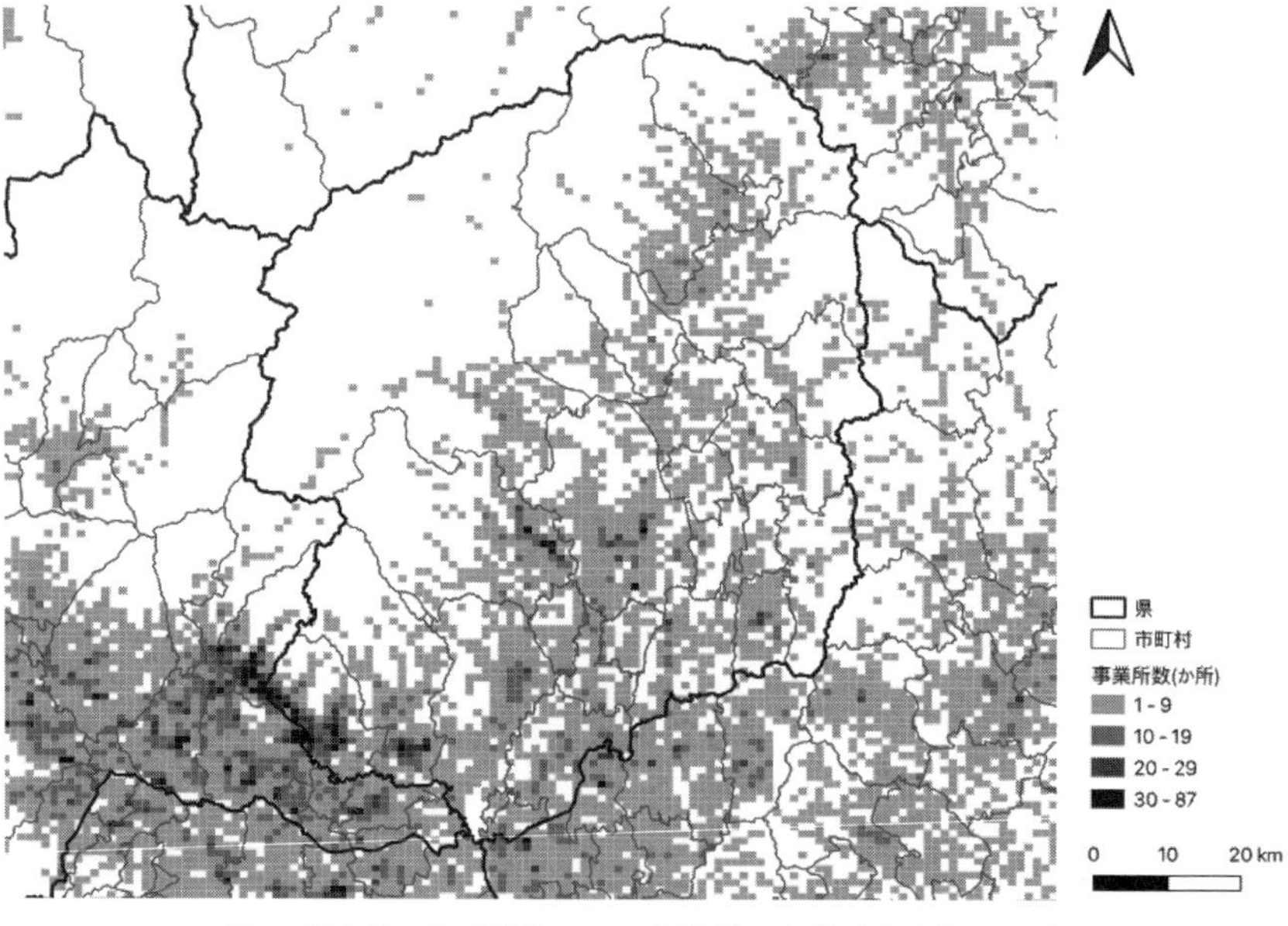

図4　栃木県および周辺における製造業の事業所分布（2016年）
出典：「経済センサス」より筆者作成

2 経済基盤分析

先に栃木県全体の経済の特徴を整理し、第一次産業や第二次産業に強みがあるとわかった。そこで次に、栃木県の製造業の強みの程度を考えてみよう。強みを調べるための一つの考え方に、経済基盤分析がある（藤塚・高柳 二〇一六）。経済基盤分析とは、域外から稼ぐ産業と域外から稼がない産業に分類し、地域経済の特徴を明らかにするものである。域外から稼ぐ産業は、地域内の消費以上に生産活動が行われ、余剰分が域外へと移出されており、基盤産業と呼ばれる。域外から稼がない産業は、地域内での消費分が地域内で生産されているか、あるいは域外から移入しており、非基盤産業と呼ばれる。基盤産業と非基盤産業を区別して考えるのは、基盤産業が地域経済や地域の雇用にとって重要な産業であり、地域全体の経済や雇用の規模は、基盤産業のその規模に規定されるからである。

特化係数

では、どうやって基盤産業を特定すれば良いだろうか。その方法の一つに、特化係数がある。特化係数は、事業所数や就業者数を単位として、ある地域の産業部門ごとの割合と、全国の産業部門ごとの割合の比を算出したものだ。それぞれの地域で産業部門ごとに特化係数が求められ、ある地域・ある産業の特化係数が一を上回る時、その地域・産業の割合は全国の割合を上回っていることになる。つまり、その地域・産業は強みを持つと理解できる。地域間の比較は、地域ごとにそもそも面積や就業者数などが異なるため、実数だけでは考察は難しい。そこで、特化係数のように、標準化した指標を用いることで、地域ごとに強みのある産業、つまりは基盤産業を判別しようとするのだ。(2)

3　県央地域と両毛地域の比較

ここでは、栃木県の県央地域と栃木県と群馬県にまたがる両毛地域を比較してみたい。今回は金本・徳岡(二〇〇二)の都市雇用圏の定義に従い、二〇一五年のデータを用いて宇都宮市とその郊外市町(3)を県央地域、太田市・大泉町とその郊外市町(4)を両毛地域として設定した。全産業の従業者数を基準として、製造業の産業中分類二四業種で県央地域と両毛地域双方の特化係数を求めた(図5)。この特化係数が一を上回る産業は、全国と比較して従業者が相対的に多いことを意味しており、それだけ地域の雇用力が大きいことを示している。

県央地域と両毛地域に共通して特化係数が高い産業は、二四業種の多くで確認される。むしろ両地域ともに一を下回る産業が、印刷・同関連業、石油製品・石炭製品製造業、なめし革・同製品・毛皮製造業、情報通信機械器具製造業の四業種しかない。それだけ、県央地域と両毛地域は製造業に強みがあるのだ。県央地域と両毛地域の双方で特化係数が高く、両地域間の差が小さい産業に、飲料・たばこ・飼料製造業、家具・装備品製造業、化学工業、生産用機械器具製造業、業務用機械器具製造業が挙げられる。特に、業務用機械

(2)　実際に、地方創生政策において、修正特化係数が用いられている。これについては中村(二〇一四、二〇一八)が大変参考になる。また、特化係数を元に地理情報システム(GIS)で宇都宮市の産業集積を分析したものにNiwa(二〇二二)がある。なお、地域経済に関するGISの関わりについては丹羽(二〇二二)で紹介している。

(3)　鹿沼市、日光市、真岡市、さくら市、那須烏山市、下野市、上三川町、茂木町、市貝町、芳賀町、壬生町、塩谷町、高根沢町の一三市町。

(4)　足利市、桐生市、千代田町、邑楽町の四市町。

器具製造業は、両地域ともに特化係数が三に近く、地域を代表する業種の一つとしてとらえられる。ただし、両地域間で製造業の中身はかなり違う。県央地域は、医療用機械器具や光学機械器具・レンズの製造業が雇用の源泉となっている。おそらく宇都宮市の清原工業団地に進出しているキヤノン株式会社宇都宮事業所や鹿沼市に立地する歯科機器等を生産する株式会社ナカニシなどの影響が大きい。対して両毛地域はこれらの業種における雇用は多くなく、娯楽用機械器具や計量器・測定器等の製造業が雇用の源泉となっている。

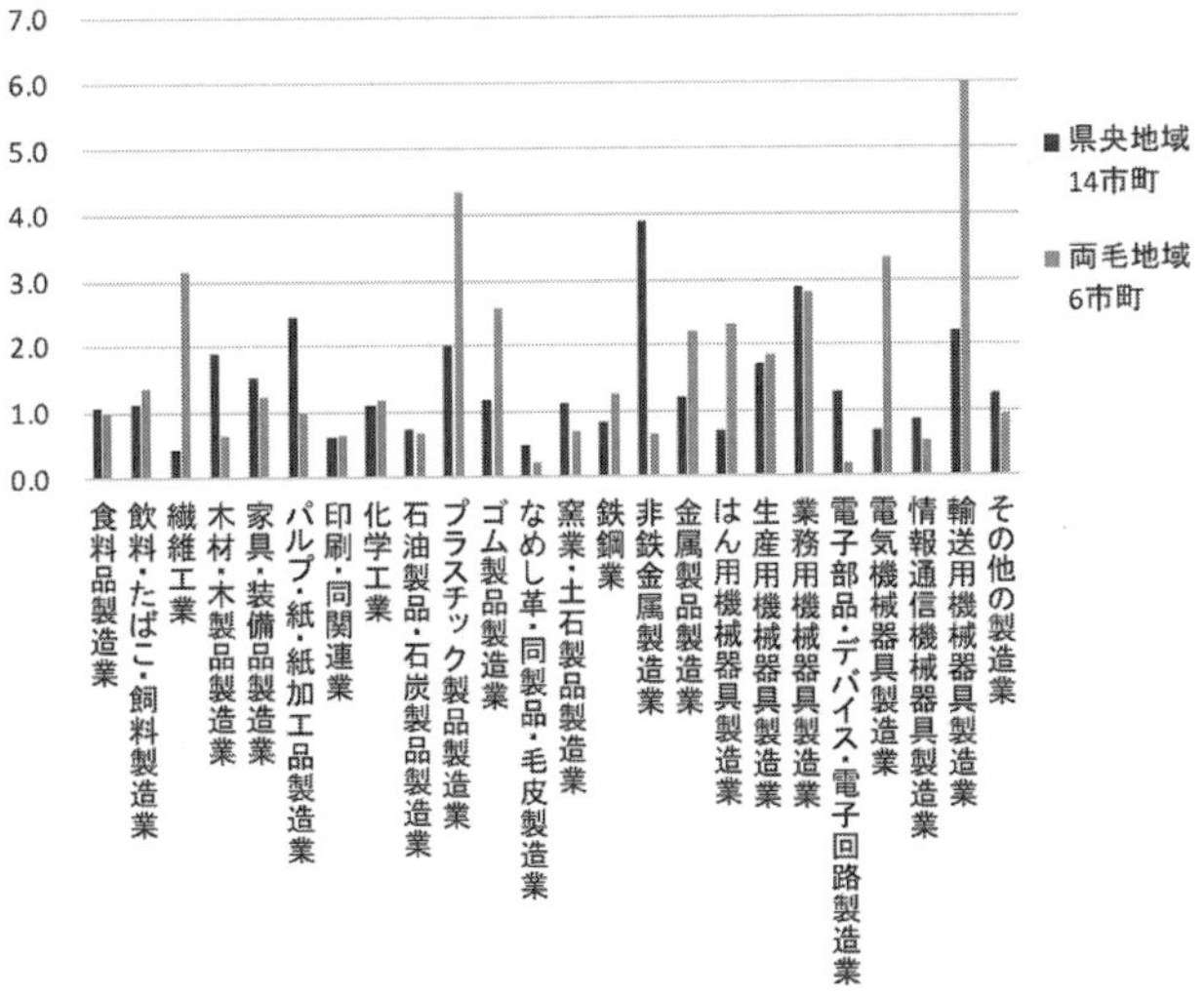

図5　県央地域と両毛地域における製造業中分類別特化係数（2016年・従業者数）
出典：「経済センサス」より筆者作成

　二四業種に話を戻そう。県央地域と両毛地域で比較すると、県央地域は、木材・木製品製造業、パルプ・紙・紙加工品製造業、非鉄金属製造業、電子部品・デバイス・電子回路製造業の特化係数が特に高い。非鉄金属製造業は真岡市に進出している株式会社神戸製鋼所の影響があろう。ここでは自動車向けなどにアルミニウムの加工を行っている。他方、両毛地域は、繊維工業、プラスチック製品製造業、ゴム製品製造業、電気機械器具製造業、輸送用機械器具製造業の特化係数が特に高い。明治の殖産興業の時代から、両毛地域は繊維工業が発達してきた。近年は衰退傾向にあるとはいえ、それでも特化係数は三を上回る高さである。足利市では奈良時代まで織物の歴史を遡ることができ、「足利銘仙」のブランドも確立している。中小の工場が集積しているのだ。また、輸送用機械器具製造業は、特化係数が約六と極めて高く、両毛地域を代表する産業であることに疑いの余地はない。これは自動車関連産業の影響であることをすでに述べたが、雇用の大きさの面では、足利市のそれは太田市など群馬県側の市町よりも小さい。

4 栃木県を代表する企業たち

ここでは、栃木県を代表する企業を個別に紹介したい。先ほどまで述べてきた栃木県の産業集積の特徴を理解し、また栃木県経済の強みを知る上で役立つはずだ。注目に値する企業は数多くあるが、紙面の関係上、五社を取り上げることにする。

株式会社SUBARU航空宇宙カンパニー

第一に、株式会社SUBARU航空宇宙カンパニーである。SUBARUは、群馬県太田市で誕生した輸送用機械器具製造企業である。第二次世界大戦中、宇都宮に疎開してきた軍需工場であった。当時の旧中島飛行機株式会社は、戦闘機を中心に製造していたが、第二次世界大戦後は、厨房具や農機具、鉄道車両などを製造していた[5]。一九五五年に富士重工業株式会社（二〇一七年より、現ＳＵＢＡＲＵ）となり、航空機の生産を再開している。アメリカのボーイング社の旅客機製造に関わるほか、自衛隊向けのヘリなども生産している。宇都宮市の航空宇宙カンパニーは、航空機生産の中核を担う。工場の周りには、ＳＵＢＡＲＵと取引する下請企業が集まっている。

なおＳＵＢＡＲＵは、自動車製造の工場を群馬県太田市スバル町に持つ。ＳＵＢＡＲＵの売上で見ても航空機よりも自動車のほうが大きく、また雇用規模も大きい。周辺地域には下請企業も多く、両毛地域の産業集積を牽引している。

（5） 宇都宮市と芳賀町で導入されるＬＲＴの車両生産は、富士重工業の鉄道車両事業を引き継いだ新潟トランシスが担った。

写真１　村田発條のバネ
出典：経済産業省「地域未来牽引企業」より

村田発條株式会社

村田発條株式会社は、宇都宮市に本社を置く、自動車関連のバネを製造する企業である。一九一三年に宇都宮市で村田金物店として創業し、一九四三年には東京都で村田発條株式会社として法人を設立している。ＳＵＢＡＲＵと同じく、第二次世界大戦中の疎開によって、宇都宮市に移転してきた。主力製品は、トラックエンジンに用いられるバルブスプリングと乗用車変速機に用いられるダンパースプリングである。自動車メーカーなどに製品を供給するが、特に四トン以上のトラックのバルブスプリングに対しては、国内シェアが一〇〇％近くに達する。栃木県の「フロンティア企業」[6]認定を受けており、技術力の高さが注目される。バネの製造に特化し、その技術を高めてきたからこそ、顧客である自動車メーカーからの仕事を受けられるのだ。また、経済産業省の「地域未来牽引企業」[7]にも選定されている。

ただし、ニッチな市場を獲得してきたが故に、その将来像には課題も残る。世界的に自動車の製造がＢＥＶ（電気自動車）へとシフトするならば、部品数の削減や種類の変化によって自動車産業全体の市場の縮小は免れない。自動車産業の変化の中で当社がどのように生き残りを図っていくのか、注目される。

レオン自動機株式会社

レオン自動機株式会社は、創業一九六三年、宇都宮市に本社を置く、包あん機を作る食品機械製造企業である。パンや饅頭などのように具材を生地で包み込む作業を、「レオロジー」（物質の流動学）をベースに、一九六一年、世界で初めて自動化させた。社名もこの言葉に由来する。国内シェアは約九割と圧倒的である。クロワッサンやナンなど様々な種類のパン製造に対応しているため、世界でも広く販売されている。経済産業省の「グローバルニッチトップ企業」[8]、栃木県の「フロンティア企業」に選定されており、技術力と市場シェアの高さに定評がある。ＲＥＳＡＳ[9]のデータをみると、宇都宮市で出願された特許のうち、過半数を当社が占めている。

写真2　レオン自動機の自動包あん機
出典：経済産業省「グローバルニッチトップ企業」より

（6）栃木県が企業の技術力の高さを認証する制度で、二〇〇三年から行っている。二〇二二年六月時点で二一六社が認証されている。

（7）経済産業省が、地域経済への影響力と企業の成長性が見込まれる企業を選定する制度である。栃木県では二〇二二年六月時点で一〇四社が選定されている。

（8）経済産業省が、世界市場のニッチな市場で高いシェアを誇り、グローバルサプライチェーンの中で重要な役割を果たしている企業を表彰する制度である。

（9）内閣官房デジタル田園都市国家構想実現会議事務局が提供し、地方自治体の政策形成を支援するための地域経済分析システムである。

写真3　菊地歯車の歯車
出典：経済産業省「地域未来牽引企業」より

余談であるが、レオン自動機の創業者林虎彦は、元々和菓子職人で、日光市に虎彦製菓株式会社を一九五六年に創業している。当社は和菓子を中心に菓子を製造する。代名詞は「きぬの清流」だ。商品を手に取った際には、レオン自動機まで思い出してみてほしい。

菊地歯車株式会社

菊地歯車株式会社は、一九四〇年に足利市で創業した、歯車を受注生産する金属製品製造企業で、二〇〇〇年度には約二〇〇社から五〇〇〇種以上を受注生産する。元々は、両毛地域で栄えていた繊維産業に関わる機織りを事業としていたが、第二次世界大戦後に歯車へと大きく舵を切っている。自動車向けの歯車を主力とするが、建設機器や工作機械など、精密歯車の生産を広く手がける。

二〇〇三年頃に航空機産業に参入し、フランスの大手航空機エンジンメーカーのSafran Aircraft Engines社から世界でも数社しか量産できないチタンアルミ製タービンブレードの製造を受注している。この量産体制を構築し、グローバル市場に対応するために、二〇一五年に菊地歯車の航空事業部をAeroEdge（以下、エアロエッジ）として分社化した。現在エアロエッジは、航空機エンジン部品の製造と自動車等の部品製造を行っており、航空機産業の生産工程に関わる国際認証であるJISQ9100に加え、特殊工程に関わるNadcap（国際特殊工程認証）の認証も取得している。菊地歯車は「フロンティア企業」に、また両社とも「地域未来牽引企業」に指定されるなど、両毛地域を代表する企業といえる。

ガチャマンラボ株式会社

ガチャマンラボ株式会社は、足利市で二〇一三年に設立された、絹織物を扱うベンチャー企業である。伝統ある繊維産業に新規参入し、商品の企画から生産、販売まで手掛ける。小規模な企業ながら、世界的な高級ブランドとも取引する異色の存在だ。

地場産業としての力を失いつつあった足利銘仙の復活の立役者がガチャマンラボである。当社の代表、高橋仁里氏は、地場の工場が生産した在庫生地を利用することで、不良在庫の解消という地域課題解決に寄与するとして、二〇一六年の栃木県「とちぎビジネスプランコンテスト」で最優秀賞を獲得している。また、洋服規格に対応した足利銘仙の製作に成功したことで、世界的に著名なデザイナーたちからも注目されるようになり、その市場を国内から世界へと広げている。栃木県「フロンティア企業」にも選定されており、足利銘仙の更なる技術革新を図ろうとしている。ベンチャー企業ゆえにこれからの成長が期待される。

おわりに

本章では、栃木県の地域経済の特徴や産業の強みを産業集積の観点から紹介してきた。ものづくり県と謳うほど、栃木県にとって製造業は重要な産業である。製造業に注目して、県央地域と両毛地域の双方の特徴を特化係数や個別の企業から見てきた。県外からの進出企業に牽引されて成長してきた県央地域と、隣の群馬県東部との経済的な結びつきが昔からある両毛地域では、製造業の強みの程度や中身は異なっている。

栃木県内の多様な姿は、経済的な側面からも理解することができよう。本章で紹介したのはほんの一部であり、県内各地には他にも産業や企業が多くある。栃木を訪れた際に少しでも気にとめると、普段とはまた違った景色を感じられるのではないだろうか。

〔参考文献〕
鵜飼信一「誘致大工場群と中小企業――北関東工業基地・宇都宮テクノポリス」関満博・柏木孝之編『地域産業の振興戦略』新評論、一九九〇年
宇山翠「２０００年代以降における両毛地域の産業集積の変容――ＳＵＢＡＲＵの業績拡大の影響に着目して」『中小企業季報』一、二〇一八年
岡部遊志「北関東産業集積――群馬県太田市・桐生市――ものづくりネットワークの構築」松原宏編『産業集積地域の構造変化と立地政策』東京大学出版会、二〇一八年
金本良嗣・徳岡一幸「日本の都市圏設定基準」『応用地域学研究』七、二〇〇二年
中村良平『まちづくり構造改革――地域経済構造をデザインする』日本加除出版、二〇一四年
中村良平『まちづくり構造改革2――あらたな展開と実践』日本加除出版、二〇一八年
丹羽孝仁「ＧＩＳと地域経済政策」帝京大学地域経済学科編集委員会編『「地域」の学び方――経済・社会を身近に考えよう』八朔社、二〇二二年
藤塚吉浩・高柳長直編著『図説　日本の都市問題』古今書院、二〇一六年
松橋公治「両毛地区における自動車関連下請小零細工業の存立構造」『地理学評論』五五、一九八二年
吉見隆一「産業集積の現状と課題」『財団法人商工総合研究所調査研究事業報告書』二〇一一年
Niwa, T. "Industrial Agglomeration and Regional Development Planning Analyzing by GIS in the City of Utsunomiya, Tochigi, Japan." Taira, A. and Schlunze R. D. eds. Management Geography: Asian Perspectives Focusing on Japan and Surrounding Countries. Springer, 2022.

column

那珂川町小砂《こいさご》の〝むらづくり〟

林田朋幸

栃木県北東部の那須郡那珂川町は、一級河川の那珂川が流れる農山村で、人口一万五〇七六人、世帯数五九四八である（二〇二二年七月一日時点）。人口に占める六五歳以上の割合である高齢化率は栃木県平均が二九・七％であるのに対して那珂川町は四一・一％で県四番目の高さ、同じく七五歳以上の割合は県平均が一四・三％であるのに対して二〇・〇％と県二番目の高さである（二〇二一年一〇月一日時点）。過疎高齢化が進む那珂川町では、農地や森林といった地域資源の活用・管理や都市住民との交流を目的とした都市農村交流事業に町全体で取り組んでいる。那珂川町の都市農村交流事業において代表的な事例の一つが小砂地区の〝むらづくり〟活動である。

那珂川町北部の小砂地区は、那珂川の支流である小口川の最上流域に位置し、人口五八九人、世帯数二二七である（二〇二二年七月一日時点）。江戸時代から一八八九（明治二二）年までは小砂村という一つの村で、現在は大字の単位である。主な産業は農林業であるが、小砂焼の名で知られる製陶業もあり、田畑や広葉樹林からなる里山が美しい。

小砂地区のむらづくり活動が特に注目を集めるようになったきっかけは、二〇一三（平成二五）年にNPO法人「日本で最も美しい村」連合に加盟したことである。「日本で最も美しい村」連合は日本の農山漁村の景観や文化の存続を目的としており、全国で六一の自治体・地域が加盟している（二〇二二年時点）。小砂地区は里山の景観や小砂焼等の地域資源の存続・活用を目的として栃木県内で唯一加盟しており、目的に沿ったむらづくり活動に取り組んでいる。

「日本で最も美しい村」連合に関連するむらづくり活動は、「小砂village協議会」（以下、協議会）が中心とな

写真1　小砂地区棚田オーナークラブ田植え作業の様子

り行われている。協議会は「日本で最も美しい村」連合に関する事業の運営事務局として発足した、小砂地区住民による組織である。協議会による主なむらづくり活動として、「棚田オーナークラブ」や「農家民泊」といった農業体験事業、芸術祭やトレイルランといった文化・スポーツイベントの開催、食事提供事業が挙げられる。

「棚田オーナークラブ」は、住民と都市住民が地区内の棚田で田植えや稲刈り等の農作業を行う活動である（写真1）。参加者の体験内容は農作業だけではなく、農作業前日の農家民泊や、農作業後の食事を取りながらの小砂地区住民との交流会も活動に含まれている。参加者は毎年約一〇組で、県外からの参加者もいる。農家民泊は地区内の農家の家に宿泊し、農作業や住民との交流を行う事業である。県内の旅行代理店と提携して事業を行っている。関東の学校を中心に修学旅行等の教育の一環としても活用されている。

芸術展は、毎年開催の「小砂環境芸術展ＫＥＡ（Koisago Environmental Art）」と三年に一度の「小砂環境芸術祭ＫＥＡＴ（Koisago Environmental Art Triennale）」が挙げられる。芸術展では、地区全体を美術館に見立て、森林や廃校舎に芸術家たちが作成した彫刻や絵画等の作品が展示されている。主催は東京都内のＮＰＯ法人であるが、芸術祭実行委員会の委員長を協議会長が務める。また、協議会は作品の制作・展示場所の提供や住み込みで制作する芸術家の生活支援を行っている。「小砂トレイルラン」は地区内の林道を走るイベントである。協議会は企画や設営や食事の提供を行っている。

食事提供事業は、先述の小砂地区のむらづくり活動や那珂川町内のイベントで、「お母ちゃんカフェ」という名前で地元産食材を活用した食事を提供する事業である（写真２）。小砂地区お母ちゃんカフェは小砂地区在住の女性で構成されている。小砂地区のむらづくり活動では食事を通した小砂地区住民と参加者との交流を大事にしており、お母ちゃんカフェによる食事の提供は欠かせない存在となっている。

写真２　那珂川町イベントへのお母ちゃんカフェ出店の様子

　小砂地区のむらづくり活動は、江戸時代からの生活の単位を基盤としているが、関わっているのは従来の住民だけではない。たとえば、協議会の発足契機となった「日本で最も美しい村」連合加盟は、移住者の提案から始まった。加えて、芸術祭には地区外のＮＰＯ法人や芸術家たちも関わっている。それに、むらづくり活動は那珂川町をはじめとする行政、町内の学校、県内の大学とも連携して行われている。

　こうした活動が評価され、二〇一九（令和元）年には「農林水産祭」の一部門である「豊かなむらづくり全国表彰事業」の農林水産大臣賞を協議会が受賞した。また、二〇二二（令和四）年には農林水産省による事業「つなぐ棚田遺産～ふるさとの誇りを未来へ～」に小砂地区の棚田が選定された。

　農山村には課題が多いが、そこには解決に向けて取り組む地域住民と協力者の姿があり、景観や文化等の多くの魅力が存在する。過疎高齢化が進み六〇代以上が中心となる農山村において、若い世代の参加は大きな力となっている。小砂地区を訪問することにより、みなさんが農山村の生活について理解を深めることや今後当事者としてむらづくり活動に関わる際の参考にしてもらえると嬉しい。

column

那須烏山市の山あげ祭と烏山和紙

丹羽孝仁

那須《なす》烏山《からすやま》市には、世界遺産がある。山《やま》あげ祭《まつり》だ。那須烏山市は栃木県東部に位置し、二〇〇五年に旧烏山町と旧南那須町が合併してできた。二〇二〇年の人口は二万四八七五人で、既に人口減少の段階にある。旧烏山町で山あげ祭は長年続けられてきた。筆者は所属大学で開講する二年生ゼミで二〇一七年以降若衆団の手伝いとしてこの祭りに参加してきた。本コラムでは、この山あげ祭とそれに用いられている烏山和紙について紹介する。

山あげ祭は、正式名称を「烏山の山あげ行事」という。一九七九年に国の重要無形民俗文化財に指定され、[1]二〇一六年にユネスコの無形文化遺産「山・鉾・屋台行事」の一つとして登録された[2]、栃木県を代表する祭りだ。これらは、形のない文化そのものを保護しており、見方を変えればこれは文化を継承する人たちの営みや想いを保護している、といえよう。

文化庁の紹介によれば山あげ祭は、「永禄三年（一五六〇年）に流行した疫病を避けるため牛頭天王を祠ったことに始まるとされる行事で、後に山あげを行うようになり、今日に伝承されている。七月二四～二七日[3]の間に、笠揃い、屋台整備、所作狂言、山あげ、屋台曳行などの各種の行事が行われる。ヤマ（山）は、舞台を仮設して所作狂言を行うことができるが、移動のたびに組立てと分解を規律正しく行う[4]」祭りである。

山あげ祭の最大の特徴は、移動式の野外歌舞伎である（写真1）。中町、泉町、鍛冶町、日野町、元田町、金井町の六町が一年ごとに輪番で当番町となり、当番町の若衆団が担う。当番町の若衆団は、歌舞伎の舞台だけでなく、座敷、松波、館、山（前山・中山・大山）など全長約一〇〇メートルに及ぶ背景を、各所で準備する。最大で高さ約一五メートルに達する山は、若集団が木の土台に組み立てた竹の枠の上に、烏山和紙を貼ったはりか

写真1　野外歌舞伎の様子（2018年7月26日　筆者撮影）

写真2　舞台の背景の大山をあげる若衆（2017年7月22日　筆者撮影）

山を結びつけて用意する。山あげ祭の見所の一つは、この山を人力であげるところだ（写真2）。

山あげ祭には多くの利害関係者（ステークホルダー）がおり、互いの協力が欠かせない。各町の若衆団・自治会・お囃子会に加え、烏山山あげ保存会芸能部部会、実行委員会などである。芸能部部会は歌舞伎舞踊と常磐津の三味線と唄を担当する、祭りの顔である。実行委員会はステークホルダー間の調整を行い、那須烏山市もこれに関わる。

また、山あげ祭にとって欠かすことができないのが烏山和紙である。烏山和紙は、那須烏山市周辺で中世の頃から作られていた伝統工芸品である。はりか山には烏山和紙が何層にも貼り重ねられ、その上に絵が描かれている。烏山和紙は他の和紙に比べ、厚みがあり丈夫だ。このことが野外で用いられ、時には雨にも見舞われる山あげ祭にとって重要となる。ただし、烏山和紙の現状は厳しい。烏山和紙は、農家の冬の仕事として江戸時代頃に栄えたものの、第二次世界大戦後は衰退している。現在、烏山和紙を作るのは福田製紙所一軒のみとなった。生産に必要な原材料や道具の作り手も少ない。同時に、烏山和紙の消費低迷も深刻だ。こうした状況の中、山あげ祭は、烏山和紙の安定した需要として地域の伝統産業と伝統文化がリンクしているのである。

山あげ祭に一度足を運んでみてはどうだろうか。また、その前に烏山和紙会館や和紙の里で烏山和紙について学んでみたり、山あげ会館で山あげ祭について理解を深めれば、祭りをより深く堪能できることだろう。私たちのゼミのように、当番町に相談し若衆団の手伝いとして、祭りそのものを体感することも、地域の伝統文化やそれを継承する人たちの営みや想いに共感する一つの道だ。

〔注〕

（1）烏山山あげ保存会が、保護団体となっている。
（2）栃木県では、鹿沼市の「ぶっつけ秋祭り」も登録されている。
（3）現在は、七月の第四土曜日を含む金土日が祭りの期間である。
（4）文化庁、「烏山の山あげ行事」国指定文化財等データベース、https://kunishitei.bunka.go.jp/heritage/detail/302/33（二〇二二年一〇月一〇日最終閲覧）。括弧内は筆者加筆。

栃木の食文化

大森玲子

はじめに

栃木県は、北関東の内陸に位置する海なし県である。筆者は石川県で生まれ育ったため、海なし県の食生活、そして食文化がどのようなものか興味関心が大きい。ちなみに、石川県の食文化の一部を紹介すると、郷土料理としてよく取り上げられるのが、「かぶら寿司」と「こんかいわし」である。かぶら寿司は、塩漬けしたカブに、塩漬けしたブリを挟み、米糀で漬け込んで発酵させる。ブリは冬の味覚であり、成長とともに異なる名称をもつ出世魚であることから縁起物として扱われ、正月料理に欠かせない。また、こんかいわしは、イワシを塩漬けにした後、更に米糠につけて発酵させる。同様にサバを加工した「へしこ」は福井県の郷土料理として有名である。かぶら寿司もこんかいわしも筆者のソウルフードである。

本章では、栃木で生まれ育った人々のソウルフードは何か、その一部を紐解いていきたい。

写真1　かぶら寿司(出典：農林水産省Webサイト)

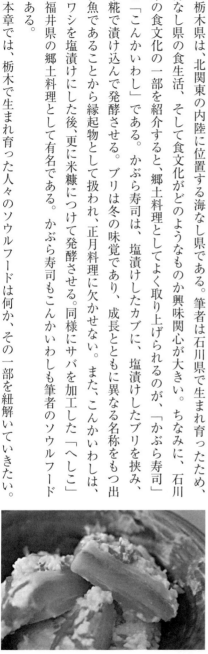

1　栃木県のなれずし

すしの起源は東南アジアに端を発する「なれずし」ともいわれ、もともとは魚類を長期保存するための加工法であった。「なれずし」は塩蔵した魚を米飯とともに漬け込み、乳酸発酵させる。米飯は漬け床として利用され、食べることはない。室町時代以降、発酵期間を短くして米飯も食べる「なまなれずし」が登場し、保存食としての「すし」が料理へと進化を遂げた。江戸時代には酢を使うことが一般的になり、すし飯と生魚を合わせた「握り寿司」が庶民のファストフードとして定着した。一方、「いずし」は、米飯に麹や野菜を加えて発酵させるため、「なれずし」よりは甘味が増す。「はじめに」で紹介した「かぶら寿司」は、「いずし」に分類される。

栃木県中部に位置する鬼怒《きぬ》川流域の宇都宮市上河内《かみかわち》地区に、なれずしの一種である「鮎のくされずし」がある。旬の時期に大量に獲れた鮎を保存する目的で作られ、一一月の羽黒山の梵天祭りと時期が重なるため、祭りのごちそうとして振舞われるようになった。鮎のくされずしの材料は、鮎と米、大根である。大根のような野菜を使用した「なれずし」は他の地域になく、全国的にも非常に珍しい。

作り方は、前処理として、鮎を背開きにしてから内臓を取り、三ヶ月ほど塩漬けする。夏の土用前から漬け始め、秋のお彼岸を目安に漬け終える。その後、羽黒山祭りの一週間前に本漬け作業をし始める。大根を約五ミリ幅のせん切りにして塩を振り混ぜ、しんなり

写真2　鮎のくされずし（写真提供：宇都宮市教育委員会事務局文化課）

させて水気を絞る。米飯は固めに炊き、水で洗って糊気を取る。漬け器に大根と米飯を混ぜて入れ、前処理した鮎を並べる。これを繰り返し、三、四層に漬け込み、重石をのせて、一週間ほど置く。祭りの前日に仕上げて、ご飯かわりに客人に振舞う。

くされずしに使用される魚は鮎が多いが、昭和四〇年代頃までは、すなさび（しまどじょう）やタナゴなども用いられた。鮎よりは、臭気が強く好き嫌いが分かれたようである。また、「鮎のくされずし」の作り方を知らない家族が塩漬け中の鮎のにおいをかいで、腐った魚と勘違いし捨ててしまうこともあったそうだ。それだけインパクトのある発酵食である。

2　しもつかれ

農作業が始まる旧暦の二月初午の日に、一年間の五穀豊穣を祈り稲荷神社にお供物をする。年間でもっとも食べ物がない時期に、正月から残しておいた鮭の頭、畑の土の中で保存した大根と人参、節分の豆、そして、稲荷大神のお使いキツネの好物である油揚げで作り出したお供物、それが「しもつかれ」である。農作業に従事する人々の英知を結集させて何とかお供物を準備したい、その一心が伝わってくる農業国、栃木が誇る郷土料理といえる。現代的視点で捉えれば、究極のエコクッキングとも位置付けられる。

「しもつかれ」の歴史を見ると、鎌倉時代の『宇治拾遺物語』に既に「すむつかり」の記載があり、その後、室町時代の『精進魚鳥物語』、江戸時代後期の『瓦礫雑考』（喜多村

写真3　しもつかれ（出典：農林水産省Webサイト）

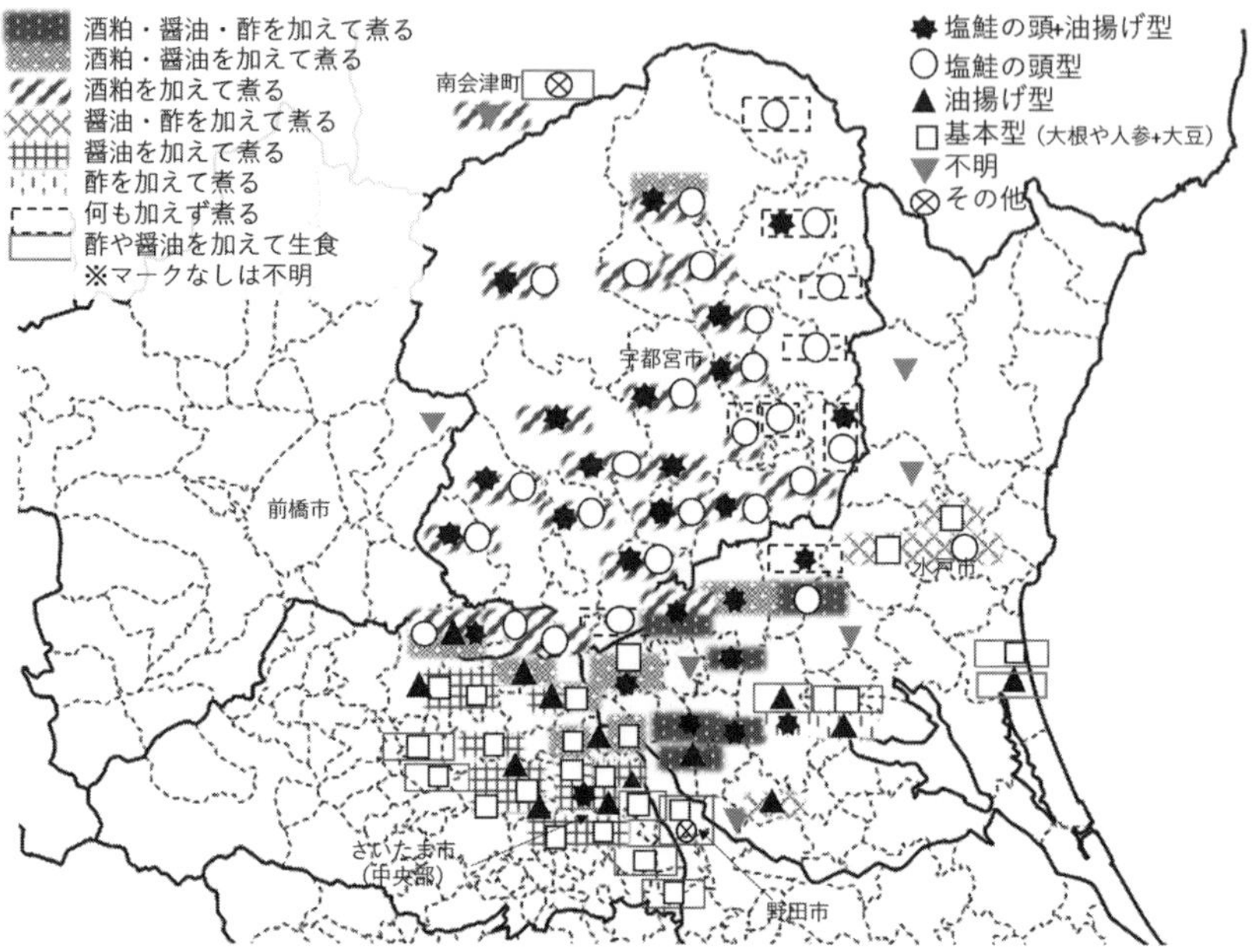

図1　北関東における「しもつかれ」の食材および調味・調理法の分布
（出典：「東京家政学院大学紀要」第61号、2021年）

節信）の中で取り上げられている。江戸時代後期には初午の行事食として定着したとされ、「初午に七軒のしもつかれを食べると中風（脳卒中）にならない」とも伝えられる。

「しもつかれ」は、時代とともに、煮ない料理法（酢の物、なます）から煮る料理に変化したほか、食材・調味料の種類が増え、しだいに酢が使われなくなった。「しもつかれ」文化は栃木県を中心として隣接県まで分布しているが、地域によって呼称が異なる。栃木県では「しもつかれ」

「しもつかり」と呼び、材料を煮るのが一般的であるが、「すみつかれ」「すみつかり」「すみづかり」は茨城県、千葉県、埼玉県、群馬県で呼ばれ、煮ない場合も多い。また用いる食材も地域によって様々である（図1）。

現代では、年が明けると、どこのスーパーに行っても「しもつかれ」を作るための材料である鮭の頭、大根、人参、油揚げ、大豆、酒粕が並ぶ。大根や人参をおろすために欠かせない調理器具が鬼おろしである。通常のおろし器よりも粗めにおろすことができるので、大根や人参に、ほどよく食感が残る。

主な作り方は、塩鮭の頭を鍋で煮込み、軟らかくなったところに、鬼おろしでおろした大根と人参、油揚げ、大豆などを入れて煮込み、最後に酒粕を加えて煮込む。似たような料理が青森県や新潟県などでも「煮なます」に見られ、例えば青森県では鱈の子を入れたり、新潟県では大豆をつぶした打ち豆を使ったりする料理がある。しもつかれを料理の特徴から分類すると、煮なますの一種であるといえる。

栃木県の学校給食では郷土料理である「しもつかれ」を食べやすく調理し提供している。子どもが苦手とする酒粕の量を減らしたり、臭みのある塩鮭の頭の代わりに身の部分を焼いて香ばしさを増して使ったりと改良が進む。見た目で敬遠する子どもも多いが、味も栄養バランスも抜群である。なぜ、「しもつかれ」が栃木県の郷土料理になっているのか考えを巡らせれば、守り伝えていきたい食文化であることが理解できよう。

3　食材としてのサメ

　栃木県では、サメの身を食材として用いる文化があり、サメ食文化は全国的にも東北地方と中四国地方の内陸部の地域に見られる。一例を挙げると、広島県の山間部ではワニ料理としてサメを食べ、刺身のほか、湯引きやワニ飯としても楽しまれている。この地域でサメが食材として利用された背景には島根県浜田漁港で水揚げされたサメのヒレを採取した後、身の部分を山間部の米と物々交換したことがある。栃木県でも同様の背景があるのであろうか。

　サメは他の魚と違い流通技術が発達していない時代であっても塩蔵加工せずに運ぶことができたため、鮮魚が入手しにくい内陸部で重宝された。サメの体内には尿素が多く含まれ、時間の経過とともにアンモニアに変化し、腐敗を遅らせるほか、サメ肉の脂質の酸化を抑える作用のあるトリメチルアミンオキシドが含まれるため、品質劣化抑制効果も期待できる。また、これらの二成分により食中毒の原因となるヒスタミンの生成も抑制できる。広島県の山間部では漁獲後一～二週間経過したサメを刺身で食べることもあり、他の魚介類には考えられない特徴である。

　栃木県では「モロ」と呼ばれるネズミザメ、「サガンボ」というアブラツノザメの身が食べられる。気仙沼に水揚げされたネズミザメや北茨城で水揚げされたアブラツノザメは、高値で取り引きされるヒレや皮が漁港で採取される。それらを取り除いた後、海沿い

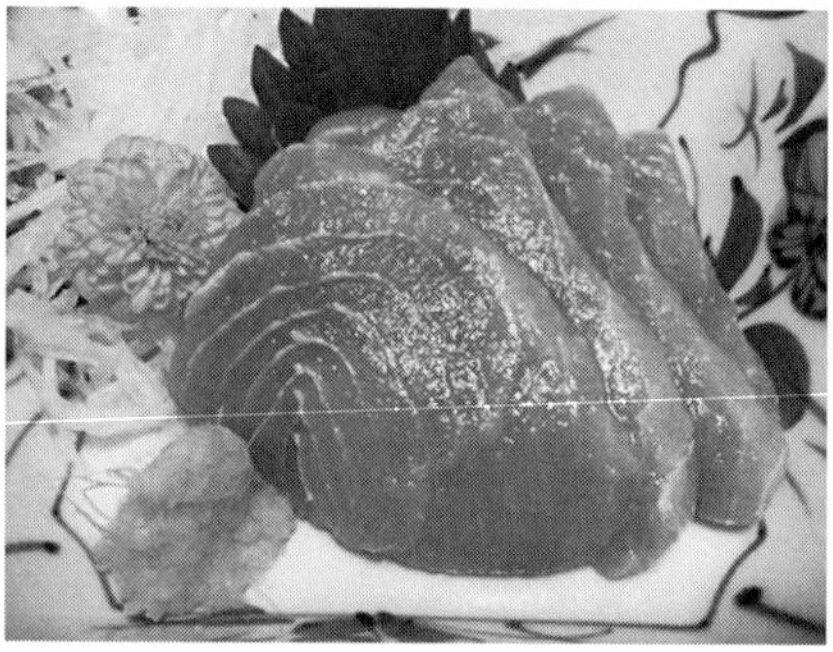

写真4　ワニ（サメ）の刺身（出典：農林水産省Webサイト）

で食材として利用されにくかった身の部分を、無塩の生魚が入手しづらい内陸部に流通させたことで、栃木県でサメ料理が食べられるようになった。広島県山間部同様に身の部分を内陸部に流通させた背景も見出されるが、栃木県では刺身で食べることはない。これは内陸部であっても川魚料理が発展しているためといえる。

「モロ」は鶏むね肉に似た食感と味わいであり、煮付けやフライにすることが多く、学校給食の定番メニューとして提供されている。「モロ」よりも「サガンボ」のほうが、身が軟らかく味がよいとされ、冬に旬を迎えることから正月料理の食材としても利用される。

4 日光の湯波

「ゆば」は、約一二〇〇年前、修行僧が中国から日本に持ち帰った精進食の材料の一つである。天台宗総本山の延暦寺に伝わり、その近郊である京都や近江の僧侶を中心にたんぱく源として重宝された。栃木県の日光「ゆば」の歴史は、勝道上人《しょうどうしょうにん》が七六六年、現在の輪王寺を開山し、修行の際、干しゆばを利用したのが始まりとの説がある。当時、修験道が盛んだった日光では、数百の坊に一万数千人の僧侶が修行を行っており、精進食として「ゆば」が利用された。徳川家康公が日光に祀られた江戸時代以降、参拝者に提供された食事に「ゆば」が用いられ定着することとなった。一八七二（明治五）年、神仏分離令に続き、修験禁止令が出されて修験道は禁止されることとなり、同じ時期に「ゆば」も一般販売が許されるようになる。

写真5　サガンボの煮つけ（出典：農林水産省Webサイト）

豆腐も「ゆば」同様に大豆のたんぱく質を加工利用した食材である。豆乳ににがり等の凝固剤を加えて大豆たんぱく質を凝固させた食材が豆腐であり、豆乳を加熱し、大豆たんぱく質を熱凝固させた食材が「ゆば」である。肉食摂取を禁じた僧侶の精進食から始まり、現代では、ベジタリアンやビーガン等、動物性食品の摂取を控える人たちの間で人気が高い。

日本では京都と日光が「ゆば」の産地として有名であるが、原料や製造過程は似ていても、京都では「湯葉」、日光では「湯波」と表す。この違いは、最後の引き上げ段階の製

写真6　日光湯波（写真提供：有限会社海老屋）

写真7　湯波の煮物（出典：農林水産省Webサイト）

法が異なることによる。「湯葉」は、加熱した豆乳の膜を端から引き上げるため、薄く一枚であるのに対し、「湯波」は、膜の中央に串を入れて二枚になるよう折り上げるため、ふっくらとボリュームがでる。表面が波打っているように見えることから「湯波」と表現されたともいわれる。

生湯波や干し湯波だけでなく、湯波を食材としたメニュー開発が進められており、日光のお土産として、「揚げゆばまんじゅう」や湯波を揚げて砂糖をまぶした「湯波菓子」も有名である。二〇二二年は、家康公生誕四八〇年。誕生年である天文一一年と同じ、壬寅（みずのえとら）であり、八度目の還暦を迎える大変おめでたい年回りといわれる。参拝の帰りに日光湯波を堪能するのもよいであろう。

おわりに

栃木県の食文化は、内陸部に位置する地理的特徴を背景とした「鮎のくされずし」「しもつかれ」「モロ・サガンボのサメ料理」などが発達した他、栃木県ならではの農産物の五穀豊穣を稲荷大神に祈る際に用いた「しもつかれ」、修験道が盛んだった日光の精進食をルーツとした「湯波」が郷土料理としての地位を築きあげている。今回、取り上げることのできなかった珍しい食材や料理がまだまだ栃木県には眠っている。栃木県の魅力を高めるためにも地域の食資源を見出し、その食資源の価値を伝え、守り続けていくことが大切である。

〔参考文献・ウェブサイト〕

藤田睦次「世代に伝え継ぐ日本の家庭料理　栃木県上河内の「鮎のくされずし」」『佐野日本大学短期大学研究紀要』三〇、二〇一九年

とちぎの食文化調査研究発信事業『シモツカレ調査中間報告書』栃木県教育委員会、二〇二二年

伊藤有紀、佐藤汐里「しもつかれ」の北関東におけるレシピ分布『東京家政学院大学紀要』六一、二〇二一年

農林水産省Webサイト

https://www.maff.go.jp/j/keikaku/syokubunka/k_ryouri/search_menu/menu/31_1_tochigi.html（二〇二二年一〇月一日最終閲覧）

https://www.maff.go.jp/j/keikaku/syokubunka/k_ryouri/search_menu/menu/kaburazushi_ishikawa.html（二〇二二年一〇月一日最終閲覧）

https://www.maff.go.jp/j/keikaku/syokubunka/k_ryouri/search_menu/menu/42_1_hiroshima.html（二〇二二年一〇月一日最終閲覧）

https://www.maff.go.jp/j/keikaku/syokubunka/k_ryouri/search_menu/menu/31_5_tochigi.html（二〇二二年一〇月一日最終閲覧）

https://www.maff.go.jp/j/keikaku/syokubunka/k_ryouri/search_menu/menu/31_16_tochigi.html（二〇二二年一〇月一日最終閲覧）

「餃子のまち宇都宮」はいかにしてつくられたか

渡邉瑛季

はじめに――なぜ宇都宮は「餃子のまち」なのか

宇都宮市といえば何を連想するであろうか。圧倒的に多い答えはやはり「餃子」ではないだろうか。現在では宇都宮のイメージとして餃子が広く定着しており、宇都宮の観光資源として知られ、栃木県内外から多くの観光客が餃子を食べにやって来る。宇都宮にとっての餃子は、観光資源としてのみならず、市民にとって日常的な料理であり、さらに、市内外の様々な主体を巻き込んだまちづくりの重要な要素としても機能してきた。餃子自体は市民に長く愛され、登録商標となっている「宇都宮餃子」を扱う店舗は二〇二二年時点で宇都宮市内に七三店、市外に九店ある。餃子を扱っている店舗だけでも市内に約三〇〇軒あるとされる。実はあまり知られていないが、餃子がまちづくりのために注目されたのは、一九九〇年代以降のことである。本章では、宇都宮がなぜ「餃子のまち」となっていったのか、その背景や過程を示すとともに、最近の餃子をめぐる動向について紹介する。

1　宇都宮のイメージと観光

宇都宮市は東京都心から北北東方向に約一〇〇キロメートルに位置し、周辺には日光や那須といった全国的にも有名な観光地を有していることから、東京方面から気軽に観光できる位置にある。表1は、宇都宮市外に住んでいる方が宇都宮市にどのようなイメージを有しているかを示したものである。この中でも突出して数値が高いのが「餃子のまち」であり、九割以上に達している。それに次ぐのは「近隣に有名な観光地や温泉地があるまち」で四割から五割、「日帰り旅行に適したまち」は三割から四割であり、いずれも餃子のまちに比べると割合としては少ない。宇都宮市には、特産の岩石である「大谷石」、多くの名バーテンダーの輩出地であるゆえの「カクテル」、また世界の「ナベサダ」こと世界的なサックス奏者である渡辺貞夫《さだお》氏の出身地であることから「ジャズ」といった地域資源もある。これらの地域資源について、宇都宮市は餃子に続くブレイクを期待しているものの、表1のとおりそのイメージは残念ながらあまり広がっていないといえる。それでは、なぜ宇都宮といえば餃子というイメージがこれほどまでに定着していったのか、「宇都宮餃子」の誕生を紐解いていくとする。その際に、表2と合わせてお読みいただきたい。

表1　市外在住者が宇都宮市に抱くイメージ

（単位：%）

項目	2011年 (N=3, 092)	2016年 (N=3, 690)	2021年 (N=3, 690)
餃子のまち	95. 7	93. 2	93. 8
近隣に有名な観光地や温泉地があるまち	51. 1	39. 7	45. 1
日帰り旅行に適したまち	41. 5	34. 8	44. 9
おいしいものが豊富なまち	31. 4	26. 4	44. 4
自然の豊かなまち	43. 2	37. 6	40. 6
都心から近く利便性の高いまち	38. 3	34. 7	40. 5
大谷石のまち	30. 4	33. 4	37. 9
道の駅うつのみや「ろまんちっく村」があるまち	—	—	24. 5
日本遺産のまち	—	—	18. 1
カクテルのまち	10. 8	12. 9	15. 8
ジャズのまち	11. 4	13. 0	14. 9
自転車のまち	—	11. 3	13. 9
プロスポーツのまち	5. 3	6. 6	12. 0

「—」は掲載されていないことを示す。
2021年の調査で示されている項目のみを抜粋した。

（宇都宮市観光動態調査から作成）

表2　宇都宮における餃子に関する主な経過

年	経　過
1951	宇都宮で最初に餃子を提供した「宮茶房」開店
1987	総務庁「家計調査」で宇都宮市のぎょうざへの支出金額が日本一になる
1989	大谷地区で陥没事故があり，観光客数が急減する
1990	宇都宮市役所の職員研修で「餃子のまち」PR案が浮上する
1991	宇都宮観光協会が餃子マップを作成する
1993	任意団体「宇都宮餃子会」発足（38店加盟）
1993	宇都宮初の餃子のイベント「ギョー！ THE フェスティバル」を開催
1993	テレビ東京「おまかせ！山田商会」で「宇都宮餃子大作戦」が7回放映
1994	宇都宮観光協会が大谷石製の「餃子像」をJR宇都宮駅東口に設置
1995	家計調査でぎょうざの支出金額日本一が静岡市になる
1998	宇都宮商工会議所が「おいしい餃子とふるさと情報館・来らっせ」を開業
1999	「宇都宮餃子祭り」を初開催
2000	「宇都宮餃子」のロゴマークとマスコット「つつむくん」を考案
2001	「宇都宮餃子オフィシャルガイド」を刊行（下野新聞社刊）
2001	宇都宮餃子会が協同組合として認可される
2002	協同組合宇都宮餃子会申請の「宇都宮餃子」を商標登録取得
2002	ナムコナンジャタウン（東京・池袋）内に「東京来らっせ」を出店
2003	来らっせを長崎屋（現：ラ・パーク宇都宮）地下に移転
2003	ろまんちっく村がクラフトビール「餃子浪漫」を販売開始
2005	宇都宮餃子会が山田邦子氏を「宇都宮餃子会永世伝道師」に任命
2007	「来らっせ」（長崎屋宇都宮店）をリニューアルオープン
2008	餃子像がJR宇都宮駅西口への移転作業中に落下し破損
2008	修復された餃子像が宇都宮駅西口に設置される
2010	家計調査でぎょうざの支出金額日本一を15年連続で達成
2011	家計調査でのぎょうざ支出金額日本一が静岡県浜松市になる
2018	宇都宮市が市道の宮島町通りの一部を「餃子通り」と命名
2021	家計調査でぎょうざの支出金額が初めて3位に後退する

（章末掲載の参考文献，家計調査，新聞報道から作成）

2　餃子が宇都宮市民の日常食となった背景

宇都宮と餃子の縁は第二次世界大戦前にさかのぼるとされる。宇都宮には旧日本陸軍の第一四師団の司令部が一九〇七（明治四〇）年におかれ、第一四師団は一九二〇年代から第二次世界大戦終結まで満州国に三回駐留した。駐留後、兵士が宇都宮へ帰還する際に、満州国が位置する中国東北部から師団司令部のある宇都宮に餃子の味と製法を持ち帰ってきたとする説がよく知られている。第二次世界大戦後に、中国東北部からの軍人や満州国開拓者などの引揚者が現地で覚えた味をもとに宇都宮で餃子を提供するようになり、第一四師団の元兵士が次々に食べに訪れたり、近隣住人にも振る舞われたりした結果、栄養のある食として餃子が一般の人々に広まったとされている。引揚者の寮が宇都宮にあり、そこで一〇〇〇人規模の餃子パーティなるものが行われたりもしていた。

また、宇都宮はコムギやハクサイ、豚肉、ニラの産地であったことから、餃子の材料が入手しやすいことがよく指摘される。宇都宮が第一四師団の誘致に成功すると、師団への食料供給のため、周辺地域で豚肉や野菜の生産が行われるようになったとされる。一九九六年まで宇都宮駅の北西に隣接する場所に日清製粉宇都宮工場があり、宇都宮はコムギの集散地として機能していた。さらに、中国東北部の気候は内陸のため寒暖の差が激しく、この点が同じ内陸の宇都宮の気候と似ていることも宇都宮で餃子が好まれた一因として挙げられることがある。このような歴史的、農業的、気候的条件によって、宇都宮で餃子店が増加し、餃子が市民に食べられるようになっていったと考えられている。

第二次世界大戦後、宇都宮で最初に餃子を提供した店舗は「宮茶房《みやさぼう》」で、一九五一年から数年間、宇都宮駅近くで営業し、コーヒー一杯一円の時代に、餃子六個を五円で提供していたとされる。昭和三〇年代には、現在の宇都宮市役所の北にある大いちょうの下で屋台として営業していた「蘭鈴《らんりん》」、裏メニューであった餃子に人気が集まり大繁盛したもののぱったりと閉店してしまった伝説の店「忠次《ちゅうじ》」のほか、現在も営業している「みんみん」、「正嗣《まさし》」、「輝楽《きらく》」、「香蘭《こうらん》」などの名店が相次いで開店した。

このうち、「みんみん」は一九五二年頃に宇都宮市江野町《えのまち》に「ハウザー」という健康食品店として開業し、一九五五年頃に宇都宮市清住町《きよすみちょう》に店舗を移転してから餃子が商品となった。みんみんの創業者である鹿妻三子《かづまみね》氏は、戦時中に鉄道省職員であった夫ら家族六人とともに北京で暮らした。その際に子守や家事をする女中から中国の家庭料理として餃子を教わったとされている。鹿妻氏は、現在の宇都宮みんみん本店（現在の宇都宮市馬場《ばば》通り四丁目）の敷地建物の二階にあった「宮島料理学園」に通っており、その縁で空き店舗であった一階を借り、餃子専門店「珉珉《みんみん》」を一九五八年に開業した。開業の際に、鹿妻氏は繁盛店であった忠次に餃子を食べに行ったことも、餃子専門店として経営する決意に至った一因とされている。開業時には午後三時開店であったが、酒類を楽しむ客が多く客席の回転率が上がらなかった。そのため、昼食時間帯に営業時間を変更し、白飯を用意するなど昼食に対応するようになった。さらに、昼食時に餃子を食べることから、ニンニクの匂いが気にならない餃子を娘、その夫（伊藤信夫《のぶお》氏。後の宇都宮餃子会発起人のひとり）とともに数年がかりで開発した。このようにして、客席滞在時間が平均二〇分ともなり、高回転率の餃子専門店としての経営スタイルができていった。

多くの餃子専門店が開業したことで、各店舗独自の餃子が開発されるようになり、様々な味や形状の餃子が増えていった。このことは、宇都宮市民にとって、餃子を習慣的に消費していくことにつながり、家庭では贔屓《ひいき》にする店が生まれた。現在ではほとんどみられないが、高校生が学校帰りにおやつとして店舗で餃子を食べることもよくあった。結果として、宇都宮市民の日常食として餃子が定着していった。日常食としての需要に応えるため、住宅街にも餃子専門店が立地するようになっていき、市内全体での餃子専門店の数も増加していった。このようにして、宇都宮市は、餃子専門店が集中的に立地する地域となった。

3　餃子が宇都宮の「観光食」になるまで

宇都宮市役所職員の気づき

一九八九年から一九九〇年にかけ、宇都宮市随一の観光地域である宇都宮市大谷町やその周辺で、大谷石の採掘場やその跡地で陥没事故が複数回発生した。安全性への懸念から観光客数が半数近くに落ち込み、宇都宮市は大谷に代わる新たな観光振興策を模索していた。

宇都宮市役所では、毎年、様々な部局の中堅職員を集め、グループを組んで行政課題への対応力を磨く政策形成研修を実施している。一九九〇年に行われた研修で、当時広報課に勤務していた塚田哲夫氏は、宇都宮市の課題として、宇都宮市の名が知られていないことに着目した。同じ研修グループの四人の職員とともにこの課題の解決策を考えていたところ、総務庁（現在の総務省）の家計調査において「餃子の一世帯当たり年間購入額が全国一位」であることを報じる雑誌を発見した。一九八七年から家計調査では餃子の購入額を掲載しており、宇都宮市は調査開始以来、毎年一位であったにもかかわらず（表3）、このデータは市職員にそれまで注目されてこなかった。当時、喜多方《きたかた》ラーメンや佐野《さの》ラーメンなどのご当地ラーメンが注目され、全国的にグルメブームにあった。そのため、餃子文化で宇都宮の知名度を上げることは時宜に適っており、また先述のように、宇都宮と餃子には歴史的な結びつきがあることから、宇都宮のイメージ戦略として適していると考えられた。しかしながら、市役所ではこのアイデアに対して苦言を呈す上司もいた。

　塚田氏をリーダーとするこの研修グループは、まず宇都宮市の繁華街であるオリオン通りで餃子に関するアンケートをとることにした。二〇〇人にアンケートを取った結果、「宇都宮と聞いて思い浮かぶもの」として餃子という回答はないどころか、七割が何も浮かばないという回答であった。一方で、「餃子は好きか」という問いに対しては、好きと回答した割合が九三％に達し、餃子好きな市民が多いことがわかった。この時に偶然アンケートに回答した毎日新聞社の宇都宮支局長がこの試みに興味を示し、研修グループによる研修結果の発表を待たずして「宇都宮、餃子で街おこし」という記事を発信した。他の新聞社からも取材があり、また記事を見た市民や市職員は驚きをもって受け止めた。このように、餃子で宇都宮の知名度を上げるという戦略は、メディアによる記事発信が先行し、具体策が後からついていく形となった。換言すれば、このことは餃子で宇都宮を発信すると

表3　総務庁「家計調査」における餃子への支出金額上位都市（1987～1991年）

	1987年	1988年	1989年	1990年	1991年
1位	宇都宮市（2,841円）	宇都宮市（3,152円）	宇都宮市（3,268円）	宇都宮市（3,346円）	宇都宮市（3,310円）
2位	静岡市（2,401円）	長野市（2,561円）	京都市（2,430円）	佐賀市（2,736円）	静岡市（2,961円）
3位	前橋市（2,343円）	静岡市（2,397円）	大津市（2,428円）	静岡市（2,686円）	新潟市（2,833円）
4位	福島市（2,304円）	大津市（2,275円）	新潟市（2,392円）	新潟市（2,446円）	前橋市（2,633円）
5位	東京区部（2,259円）	京都市（2,254円）	前橋市（2,347円）	福島市（2,362円）	東京区部（2,610円）

（五十嵐（2009），29ページより作成）

いうこれまでにないアイデアに注目を集めるきっかけにもなった。その後、研修グループは、ご当地ラーメンで自治体をPRしていた福島県喜多方市《きたかた》と栃木県佐野市《さの》を視察し、「ラーメン会」と呼ばれるPR活動を担う組織の活動から、宇都宮でも同様に「餃子会」の必要性を認識し、提言をまとめた。

宇都宮餃子会の発足

この動きに触発され、宇都宮餃子会の結成に尽力したのが当時観光課係長であった沼尾《ぬまお》博行《ひろゆき》氏である。沼尾氏は先述した大谷での陥没事故による観光客の減少に悩んでいた。また、沼尾氏自身は高校時代におやつ代わりに餃子を食べており、宇都宮の魅力として餃子を活用することに可能性を感じていた。その際に、餃子を観光振興の中核に据え、「餃子のまち　宇都宮」を発信できないかと考えた。そこで沼尾氏は、民間事業者からこの動きを広めようと考え、独自に市内の餃子店や中華料理店に餃子会の結成に向けた協力を打診し始めた。その試金石として沼尾氏は自ら協力を打診して訪ね歩いた市内の二三店の餃子店が掲載された餃子マップを製作し、宇都宮観光協会(現在の宇都宮観光コンベンション協会)が一万部発行した。この熱意を受け、みんみんの伊藤信夫氏が餃子によるまちおこしに賛同するようになった。伊藤氏は、かねてから賑わいが少なくなってきた宇都宮市の中心市街地である「バンバ」の今後に危機感を有しており、以後、宇都宮餃子会の設立に尽力した。さらに、幸楽《こうらく》の平塚康《こう》氏も伊藤氏に続いた。

次に沼尾氏は餃子店の店主に対し、餃子のイベント開催を持ちかけた。その際にイベント開催に応じたのは、後に「五人のサムライ」と呼ばれるようになる五人の餃子店店主であった。彼らは、他の餃子店を説得し、一九九三年七月一三日に任意団体として餃子店の組合である「宇都宮餃子会」を結成した。初代会長にはみんみんの伊藤信夫氏が就任し、三八店が加盟した。当時は、経済団体というよりもサークル活動のような雰囲気であったという。宇都宮餃子会は、一九九三年八月に、宇都宮の夏の一大祭りであるふるさと宮祭りの会場で宇都宮初の餃子のイベント「ギョー！　THE　フェスティバル」を開催した。この時の目玉は「早食い競争」であり、その際に使用した一〇〇〇個の餃子はみんみんが提供し、成功を収めた。これは、一九九九年から開始され今日も続く「宇都宮餃子祭り」の基盤となった。

テレビ番組を通じた認知度向上と餃子ツーリズムの成立

宇都宮餃子を有名にしたのは、メディアによる特集である。とくに一九九三年から一九九六年にテレビ東京で放送されていたバラエティ番組「おまかせ！　山田商会」は特筆される。宇都宮市内の高校から文化祭を盛り上げてほしいとの依頼がこの番組にあり、番組スタッフが宇都宮にやって来るという情報を沼尾氏は聞きつけた。沼尾氏は番組スタッフにここぞとばかりに餃子のまちについて熱弁をふるい、番組スタッフがその熱意に感化され、番組として取り上げることになった。

この番組は、一九九三年に宇都宮餃子だけで異例の五ヶ月にわたって七回もの特集を組み、番組の司会で当時大人気タレントであった山田邦子《くにこ》氏や風見しんご氏らがたびたび宇都宮を訪れた。そして、宇都宮餃子を盛り上げるべく、山田邦子氏と増山道保《ますやまみちほ》市長が「宇都宮餃子大作戦」という「契約」を結んで様々な企画を実行した。当時、行政の首長がバラエティ番組にまちおこしのために出演することは珍しかった。大作戦の企画のひとつが「餃子像」の設置である。山田邦子氏は宇都宮餃子を盛り上げるべく、様々なアイデアを考えていた中で「餃子の皮で包まれたヴィーナス（女神）なんてあったら面白いじゃない⁉」と発言した。この発言を受け、番組は宇都宮観光協会や宇都宮餃子会と連携し、ヴィーナスが餃子の皮に包まれた姿を表現した「餃子像」を、一九九四年にJR宇都宮駅東口に設置した。その高さは一・六メートル、重さ約一・七トンで宇都宮特産の大谷石で製作された。

二〇〇八年にJR宇都宮駅東口広場の再開発事業のため、餃子像は宇都宮駅西口に移転することになった。移転のため雨天の中、クレーンで釣り上げていたところ、釣っていたワイヤーが外れて像が地面に落下し、胴体がほぼ真っ二つに割れてしまった。大谷石は軽く細工しやすいという特性があるゆえ、設置から一〇年以上が経過し、屋外に設置されていたことから風化も進んでいた。その最中の出来事であったため、宇都宮市議会では新たな餃子像を製作してはどうかとの意見もあった。しかし、宇都宮餃子会は、風雨にさらされながら宇都宮餃子と大谷石という宇都宮の二大名産品の広告塔として重責を担ってきたこの像を見放すことはなかった。「お色直し」の名目で接合修復され、現在もJR宇都宮駅西口で何事もなかったかのように展示されている（写真1）。しかし、よく見ると修復の跡も残っている。彼女は誕生から三〇年弱を迎え、満身創痍ではあるが、宇都宮のために活躍している。

一九九〇年代後半には「購入した宇都宮餃子がおいしくない」とのクレームが宇都宮餃子会に入るようになった。これを調べると、栃木県外で製造されたにもかかわらず宇都宮餃子を名乗る商品が多数あることがわかった。この問題を解決するため、市から商標登録という方法が提案された。しかし、宇都宮餃子会として「宇都宮餃子」を商標登録するためには、まず餃子会を法人化させる必要があった。任意団体として発足した宇都宮餃子会は、会自体を「協同組合」にする方向で各店舗に説得にあたった。その結果、二〇〇一年二月に協同組合化し、二〇〇二年に「宇都宮餃子」が商標登録された。宇都宮餃子会の商標使用基準規則には、「本家」「本舗」「元祖」のような表現を餃子に付さないことが明記されている。また、餃子会に加入する基準も、宇都宮との濃厚な関係があることや、事業所の実質的な本拠が宇都宮であることが明記されている。

　宇都宮餃子が有名になったことによる問題はもうひとつあった。それは、宇都宮市内の餃子店の場所がわかりにくいということが観光客から指摘されたことである。そのため、宇都宮商工会議所は、複数の専門店を一ヶ所に集めた店舗「来《き》らっせ」を国庫事業として一九九八年に開業させた。「来らっせ」とは、栃木県の方言で「いらっしゃい」の意である。二〇〇一年に宇都宮餃子会が協同組合化すると、協同組合は営利事業を営まなければ

写真1　「餃子像」とその説明板（2017年7月撮影）

ならないため、宇都宮商工会議所は「来らっせ」の経営権を餃子会に無償譲渡した。

さらに、その後、東京・池袋のアミューズメント施設「ナムコ・ナンジャタウン」に「池袋餃子スタジアム」がつくられ、その店舗のひとつとして出店依頼が宇都宮餃子会にあり、「東京来らっせ」として二〇〇二年に出店した。池袋餃子スタジアムの店舗では客の長い行列ができ、餃子の売り切れも相次いでいたが、宇都宮から来た東京来らっせは、宇都宮餃子祭りなどでの回転効率を重視した運営経験があったため、行列の待ち時間が三〇分を超えることはなく、てきぱきと客に餃子を提供し、餃子の売り切れもなかった。このことは取材に来ていたメディアが興奮気味にレポートしたという。

このようにして、宇都宮市民の日常食であった餃子は有名になり、一九九〇年代には宇都宮餃子を食べるために宇都宮市に観光で訪れるというういわば「餃子ツーリズム」が成立し、餃子の観光食化が進んでいった。

4　近年の宇都宮の餃子消費と観光の動向

餃子の消費動向

宇都宮が餃子のまちとなるきっかけをつくった総務省の家計調査(1)の結果が国から公表されると、最近では地元紙をはじめ全国的な話題になるほどである。

宇都宮市が餃子の支出金額の根拠としているのは、家計調査「家計収支編」における「二人以上の世帯」の「一世帯当たり年間の支出金額、購入数量及び平均価格」の品目分類ごる。

(1)　家計調査は、全国約九〇〇〇世帯を対象に、家計の収入支出、貯蓄負債などを毎月調査している国の統計であり、一九四六年からはじめられた消費者価格調査が発展した調査である。その結果は、日本の景気動向の把握、生活保護基準の検討などの基礎資料として、また自治体や民間企業などでも利用されている。都道府県庁所在地、政令指定都市については細かな数値が公表されていとの統計である。そのうち、分類コード三七一番に調理食品としての「ぎょうざ」という品目分類があり、この支出金額が根拠として利用されている。この「調理食品としてのぎょうざ」とは、いわゆる惣菜や冷蔵品のことであり、家計調査ではぎょうざのほかに、弁当、調理パン、コロッケ、天ぷら、やきとりなども調理食品として調査されている。したがって、冷凍の餃子、外食（出前、宅配、テイクアウトを含む）の餃子は「調理食品」に含まれず、別の品目分類になっている。(2) それゆえ、宇都宮市のスーパーマーケットや餃子専門店などでは冷凍の宇都宮餃子が多く売られているものの、家計調査には含まれないのである。そのため、宇都宮市における餃子の消費額を十分には反映できていない可能性がある。

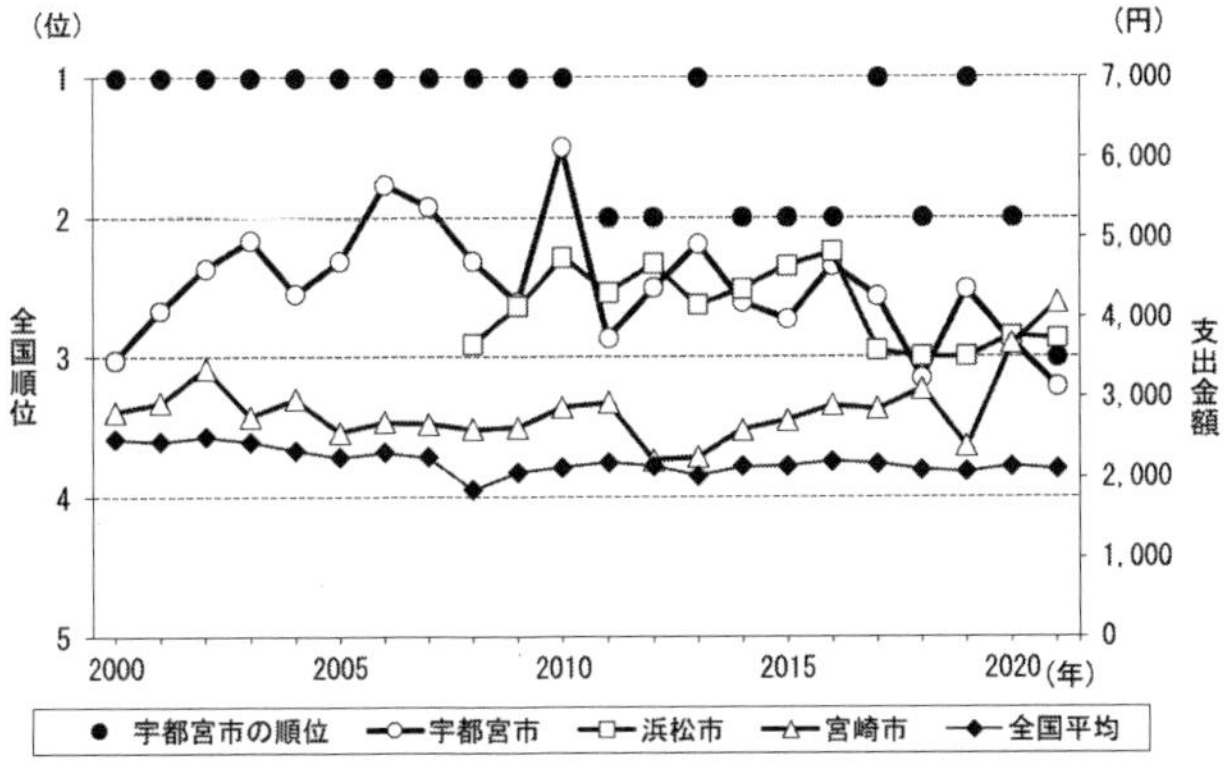

図1　家計調査「ぎょうざ」における主な都市の支出金額と宇都宮市の順位の推移（2000年～2021年）（総務省「家計調査」により作成）
注）浜松市の2007年以前のデータは調査されていないため存在しない。

　宇都宮市は家計調査で「ぎょうざ」への支出金額が掲載されるようになった一九八七年から一九九四年まで日本一の座にあった。一九九五年に静岡市が日本一となるが、一九九六年には再び日本一となり、これは二〇一〇年まで続いた。しかし、二〇一一年に静岡県浜松市が日本一となってから、宇都宮市の「ぎょうざ」の支出金額が日本一となる年は

（2）家庭で餃子をつくるための材料（ニラ、豚肉、餃子の皮など）も餃子そのものではないので「調理食品」に含まれない。このように、品目分類がわかれているため、家計調査の調査票には、回答者が惣菜、冷凍、外食、持ち帰りなど細かく記入することになっている。「家計調査 家計簿記入のしかた」によると、外食（出前、宅配、テイクアウトを含む）をした際に食べたものには「（外食）」、「（持ち帰り）」などと記入するよう手引きされている。同様に、冷凍食品の場合は「（冷凍）」、弁当の場合は「（弁当）」と記入するよう書かれている。

少なくなっており、二〇二一年は初めて三位となった（図1）。浜松市のほか、京都市や宮崎市は上位となることが多く、宮崎市は二〇二一年に初の日本一になった。宮崎市観光サイトによれば、宮崎市は「日本一のぎょうざのまち」を名乗り、また「ぎょうざ三強（宮崎市・宇都宮市・浜松市）」という枠組みまで登場させている。このように、宇都宮の専売特許と思われた「餃子のまち」を、自治体を巻き込んで謳《うた》うようになったケースもある。これに対して、宇都宮市や宇都宮餃子会は「順位にとらわれずにこれからも餃子や宇都宮の魅力を発信したい」、「もともと順位を競っているわけではなく、それぞれの地方が互いにエールを送り合っている」と報道でコメントしている。とはいえ、宇都宮餃子の価格自体は近年数十円程度値上げされているが、家計調査上は宇都宮市での餃子への支出金額は低下しており、最近では四〇〇〇円台ではなくなる年もあることは事実である。今後も家計調査の結果に注目である。

最近の餃子ツーリズムの動向

宇都宮における餃子ツーリズムの特徴は、店舗にもよるが市全体では安定した集客ができていることである。図2は、宇都宮市に餃子を目的として来訪した観光客の割合の推移を示している。二〇一一年から二〇二一年までの一一年間をみると、六割前後で安定的に推移していることがわかる。すなわち、宇都宮市に観光目的で来訪する方の六割が餃子を食べに来ることを目的としており、その値が大きく変わっていないことが特徴である。新型コロナウイルス感染症ＣＯＶＩＤ-19拡大以前にあたる二〇一九年には宇都宮市に年間一四七六万人の観光客が来訪した。推計値ではあるが、この五四％にあたる七九七万人が

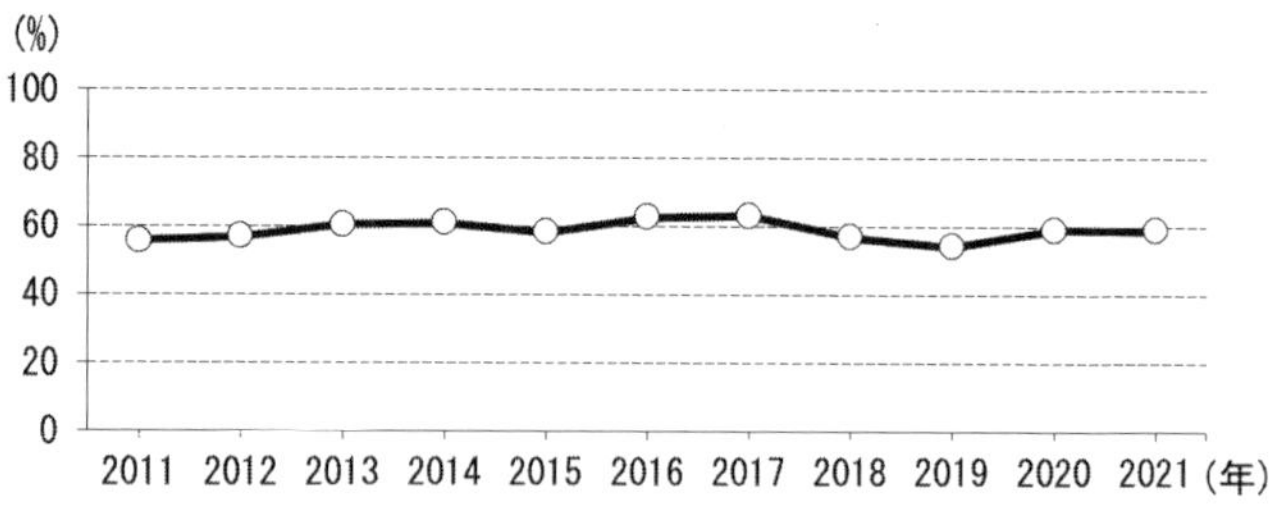

図2　宇都宮市における餃子を目的とした観光客の割合の推移（2011～2021年）（宇都宮市観光動態調査により作成）

餃子目的である。実際、週末や連休には関東地方を中心に観光客の来訪がみられる。中小規模で座席数が十数席程度の店舗が多いため、市内各地の餃子店で行列ができやすく、その光景は日常茶飯事である。宇都宮市民は、行列には並ばず持ち帰りとして餃子を購入し自宅で焼いて楽しむ。

また、宇都宮餃子は店舗では一皿につき餃子を六個並べるのが流儀とされており（写真2）[3]、価格は一皿三〇〇円台である。低価格で各店に個性ある餃子があることから、複数の餃子店を回って各店の味を楽しむことも可能である。こうした観光スタイルを理解してか、各店では少量注文でも応じてくれることが多いとされる。

写真2　「宇都宮餃子」の例（2020年2月撮影）

二〇一八年四月には、宇都宮市中心部の市道である宮島町《みやじまちょう》通りの西側部分を、宇都宮市が「餃子通り」[4]と命名した。これは、二〇一八年四月から六月にかけて、栃木県がJRグループの大型誘客事業である「デスティネーションキャンペーン」の対象地となったことから、それに合わせ観光振興をはかる目的のためである。宇都宮市は、二〇一八年度中に餃子通りの看板や横断幕などを設置したほか、歩道部分や自動販売機を餃子の焼き色に近い色に塗装したり、電柱に餃子の形状をした街灯や餃子柄のマンホールを設置したりした（図3、写真3、4）。餃子を味だけでなく、目でも楽しむことができる。

（3）実際には写真2のように、一皿に六個単位の餃子が二列並ぶような提供の仕方もみられる。

（4）餃子通りは、JR宇都宮駅と東武宇都宮駅から約一キロメートル離れた両駅のほぼ中間地点にある。餃子専門店は東西方向に約一六〇メートルある餃子通りの西側に集中しており、二〇二二年七月時点で宇都宮みんみん本店や正嗣《まさし》宮島本店など五軒が立地している。各店舗は間口が約五〜七メートルで、客席は十数席から数十席と決して大きくはなく、カウンター席のみの店舗もある。各店の専用駐車場はなく、自動車で来訪すると、近隣のコインパーキングが利用されている。

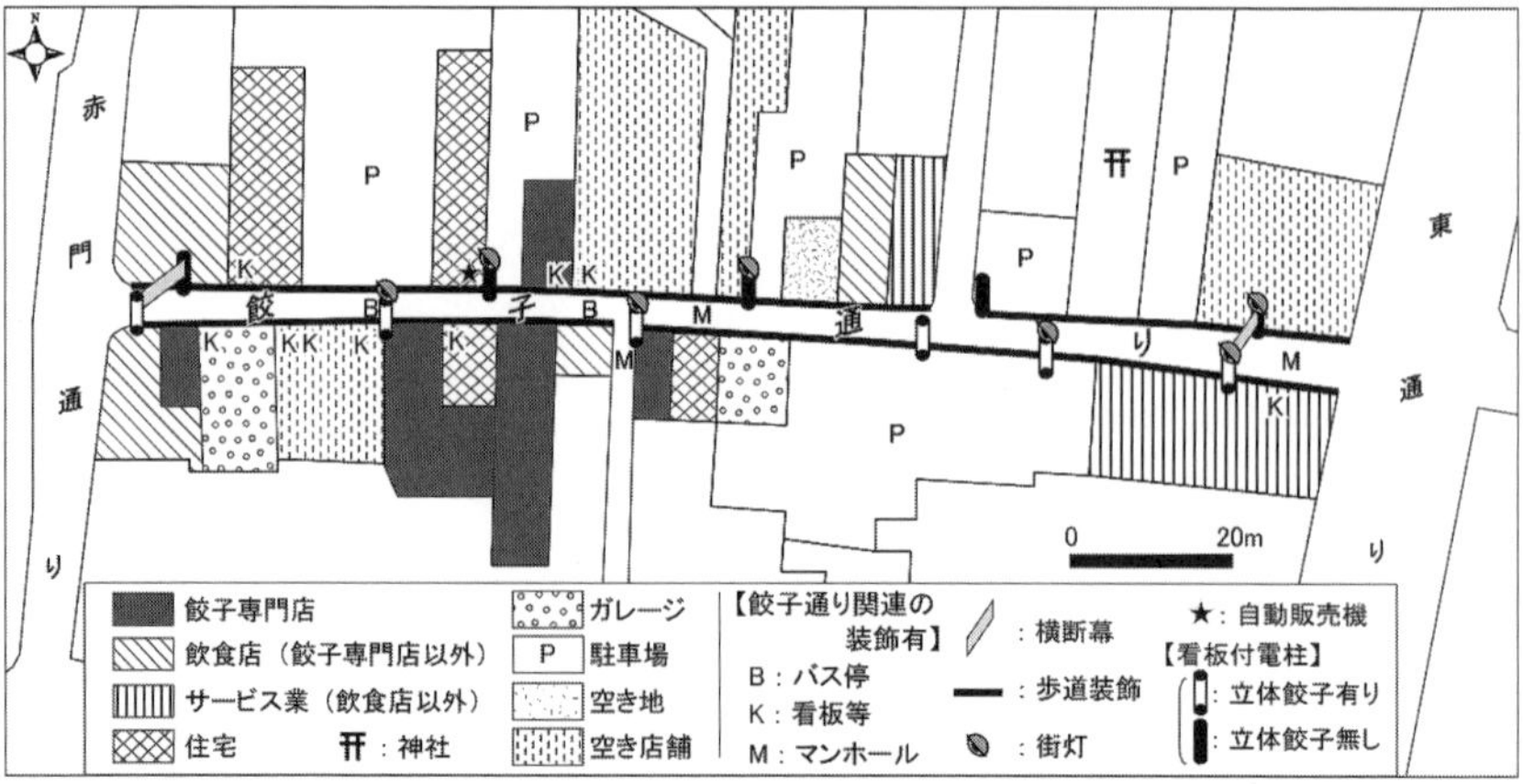

図3　餃子通りにおける沿線の土地利用と餃子関係装飾の分布（2022年7月現地調査により作成）

写真4　餃子通りに設置されている餃子の形状をした街灯（2022年7月撮影）

写真3　餃子通りの景観（2022年7月撮影）

おわりに

「餃子のまち宇都宮」は、ご当地グルメという概念が生まれ始めた一九九〇年代初めに、宇都宮市職員による家計調査への気づきからスタートした。市職員から、宇都宮の中心市街地を何とかしたいと考える餃子店の店主たちに主役が移り、全国ネットのテレビ局など多様な主体を巻き込みながら「餃子のまち宇都宮」が形成されてきた。単なるご当地グルメの発掘で終わらずに、宇都宮といえば餃子という都市名と料理名を組み合わせた名称で、都市としての強力なイメージ形成につながっていった点はまちづくりにおける大きな特徴である。餃子という庶民的、大衆的な料理であったこと、全国チェーンではなく宇都宮やその周辺でしか食べられないということ、また東京から日帰りで来られるという地理的特性は、宇都宮に餃子を食べに行くという餃子ツーリズムを生み出した。

宇都宮市では、餃子による観光を重要な観光施策として長年位置づけてきた。一方で、宇都宮餃子の次にブレイクする観光資源を探しつつも、餃子ほど話題となるものがなかなか出てこないことは市の課題となっている。また、宇都宮市出身の大学生でも宇都宮餃子祭りを知らない者がいるという調査結果もある。今後、宇都宮が餃子のまちとしての性格を維持できるかは、市や餃子会のみならず、市民全体にもゆだねられている。

〔参考文献〕
五十嵐幸子『秘訣は官民一体ひと皿200円の町おこし―宇都宮餃子はなぜ日本一になったか』小学館、二〇〇九年
大谷尚之「宇都宮市における餃子によるまちおこしの展開と課題」『日本都市学会年報』四二、二〇〇九年
協同組合宇都宮餃子会編『宇都宮餃子公式ガイドブックvol.5』下野新聞社、二〇一二年
桑原才介『宇都宮「街力」を掘り起こせ！』言視舎、二〇一二年
島貫朗生編『宇都宮本』椎出版社、二〇一三年
鈴木富之・鈴木達也・上原基輝・尾﨑菜々子・布宮和花菜・平山安奈・森山優雅「宇都宮大生による宇都宮餃子の消費行動」『宇都宮大学地域デザイン科学部研究紀要』五、二〇一九年
西山弘泰「大谷石景観を訪ねる　宇都宮中心部編」『地理』七九九、二〇一二年
田村秀『B級グルメが地方を救う』集英社、二〇〇八年
岩下昌弘「観光資源・宇都宮餃子レポート」NET IB NEWS（二〇一二年八月三一日）https://www.data-max.co.jp/2012/08/30/700_4_is_1.html（二〇一二年八月二日最終閲覧）

いちご王国・栃木

原田　淳

column

「いちご王国」とは

栃木県は一九六八年産以降、連続していちごの生産量全国一位の座を維持し続けている（二〇二二年産現在）。そのことをもって栃木県は、二〇〇六年に「いちご王国」を宣言し、プロモーションや生産振興のキャッチフレーズとしている。いちご王国の地位が築かれ、守られてきた歩みを振り返りたい。

栃木のいちごの黎明期

販売用のいちご栽培は戦前から確認されているが、地場市場に向けたものであり、組織的なものではなく、今日の大産地化に結びつくものではなかった。今日のいちご王国のルーツとされているのが、仁井田一郎《にいだいちろう》氏を中心に組織的ないちごの生産振興と、東京市場への出荷に取り組んだ御厨町《みくりやまち》（今日の足利市）のいちご組合である。その結成は一九五二年である。一九五七年には東京市場への出荷を始め、今日の産地化の先鞭を付けている。一九五八年には戦場ヶ原での高冷地育苗に取り組み始め、出荷時期早期化のための技術に大きな足跡を残した。

いちご産地の拡大と技術開発

こうした先駆的な各地の取り組みが波及して、当初は戦後になって経済性の低下した畑作物に置き換わっていちご産地が形成されていった。それが一九七〇年代以降は水田転作への対応として、いちご産地が広がっていく。その途上で一九六八年に生産量全国一を達成するのだが、作付面積は一九七二・三年をピークに減少を始める。

写真1　収穫前のいちご

この時期には、高単価を追求するために出荷時期早期化が進められていた。それにはトンネル栽培からハウス栽培へ、さらには電照の導入と、設備投資が伴っていた。高冷地育苗や株冷蔵などの新しい育苗方式も導入された。技術の高度化と資材費の増加に対応できない農家はいちご栽培から離れていく。産地は拡大するが、その中では少数精鋭化が進んでいくのである。

組織の時代へ

全国一位を維持しながらも生産量自体は伸び悩んだ一九七〇年代であるが、販売金額は順調に増大し続けた。単価の高い時期へ出荷の早期化が進んだことと、東京市場に振り向ける量が増え続けたことによる。その輸送のためには、大型トラックへの対応や、さらには予冷設備や保冷設備が求められるようになる。小さな任意組合から始まった出荷組織であるが、農協いちご部会あるいは日光園芸組合連合会への結集が進んでいく。なかでも系統農協の集荷割合が高まり、一九七四年に八割を超える。

出荷時期早期化は栽培技術の開発によって進められたが、特に単価の高い一二月以前の出荷（年内出荷）を実現するには新しい品種の開発が必要とされた。そこで栃木県は、農業試験場において一九六九年からいちごの育種に取り組み始める。その成果として、一九八五年に品種登録されたのが女峰《にょほう》である。この女峰の開発によって、特別な処理をしなくても年内出荷が可能となった。食味もよく、栃木県内のいちご品種がほぼすべて置き換わっただけではなく、東日本各地にも広まった。

写真2　出荷されたいちご

しかし、とよのかを主力品種としていた福岡県に、一九八九〜九〇年は販売金額で王座を奪われてしまう。そのことに危機感を持った栃木県は、新品種によって単価の向上を図るべく、育種施設の増強を行った。その成果として一九九六年に品種登録されたのが、現在の主力品種のとちおとめである。

さらに、二〇〇八年には農業試験場の改組によっていちご研究所が設置された。そして、大果で高級路線を狙ったスカイベリー（品種名は栃木i二七号）や、色の白さが特徴のミルキーベリー（品種名は栃木iW一号）など、多彩な品種が開発され、栃木のいちごのバラエティが豊かになっている。

次世代に向けて

生産量で全国一位の座を守り続けているとはいえ、生産者の減少ペースは激しく、残った生産者の規模拡大や新規参入があっても生産量の低下を招いている。その対策としていくつかの自治体や農協では、担い手育成のための研修施設・制度を設けている。さらに栃木県は、二〇二一年に県農業大学校に全国で唯一のいちご学科を設置し、イノベーションの担い手の育成にも取り組んでいる。

〔参考文献〕

栃木県農業試験場いちご研究所『いちご王国を支えてきた品種開発50年』二〇二〇年
第四回全国いちご生産者研究大会栃木県大会実行委員会「栃木いちごのあゆみ」を作る会『栃木いちごのあゆみ』一九九九年

「蔵の街」栃木の歴史的景観の保全——

松村啓子

はじめに

栃木県南部に位置する栃木市は、人口一五・六万人（二〇二二年六月）を有する県下第三位の都市である。二〇一〇年（旧栃木市、大平《おおひら》町、藤岡町、都賀《つが》町）、二〇一一年（西方《にしかた》町編入）、二〇一四年（岩舟《いわふね》町編入）と段階的な合併・編入を経て、南北に長い現在の市域となった。蔵の街は市域の中央、旧栃木市中心部の日光例幣使《れいへいし》街道（江戸時代に日光東照宮大祭への奉幣のために朝廷から派遣された例幣使が通行した、中山道倉賀野《くらがの》宿から壬生《みぶ》通り楡木《にれぎ》宿までの脇街道）沿いとその周囲に広がる。本章では栃木市における蔵造りの町並みの形成と、歴史的景観の保全活動の変遷、嘉右衛門町《かうえもんちょう》伝統的建造物群保存地区（以下、嘉右衛門町伝建地区）におけるまちづくりについて紹介する。なお、キャッチコピーとしての「蔵の街」は括弧書きとし、エリアを指す場合は括弧を外す。蔵の街の範囲については、蔵の街大通り（以下、大通り）と巴波《うずま》川周辺に対して限定的に使われることもあるが、本章では嘉右衛門町伝建地区もこれに含める。

1　蔵造りの町並みができるまで

「蔵の街」といえば、関東ではまず埼玉県川越市が思い浮かぶだろう。重厚な蔵造りの町家である見世蔵《みせぐら》（店蔵）は、川越市伝統的建造物群保存地区では二一棟、それに対し、栃木市の例幣使街道沿いでは三三棟を数える。二〇〇五年時点で、栃木市中心部（一・三平方キロメートル）には蔵造りの建物（見世蔵、塗屋、土蔵）が二五四棟あり、それらの六割は明治期以前に建造されたものであった。(1)

写真1　平柳河岸跡（2022年2月、筆者撮影）

栃木市になぜこれほどの蔵が集積しているのだろう。大きく二つの理由がある。一つめは、商都としての発展にともなう富の蓄積である。近世の栃木町は例幣使街道の宿場町と、巴波川舟運の遡航《そこう》終点という性格をあわせもっていた。街道寄りの巴波川左岸に栃木河岸《かし》が、現在の幸来橋《こうらい》下流の右岸に片柳河岸が、両河岸上流の左岸に平柳河岸《ひらやなぎ》（写真1）が設けられ、江戸に向けて米、麦、麻、石灰、木材、竹、木炭などが積み出された。栃木町で荷揚げされる東

（1）（財）日本ナショナルトラスト編『平成一七年度観光資源保護調査　栃木の町並み景観』（財）日本ナショナルトラスト、二〇〇六年

照宮向けの日光御用荷物、塩、塩合物（塩魚・干魚）、糠、油粕、干鰯《ほしか》などは、鹿沼《かぬま》、今市、日光、宇都宮、さらに会津地方にも送られていた。また栃木宿を構成する上町、中町、下町（現在の万《よろず》町、倭《やまと》町、室町）では六斎市と馬市が開かれて活況を呈し、近江や伊勢からも商人が移り住んだ。文人墨客《ぼっかく》の往来もあり、豪商たちと狂歌をつうじて交流のあった喜多川歌麿の肉筆画が旧家に残されている。栃木宿北端の木戸外に位置する平柳新地および嘉右衛門新田村も町場を形成し、一八四二（天保一三）年の「嘉右衛門新田村絵図」には六四軒の商家や職人の名前が書き込まれていた。

明治に入り一八七一（明治四）年には、栃木町から三〇〇メートル西方の薗部《そのべ》村鶉島《うずらじま》（現在の入舟《いりふね》町）に栃木県庁が置かれ、一八八四年に宇都宮に移転するまで県庁所在地となった。両毛鉄道の開通（一八八八年）によって舟運は次第に衰退するが、例幣使街道沿いに麻苧《あさお》問屋、荒物問屋、肥料商が集積するほか、銀行も相次いで開設され、栃木町は商都としての最盛期を迎えた。

二つめの理由は、江戸末期に起こった四度（一八四六年、一八四九年、一八六二年、一八六四年）の大火である。なかでも一八六四（元治一）年六月の「愿蔵《げんぞう》火事」は、水戸天狗党の田中愿蔵が率いる隊の放火によって、上町の西側と、中町・下町の大半が焼失した。(2) 万町（上町）と倭町（中町）に一九八六年時点で現存していた江戸期建造の見世蔵は一〇棟、土蔵は二二棟にのぼり、それらの一部は大火での焼失を免れたものであった。栃木の商人たちは、堅牢で防火にすぐれた蔵造りの実用性を重視し、また財力を誇示するために競うように蔵を建てたのである。

（2）栃木県史編さん委員会編『栃木県史　史料編　近世七』一六七～一六八頁、栃木県、一九七八年

2 町並み保全活動の変遷

蔵への注目と町並み保全への布石

今日、蔵の街は栃木市の代表的な観光エリアであるが、蔵への注目は一九七八年から三年間にわたる全県的な大型観光キャンペーン「やすらぎの栃木路」[3]が契機であるとされる。日光国立公園以外の「知られざる地域」にスポットを当てた同キャンペーンにおいて、栃木市では巴波川沿いと県庁堀、点在する蔵造りの建物をめぐる観光モデルコース「蔵の街遊歩道」を設定し、嘉右衛門町の岡田記念館（代官屋敷）を初公開した。同キャンペーン期間中にその他の旧家の土蔵群や石蔵（入舟町の横山郷土館、倭町の塚田記念館、万町のあだち好古館）も順次公開された。しかし、この時点では蔵（点）と巴波川沿い（線）をつなぐにとどまり、大通り（室町から万町までの例幣使街道）はモデルコースに含まれなかった。当時の大通りの両側にはアーケードが架けられ、看板や面被《かぶ》りが多くの建物前面を覆っていたため、人知れず見世蔵の改築や取り壊しが進んでいく状況であった。

一九七九年に初めて、嘉右衛門町から室町までの例幣使街道沿いと巴波川周辺で建物調査が行われ[4]、川越市をしのぐ四五〇棟あまりの蔵造りの建物が確認された。続いて一九八五・八六年には、万町と倭町にある一八四棟の実測調査[5]が行われた。これらの学術調査の結果を受け、市は栃木が全国有数の「蔵の街」であることを宣言し、町並み観光を視野に入れ、大通りを含む面としての歴史的町並み整備へと舵を切った。

(3)　栃木県林務観光部環境観光課「「やすらぎの栃木路」キャンペーン」『観光』一七〇、一九八〇年

(4)　小山工業高等専門学校の河東義之氏らの調査による。河東氏は一九八五・八六年、一九九九～二〇〇一年、二〇〇五年と、三度にわたる歴史的建造物群の調査および報告書作成に携わった。その経緯は各報告書および河東（二〇一五）に詳しい。

(5)　近代住宅史研究会編『栃木の町並み　蔵造りに関する調査報告書』栃木市産業部商工課、一九八七年。一八五棟の種別・建築年代・形式・間取りなどの台帳作成、連続立面図の作成、保存や修景への提言がなされた。

歴史的町並みの整備プロセス

一九八八年に栃木市が県の「誇れるまちづくり事業計画」の指定を受けたことにより、一九九〇年から大通りシンボルロード整備（アーケードと歩道橋の撤去、電線の地中化、歩道の拡幅と石畳舗装）が始まった。国庫補助の道路事業と並行して、市は一九九〇年に「栃木市歴史的町並み景観形成要綱」を制定し、これにもとづき大通り沿いと巴波川沿いの三〇ヘクタールを「歴史的町並み景観形成地区」に指定した（図1）。同地区内で「栃木市町並み修景ガイドライン」に沿った修理や修景を行う場合には、市単独事業の補助金（歴史的建造物は上限三〇〇万円）や資金融資の斡旋を受けられる仕組みが作られた。このように、一九九〇年から二〇〇〇年代にかけては、条例ではなく法的拘束力のない要綱によって、歴史的景観への誘導がはかられたのである。さらに、一九九〇年代後半から二〇〇〇年代前半にかけて、大通り沿いにとちぎ山車《だし》会館が新設されるほか、旧家の見世蔵および土蔵を利用して、山本有三ふるさと記念館、蔵の街観光館（写真2）、とちぎ蔵の街美術館（栃木市立美術館新設のため、二〇二一年に閉館。現・蔵の街市民ギャラリー）といった、町並み観光のスポットがつぎつぎに開設された。

巴波川沿いでは、先述の「蔵の街遊歩道」設定以前の一九六〇年代前半から、鯉の放流、川底の汚泥の浚渫《しゅんせつ》、沿岸の自治会による清掃などの環境美化が行われていた。一九八六年からは国の「ふるさと景観づくり事業」を、一九九二年からは「歴史的地区環境整備街路事業」を用い、川沿いのガードレールの擬木化、柳の植樹、街路灯・橋灯の設置、地元産の瓦を用いた綱手道《つなてみち》（巴波川を遡航する際に舟を麻綱で曳いた道）の舗装が進められた。塚田歴史伝説館の長い黒板塀と土蔵の白壁、柳並木を見上げながら、岩舟石の石積みに縁どら

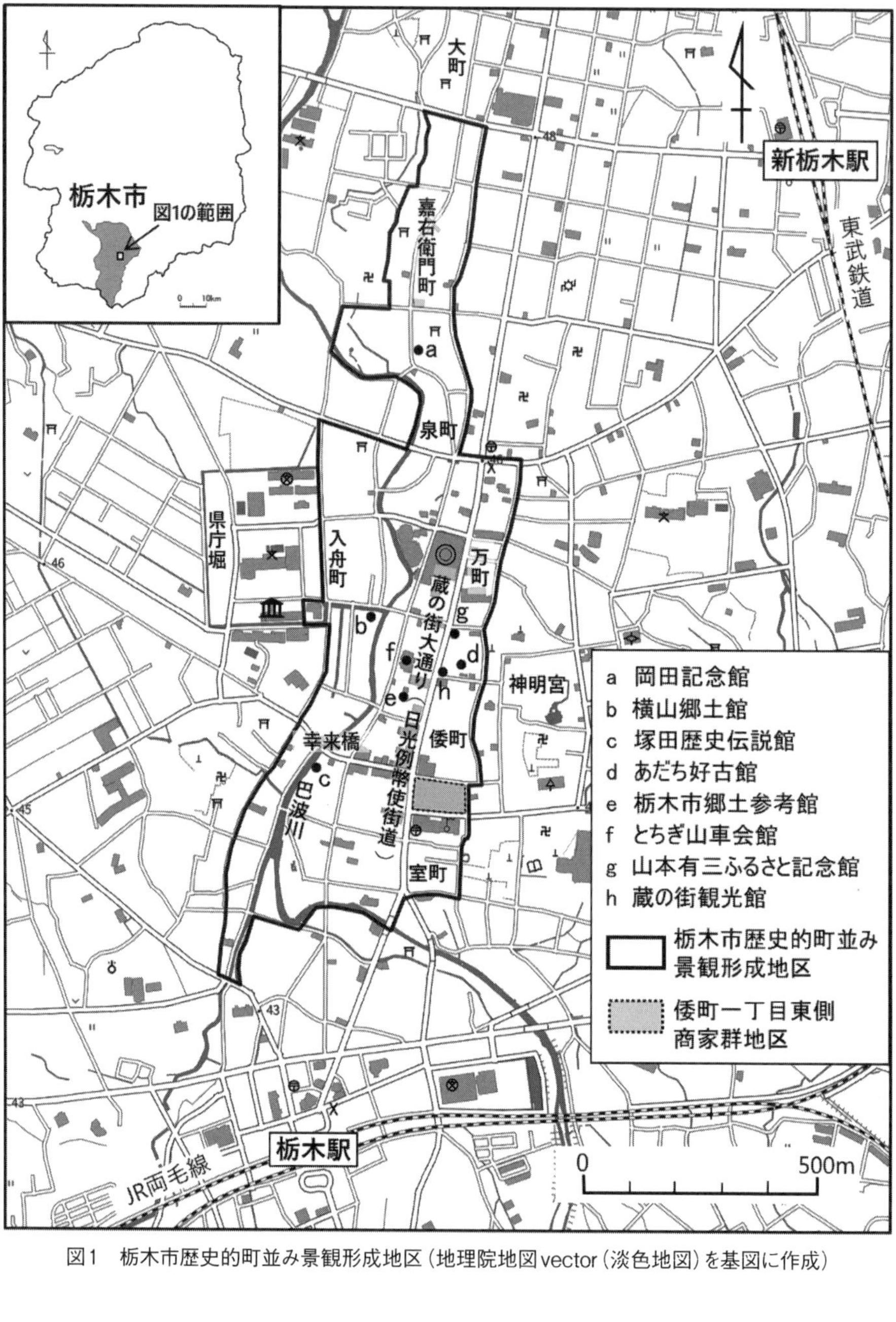

図1　栃木市歴史的町並み景観形成地区（地理院地図vector（淡色地図）を基図に作成）

写真２　蔵の街観光館（2022年２月、筆者撮影）
荒物・麻苧問屋を営んでいた田村家の見世蔵。1904（明治37）年建造。脇の道は神明宮に通じる。

写真３　巴波川を進む蔵の街遊覧船（2022年５月、筆者撮影）
巴波川の護岸には、市内南西部の岩船山で切り出される岩舟石が使われている。右手の土蔵群が塚田歴史伝説館。

れた川面を進む遊覧船（二〇〇六年から運行開始）は、蔵の街観光のハイライトとなっている（写真３）。

嘉右衛門町伝建地区の指定

歴史的町並み景観形成地区は、二〇〇〇年に大通りの北西に位置する例幣使街道沿いの泉町、嘉右衛門町へと拡大された。一九九九年から二〇〇一年にかけては、泉町、嘉右衛門町、大町において歴史的建造物の実測調査[6]が行われ、栃木市内最古の一八三九（天保一〇）年建造の見世蔵が確認された。一方、先に景観形成地区に指定されていた大通り沿いの歴史的建造物の中には、修景から一五年間の保守期限が切れることや、所有者の高齢化によって、建物の維持が困難となる事例が増えることが懸念された。そこで、二〇〇五年に地域住民などからなる「とちぎ町並み協議会」が、（財）日本ナショナルトラスト観光資源保護調査に応募し、戦前からの中心市街地を包含する一七町内におい

（6）栃木市教育委員会編『栃木の町並みⅡ　旧日光例幣使街道沿線（泉町・嘉右衛門町・大町）の歴史的建造物調査報告書』二〇〇二年

て、歴史的建造物の悉皆《しっかい》調査(7)を実施した。

この調査結果をもとに、市は二〇一〇年に「栃木市伝統的建造物群保存地区保存条例」を制定し、大通り沿いと嘉右衛門町周辺をあわせて伝統的建造物群保存地区（以下、伝建地区）に指定することを計画した。しかし、両地区は近世の宿場町と在郷《ざいごう》町という違いがあり、都市計画の用途地域も異なることや、両地区の間に交通量の多い都市計画道路が横切っていることなど、調整の難しい問題があった。さらに二〇一一年三月の東北地方太平洋沖地震により、嘉右衛門町周辺の歴史的建造物に被害が出て、これらの修理を行うにあたり、歴史的風致が損なわれないよう規制を設けることが急がれた(8)。そこで、二〇一二年三月に嘉右衛門町を中心とする九・六ヘクタールの範囲を「嘉右衛門町伝建地区」として都市計画決定し、同年七月には文化庁により栃木県内で初めての重要伝統的建造物群保存地区に選定された。

なお、大通りについては、伝建地区指定を目指しつつ、歴史的建造物が連坦する倭町（写真4）の〇・六ヘクタールの区画を、二〇〇八年に「倭町二丁目東側商家群地区」として都市計画決定し、地区計画によって壁面の位置、建物の高さ、屋外広告物や建物の意匠などに制限をかけた。

写真4　倭町の商家群（2022年2月、筆者撮影）

蔵の街の歴史的町並みの整備は現在、二〇一九年に策定した「栃木市歴史的風致維持向上計画」と、既存の「栃木市歴史的町並み景観形成要綱」や「栃木市嘉右衛門町

(7)　前掲（1）を参照。

(8)　荒生竜也ほか「栃木市嘉右衛門町周辺地区における歴史的景観形成に係る取組みの特徴に関する研究」『日本建築学会東北支部研究報告書　計画系』八〇、二〇一七年

伝建地区保存計画」と連携をとりつつ進められている。具体的な事業として、ヤマサ味噌工場跡地を活用した嘉右衛門町伝建地区拠点施設の整備、とちぎ秋まつりで巡行される人形山車の修理、歴史的建造物の保全を行うための伝統的技術の継承、祭礼・民俗芸能の記録など、ソフト事業を含む多種の内容が盛り込まれている。

3 住民と事業者によるまちづくり

ここまで行政サイドの町並み整備を見てきたが、蔵や洋館などの歴史的建造物を残すために、さまざまな市民団体が一九八〇年代半ばや一九九〇年代初めから息の長い活動に取り組み、行政への提言や一般市民を対象とする講座の開催等を担ってきたことも忘れてはならない。たとえば、商店主たちの「栃木蔵街暖簾《のれん》会」、蔵の所有者からなる「栃木蔵の会」、嘉右衛門町周辺の例幣使街道の歴史を研究し、子ども例幣使行列を主催する「栃木の例幣使街道を考える会」が挙げられる。伝統的な蔵の修復技術を研究する職人集団の「うだちの会」、伝統的建築に関する普及啓発と、修理技術の継承のための講座開設を行う「NPOとちぎ蔵の街職人塾」、巴波川の景観を活かしたイベント開催と河川清掃を行う「うずま川遊《せんゆう》会」なども、歴史的景観の維持に欠かせない市民活動である。

嘉右衛門町伝建地区では二〇一四年に、地域住民に他市町出身の商店主や建築の専門家たちも加わって「嘉右衛門町伝建地区まちづくり協議会」（二〇二一年にNPO法人化）が結成された。同協議会は、伝建地区の歴史に関する勉強会、先進地視察研修、毎月の清掃活

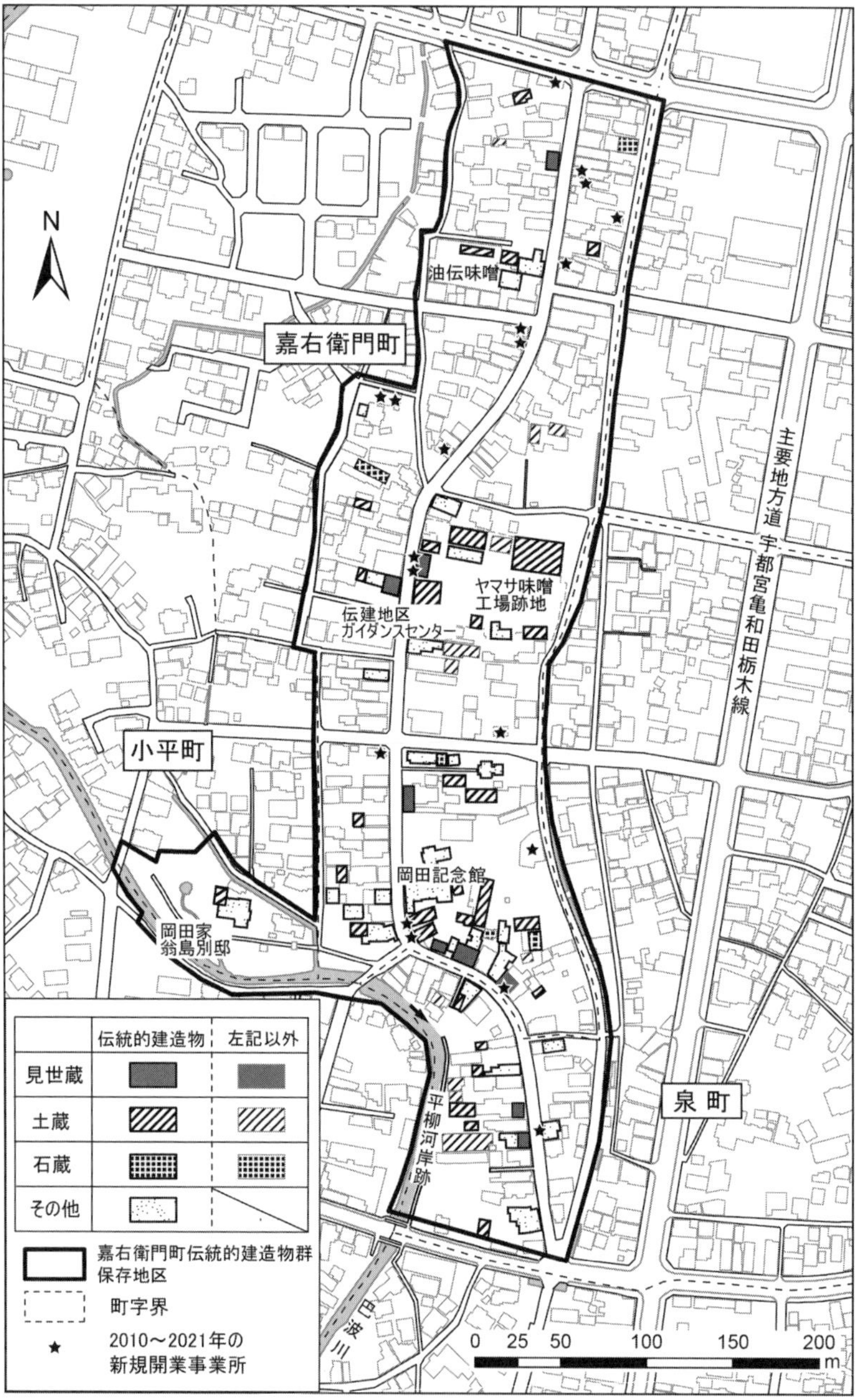

図2　嘉右衛門町伝建地区における歴史的建造物の分布（『栃木市嘉右衛門町伝統的建造物群保存地区防災計画』、中田（2020）および現地調査により作成）

動、花いっぱい運動、蕎麦の試食と蕎麦打ち体験のイベントなどを開催してきた。

まちづくりに多様な主体が関わるのには、嘉右衛門町伝建地区内で開業や出店が活発化したことも関係している。Uターンや1ターンの二〇代後半から四〇代までの若手事業主が、レトロな雰囲気に包まれた歴史ある町並みに惹かれ、築五〇年を越える建物のリノベーションを行い店舗や事務所を構えている（図2、写真5）。二〇一〇年以降二〇二一年までの新規開業は二〇事業所（一ヶ所は設計事務所分室。一ヶ所は移転、二ヶ所が閉店）を数え、業種は、カフェ、古道具店、雑貨店、アクセサリー店、生花店、着物レンタル店など多岐にわたる。出店の先駆けとなった古道具店の店主が中心となり、伝建地区の見世蔵、店舗、空き家、空き地等を利用しマルシェ形式で開催するイベント「クラモノ。」は、二〇一一年から回を重ねるごとに、県内外の出店者や来場者が増大した（二〇二〇年以降は不開催）。同イベントは、若者世代に嘉右衛門町伝建地区の魅力を伝えるとともに、町内の空き家や空き店舗の物件に関する情報提供も行ってきた。

栃木市内外の建築士、大工、大学教員などからなる「かえもん暮らし」は、伝建地区内の空き家や石蔵の有効活用のために、二〇一八年から「クラモノ。」の会期を利用するなど、不定期で空き施設の内覧会兼相談会、石蔵音楽会などを開催し、移住や出店を考える希望者と貸主とを橋渡しするとともに、改装工事にも関わる。二〇二一年には、「かえもん暮らし」の仲介により、嘉右衛門町内の木造長屋を改装し、二店舗が開業した。

前項でも触れたように、栃木市は嘉右衛門町伝建地区の中央に位置するヤマサ味噌工場跡地を取得し、二〇一九年から拠点施設整備の一環として例幣使街道に面した白漆喰の見世蔵と主屋の改築に着手し、二〇二一年七月に伝建地区ガイダンスセンター、二〇二二年

写真5　嘉右衛門町伝建地区の町並み（2022年2月、筆者撮影）
岡田記念館と隣り合う写真右手の2棟の土蔵は、若手事業主によって2018年と2021年に開業した店舗が入居している。

二月にシェアオフィスと店舗からなるKAEMON BASE、同年五月には会議やイベント用のスペースを備えた交流館を開館・開業させた（写真6）。これによって、伝建地区内での公衆トイレや休憩施設、駐車場の未整備という問題が解消された。

以上に見たまちづくり活動、店舗や施設の開業、イベント等の情報は、「嘉右衛門町まちづくり協議会」が運営するWEBサイト「kaemos」に集約されているので、嘉右衛門町を訪れる前には閲覧してみてほしい。巴波川沿いの緑蔭が美しい岡田家翁島《おきなじま》別邸（写真7）もぜひ訪れたいスポットである。

写真6　旧ヤマサ味噌の見世蔵と主屋を利活用した嘉右衛門町ガイダンスセンターとKAEMONBASE（2022年2月、筆者撮影）

写真7　岡田家翁島別邸（2022年5月、筆者撮影）

おわりに――「蔵の街」のこれから

二〇二一年、まちづくりに持続的に関わろうとする市民団体の代表者や企業が集まり、栃木の中心市街地の将来像を描く官民連携の「ウズマクリエイティブ一〇年構想」を策定した。そこでは、（1）歴史的資源を活かした集客エリアの形成、（2）中心市街地へのアクセスとスポット間の周遊性の向上、（3）居心地がよく、歩きたくなる環境作り、の三つの方針が示されている。このうち、（1）については、大通りの南端に位置する栃木警察署跡地の利用計画が提案された。また、集客スポットを増やす手立てとして、空き施設活用プロジェクトが嘉右衛門町のシェアキッチンで進められている。（2）については、JR栃木駅および東武鉄道新栃木駅を含む八ヶ所にサイクルステーションを設け、二〇二二年八月より三ヶ月間のシェアサイクルの社会実験が実施される。

中心市街地では、二〇二二年四月に大正期の洋館建築（旧栃木町役場）を活用した栃木市立文学館と、隣接する旧市庁舎跡地に二〇二二年一一月に新設の栃木市立美術館が開館するなど、三〇年ぶりに大規模なハード事業があいついでいる。歴史的な町並み景観を維持しながら、住民、事業者、来街者、移住希望者のいずれもが魅力を感じる「蔵の街」であり続けるために、今後栃木市でどのような取り組みが行われるか、期待しつつ注視したい。

また、栃木市は近年、二〇一五年の関東・東北豪雨、二〇一九年の東日本台風（令和元年台風第一九号）による豪雨の二度にわたり、巴波川の越水により中心市街地が広く浸水する被害を受けた。嘉右衛門町伝建地区に限ると、二〇一五年の豪雨で三五％の世帯に浸水被害が生じた。(9) 今後も起こりうる自然災害から歴史的建造物をいち早く保全・復旧できるよう、蔵の街の来街者のなかから外部支援者が増えていくことを願う。

（9）横内　基「栃木市嘉右衛門町伝統的建造物群保存地区の地域防災力の評価」『国士舘大学理工学部紀要』一二、二〇一九年

〔参考文献〕

岡村葉月・関原孝弘・中野恵実「栃木市・蔵の街大通りにおける町並み修景について」『宇大地理』一〇、二〇〇七年
影山　博『とちぎ　歴史をあるく』随想舎、二〇二一年
片岡惟光編『写真集　片岡寫眞館　明治・大正・昭和一四〇年の記憶』新樹社、二〇一四年
河東義之「蔵の街・栃木のまちづくり」『関東都市学会年報』一六、二〇一五年
小島友里「栃木市歴史的町並み保全地区における観光の現状と課題—観光客のまなざしから—」『茨城地理』一四、二〇一三年
陣内雄次・高橋恵・上田由美子「歴史的まちなみ保存とまちづくりに関する一考察—栃木市と川越市を例に—」『宇都宮大学教育学部紀要　第一部』五四、二〇〇二年
栃木郷土史編纂委員会編『栃木郷土史』栃木市役所、一九五二年
栃木市総合政策部蔵の街課『地と』一・二、二〇二〇年
中田美沙希「若者世代につなぐまちなみ保存のまちづくり」令和元年度宇都宮大学教育学部卒業論文（未発表）、二〇二〇年
吉田圭二『日本の町並み探求　伝統・保存とまちづくり』彰国社、一九八八年
若本啓子「足利・小山・栃木地域」斎藤功・石井英也・岩田修二編『日本の地誌6　首都圏Ⅱ』朝倉書店、二〇〇九年

column

夕日がきれいな街
——森高千里の「渡良瀬橋」の舞台　足利——

橋爪孝介

足利のご当地ソング「渡良瀬橋」

楽曲「渡良瀬橋《わたらせばし》」は、一九九三年に、森高千里《もりたかちさと》の一七枚目のシングルとして発表された。渡良瀬橋のある「この街」で育ち、街に残ることを選んだ「私」が、「あなた」との忘れられない思い出を振り返りながら過ごす日々を歌っている。森高の代表曲の一つであるとともに、多くの歌手にカバーされた名曲である。渡良瀬橋は県内に、足利《あしかが》市と日光市足尾《あしお》地区の二橋あるが、曲の舞台である「この街」は足利市である。

写真1　織姫神社から見た渡良瀬橋(2021年12月撮影)

足利市と渡良瀬橋

足利の中心市街地は、市域の中央部を東西に流れる渡良瀬川の南北両岸に広がっている。北岸の市街地は中世以来の都市・足利の中心（旧足利町）であり、足利学校や鑁阿寺《ばんなじ》などの史跡、行政機関、ＪＲ足利駅、足利高等学校などがある。一方、南岸の市街地は東武足利市駅周辺を除き、大部分が旧山辺町《やまべまち》であり、戦後形成されたトリコット工業団地の跡地に進出した大型店を中心とする商業地が形成されている。このため、市民は南北の市街地を日常的に往復する必要があり、両岸を結ぶ橋は地域感覚の基礎となっている。たとえば、市街地の交差点では、地名に添えて橋名が併記された案内標識を見ることができる。市民生活を支える市街地の橋は、下流から順に、田中橋《たなかばし》、中橋《なかばし》、渡良瀬橋という。

「渡良瀬橋」の舞台を歩く

森高は地図帳を眺め、足利の市街地を実際に徒歩と自動車で回って作詞しているため、無理なく曲の舞台をめぐり、歌詞の「私」の気持ちを追体験することができる。インターネットで「渡良瀬橋」を検索すると、実際にめぐった人の訪問記が複数見つかる。また、二〇一二年に森高自身が曲の舞台を訪問しながら、曲への反響や思いをつづった動画を公開している。現地訪問の前にぜひご覧いただきたい。

歌詞の中でカギとなる地点は、表題の渡良瀬橋のほかに、八雲《やぐも》神社、公衆電話、渡良瀬川の河原の三ヶ所ある。渡良瀬橋と公衆電話は歌詞の情報から場所の特定が可能であるが、八雲神社は主要なものだけでも三社あり、河原は具体の位置が不明瞭である。この二つについて森高は、先の動画で、八雲神社は地図帳で発見し、特定の一社を想定していないこと、河原は渡良瀬橋の南側から下ったところであることを紹介している。

写真2　渡良瀬橋で見る夕日（2020年1月撮影）

森高と足利市の交流

曲がリリースされてすぐ、足利市役所は曲の舞台が足利であるかどうかを確認するため、森高の所属事務所に電話を入れた。ここから森高と足利市の長い交流が始まる。

一九九三年に森高が足利市民会館でライブを開催し、「渡良瀬橋」を披露すると、市民らは大合唱で応じ、感激のあまり森高は泣き崩れてしまったという。その後、結婚・出産などで森高のライブツアーは停滞するが、森高と「渡良瀬橋」の人気は衰えず、二〇〇七年に渡良瀬橋から東へ少し離れた北岸の道路沿いに「渡良瀬橋」をフルコーラスで再生可能な装置を備えた歌碑が設置された。曲に登場する公衆電話の撤去が検討された二〇〇八年には、市役所と住民が協力して公衆電話を守った。二〇一二年に同じく歌詞に登場する八雲神社が火災で焼失すると、森高は自身の復帰ライブを足利市民会館からスタートさせ、神社再建のために寄付を行った。

交流が深まる中で、二〇一五年に市は森高をあしかが輝き大使に任命し、JR足利駅・東武足利市駅の発車・到着メロディを「渡良瀬橋」に変更した。さらに二〇二一年には、足利市での三回目のライブを開催した。これは、新型コロナウイルス感染症COVID-19の流行を受けて中断していた森高のライブツアー再開第一弾となったのと同時に、閉館が決まった足利市民会館の最後を締めくくる公演となった。

偶然が重なった「渡良瀬橋」

実在の街を舞台とする作品は、名所や名物などを詰め込みすぎ、無理のある設定になっているものが少なくない。「渡良瀬橋」も、足利市に相談しながら曲作りが行われていれば、八雲神社の代わりに、恋人の聖地である織姫《おりひめ》神社が歌詞に登場していたかもしれず、そもそも「渡良瀬橋」にならなかった可能性すらあっただろう。というのも、国道橋の田中橋や、東武足利市駅に近接する中橋に比べると、渡良瀬橋は市民にとって、やや地味な存在だったからである。それが今や観光名所となり、夜間にライトアップされ、橋名を冠したご当地アイドルまで登場するほどになった。森高が地図帳で偶然見つけ、曲に仕上げた渡良瀬橋は、市民や曲のファンに見つめられながら、今日もきれいな夕日に照らされている。

〔参考文献〕
若本啓子「足利・小山・栃木地域」斎藤功ほか編『日本の地誌6　首都圏Ⅱ』朝倉書店、二〇〇九年
朝日・読売・毎日・下野各新聞報道

宇都宮市の大谷石文化と景観

西山弘泰

はじめに

筆者は、前任校である宇都宮共和大学に在籍中、学生とともに宇都宮のまちづくり活動に汗を流してきた。栃木県出身の学生たちに対し、「宇都宮や栃木県の魅力は何か?」としばしば問いかけるときがある。そうすると「餃子と…。他には何もないですね」という答えが返ってくることが多い。

地域の魅力と何だろうか。日本人が誰でも知っているランドマークがあることだろうか。筆者は、地域の生活や産業と結びついた景観や文化が地域の魅力、すなわち地域資源の一つであると考える。では、宇都宮にしかない地域資源とは何か。それは宇都宮市北西部で産出される凝灰岩・大谷石ではないだろうか。しかし、宇都宮ではありふれた石材、景観であるがゆえ、市民にはそれが宇都宮にとって「唯一無二の宝物」という認識は薄い。

ところが二〇一七年に大谷石の文化が日本遺産に認定されたことや、各種マスメディアで大谷石の採掘場跡地である大谷資料館が紹介されるなどしたことで、市民にも大谷石がかけがえのない地域資源であるという認識が広まりつつある。この大谷石の魅力を、市民だけでなく、日本や世界の方々に知ってほしい。そこで本章[1]では、宇都宮市を特徴づける大谷石の景観やその魅力について、まち歩きガイド風にご紹介する。また、筆者が学生とともに制作した大谷石に関する動画も随時紹介するので、本章とともにご覧いただきたい。

1　大谷石のあゆみ

そもそも大谷石とは、宇都宮市大谷地区（以下、大谷）やその周辺一帯で産出される流紋岩質角礫凝灰岩（凝灰岩の一種）の総称で、南北に約一〇km、東西に約五kmの帯状に分布する（図1）。約一五〇〇万年前、日本列島の大部分が浅い海だった時代に、火山もしくは海底火山噴出物が海中に堆積し、時間をかけて固結したもので、色は淡緑～淡灰を呈している。大谷石の外観は「ミソ」と呼ばれる茶色い粘土状の斑点が混じっているのが特徴である。ミソの大きさは、産出地によって異なり、三〇cmを超えるものもあれば、ほとんど見られないものもある。なお、地元では産出場所によって田下石《たげいし》、徳次郎石《とくじらいし》、板橋石《いたばしいし》（日光市）、船生石《ふにゅういし》（塩谷町）などと区別して呼ばれることもある。

大谷石は、熱に強く、軽くて加工しやすいなどの利点を持つことから、土木・建築用材として利用されてきた。一方で、風化しやすく比較的脆いという欠点もある。採掘方法は、地面をそのまま下に掘り進める露天掘りと地下に掘り進める坑内掘りがあり、現在では後

（1）　本章は、西山弘泰「地理学者が選ぶ　日本の都市百選（4）栃木県宇都宮―日本に類を見ない石のまち―」『地理』第六六巻一二号、一―一〇頁、二〇二一年および西山弘泰「季節を感じるエクスカーションガイド（第3回）大谷石景観を訪ねる―宇都宮中心部編―」『地理』第六六巻一一号、四七―五五頁、二〇二一年、西山弘泰「季節を感じるエクスカーションガイド（第4回）自然と文化が織りなす石のテーマパーク―栃木県大谷―」『地理』第六七巻三号、七四―八一頁、二〇二二年の一部に加筆・修正したものである。

者が主流となっている。

大谷石の本格的な採掘・利用は、江戸中期以降であり、防火対策として店蔵の外壁や民家の屋根（石ぶきの屋根）などに利用された。とはいうものの、当時は農家が農閑期に小規模に採掘する程度であったこと、人馬による輸送が中心で大量輸送が難しかったことなどから、宇都宮や産出地周辺での利用に限られていた。

大谷石の採掘が組織的に展開され、大量に輸送されるようになるのは、明治期になってからである。一八九六（明治二九）年に宇都宮中心部と大谷の間に人車軌道が建設され、大量の石材を市内中心部に輸送することが可能となった。一九一三（大正二）年には、軽便鉄道が敷かれるなど、高速大量輸送体制が整備された。さらに一九六〇年代ごろから段階的に手掘りから機械掘りに移行し、より大量の石材を産出できるようになったことで、一九七〇年前後の住宅開発ブームと相まってピークを迎える。その後、コンクリートの普及や建築基準法の改正等により需要が減退し、近年の採掘量は最盛期の一〇

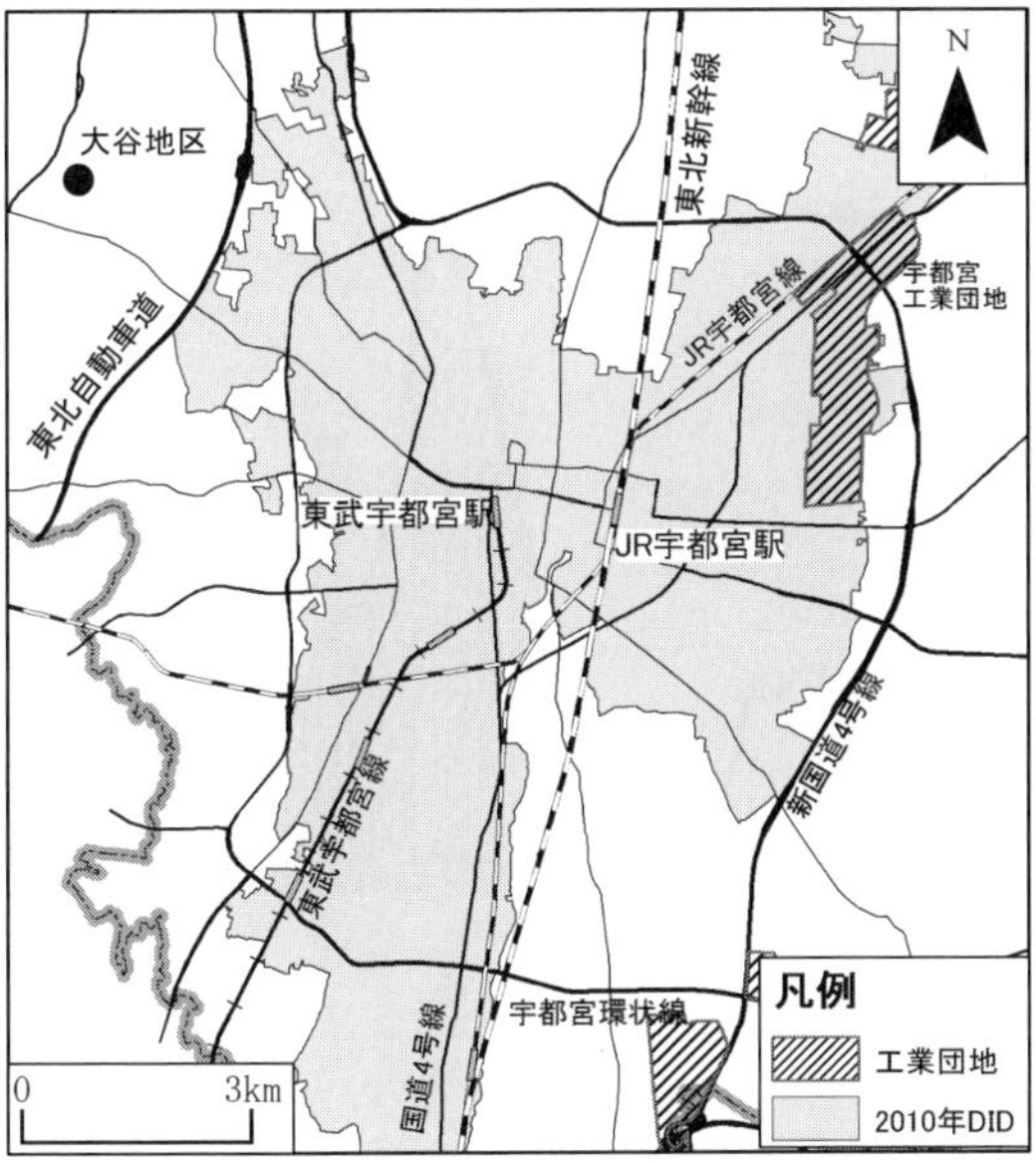

図1　宇都宮の主要部と大谷の位置

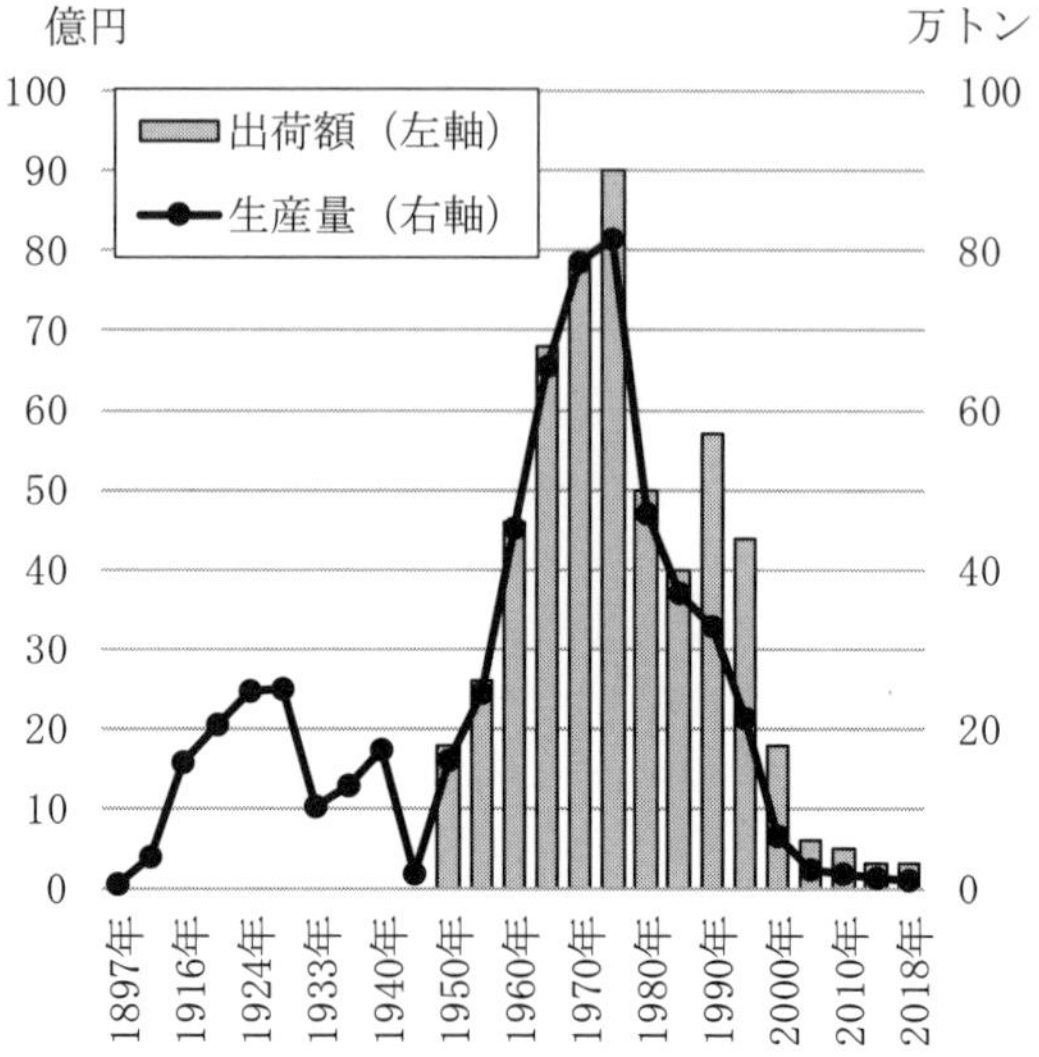

図2　大谷石の採掘量と出荷額の推移（大谷石材協同組合提供資料より作成）

〇分の一ほどまでに減少している（図2）。採掘場者も一二〇社ほどあったが、二〇二二年七月時点で六社である。

大谷石が石材として全国的に知られるようになるのは、建築家のフランク・ロイド・ライトが旧帝国ホテルの主要建材として利用したことであった。建設の途上、関東大震災が発生し、周辺では多くの建物が焼失・倒壊したが、旧帝国ホテルにはほとんど被害がなく「大谷石は火災に強い」と評判になった。この旧帝国ホテルでの大谷石の利用がその後の東京での大谷石の需要を高めたというのが一般的な見方である。しかし、筆者はそれも一つの理由であるとしながらも、主な理由は以下のような宇都宮の地理的優位性にあるのではないかと考えている。

① 一九一〇年代以降、東京において郊外開発が進み土留めや擁壁に使う石材が大量に必要になった
② 大谷石はその旺盛な需要に応える安価で大量の石材供給が可能であった
③ 東京の一〇〇㎞圏であり平野をほぼ一直線に下ることから、時間や輸送コストがか

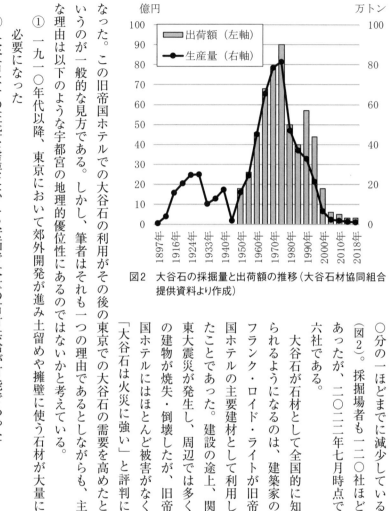

からなかった

大谷石の大量輸送が可能となった一九一〇年代は、東京において製造業が発達するとともに、私鉄各社が郊外と都心を結ぶ鉄道路線を次々と開設、またはそれを計画していた時代である。雇用の拡大と人口増加、鉄道の敷設によって東京の市街地は拡大し、関東大震災はそれに拍車をかけた。既知のように東京の西側地域は広く台地・丘陵地になっており、それらの地域に宅地を造成しようとすると擁壁や土留めが必要になる。旺盛な土木用石材の需要が一気に高まったのである。筆者は時おり東京を散策するが、例えば目黒川沿いの傾斜地には、今でも大谷石の擁壁や塀がかなりみられる。現在は建替えなどが進んだことで、コンクリートや擬岩の擁壁も多くなったが、かつては大谷石一色であったことが想像できる。また一九七〇年代ごろまでに開発された郊外住宅地においても、大谷石の擁壁に加え塀も多く目にする。まさに大谷石が東京の近現代を築く基礎となった。

供給側の大谷周辺は丘陵地帯と平地部であることから、ほとんど地形の制約を受けることなく、広い範囲で大量の採掘が可能であった。そして採掘された石材は、東京方面に鉄道を使って平野をほぼ一直線に、緩やかに下りながら運ぶことができる。石材輸送が舟運によって担われていた時代は、千葉県内房の鋸山（富津市金谷地区）や伊豆半島から供給されてきたが、これらの石材産地は、急峻な山の上であったり、海辺であったりする場合が多く、鉄道による大量輸送には不向きである。そうした中、大量供給が可能となった新興の大谷石が市場に登場し、瞬く間に他の石材を駆逐し、土木用の石材市場を席捲したことは想像に難くない。このような大谷石の採掘と利用の背景には、宇都宮の地理的優位性がある。

2　石の都市・宇都宮の形成

宇都宮では、江戸時代から防火対策として大谷石が蔵や屋根に利用され、独特の景観が生み出されてきた。江戸中期の地理学者古川《ふるかわ》古松軒《こしょうけん》が一七八八（天明八）年に東北・北海道巡見の際に綴った『東遊雑記』には、宇都宮に立ち寄った際の記述がみられる。そこには「この辺は石の柔らかなるありて、それを瓦の如く削りなして、堂塔の屋根に葺くなり、他の国にはなき石なり」とある。この記述からも、古くから大谷石が宇都宮で広く利用されていたことがわかる。

先述のようにコンクリートや擬岩の普及によって、土木構造材、建築用材への利用が減り、建て替えや安全性への配慮等により大谷石の景観は少しずつ失われているものの、市内では至る所で蔵や塀、土留めを中心に、大谷石の景観が広がっている。宇都宮における大谷石の利用例は枚挙にいとまがないが、主に蔵、塀、土留め・擁壁が中心である。その他、住宅、建物の基礎、事務所、工場、寺院や教会、車庫、物置、屋根、道路、階段、神社の鳥居、モニュメントなども多くみられる。[2] 近年では、九〇cm×三〇cm×一五～二〇cmのブロック状のものを積むよりも、五cmほどの板状のものを内外装材として貼る用例が主流になっており、県外の飲食店などでも多く目にすることができる。

二〇〇〇年と二〇〇五年に栃木県建築士会宇都宮支部の有志が、市内中心部において石蔵の分布調査を行った[3]（図3）。その結果、約四〇〇棟存在することが明らかとなると同

（2）　宇都宮市の大谷石景観については、二〇一八年に筆者のゼミ生が中心となり制作、YouTubeにアップした大谷石景観のプロモーション動画「知られざる大谷石の景観と建築物」も合わせてご覧いただきたい。https://www.youtube.com/watch?v=Di6lYfy9g4o&t=388s（YouTubeにおいて「知られざる大谷石の景観と建築物」で検索）

（3）　図3に示された主な大谷石建築物は、栃木県建築士会宇都宮支部が調査した結果をもとにNPO法人まちづくり推進機構などが独自に調査したものを加えたものである。

時に、大谷石がかけがえのない地域資源であること、それを活かしたまちづくりを行うことの必要性を考える端緒を開いた。

栃木県建築士会宇都宮支部が調査したのは、石蔵のみであるが、これまでも繰り返し述べてきたように市内の至る所に大谷石の景観がみられる。そのすべての大谷石構造物の分布を示すことは困難であるが、井上（二〇一五）では、課税関連の資料を用いて宇都宮市内の石造建築物の数を明らかにしている。[4] これによると市内には九〇九一棟の石造建築物が存在するという。資料からすべてが大谷石を利用しているかは判然としないが、その大多数は大谷石といってよいだろう。また、これはあくまで課税対象の石造建築物であり、貼石構造のものや小規模なもの、その他土木構造物を合わせると、宇都宮の大谷石の利用は、何十万ヶ所に上るのではないかと思われる。同一の石材がここまで広範囲かつ高密度に利用されている都市は、日本において宇都宮ただ一つではないだろうか。宇都宮は日本を代表する石の都市である。

市内の大谷石の利用について、地理的にみていくと、大谷地区周辺や軽便鉄道等の輸送ルート跡周辺において、多様な用途での利用がみられるが、それらの地域から離れるにつれ蔵や塀、土留め・擁壁などが中心となり多様性が失われていく傾向がみられる。採掘地周辺では、売り物にならない石材（クズ石）や商品価値の低い石が出回るため、そうした石材を利用し、一般的な建材の代用品として住宅や納屋、工場、車庫、物置など、ありとあらゆる建築物に利用されている。以下では、宇都宮中心部と大谷の大谷石景観について、建築物や土木構造物を中心に紹介する。

（4）　井上俊邦「歴史的建造物の保存・活用とその方策に関する調査研究—大谷石建造物を事例に—」『市政研究うつのみや』一一、二七—三六頁、二〇一五年

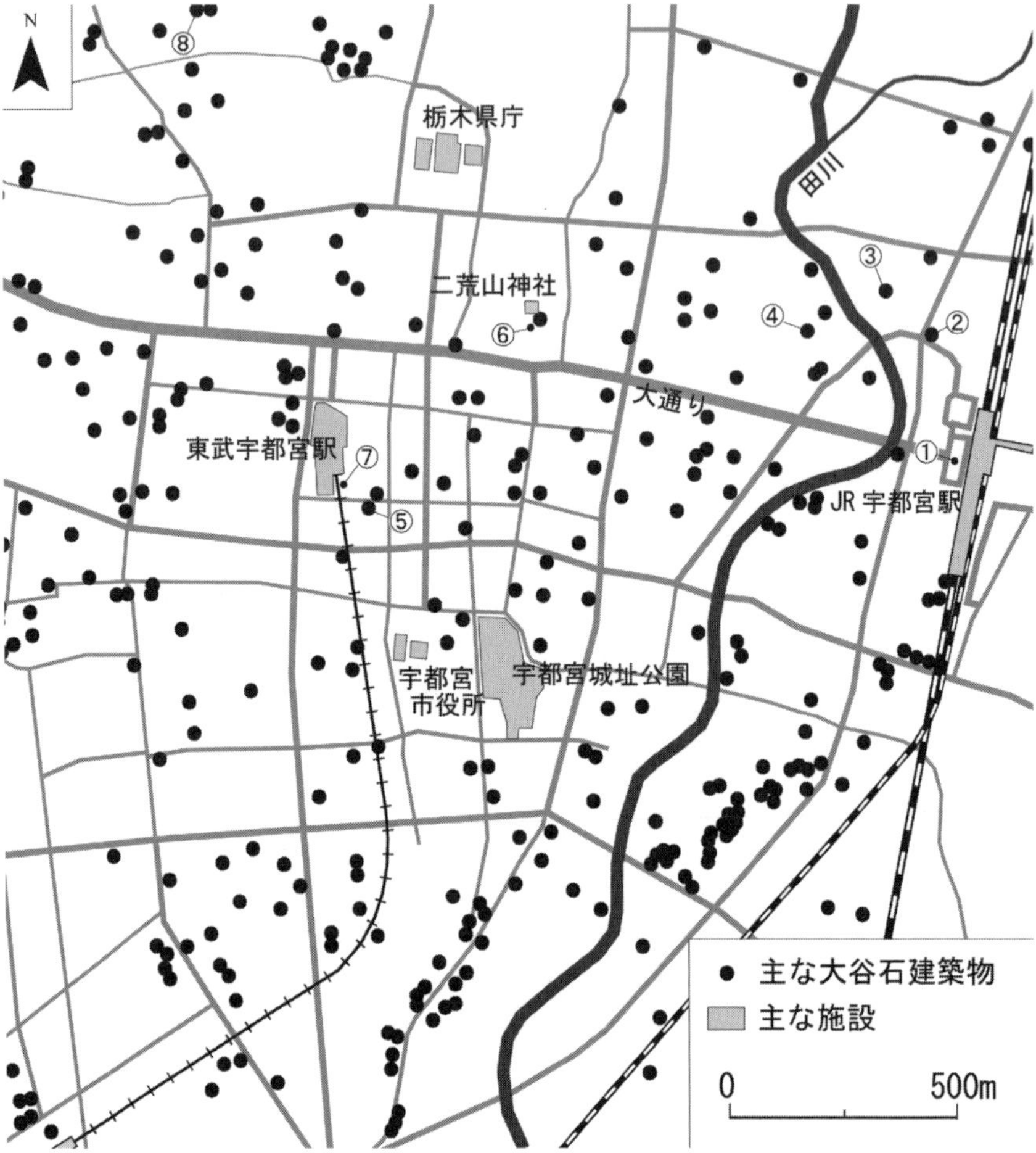

図3　宇都宮市中心部の大谷石建造物と紹介スポット（大谷石材NPO法人宇都宮まちづくり推進機構（2019）『石の街うつのみや』下野新聞社より作成）

3　宇都宮中心部の代表的大谷石景観

餃子像

何も知らない宇都宮市民からは「インパクトがない」と揶揄されることもあるが、大谷石の特性や宇都宮の大きな歴史を背負っているのが宇都宮駅西口のデッキ上にたたずむ餃子像である（図3中①、写真1）。餃子像は、一九九四年に餃子のまち宇都宮のシンボルとして設置された。ビーナスが餃子の皮に包まれているのをイメージしているようだが、実はビーナスと餃子は何の関係もない。これは当時の人気バラエティ番組「おまかせ！　山田商会」で、宇都宮餃子が取り上げられた際、タレントの山田邦子さんが「餃子の皮で包まれたビーナスなんてあったら面白いじゃない！？」というユーモアあふれる「ひらめき」から実現したものである。

実は、この餃子像は大谷石を彫って作られた。これがポイントである。大谷石は、先述のように軽く、細工が容易である。一方、強い衝撃が加わると欠けたり、折れたりしやすいのが欠点である。そのため、この餃子像は何度も折れたり、欠けたりし、修復を繰り返してきた。

設置当初、餃子像は再開発予定地の東口に建っていたが、二〇〇八年の再開発によって移転を余儀なくされた。その移転工事においてクレーンで持ち上げた際、ワイヤが外れて落下し、胴体が上下に分離してしまった。その後、専門業者により接合修復されたが、そ

写真1　餃子像（2021年10月筆者撮影）

れに加え、像の至る所で修復の跡が確認でき、風化と相まって満身創痍と言った具合である。何の変哲もない石像ではあるが、この餃子像は、「衝撃に弱い」「風化しやすい」という大谷石の特性を見事に表している。なお、餃子像を触ってもザラザラとした凝灰岩特有の肌触りを味わうことはできない。これは風化防止のためのコーティング剤が添付されているからである。

旧篠原家住宅

宇都宮は、日本の中でも数少ない、二度の戦火を被った戦災都市でもある。そのおかげで宇都宮中心部には、かつての繁栄を忍ばせる街並みや商家などはあまり残されていない。しかしながら、大谷石でできた石蔵や商家は、戦火を免れている。その代表的な商家が、宇都宮駅西口の北側二〇〇mの地点にある旧篠原家住宅（国指定重要文化財）である（図3中②、写真2）。

旧篠原家住宅は、主屋一棟、大谷石の石蔵三棟からなっている。主屋は、外壁の大部分が土蔵造りであるが、両端は厚さ七cmほどの大谷石が貼られているのが特徴である。これは防火が強く意識されており、宇都宮大空襲の時も、周辺の家屋がすべて焼失するなかで、旧篠原家住宅だけが焼け残っている。その他、中心部に戦前からある石蔵も、消失を免れたものが多く残っている。

また、篠原家住宅から西北側にある「café SAVOIA s–21」は、二〇〇九年にオープンした大谷石蔵を改装したカフェである（図3中③、写真3）。外壁に施された大谷石の装飾が見事であるが、店内も木と大谷石が調和したお洒落な雰囲気である。

写真2　旧篠原家住宅（2021年10月筆者撮影）

写真3　café SAVOIA s-21（2021年10月筆者撮影）

清巌寺《せいがんじ》の石屋根

大谷石の文化を語る時、石蔵に目を奪われがちである。しかし、大谷石の石蔵は宇都宮以外にも関東において広く存在する。宇都宮にしかみられない大谷石の用途とは何か。それは石葺きの屋根、すなわち石屋根ではないだろうか。先述のように大谷石は、風化しやすく衝撃に弱い。そのため現在においては、葺き替え時に瓦やスレートに置き換えられてしまい、市街地ではほとんど目にすることはできない。

今でも石屋根を利用しているのが、清巌寺《せいがんじ》の山門である（図3中④、写真4）。約八〇〇年にもわたり当地を治めてきた宇都宮氏と深い関わりがあり、その力の象徴といわれる巨大な鉄塔婆（常時見学可）が有名である。

宇都宮では、江戸時代から防火を意識し、かなりの石屋根家屋が存在した。今では石蔵が大谷石の文化を代表する建築物となっているが、石屋根の家屋こそ元祖大谷石建築であると筆者は考える。柏村（二〇二〇）によると、石屋根が特に寺院で多く用いられていたことについて、「貴重な建物を防火性の高い石屋根で守

写真4　清巌寺の山門と石屋根（2021年10月筆者撮影）

ることや、大谷石の持つ清楚な美しさ、石でありながら温かみを持つ感触等がお寺の建物に相応しいとされたからであろう」と考察している。[5]石屋根は下石と上石の二種類があり、それを交互に重ねて葺く。石屋根は石の強度を保つため瓦よりも厚い。そのため重量が嵩み、瓦葺の建物よりも頑丈にする必要があるという。

（5） 柏村祐司『なるほど宇都宮歴史・民俗・人物百科』随想舎、二〇二〇年

カトリック松が峰教会

建築物としての評価が高いのがカトリック松が峰教会である（図3中⑤、写真5）。一九三二（昭和七）年に建設された宇都宮最大の大谷石建築物である。設計者はマックス・ヒンデルというスイス人建築家である。建物は、鉄筋コンクリート造で、外壁に大谷石を貼った構造となっている。

荘厳な見た目は外見だけではない。内部の柱にも大谷石が貼られ、そこにはロマネスク様式の装飾文様が刻み込まれている。二〇二二年八月時点で、新型コロナウイルス感染拡大防止のため、一般見学者の入場はできないのが残念である。なお、聖堂東側の内壁に黒焦げた箇所がみられる。これは先述の宇都宮大空襲により投下された焼夷弾によって燃えた跡である。

中心部の大谷石建築物として、松が峰教会とセットで見学していただきたいのが、教会向かい側に建つ「dining 蔵　おしゃらく」である（写真6）。ここは一九三八（昭和一三）年に、公益質屋として建設された積み石構造の蔵である。地元建築士会の有志がこの石蔵の再生運動を展開した結果、二〇一一（平成二三）年にレストランとして活用されるに至った。

市内各所にみられる擁壁などの土木構造物

メインストリートの大通り沿いには、当市のランドマークである二荒山神社が鎮座している。この通りから本殿に向かう際にも左右に大谷石の擁壁がみられる（図3中⑥）。なお、この擁壁は、現存する最古の大谷石の擁壁であるといわれている。余談ではあるが、大通りから二荒山神社に至る階段は、かつて縁起の良い八八段であったが、再開発と広場の整備によって現在の段数（九五段）になってしまった。

石蔵は連坦していないことが多く、インパクトのある石造景観が生まれにくい。一方、宇都宮における大谷石の景観を作り出しているのが、擁壁や土留め、塀である。一九八〇年代以降、コンクリートや人工石の普及によって、採掘や輸送に手間がかかる大谷石は、

写真5　カトリック松が峰教会（2021年10月筆者撮影）

写真6　dining蔵　おしゃらく（2021年10月筆者撮影）

写真7　東武宇都宮駅東側の鉄道擁壁（2021年10月筆者撮影）

写真8　星が丘の坂道（2020年10月筆者撮影）

土木構造材として利用が激減した。しかしながら、関東において一九二〇年代から一九七〇年代までに市街地化した地域では、かなり多くの大谷石の土木構造材が確認できる（筆者の予備的調査による）。これは採掘地の宇都宮において顕著にみられ、どこにでもある宇都宮の原風景となった。

大谷石の巨大な擁壁を確認できるのは、東武宇都宮駅東側の鉄道擁壁である（図3中⑦、写真7）。二〇一九年に擁壁の前にあった市営駐輪場が撤去され、この擁壁が露わとなった。ちょうどこの場所は段丘崖となっており、崖に沿うように東武宇都宮線が敷設されている。その線路沿いには、擁壁以外にも大谷石積みの橋脚が連続する。また、ひと駅南にある南宇都宮駅の駅舎にも大谷石が利用されている。

かつて市内には、大谷石で舗装された道路がいくつもみられた。現在では、そのほとんどはアスファルトに置き換えられてしまったが、宇都宮市中心部北側にある通称「星が丘の坂道」は、宇都宮市内唯一の大谷石舗装による公道である（図3中⑧、写真8）。風化や摩耗によって劣化が進んでいたが、復元を求める市民の声によって二〇二〇年に補修された。この坂道の周辺は、戦前から市街地だった地域で、大谷石の擁壁や壁、蔵、さらには長屋門など、多様な大谷石景観を楽しむことができる。

4　石の里大谷の大谷石景観

城山地区市民センター周辺

宇都宮市中心部から北西に七㎞ほどの場所にある大谷へは、ＪＲ宇都宮駅西口から「45大谷経由・立岩」という路線バスに乗り、三〇分ほどで到着する。「城山《しろやま》地区《ちく》市民《しみん》センターバス停」で下車すると、大谷石張りの大谷石材協同組合の事務所がみえてくる（図4中①）。この組合は、大谷石採掘業者や販売業者で構成された組合で、二〇二二年八月現在、一七社が加盟している。採掘用機械などの研究・開発や全国からの問い合わせ、販路開拓など大谷石の採掘を支えている。

　大谷石材協同組合の向い側には、大谷石に細工が施された「石材半商店」と書かれた建築物がみられる（図4中②、写真9）。これは半田石材という石材業者の事務所である。半とは半田石材の屋号であるが、大谷石の採掘業者には、こうした屋号が付けられている。

写真9　半田石材の事務所（2022年1月筆者撮影）

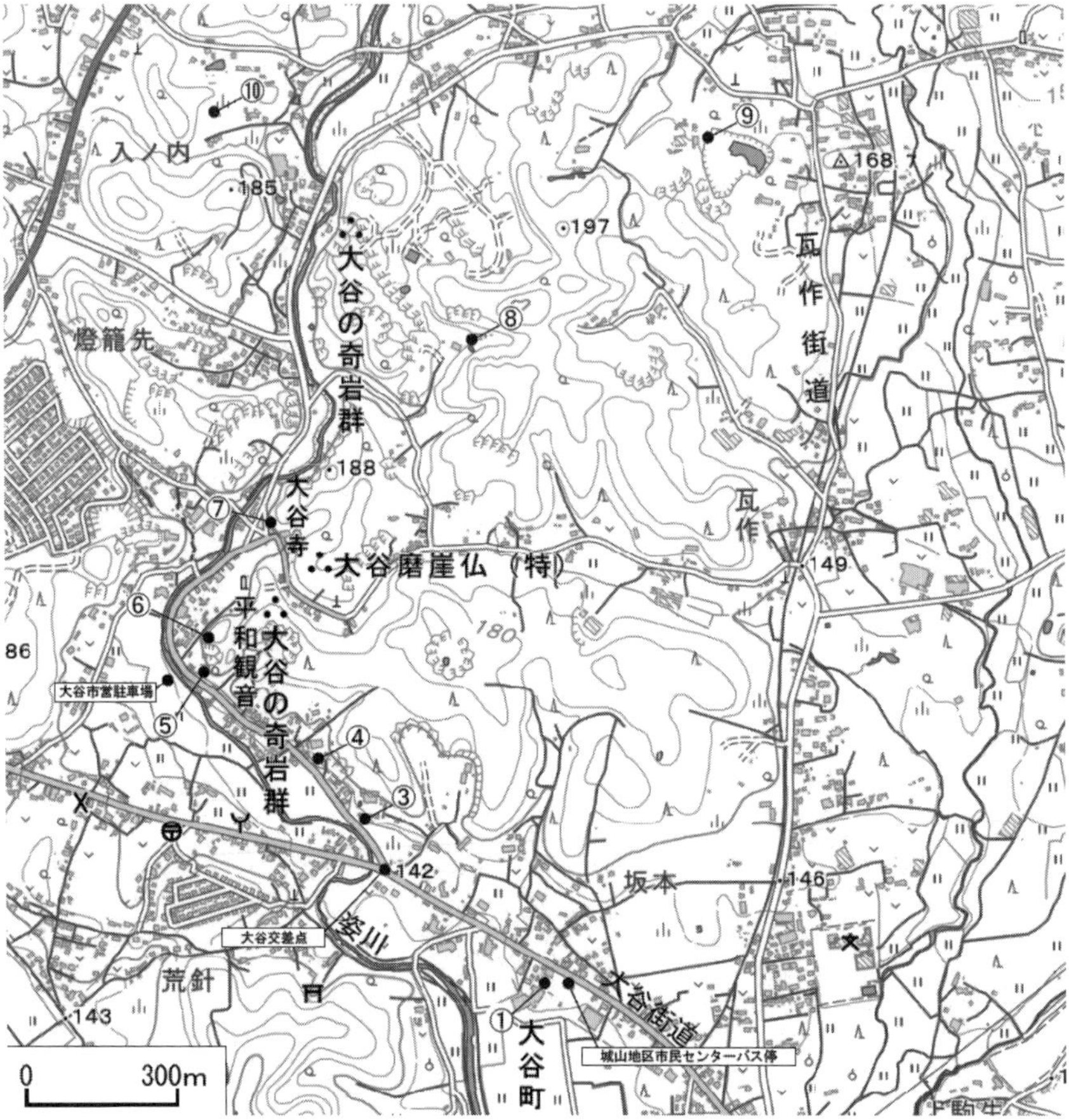

図4　大谷地区における大谷石スポット（地理院地図をもとに筆者が一部改変し作成）

なお[半]は「カクハン」と読む。その他、㋭（マルホ）や「入（カネイリ）などがある。

現役の地下採掘場

城山地区市民センター南側は、姿川《すがたがわ》が形成した平地となっており、そこには田んぼが広がっている。ここには、某石材業者の地下採掘場がある。一般公開されていないこと、立坑への転落の危険があることなどから、詳細な位置を示すことはできないが、約三〇m四方に空いた深さ約五〇mの立坑はジブリ映画『天空の城ラピュタ』の一コマを彷彿とさせる（写真10）。筆者は特別に立坑と採掘場の見学をさせていただいたが、湿った足場を伝って降りるのは、高所が大好きな筆者でも足がすくむ。

写真10　地下採掘場の立坑（2019年7月筆者撮影）

立坑下部に降りると地下水によって冷された独特の湿った空気に包まれる。そこから採掘場坑内に入る。天井や内部は思った以上に広く、そして作業を行うため明るい。大谷石の採掘は、採石法に基づいて、掘る高さや長さが決められているため規則性があり、幻想的な地下空間が広がっている。(6) 一九六〇年代から特注の採掘機によって切り出す「機械掘り」になったことから、大谷石の採掘量が飛躍的に伸びた。しかしながら、機械で切るのは縦のみで、下部は職人が何本かのたがねを打ち込み原石を引き剥がす。それをフォークリフトで移動させ、最終的に立坑に取り付けられたエ

（6）二〇一九年に筆者のゼミ生と現役の採掘場に見学に訪れた時の動画をYouTubeにアップした。https://www.youtube.com/watch?v=NnrRNiAwwdY（YouTubeにおいて「現役の大谷石採掘場の見学」で検索）

レベーターによって地上に上げて加工する。

大谷街道沿い

大谷交差点から姿川沿いに進むと、二棟の立派な石蔵が目を引く。屏風岩《びょうぶいわ》石材の石蔵である（図4中③、写真11）。きめ細かな細工が施されているのが特徴であるが、向かって左側が西洋風（一九〇八年築）、右側が和風（一九一二年築）建築になっている。なお、左側は居住用、右側は倉庫である。

屏風岩石材の北隣には、大久保石材店の事務所がみえてくる。この建物は、大谷石の産地、大谷を象徴する建物である。「大久保㋭石材店」と黄色く書かれた建物は、石造りであるが石を積んだ跡がない。実はこの建物は、大谷石の岩盤をそのままくりぬいて作った離れ部屋である。その証拠に左側に見える岩と一体になっている（図4中④、写真12）。この離れ部屋は、占い師に見てもらったところ、従来西向きの入口を「巽の入口」にするようにといわれ、自然の岩石を切り通して入口とし、その時ついでに部屋を作ったものと伝えられている。(7) このことから、大久保家は、地元において「切り通し」と呼ばれるとともに、それにちなんで目の前のバス停名も「切通し」となった。

大谷街道をさらに進むと、街道両側に一ｍほど高くなった箇所を多く目にするようになる。これは石材をトラックなどに積み込むためのプラットホームである（図4中⑤、写真13）。このプラットホームの高さは、二度の変遷を遂げている。写真13を見ると人の腰付近を界に上と下で石の積み方が異なることがわかる。下段は、石材がトロッコによって運ばれていた時代、上段はトラックによって運ばれていた時代の高さである。

（7） ＮＰＯ法人大谷石研究会編『大谷石百選（第二版）』ＮＰＯ法人大谷石研究会、二〇一六年

大谷寺の参道

市営駐車場から橋を渡ると、大谷寺に続く参道に入る。参道の入口にそびえるのが、天狗《てんぐ》の投《な》げ石《いし》である（図4中⑥、写真14）。大谷には、侵食や風化によって露出した奇岩が分布する。奇岩は、形状や言い伝えによって天狗の投げ石、越路岩、亀岩、兜岩などと命名され、親しまれてきた。ちなみに、天狗の投げ石は、鹿沼市の西にある古峰ヶ原《こぶがはら》の天狗が石を投げたことに由来するという伝説が残っている(8)。

参道をさらに進むと大谷公園と高さ二六・九三mの平和観音がみえてくる。この像も、大谷寺の千手観音像のように岩を削って作った摩崖仏であるが、戦没者慰霊と世界平和を願って一九五四年に完成した。大谷寺のご住職によると、平和観音のことを大谷観音だと

（8） 下野民話の会編『うつのみやの伝説』随想舎、二〇一五年

写真11　屏風岩石材の石蔵（2012年5月筆者撮影）

写真12　大久保石材店の事務所（2022年1月筆者撮影）

写真13　石材搬出用のプラットホーム（2020年5月筆者撮影）

写真14　大谷寺参道と天狗の投げ石（2018年8月筆者撮影）

写真15　空中から撮影した大谷寺周辺（2021年11月筆者撮影）

勘違いしている観光客が多いそうである。平和観音からさらに進むと国の特別史跡、重要文化財に指定されている大谷寺がある。インターネットにも多数掲載されているので、本章では解説しないが、千手観音像をはじめとした摩崖仏は、一見の価値がある（写真15）。

大谷地区北部

これまでの大谷における観光スポットは、主に市営駐車場から大谷寺の間であった。しかし、近年では大谷資料館が各種マスメディアで紹介され、大谷観光の目玉になっている。また、現役の採掘場を観光施設として開放する動きもみられる。本章の最後に、大谷北部をご紹介したい。

大谷寺から北に進むと、大山《おおやま》阿《あ》夫《ふ》利《り》神社《じんじゃ》（神奈川県伊勢原市の大山阿夫利神社から分霊）という神社が右手に現れる（図4中⑦、写真16）。この神社は、先述の大谷石材協同組合が管理する神社であり、秋には組合員の中から、クジで当たった代表二名が本社に参詣することになっている。小さな鳥居と祠であるが、すべて大谷石でできている。また、祠と屋根はそれぞれひと

写真16　大山阿夫利神社（2020年10月筆者撮影）

写真17　露天掘り採掘場（2018年8月筆者撮影）

塊の大谷石をくり抜いて作られており、組合の力や財力を物語っている。この神社は通称「山の神」と言われているが、この山の神はこの神社だけではない。山の神とは、各採掘場の安全を祈願するために建立された神社の総称で、祭られている神様もさまざまである。私有地の中に祭られ、近づけないものも多いが、どのような山の神があるのか、どこに祭られているのかなどを注目しながら歩くのもおもしろい。

　今や大谷を象徴する観光施設となったのが大谷資料館である（図4中⑧）。大谷石の採掘によって生まれた、日本では他に類を見ない巨大な地下空間は圧巻である。大谷石の採掘・運搬・輸送の歴史を後世に伝えるため、一九七九年に開館した。大谷資料館のＨＰにもあるように、坑内の年平均気温は八℃前後で、夏場でも上着がないと入場は難しい。第二次世界大戦末期には、中島飛行機の秘密工場として利用されており、戦争の歴史を語る上でも貴重な遺構である。

　大谷石の採掘は、先述のように露天掘り（平場掘り）と坑内掘り（垣根掘り）の二つがある。現在、稼働している採掘場は、五件のうち四件が坑内掘りである。

地下にあるため、観光客が容易に立ち入ることができないのが難点である。一方、露天掘りによって大谷石の採掘を行っている採掘場がカネホン採石場である（図4中⑨、写真17）。坑内掘りでできた採掘場や跡地も幻想的ではあるが、野球場ほどの大きさと深さ三〇ｍのダイナミックな空間にも圧倒される。ここでは、稼働中の採掘場としては、はじめて一般公開を行っており、見学や各種体験が楽しめる。[9] 加工の過程で出る端材《はざい》やアウトレット石材なども低価格で販売しているので、少し重いがお土産に購入してみてはいかがだろうか。

カネホン採石場は、大谷資料館から一㎞ほどの距離にあるが、途中、姿川沿いに奇岩群を楽しむことができるのと同時に、米国人建築家のフランク・ロイド・ライトが設計した旧帝国ホテルの石材を切り出した通称ホテル山も望める（図4中⑩）。また、カネホン採石場から瓦作街道を南下する途上、大谷石が貼られた壮麗な長屋門のほか、一般住宅においても大谷石の様々な活用がみられるので飽きずに歩ける。

おわりに

宇都宮は間違いなく、日本に誇るべき石の都市である。しかしながら、コンクリートや擬岩の普及以降、大谷石の建造物や土木構造物等から構成される石の景観は年々失われているのが現状である。それに反して、大谷石の蔵をカフェや居酒屋、ギャラリー、レストラン、美容室などに転用する動きが、ここ一〇年ほどで広がっている。また、大谷石材協同組合などの事業者団体をはじめ、一〇〇名以上の会員を有するＮＰＯ法人大谷石研究会

（9）土日祝日のみの営業となっている。また、見学や体験は事前予約が必要。詳しくはカネホン採掘場ホームページをご覧いただきたい（https://www.kanehon.jp）。また、当採掘場については、うつのみやシティ協会のガイドが自主的に製作した動画も合わせてご覧いただきたい（YouTubeにて「きょんブラ＆カネホン」で検索）。

など、大谷石景観の保護や情報発信を行う市民団体も活発な活動をみせている。

大谷石が他の用材に置き換えられていくのは、時代の趨勢でもある。まず、宇都宮における大谷石のあり様を正確に記述し、後世に引き継いでいくことが必要と思われる。同時に、一つでも多くの蔵や石塀が保存されるよう、行政と事業者、市民が一体となり、その仕組みづくりを構築していかねばならない。

column

宇都宮市大谷地区における観光の発展と変容 ――

渡邊瑛季

大谷地区における観光の発展史

宇都宮市大谷町《おおやまち》とその周辺地域（以下、「大谷《おおや》地区」という）は、特産の大谷石《おおやいし》の産出地であるとともに、宇都宮市随一の観光地としても知られている。

大谷地区の観光の萌芽は大谷寺への巡礼に求められる。大谷寺は、国の特別史跡、重要文化財、名勝の三つに同時指定されている一〇体の大谷磨崖仏《まがいぶつ》があることから、鎌倉時代には坂東《ばんどう》三十三観音霊場の第十九番札所となり、霊場として巡礼者を集めるようになった。また、明治時代には、姿川西岸の山本山に「大谷遊楽園」が開園し、大谷石が形成した独特な地質景観を山の上から眺めることができたという。

第二次世界大戦後、戦没者の供養と世界平和を祈念する目的で、一九五六年に高さ約二七メートルの大谷石製の平和観音が建立された。これに加え、好景気の影響で一九五〇年代後半から観光客が増加し、地元資本によるドライブイン、土産品店、ヘルスセンターなどが立地し、宇都宮の奥座敷として発展し始めた。この時期に大谷寺への巡礼者よりも団体旅行者が増加し、一九七二年には大谷地区への来訪者が一四二万人に達した。一九七九年に大谷石の地下採石跡地を活用した見学施設である「大谷資料館」が開業した。

一九八〇年代には年間一〇〇万人あまりの観光客が来訪していたが、一九八九年と一九九〇年に採掘跡地での陥没事故が発生し、安全性への懸念から一九九〇年代には観光客が五〇～六〇万人台に落ち込んだ（図1）。二〇〇〇年代には大谷公園の改修もあり、観光客数は二〇〇六年に約一二万人にまで減少した。二〇一一年には東日本大震災の影響で大谷資料館が閉館し、観光客数は回復しなかった。二〇一三年に大谷資料館の営業が再開さ

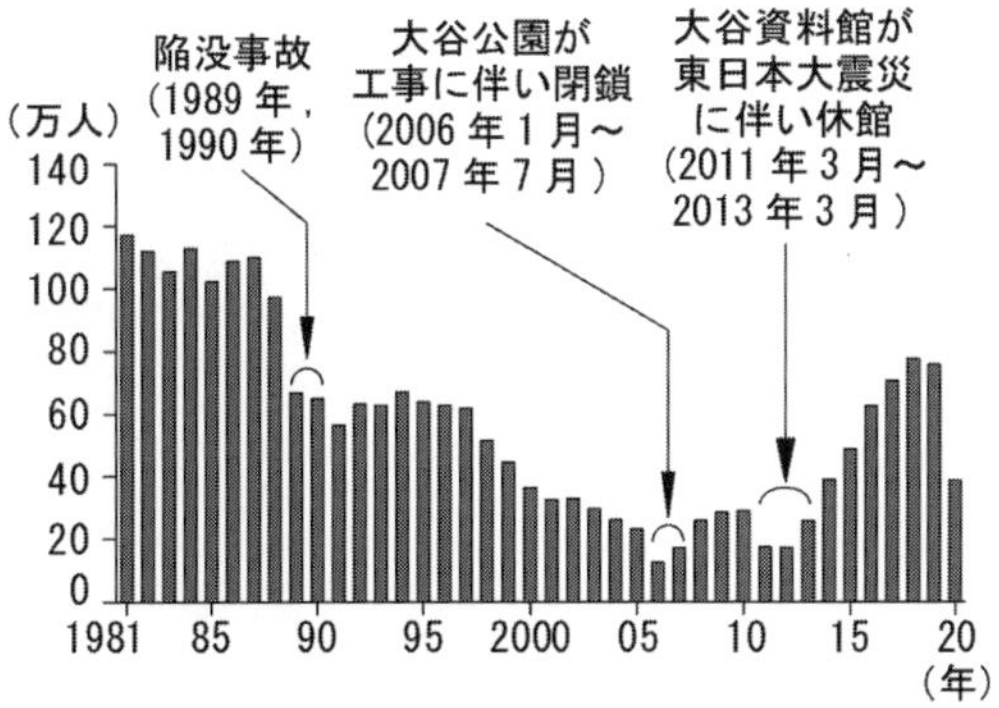

図1　宇都宮市大谷地区における観光客数の推移とその背景（1981～2020年）

れると、観光客数は増加に転じ、また二〇一七年に宇都宮市が市長主導で大谷地区の観光活性化を推進する取り組みを行うなどした結果、二〇一九年に観光客数が約七〇万人にまで回復した。また、二〇一八年には「地下迷宮の秘密を探る旅～大谷石文化が息づくまち宇都宮～」として大谷石文化が文化庁の日本遺産に認定された。最近は大谷資料館だけでなく、現役の採石場を含む採掘空間の積極的な観光活用が進んでおり、大谷地区の新たな魅力となっている。

現役の採石場や採掘跡地の観光スポット化

大谷地区への観光客数が増加し始めた二〇一〇年代中盤から、それまで公開されてこなかった採掘跡地を、観光やイベントに活用する動きが顕著になっている。

今日では数が少なくなった現役の大谷石の採石場が見学できる。大谷石の採石・販売業のカネホンは、屋外での露天掘りと呼ばれる深さ三〇メートルにも及ぶ現役の採石場を二〇一九年から公開している。公開の契機は、二〇一八年五月に日本遺産の構成文化財に認定され、見学の要望があったこと、また大谷地区を楽しんでほしいという社長の意向による（写真1）。ここでは、大谷石製のピザ窯でのピザ焼き体験もできる。

大谷地区には「地底湖」もある。地下の採掘跡地にたまった水にゴムボートを浮かべて、暗闇を進む「地底探検クルージング」と題したプログラムが、えにしトラベル（本社・宇都宮市）によりツアーとして催行されている。大谷地区の散策と合わせ一人八五〇〇円のツアーであるが、予約が取れないほど人気である。これは、宇都

写真1　採石業と観光客受入を両立させているカネホン採石場（2020年5月撮影）

宮市出身の建築家が採掘跡地の活用策を模索する中で、水がたまった採掘跡地を住民から紹介され、二〇一四年に「OHYA《オオヤ》 UNDERGROUND《アンダーグラウンド》」の名で事業化したことが契機である。

大谷グリーン・ツーリズム推進協議会は、二〇二一年から非公開であった採掘跡地を「洞窟X」と銘打ってツアー化しており、横穴と呼ばれる奥行きのある採掘跡地を探索できる。ここでは、大谷石に含まれる塩分が噴き出た白い「石の華《はな》」を見られる。

さらに、宇都宮市を拠点とする「miyacos《ミヤコス》」というコスプレイベント運営団体は、稲荷山や廃墟となっているヘルスセンター跡などで二〇一五年からコスプレ撮影会を開催している。採掘跡地や廃墟は独特な雰囲気であるため、撮影背景にこだわるコスプレイヤーにとって魅力的である。

これら以外にもキャンプ場や音楽イベントの会場として利用されている採掘跡地もある。

以上のように、大谷石を間近に触れられるスポットが地元の方の手により相次いで誕生している。採掘跡地という大谷地区特有の地域資源をどのように維持していくかは、今後の大谷地区の観光の課題となる。

〔参考文献〕

渡邊瑛季「大谷地区の基礎的研究（４）―観光の発展プロセス―」『宇都宮共和大学都市経済研究センター年報２０２０第20号』、二〇二〇年

第3部

しるべを刻む
――これからのとちぎ

地方都市の空き家問題とは何か
——宇都宮市の空き家を事例に——

西山弘泰

はじめに

空き家の増加による諸問題、いわゆる空き家問題が社会の関心を集めていく久しい。二〇一二年ごろから空き家問題が各種マスメディアに取り上げられたことなどから、国も二〇一四年に「空家等対策の推進に関する特別措置法」(以下、空家特措法)を制定し、対策を進めてきた。筆者は、かねてより「空き家が問題なのではなく、空き家を生む社会や地域の環境に問題があり、それを解決しない限り、空き家問題は解消されない」と主張してきた(1)。空き家が発生したり、管理不全になったりする要因は実にさまざまである。マスコミなどでは、視聴者への分かりやすさを重視するあまり、「固定資産税の減免措置が空き家を増加させる要因だ」というが、それは空き家が発生するまでの一つのきっかけに過ぎない。

空き家の増加は、地域性を帯びた現象であると筆者は考える。つまり、東京二三区内に

(1) 西山弘泰「ソーシャルビジネスによる空き家問題の解決—㈱中川住研の古民家再生ビジネスを事例に—」『都市経済研究年報』一七、一四九—一六〇頁、二〇一七年

ある空き家と中山間地域の空き家では、抱える問題が全く異なってくる。では、今回事例にあげる栃木県宇都宮市では、空き家はどこで多く、どのような要因で発生し、そしてどのような問題があるのだろうか。本章では[2]、宇都宮市が二〇一三年に行った宇都宮市全域における空き家の悉皆調査のデータを手掛かりに、地方都市の空き家問題について取り上げる。

1　空き家とは何か

そもそも空き家とは何であろうか。正直なところ、筆者も空き家について明確な定義が定まっているわけではない。空家特措法によると、空き家を「建築物又はこれに附属する工作物であって居住その他の使用がなされていないことが常態であるもの及びその敷地をいう」と定義している。ところが、空き家の捉え方は、個人によって違いがあり、「常住していなくても物置として使っているから空き家ではない」という人もいる。先述のように空き家はそれ自体に問題があるわけではなく、それによって生じる何らかの悪影響（物理的／心理的）があって、はじめて問題となる。この定義が定まらないことも空き家問題の一つかもしれない。

さて、空き家の数は、住宅・土地統計調査という総務省が行っているサンプル調査によって集計されている。同調査では、空き家を「二次的住宅」「賃貸用の住宅」「売却用の住宅」、そして腐朽破損が進んだり、長期間空き家のままだったりする場合が多い「その他の住宅」

（2）　本章は、西山弘泰「地方都市の空き家問題をどうとらえるべきか―宇都宮市の事例から―」『地理』第五九巻一二号、四―一一頁、二〇一四年の一部に加筆・修正したものである。

に分けている。なお、二〇一八年の「その他の住宅」の空き家は、三四八・七万戸、空き家総数に占める割合は、四一・一％であり、「賃貸用の住宅」の五一・〇％に次いで多い。この割合は、地域によって異なり、賃貸用や売却用の住宅は大都市に多く、二次的住宅は別荘地に多い。一方、その他の住宅は高齢化や人口減少が著しい地方中小都市や農山村地域に多い。

空き家によって生じる問題も多様である。ミクロな問題としては、倒壊や損壊による人的・物的被害、景観の悪化、害虫・害獣の発生、犯罪の助長などがあげられる(3)。一方、地域全体に悪影響を及ぼす問題としては、都市のスポンジ化や農山村地域の限界集落化などを惹起する。

(3) 久保倫子『東京大都市圏におけるハウジング研究—都心居住と郊外住宅地の衰退』古今書院、二〇一五年

2 宇都宮市の市街地と人口の動向

宇都宮市は東京から北方約一〇〇㎞の距離にある人口約五〇万人の中核市である。東京までは東北新幹線を使えば五〇分程度でアクセスできる。既知のように当市は餃子の消費量が多いことで有名であり、毎年一一月に開催される宇都宮餃子祭りには、首都圏を中心に全国から多くの観光客が訪れる。

宇都宮市は地形にも特徴がある。関東平野の末端に位置するが、市域の大部分は台地を含む平地と丘陵地である。そのため、地形的な制約をほとんど受けず、市域のどこでも開発が可能である。そうした地形的特徴も相まって、高規格の道路整備が進んでいる。中心

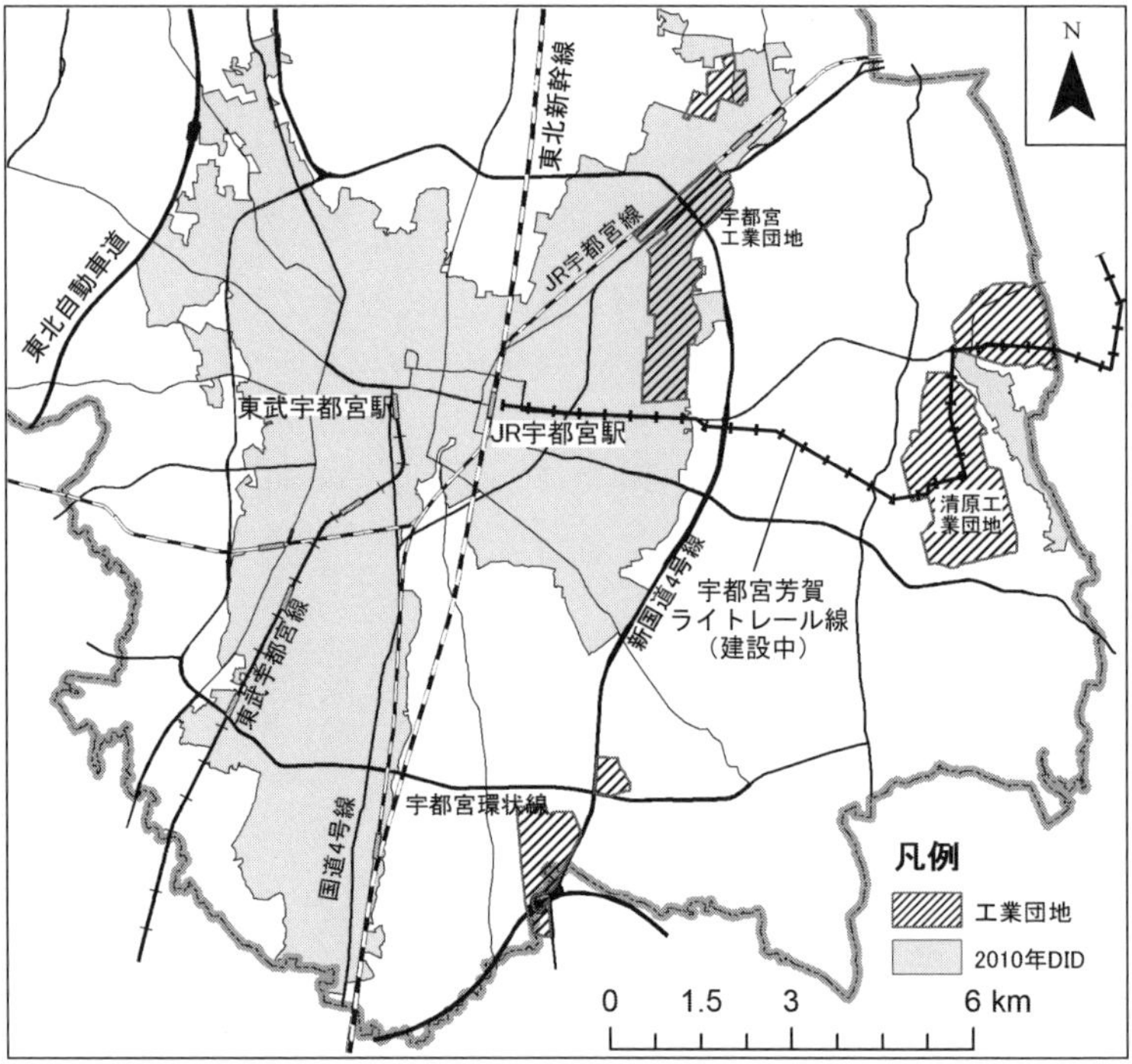

図1　宇都宮市の概略図

写真1　広い道路沿いに並ぶ戸建住宅〔みずほの緑の郷〕（2015年3月筆者撮影）

部からは、郊外に片側二車線の道路が各方面に向かって放射状に広がっており、それらを結ぶように宇都宮環状線（宮環）が市街地を取り巻いている（図1）。

宇都宮市の急激な都市化は一九七〇年前後からとなる[4]。宇都宮市では、一九六六年に市北東部に開発された宇都宮工業団地（一九六六年造成完了）や市東縁に開発された清原工業団地（一九七六年造成完了）など、大規模な工業団地が相次いで造成された。特に、清原工業団地は国内最大級の内陸工業団地といわれ、大手の食品や精密機器メーカーなどが事業所を置いている。このように宇都宮市内では雇用の場が生まれると同時に、郊外に大規模な住宅地がいくつも造成され、市街地が郊外へ郊外へと広がっていった。

二〇〇〇年以降、都市化の勢いは弱まりつつあるものの、「みずほの緑の郷」（二一・三ha）「テクノポリス」（一七七・二ha）など大規模な住宅地開発が散見される（写真1）。図2は二〇〇〇年から二〇一二年までの住宅地開発の分布を示したものである。市街化区域と調整区域の境目付近において住宅地開発とそれによる人口増加が著しい。こうした地域では、農地や山林が虫食い状に乱開発される状況が続いている（写真2）。

一方、中心部やその周辺では、再開発事業等によって大規模なマンションが建設されるかたわら、幹線道路から一歩路地に入ると虫食い状に時間貸しや月極の駐車場が広がるという、県庁所在都市の中心部としてはなんともさびしい景観が広がる（写真3）。

東京大都市圏では都心部や鉄道駅周辺でマンション開発が活況を呈し、人口増加が著しい地域も多いが、宇都宮市を含めた地方都市では、郊外への人口拡散が止まらず、中心部の人口が減少もしくは横ばいといった状況が続いている[5]。

（4）　西山弘泰「居住者属性からみた宇都宮市の地域構造」『都市経済研究年報』一三、一九三―二〇八頁、二〇一三年

（5）　地方都市中心部では、二〇〇〇年以降マンション建設がみられるようになる。しかしながら、それらの地域全体の人口減少が著しく進行していることから、結果として人口増加に至っていない場合が多い。

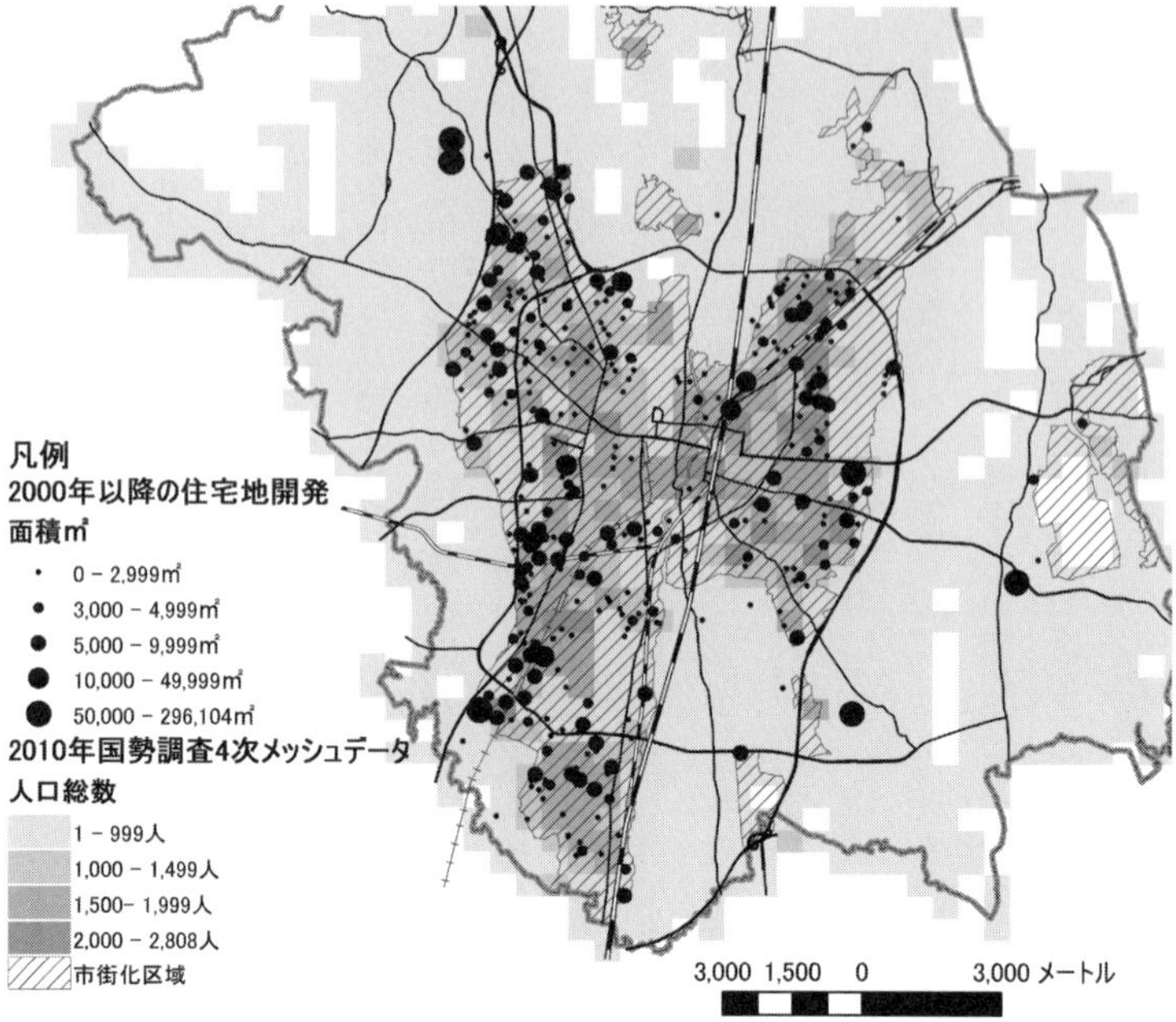

図2　宇都宮市における人口の分布と2000-2012年の住宅地開発の分布（宇都宮市の開発許可申請より作成）

写真2　農地が広がる市街地縁辺部の住宅地開発（2015年2月筆者撮影）

写真3　駐車場が広がる宇都宮市中心部（2014年10月筆者撮影）

3　宇都宮市による空き家悉皆調査

地方都市では中心部で空き家が多くなっていると指摘した。しかし、それが一つの都市の中でどの程度かを示すのは容易なことではない。国土交通省が実施している『空家実態調査』は大都市圏のみが対象である。しかも市区町村単位での分析がない。総務省の『住宅・土地統計調査』は、自治体レベルでしか一般には公表されていない。自治体や学術研究においても、都市内部の一部の地域を事例にしたもので、広域の空き家の分布やその状況について把握はできていない。

そこで本章では、地方都市において空き家がどのような分布傾向にあるのかを示していきたい。今回利用したデータは、宇都宮市が二〇一三年に実施した「空き家実態調査」の一部である[(6)]。当調査は、宇都宮市に存在するすべての空き家を詳細に調査したということからも、これまでの学術研究にはない調査方法として価値がある。当調査の詳細な調査方法については、表1を参照されたい。

まず、宇都宮市全域の空き家を把握するために市が管理する水道栓の閉栓データと家屋台帳をGIS上でマッチングさせ、居宅（戸建住宅）だったものを暫定的な空き家と認定する。

次のステップとして、暫定的な空き家八一一九ヶ所に実際に現地調査に向かい、調査票に空き家の状況を記録、写真等も撮影する。その過程で五〇九件の新たな空き家を発見し、

（6）　宇都宮市が実施した「空き家実態調査」は、筆者がうつのみや市政研究センター在籍時に提供を受け、分析したものである。

表1　宇都宮市が実施した空き家悉皆調査の概要

調査	期間	詳細
調査の目的		2013年度制定を目指す宇都宮市の「空き家の適正管理及び有効活用に関する条例」に向けた基礎的研究を目的に、宇都宮市生活安心課を中心に実施
空き家の抽出		本市全体の空き家の位置を把握するため、上下水道局の水道栓データと、家屋台帳のデータをGIS上でマッチングさせ、閉栓している居宅（戸建）を暫定的な空き家（8,119戸）とした。
空き家の現地調査	2013年5月8日～6月13日	暫定的な空き家すべてについて現地調査を行い、「空き家等判別基準」（本市作成）を設けた上で4,635戸を空き家とした。その際、新たに509戸を空き家として加えた。現地調査では、上記の判別基準に基づいて、建物の腐朽破損度（建物全体、外壁、屋根、窓ガラス、出入り口の状況）、対象物の構造（表札、木造、非木造、階数）、敷地の状況（雑草・樹木、塀、郵便ポストの状況等）、その他周辺環境（接道状況、売却・賃貸募集看板の有無等）について外観目視により調査を行った。建物の腐朽破損度については状態の良いものからA判定（売物件や入居者募集の状態（(看板広告がある)）になっているもの）、B判定（建物に目立った腐朽破損はないが、空き家の状態となっており、区分Aに該当しないもの）、C判定（外壁や屋根、窓・玄関に腐朽破損が認められるが、緊迫性までは認められないもの）、D判定（建物の傾きが著しく、倒壊の恐れがあるもの。また、外壁や屋根、窓・玄関の腐朽破損程度により、緊迫性が認められるもの）A～D以外のもの（建物の腐朽破損は無いが、空き家だと思われるもの）の5つに分類した。
空き家所有者へのアンケート調査	2013年7月16日～8月9日	空き家と判定されたものの中から、登記簿等で所有者の住所を特定し、住所が判明した1,511世帯に郵送によるアンケート調査を行い、62.4%の回答を得た。

あらかじめ決めておいた基準に従い空き家と判定した。その結果、四六三五件を空き家と認定し、これらを調査対象とした。

最後に登記簿を使って所有者が判明した一五一一人に郵送によるアンケート調査を行い、九一四人から回答を得た。今回はアンケート調査の内容は使わず、空き家四六三五戸のデータを中心に話を進めていく。

4　宇都宮市における空き家の分布

空き家はどこで多いのか？

本章では宇都宮市における空き家の空間的特徴について空き家実態調査の結果から明らかにしていくが、その前に宇都宮市の空き家の状況について既存統計から概観する。二〇一八年の宇都宮市における空き家数と空き家率は、全国の値（一三・六％）よりも若干高く、一六・九％となっている。図3は利用形態別にみた空き家の割合である。宇都宮市は他の地域に比べ、用途があまり明確ではない「その他の住宅」の空き家が少なく、「賃貸用」がかなりの割合を占めている。

図4は空き家の分布を五〇〇mメッシュに加工して示したものである。JR宇都宮駅から西側の中心部やその周辺に空き家が多く分布している。結論からいうと空き家は古くから市街地だった、もしくは一九七〇年ごろまで都市化した地域に多いということである。斜線で示された範囲は一九七〇年のDID（人口集中地区）を示したものである。宇都宮市における急激な市街地拡大は一九七〇年以降になるため、一九七〇年のDIDは既成市街地ということができる。そして空き家が多い地域はほぼこの一九七〇年DIDと重なる（以下では一九七〇年DIDの範囲を既成市街地とする）。

図5にDIDの拡大時期の範囲ごとに空き家数と空き家率を示した。一九六〇年DIDの範囲で空き家が最も多く、概ねDID時期が近年になるにしたがって数が少なくなって

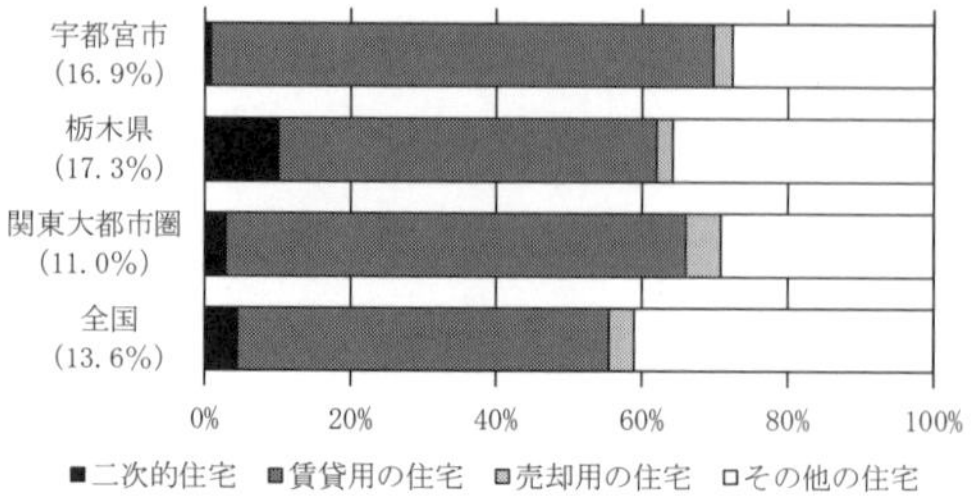

図3　宇都宮市における空き家の種類（2018年住宅・土地統計調査より作成）

注：カッコ内は空き家率を示している。

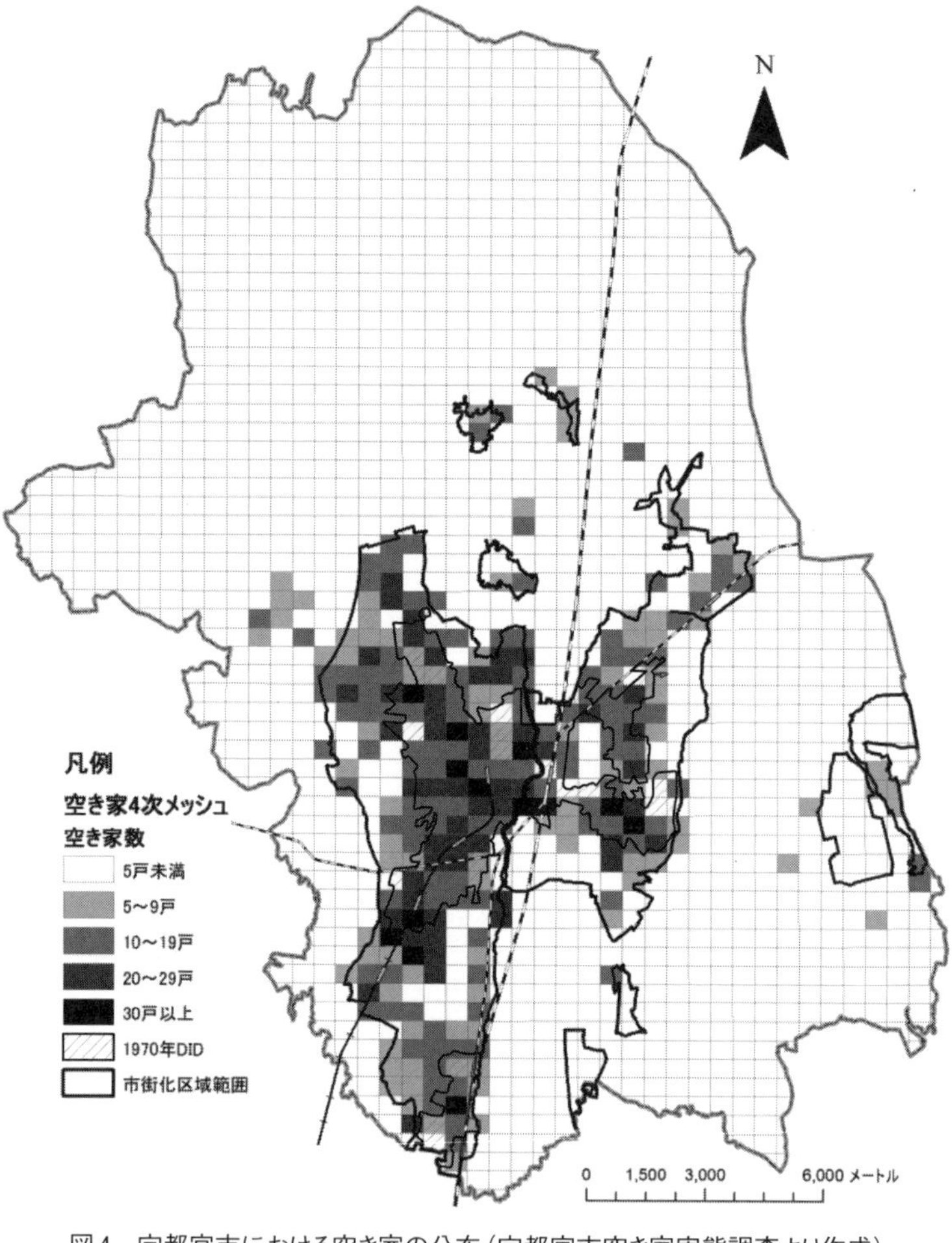

図4　宇都宮市における空き家の分布（宇都宮市空き家実態調査より作成）

いる。こうした傾向は空き家率でみるとより鮮明となり、ＤＩＤ化が一九七〇年以前と以後で大きな差がみられる。なお、一九七〇年から八〇年に拡大したＤＩＤの範囲で空き家が多くなっているのは、そもそもこの時期に人口が急増し、建設された住宅数が多いためである。

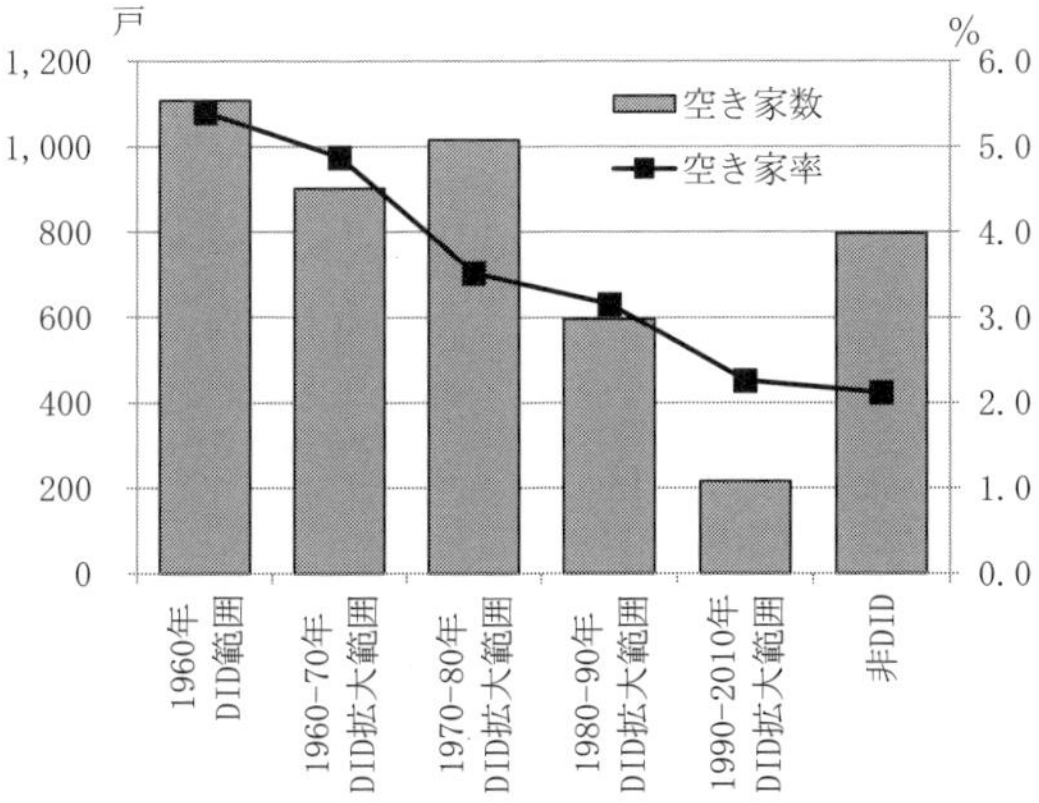

図5　DID拡大時期ごとの空き家数と空き家率（宇都宮市空き家実態調査より作成）

なぜ既成市街地で空き家が多いのか

では、なぜ既成市街地において空き家が多いのか。それは大きく分けて二つある。まず

一つ目は、日本の家族形態との関係である。日本では、高度経済成長期以降、核家族化が進展した。子どもたちは、親と同居することなく、他所に住宅を購入するケースが多い。そのため既成市街地では、家屋の継承者がおらず、結果として空き家が増加するのである。こうした状況は、今後、一九七〇年以降都市化した地域にもみられてくる可能性が高い。

二つ目は、郊外の利便性向上である。その理由として以下のことが指摘できる。

第一に、地方都市におけるモータリゼーションの進展である。東京などの大都市圏では、駅周辺の生活利便性や交通利便性の高さから、自家用車はせいぜい一家に一台である。ところが地方では、一家に一台どころか、一人一台という場合も珍しくない。夫婦それぞれが自分の自家用車を保有しているのが当たり前である。そうなると、既成市街地では地価が高いため、十分な駐車スペースを確保することができない。また、狭隘《きょうあい》な道路も多く自動車の運転には不向きである。一方、郊外であれば、地価が安価なため、広い駐車スペースを確保できる。近隣には、高規格の道路が整備されており、自家用車を利用すれば、市内のどこへでも一時間以内でたどり着くことができる。

第二に既成市街地における商業機能の低下である。道路整備とそれに伴うモータリゼーションの進展は、郊外の商業機能を高めた。一方、宇都宮市中心部では、生活必需品が揃わず、自家用車を使って郊外に買い物にいくことが日常化している。図6は宇都宮市の大規模小売店の立地を示したものである。中心部にもスーパーマーケットが数店舗立地しているが、概して値段は高く、駐車スペースが不十分である。ドラッグストアやホームセンターなども少ないため、買い物における時間のロスや費用負担が大きい。こうした商業機能の郊外化は、宇都宮に限ったことではなく、日本の多くの地方都市に共通する事象である（写真4）。

第三に中心部の就業機能の低下である。一九八〇年代から九〇年代にかけて、中心部の地価はバブル経済などもあり急上昇した。地価の上昇は、固定資産税負担の増大を招き、多くの中小企業が郊外に店舗や事務所、工場などの機能を移転させていった。さらには、行政機関、各種団体、大規模病院なども郊外に移転したことで、中心部の就業機能が低下していった。また、宇都宮には先述のように大規模な工業団地が市縁辺部にいくつも立地

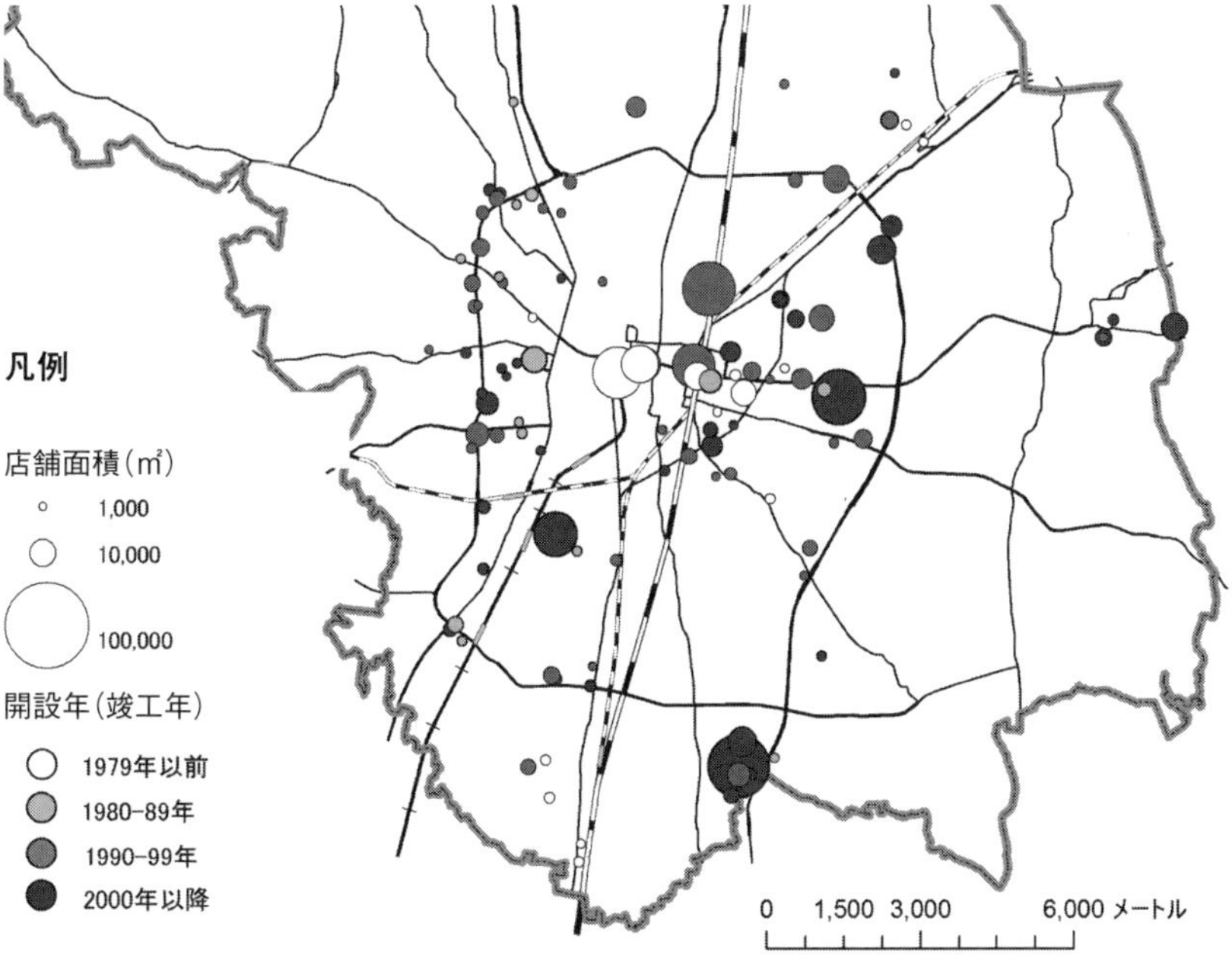

図6　大型小売店の立地（『全国大型小売店総覧2012』より作成）

写真4　宇都宮環状線沿いに並ぶ商業施設（2015年3月西山撮影）

している（図1）。

以上のように、宇都宮では割高で不便な既成市街地よりも、郊外の方がはるかに安価で便利な生活を送ることができる。そのため、若年ファミリー世帯は、リーズナブルで便利な郊外に住居を求め、その結果、既成市街地は更新されることなく高齢者や空き家が取り残されている。

5　地方都市の空き家問題

地方都市は大都市圏とはまた違った次元の空き家問題を抱えている。それは家屋の倒壊による人命を脅かすような事態ではない。空き家が増加し地域イメージが悪化することでもない。都市の持続可能性を揺るがす重大な問題が地方の空き家問題には横たわっている。

東京や大阪などの都心では、再開発によってオフィスビルやタワーマンションの建設が活況を呈している。一方、地方においては県庁所在地かそれに類する規模の都市でそうした開発が散見されるだけで、中心市街地の商店街は元気を失い、その周辺の既成市街地では高齢化、人口減少が続く。若年ファミリー世帯は、新築一戸建てを求めて地価が安く、生活インフラが整った郊外に住まいを求める。それによって市街地は際限なく広がり、財政コストは増えるいっぽうである。都市規模や立地、雇用環境の差こそあれ、大都市圏以外の地方では多かれ少なかれこうした悩みを抱えている。

多くの自治体では、将来の財政コストの軽減や高齢化への対応、地域コミュニティの再生などといった観点から、コンパクトシティを提唱し、それに向けた施策を積極的に推進している。しかし現実は中心部の人口が減少し、そこには空き店舗や空き家、空き地、駐車場が残される。将来的にドラスティックな人口増加を期待できない地方都市では、都市のスリム化で財政難や都市機能の非効率化を食い止めようとするが、その政策を阻害しているのが空き家であり、これこそが地方都市の空き家増大によるもっとも大きな問題だと筆者は考える。人間が効率的に住むことができるはずの都市中心部が、空き家という何の生産性もない空き箱で占められ、都市や市民生活の非効率化の元凶となっている。地方都市の空き家問題が、将来的な都市経営や都市の持続可能性にどのような悪影響を及ぼすのかということを真剣に議論していく必要がある。

おわりに

地方都市では、郊外の繁栄の裏返しとして、既成市街地において空き家の増加が顕著となっている。郊外が縮小し、中心部の再開発が顕著な大都市とはまた違った問題を呈している。

東京などの大都市圏では、地価の値上がり、原材料費や賃金の上昇によって、にわかにリノベーション事業が活発化している。中古住宅取得をより活発化させるための仕組み作りも盛んに議論されている。しかし、中古住宅市場が成立しない、もしくは物理的にできない地域はどうすればいいのか。国や研究者を含め、地域によってさまざまな状況があり、全国一律の法整備では空き家問題は解決できないことを認識してほしい。全国的に共通する空き家の問題とは何か、地域特有の事情を反映した空き家の問題とはなにか、今一度整理することが求められる。

鹿沼市、真岡市のエリアリノベーション

――陣内雄次

はじめに

栃木県の人口は二〇二二年二月一日現在、約一九二万人。県庁所在都市である宇都宮市の人口は二〇二二年三月一日現在、約五二万人。宇都宮市の人口は近年微減に転じたが、それでも栃木県民の四分の一以上が宇都宮市民である。他の多くの県庁所在都市も各県の中での人口集積度が大きく、その人口規模に応じた経済活動、文化活動等が活発であると推察される。ある意味、持続可能性は一定程度担保されているといってもよいであろう。

本章ではあえて、宇都宮市以外の自治体について触れることとする。なぜなら、全国一七一八市町村のうち、県庁所在都市、政令指定都市、大都市圏に位置する自治体を除けば、概ね人口減少と高齢化が今後急速に進み、その存立自体が懸念される事態に陥ることが予測されているからである。いわば「地方中小都市のまちづくり」を、市民主導のエリアリノベーションという観点から考察を加えることが本章の目的である。

図1　鹿沼市と真岡市の位置

本章で取り上げる自治体は二つ。宇都宮市の西側に位置する鹿沼《かぬま》市、もう一つは宇都宮市の東南部で茨城県と接する真岡《もおか》市である（図1）。二〇二〇年時点で、人口規模は鹿沼市が県内七位（約九万六〇〇〇人）、真岡市が九位（約八万人）であり、両市とも深刻な人口減少と高齢化に直面している。

1　エリアリノベーションについて

空き家、空きビルの問題が各地で顕在化するなか、地域の負の資産となることを抑制し、貴重な建築物の利活用という観点からリノベーションの事例が各地で増えている。まず、建築物のリフォーム（reform）とリノベーション（renovation）の違いについて触れておくこととする。リフォームは、建築物のマイナスとなった箇所や不具合を改善し、元の状態に戻したり使い勝手を良くする、ということである。一方、リノベーションとは、リフォームに加えて、間取りを刷新したりすることで、たとえば住宅を店舗併用住宅にするなど、新しい価値を建築物に与える行為である。住まいやまちづくりについて、筆者が本格的に大学で教育、研究に取り組むようになった二〇数年前、リノベーションはまだ一般に普及していなかったし、それを専門とする事業者も稀であった。しかし、今日、インターネットでリノベーションをブラウズすると、非常に多くの事業所がヒットする。また、国立情報学研究所が運営する論文・雑誌記事データベースであるCiNiiでリノベーションを検索すると、二〇二二年三月一三日時点で、二二八八件の文献が掲載されていた。そのうち、最も古い文献は一九八二年一一月、最新の文献は二〇二二年二月に公表されている。

同様にCiNiiでエリアリノベーションについて検索すると（上記と同時点）、二四件の文献が掲載されており、最も古いものは二〇一七年三月、最新の文献は二〇二一年九月であった。リノベーションと比較すれば、研究対象となったのは近年のことであり、必然的に蓄積されている研究成果も少ないことが分かる。では、エリアリノベーションをどのように捉えればよいのであろうか。エリア（area）＋リノベーション（renovation）であるから、建築物単体ではなく、一定の広がりを持つ面的空間を対象にリノベーションを行う行為であるというふうに考えられる。伊阪・太幡（二〇二〇）は、エリアリノベーションを「遊休不動産の活用によりエリアを再活性化する手法」（六一頁）と指摘している。[1]つまり、空き家や空きビルなどの遊休不動産を使って、一定のエリアのまちづくりへ繋げていくことがエリアリノベーションであると考えることができる。

エリアリノベーションではなく、〝リノベーションまちづくり〟も建築、都市計画などの関係者の間では使われることが多いターミノロジーである。〝リノベーションまちづく

（1）　伊阪遼・太幡英亮「職住混合地でのエリアリノベーションにおける空間変容と地価変遷の関連性―名古屋那古野地区と東京馬喰町・東神田地区を対象として―」『日本建築学会大会学術講演梗概集（関東）』六一～六四頁、二〇二〇年九月

り〟について清水（二〇一四）は、「遊休化した不動産という空間資源と潜在的な地域資源を活用して、都市・地域経営課題を複合的に解決していくことを目指すもの」（一二頁）と指摘している。(2)

以上のように、エリアリノベーションとリノベーションまちづくりは、ほぼ同義であると捉えることができ、国や地方自治体もこの動向に着目している。栃木県においても、エリアリノベーションの事例は、本章で紹介する鹿沼、真岡以外に、宇都宮市、栃木市などでも見られる。本県において先鞭をつけたのは、菊池省三《きくちしょうぞう》氏が一九八八年にオープンした「1988 CAFÉ SHOZO」（那須塩原市）である。アパートの二階を改修したカフェがその始まりであり、三〇余年が経過した今日、CAFÉ SHOZOの周辺に花屋、雑貨屋などの店舗が集積し、エリアとしての再生が現実となっているのである。(3)

では、鹿沼市と真岡市における民間主導のエリアリノベーションについて、以下に紹介しよう。国の制度や計画に頼ることなく、民間の知恵と力で中心市街地の衰退エリアを活性化している事例である。

2　鹿沼市――カフェから始まったエリアリノベーション

鹿沼市について

鹿沼市は、日光東照宮へ至る日光例幣使《れいへいし》街道の途中に位置する。一九七二年、東北自動車道の鹿沼インターチェンジが供用開始となり、首都圏の一部に組み込まれた。(4)

（2）清水義次『リノベーションまちづくり　不動産事業でまちを再生する方法』学芸出版社、二〇一四年

（3）『旅の物語をつくるカフェ―黒磯「1988 CAFÉ SHOZO（カフェショウゾウ）」』https://woman.chintai/article/odekake/1059_kuroiso-1988cafeshozo/ 二〇二一年三月一三日最終閲覧

（4）『かぬまの歴史　鹿沼市史　普及版』鹿沼市史編さん委員会編集、鹿沼市発行、二〇〇七年

主要な公共交通網としては、JR日光線と東武日光線、路線バスがある。JR日光線で宇都宮駅から二駅目がJR鹿沼駅である。東武日光線の駅としては、新鹿沼駅、北鹿沼駅など五駅がある。今回紹介するネコヤド地域や鹿沼市中心街には、鹿沼駅、新鹿沼駅が最寄り駅である。

鹿沼市は、戦国時代に城下町として栄え、その後、例幣使街道の要所であった鹿沼宿《かぬましゅく》を礎に江戸時代に発展した。「鹿沼ぶっつけ秋祭り」(毎年一〇月開催)には、絢爛豪華な彫刻屋台が練り歩く。日光東照宮が建築された際、全国から職人が集まった。その高度な技術の象徴が彫刻屋台である。今でも鹿沼市は木工業が盛んであり、「木工の町」として知られている。[5] なお、二〇〇六年一月一日、鹿沼市と粟野町が合併し、新たな鹿沼市が誕生した。

県庁所在都市宇都宮市に隣接し、交通利便性が高く、宇都宮市のベッドタウンとしての性格を併せ持つ鹿沼市であるが、中心市街地活性化は長年のまちづくりの主要課題の一つであった。一九九八年に「中心市街地の活性化に関する法律」が施行され、その後全国各地で中心市街地のまちづくりが進められてきたが、思ったような成果は挙がっていないのが実情である。

鹿沼市では一九九九年三月に中心市街地活性化基本計画が策定されている。今回紹介するカフェ饗茶庵《きょうちゃあん》は本計画が指定する中心市街地活性化エリアからわずかに外れた住宅街に位置する。

(5) 鹿沼市HP、https://www.city.kanuma.tochigi.jp/ 二〇二一年一〇月八日最終閲覧

写真1　根古屋路地裏界隈（2022年2月11日　筆者撮影）

カフェ饗茶庵、ネコヤド大市からエリアリノベーションへ

奇しくも、饗茶庵を風間《かざま》教司《きょうじ》氏が自宅をリノベーションしてカフェとして始めたのが、鹿沼市中心市街地活性化基本計画が策定されたのと同じ一九九九年、菊池氏がCAFE SHOZOを始めて概ね一〇年後のことである。そこから、民主導のエリアリノベーションが緩やかに走り出した。饗茶庵が立地するのは根古《ねこ》屋《や》路地裏界隈（写真1）。高齢化し、空き家が目立つ衰退エリアといってよいであろう。饗茶庵があるのは、その中でも幅二メートルもないような路地奥であり、飲食店経営の常識からいえば、まずは「あり得ない」立地条件である。当時は、SNSもないことから、今日のように手軽に情報発信できる状況でもなかった。しかし、隠れ家的な雰囲気やお洒落な店内、そして美味しい飲み物と食事が、立地条件にかかわらず多くの客を魅了することになった（写真2）。六年後の二〇〇五年に、フレンチベジタリアン「アンリロ」が、同じ路地のさらに奥、饗茶庵から徒歩数秒にあった廃屋をリノベーションして開店した。そして、二〇〇六年、風間氏と仲間がプロデュースしたネコヤド大市が始まったのである。路地裏空間や空き家を活用したイベントスペース「花蓮《はなれ》」（現在はパーソナルトレーニングジム）などを使った月一回のマルシェであり、関東一円から多くの来街者を集めることになった。同様のマルシェは今日では全国各地で開催されているが、当時はまだ稀な取り組み例で

写真2　饗茶庵とネコヤドのお店（Google Earth 2022年3月20日 閲覧に加筆）

あった。一日だけのお試しチャレンジショップがネコヤド大市であり、希望者は一区画三〇〇〇円で使用することができた。店舗を持つにはそれなりの初期投資が必要となるが、当然ながらビジネスがうまくいかない場合もある。そのため、まずはネコヤド大市で腕試しをして、出店できる見込みがあれば、鹿沼市内に店を構えるというスキームを構築したのである。その後、ネコヤド路地から徒歩数分の場所、天神町の交差点に位置する長屋の空き店舗に若者達が飲食店など六店舗を出店し、通称「天神長屋」と呼ばれるようになった（交差点改良工事のため、残念ながら長屋は現存しない）。

最盛期には、二〇店舗以上が饗茶庵の周辺約六〇〇メートル四方のエリアに新たに開業したのである。[6] 饗茶庵という路地裏のカフェから始まったリノベーションが、いつしか民主導のエリアリノベーションへと変容し、それが鹿沼市中心市街地の各地に飛び火しているといってもよいであろう（写真3）。

写真3　cafe饗茶庵（2022年2月11日　筆者撮影）

なお、二〇一二年にネコヤド大市はネコヤド商店街となり、天神長屋の歩道空間も活用し拡張していった。しかし、ネコヤド商店街は一定の役割を果たした

（6）「路地裏の起業家と一緒に、理想の商店街を形にする。」https://www.shigoto-ryokou.com/kanuma/detail08 二〇二三年三月一日最終閲覧

ということで、現在は開催されていない。

一九九九年の饗茶庵から始まった、民主導のエリアリノベーションは、次のステージへと移りつつある。一つは、風間氏が代表取締役を務める、DANNAVISION（ダンナビジョン）の存在である。家守、地域交流、まちづくりに関する研究開発などを主な事業とする組織であり、ある意味、〝民主導のまちづくり会社〟のようなものである。つまり、風間氏という個人から始まったエリアリノベーションが組織としての動きに変質してきたのである。さらに、DANNAVISIONを受け皿に、民主導でありつつも、官との協働（官民協働）プロジェクトが動き始めようとしている（本章が日の目を見る頃には本プロジェクトはスタートしている予定である）。鹿沼市の主要な商店街であった銀座通りは、地方中小都市の商店街の例に漏れずシャッター通りとなっている。そこの空きビルをリノベーションし、まちづくりを進めるプロジェクトであり、中央省庁が所管する独立行政法人と協働して取り組むものである。

一方、新鹿沼駅前での動きも注目される。駅前にクラフトビール店を出店する構想を、風間氏は持っている。新鹿沼駅から饗茶庵までは徒歩圏内であり、途中、まちの駅「新鹿沼宿」、日光珈琲「朱雀《すざく》」(7)、今宮神社を巡ることができる。ちなみに、浅草駅から新鹿沼駅まで東武線特急で一時間一五分である。東京からの集客が十分可能なことから、今後のさらなる活性化が楽しみである。

（7） 風間氏が空き家をリノベーションして開設

3　真岡市――古家具店から始まったエリアリノベーション

真岡市について

二〇〇九年三月二三日、真岡市と二宮町が合併し、現在の真岡市が誕生した。栃木県のいちご生産量日本一はよく知られているが、県内で収穫量トップは真岡市である。第三セクターである真岡鐵道株式会社によって運営されている真岡鐵道真岡線（茂木駅（栃木県茂木町）から下館駅（茨城県筑西市）の約四一・九キロメートル）が、本市を南北に縦断し、市内に真岡駅など六駅がある。真岡鐵道では、蒸気機関車「ＳＬもおか」を土・日、祝日に運行し、多くの観光客で賑わっている。今回紹介する門前地区は、真岡駅、北真岡駅から徒歩圏内にある。

北関東三県の県庁所在都市（水戸市、宇都宮市、前橋市）を結ぶ北関東自動車道が二〇一一年に全線開通した。北関東自動車道は常磐自動車道、東北自動車道、関越自動車道などと接続していることから、関東一円から真岡市へのアクセスが飛躍的に向上したのである。

真岡は真岡木綿の産地として、江戸時代、一世を風靡した。その優れた加工技術は他の追随を許さないほどであったが、開国により輸入綿糸が流通すると衰退していった。その後、真岡木綿保存振興会が一九八六年に設立され、真岡木綿の技術を継承するための努力が続いている。[8] 一方、旧・二宮町では、桜町に二宮尊徳（金次郎）が一八二三（文政六）年に転居し、その地の再建に着手した歴史がある。[9]

（8）『栃木のトリセツ　地図で読み解く初耳秘話』九〇―九一頁、昭文社、二〇二二年

（9）『栃木のトリセツ　地図で読み解く初耳秘話』九〇―九一頁、昭文社、二〇二二年

真岡市には現在五つの工業団地がある。一九六六年に真岡第一工業団地の造成が終わり、人口増加を見込んで大型店の進出が真岡市で始まった。大型店第一号は、一九七〇年のライオン堂真岡店であった。その後、時代の流れの中で、かつて正に真岡市の中心であった中心市街地も高齢化と人口減少に悩んでいる。二〇二〇年四月一日、真岡市立地適正化計画が公表されている。

仁平《にへい》古家具店から門前《もんぜん》地区のエリアリノベーションへ

花街としてかつて賑わった門前地区は、真岡市中心市街地の一角に位置する。真岡城の築城（一三四七年）に伴い創立された三つの寺（超蓮寺《ちょうれんじ》、海潮寺《かいちょうじ》、般若寺《はんにゃじ》）に囲まれたエリアである。真岡市のメインストリートとしてかつて賑わっていた栃木県道二五七号と四六号の交差点に隣接する当地区は、一歩足を踏み入れると時間が止まったような不思議な感覚を与える。今でもかつての面影が、スナック街の一部に垣間見られる。本地区にはかつての門前通りであり、鎌倉と奥州とを結ぶ関街道が通っており、かつては人馬の往来で賑わっていた。本地区西側、関街道沿いに、創業一七五四年の株式会社辻善兵衛《つじぜんべい》商店《しょうてん》がある。清酒の醸造元であり、本地区の歴史の一部を知らしめるランドマークとなっている。また、本地区北東部に隣接して市営駐車場、久保記念観光文化交流館がある。

さて、本地区のエリアリノベーションについて述べていこう。本地区の民主導によるエリアリノベーションは、仁平透《にへいとおる》氏が廃屋同然だった家屋をリノベーションし、二〇〇九年にオープンした仁平古家具店《にへいふるかぐてん》から始まる（写真4、5）。饗茶庵から一〇年後のことである。本店は、本地区の北東部入り口付近に立地し、お洒落な外観が目を引く。手前には、昭和の趣が色濃いスナック店が数軒あり、その落差に少々驚くことになる。古家具店オープン後、すぐに数メートル奥に入った場所に、こちらも空き家をリノベーションし、お好み焼きのＡＲＩＧＴＯ（ありがとう）が開店。その後、雑貨・パンのＧＯＵＲＤ＋ｍ（ゴウドプラスエム）、陶器・クラフトのｈａｎａｍｕｇｕｒｉ（ハナムグリ）などが既存の建物を利活用して開店し、レトロで新しい魅力あふれる散策スポットとして人気がある（写真６）。

併せて同地区には、老舗の立花屋（焼きそばなど）、ミドリ食堂（三代続く洋食屋）、スナック街が立地しており、新旧混在しているところも魅力の一つといえるであろう。

二〇二二年二月に久しぶりに本エリアを訪れ、仁平氏にお話をうかがうとともに、フィールド調査を行った。当時出店していた店が美容室になっていたり、本地区から少し北へ行っ

写真4　仁平古家具店（2022年2月11日　筆者撮影）

写真5　仁平古家具店（2022年2月11日　筆者撮影）

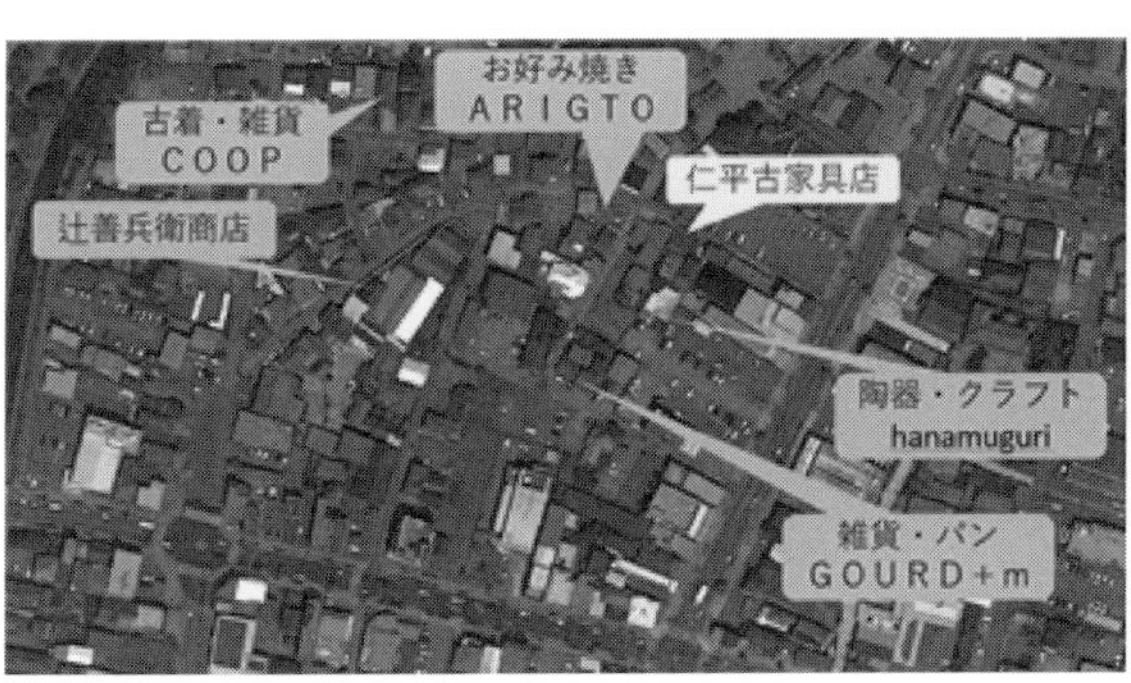

写真6　仁平古家具店と門前地区のお店（Google Earth 2022年3月20日閲覧に加筆）

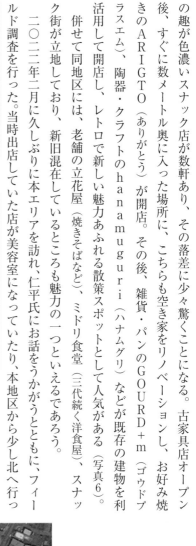

た場所に古民家を改築した古着・雑貨のCOOP（コーポ）など新しいお店の出店などが確認されたが、二〇一三年に研究対象としてたびたび訪れていた時とエリア全体の雰囲気はほとんど変わっていなかった。

風間氏とは異なり、本エリアでは仁平氏が積極的に出店を促すような働きかけをしたということではない。しかし、仁平古家具店の事例を見て、本エリアのポテンシャルに惹かれた若者たちが、空き家などを利活用して出店しだしたということはいえそうである。また、家賃が安かったことも魅力の一つであったことは間違いないであろう。二〇一三年に真岡市役所の関係者に聞き取り調査を行った際、家賃補助ではなくスタートアップのための補助事業（たとえば、店舗の改修費など）を始めたということを知った。家賃は低いので若い出店者でもまかなえるが、改修費用は一定程度のまとまった金額が必要なので、そこを支援することにしたということであった。そのような市のバックアップも功を奏したものと考えられる。

遊休不動産を活用し地域を元気にする、ということでは本エリアもエリアリノベーションといえるが、鹿沼とは異なり、自然発生的にゆるやかに新陳代謝を繰り返していることが特徴であろう。

おわりに

本章をとりまとめるに当たり、風間氏、仁平氏への聞き取り調査及びフィールド調査を、二〇二二年二月に行った。饗茶庵開店から二三年、仁平古家具店から一三年の月日が経っている。店作りから始まる民主導のエリアリノベーションという研究テーマに着目した当時、果たして持続可能なモデルであるのか、ということについて確信を持つことはできなかった。今日まで続いている要因については、両氏が指摘したように、生業自体が〝持続可能なビジネスモデルであることが重要〟ということが挙げられる。また、CAFÉ SHOZOというフロントランナーが示してくれたように、低利用あるいは未利用の不動産を低投資で活用することにより初期投資を抑制し、そこにしかないオリジナルの建築環境を創出するというモデルが継承されていったことも生業としての持続可能性を高める上で重要であったと考えられる。

本章では、地方中小都市における民主導のエリアリノベーションの事例として、鹿沼市、真岡市での取り組みについて紹介した。「消滅可能性都市」が日本創成会議によって公表されたのは二〇一四年である。その後、すぐに政府は地方創生を主要政策の一つとして掲げ、今や全国各地で創生総合戦略が立案され、その戦略に基づく施策が進められている。しかし、残念ながらその効果はあまり見られないというのが筆者の実感である。鹿沼市、真岡市のような粘り強い試みが拡がることで、真に民主導のまちづくりが実現していくのではないかと考える。ぜひ、多くの方に、饗茶庵・根古屋路地界隈、仁平古家具店・門前地区を散策いただき、民主導のエリアリノベーションの可能性について思いをはせていただきたい。

〔引用ウェブサイト〕

写真2
https://earth.google.com/web/@36.56821146,139.74594587,151.8399708a,155.61261743d,35y,0h,0t,0r?hl=ja
　二〇二一年三月二〇日最終閲覧

写真6
https://earth.google.com/web/@36.44208509,140.01065188,67.33763396a,435.61134481d,35y,0h,0t,0r?hl=ja
　二〇二一年三月二〇日最終閲覧

芳賀・宇都宮LRTの建設とその過程

――古池弘隆

はじめに

わが国では二〇一〇年頃に人口のピークを迎えたが、世界に先駆けた少子高齢化の進展による急激な人口減少が続いている。特に地方部においては東京一極集中による若い年代層の流出による高齢化・過疎化が進み、地方消滅論が危機感をあおっている。これに対し政府は地方創生策を掲げて地方への人口回帰を図ろうとしているが、総人口というパイが小さくなっていくいわゆる地域間競争の時代においては、それぞれの地域が知恵と努力によって活性化を図ることが必要である。

栃木県は北関東三県の中央に位置し、首都圏にも近いという地理的な優位性を持ちながら、民間調査会社ブランド総合研究所の魅力度ランキングでは二〇二〇年度は四七都道府県中最下位であった。県庁所在地である宇都宮市は江戸時代には日光街道と奥州街道の分岐点という交通の要衝であり、現在では東北新幹線で東京から約五〇分の位置にあり、関東平野の北部に位置しているため可住地面積が大きく、内陸で災害が少なく自然環境に恵まれている。人口規模は約五二万人で東京以北では札幌、仙台、新潟に次ぐ大都市である。しかし知名度は栃木県同様に低く、前述のブランド総合研究所の都市ランキングによると二〇一六年の認知度は全国で八〇位、魅力度は二二一位であった。

この宇都宮市に三〇年前にLRT（ライト・レール・トランジット）という新しい軌道系の交通システムを導入しようという計画が持ち上がった。その後計画の実現に向けて紆余曲折があったが、二〇一八年には市の東側で建設工事が始まり、二〇二三年には日本で最初の新設のLRTシステムが開通する予定である。本章では筆者が宇都宮市におけるLRTの導入に向けてかかわってきたこれまでの経緯を振り返り、あわせてこの計画の意義や今後の課題について展望する。

1　宇都宮の都市と交通の問題

一九六〇年代から始まった日本のモータリゼーションの波は宇都宮地域にも大きな影響を与えた。栃木県の自家用車保有率の高さは全国でもトップクラスにあるが、この半世紀余りの間に住宅の郊外へのスプロール化が進み、それに伴い都心部の商業施設が郊外へ移転した結果、かつては都心部に五つあった百貨店も東武宇都宮線のターミナル駅となっている東武百貨店を残して、全て移転や廃業に追い込まれた。中心市街地にはシャッターを下ろした空き店舗が目立つようになり、都心部の歩行者数も一九八七年をピークに二〇一〇年頃には四分の一まで減少した。

宇都宮市の経済活動を支えているのが一九六〇年代から開発がすすんだ国内でも最大級の内陸型工業団地群である。市の東部を流れる鬼怒川左岸の清原地域にテクノポリス法で指定を受けた清原工業団地が造成された。その後、鬼怒《きぬ》川左岸地域には、芳賀《はが》工業団地や本田技術研究所とその関連企業などが立地している芳賀・高根沢工業団地の造成が進んだ。現在ではこれらの工業団地に通勤する従業者は三万人を超えている。しかもそのほとんどが母都市である宇都宮市内から自家用車で通勤している。その結果、鬼怒川に架かった橋梁を渡る慢性的な交通渋滞が長年にわたって大きな問題になっていた。

一九九二年に行われた第二回宇都宮都市圏パーソン・トリップ調査の結果、宇都宮市は南北方向には東北新幹線、ＪＲ宇都宮線や東武宇都宮線などの軌道系の公共交通があるが、東西方向には軌道交通はなく、道路網も宇都宮駅の東西がＪＲ在来線と新幹線によって分断され、また市の東部では鬼怒川を渡る橋梁の数が限られているため、東西方向のネットワークが弱く、鬼怒川左岸の工業団地への通勤交通による渋滞が深刻化していることが指摘された。この問題を解決するため市の東西を結ぶ基幹公共交通の必要性が提言された。

2　新交通システムの導入に向けて

上に述べたような背景のもとに、二〇〇一年から「新交通システム導入基本計画策定調査」が栃木県と宇都宮市によって行われ、筆者は委員長としてかかわった。そして二〇〇三年に報告書を公表した。この中で今後考慮すべき課題として、都市軸の強化、都心再生と拠点開発の連携、過度に自動車に依存しないライフスタイルの推進の三つを挙げ、まちづくりの方向性として、「自動車交通の需要に対応する道路整備」、「バスを中心とした既存公共交通の強化」、および「新たな基幹公共交通の整備」という三種のシナリオを作成した。

そして、中心市街地の活性化、交通サービスの向上、高齢者等への対応および環境改善のそれぞれの観点から、これらのシナリオを検討した結果、宇都宮地域の抱える問題点および都市政策上の課題を解決するためには、まちづくりや総合的な交通政策と一体的に新たな基幹公共交通を導入するシナリオが最も望ましいという結論となった。この背景には、当時欧州の諸都市でＬＲＴの復権による都心の活性化の成功事例が出現しはじめており、筆者を含めて計画策定にかかわった関係者がフランスのストラスブールや宇都宮市の姉妹都市であるオルレアンなどの視察を踏まえて、今後の交通まちづくりのあり方を考慮に入れた結果でもあった。

こうして策定された基本計画においては、基幹公共交通の導入に際し、景観やシンボル性などのまちづくり上の効果に加え、高齢者や身障者あるいは子供等の交通弱者に対するバリアフリーなモビリティの確保、在来鉄道との相互乗り入れの可能性などから、導入する基幹交通システムとしてはＬＲＴが最適なものとして選択された。そして、ＬＲＴを軸として機能的・効率的に連携するバスネットワークの構築やパーク・アンド・ライドやサイクル・アンド・ライド、トランジット・センターなど乗り継ぎの利便性の向上を図った。また、まちづくりとの連携の視点からは、中心市街地活性化や商業活性化策などを考慮し、

ＪＲ宇都宮駅東口周辺開発やテクノポリスセンター地区開発など沿線拠点地域の開発計画との密接な連携を目指している。将来的には、欧州諸都市の都心部で広く行われている、自動車の通行を制限して歩行者・自転車とＬＲＴだけを通行させるトランジット・モールの構想も視野に入れている。

具体的な導入区間としては、宇都宮市の西部から中心市街地と宇都宮駅を経由して鬼怒川左岸の工業団地を結ぶ全長約一五キロメートルの路線が提案された。当初計画区間は宇都宮テクノポリスセンター地区とＪＲ宇都宮駅の間約一二キロメートル、延伸計画区間としてＪＲ宇都宮駅と桜通り十文字付近の間約三キロメートルからなっている。この報告書がその後のＬＲＴ導入計画の基本となった。

3　ＬＲＴ計画と市民の意識

しかしＬＲＴが実現にこぎつけるまでには幾多の困難があった。その中でも一番大きな影響があったのは過去二〇年間に五回行われた栃木県知事選挙と宇都宮市長選挙であり、結果的にはＬＲＴが選挙の争点となってきた。選挙における有権者の審判がこのＬＲＴプロジェクトの成否を左右したことは事実である。

二〇〇四年一一月に行われた栃木県知事選挙では、ＬＲＴ推進派であった福田富一宇都宮市長が、ＬＲＴ導入に慎重であった福田昭夫知事を大差で破って当選を果たした。また宇都宮市長選挙には同じくＬＲＴ推進派であった新人の佐藤栄一氏が福田富一氏の後継者

写真1　トランジット・モールの社会実験（2006年11月、写真提供：宇都宮大学大学院 竹田理恵）

として当選し、宇都宮のＬＲＴ導入は一気に進展するかに思われた。しかし、当時はＬＲＴ導入に慎重な意見を持つ市民も多く、その後の展開は遅々として進まなかった。とりわけ、中心市街地の商店街や宇都宮東部地域の工業団地、既存のバス事業者の間には、否定的な意見が少なくなかった。

　このような動きに対し、ＬＲＴ推進に積極的な市民が集まってボランティア市民団体組織「雷都レールとちぎ」を結成し、定期的な集会や講演会、展示会、市民キャラバン、イベントへの参加などを通して、ＬＲＴの必要性に関して市民に対する啓蒙活動を推進してきた。

　二〇〇六年一一月には週末の二日間にわたって、宇都宮市の中心部を貫く大通りにおいて、トランジット・モールの社会実験が開催され、延べ九万人が訪れた。午前一〇時から午後四時までの六時間にわたり一般の自動車の通行を禁止し、バスのみを走らせる宇都宮で初めての試みは、恒例の「宮の市」、「餃子まつり」、「ジャズ・フェスティバル」との同時開催ということもあり、一九六〇年代以来の賑わいとなった。会場でのアンケート調査の反応も大変によく、この成功が中心商店街の商店主の意識改革をもたらすうえで効果があったといえよう（写真1）。

　二〇〇五年に国土交通省都市・地域整備局の監修による「まちづくりと一体となったＬＲＴ導入計画ガイダンス」が公表され、国としてのＬＲＴ推進の方針が示されたことは、宇都宮での検討を行っていくうえで大いに追い風となった。検討の過程においては、積極的にステークホルダーである各方面の関係者との意見交換会を実施した。とくに、沿線の商店街や大規模店舗の関係者との意見交換会は、ＬＲＴ導入に向けて理解促進を進めるうえで効果があったと思われる。

「新交通システム導入基本計画策定調査報告書」において最も大きな課題となっていたのは、事業の採算性であり、前述したように政治問題化してしまった。この点については、その後の国の補助制度が二〇〇七年に大幅に拡充され、基本計画が策定された二〇〇三年当時とは大きく変化した。その骨格をなすのは上下分離といわれる公設民営方式の導入である。すなわち、近年の社会・経済情勢の変化に伴って公共交通の重要性が再認識され、行政が施設整備を行い民間が運営を行う公共交通事業に対し、国が包括的に支援する制度が新たに創設された。この制度を活用することにより、事業者の負担が大幅に軽減され、採算性の改善が可能となった。

しかしながら、宇都宮においては二〇〇三年の報告書で行った試算の数字が一人歩きを続けており、ＬＲＴイコール赤字という図式からはなかなか抜け出せない時期が長く続いてきた。ＬＲＴに反対する市民グループが署名活動や反対集会を行っているが、その論点はやはり採算性や税金の無駄使いという点であり、ＬＲＴの建設よりも福祉や教育に回すべきだとの議論が多かった。

宇都宮市は二〇〇八年に、少子高齢化・人口減少時代や地球環境に対応した第五次宇都宮市総合計画を策定した。その中で中心となる都市構造にはネットワーク型コンパクトシティ（連携・集約型都市）を据え、社会資本維持の効率化や中心市街地の活性化の観点から、拠点化の促進と公共交通を中心とした地域間連携をめざしている。また、国が進める都市・地域総合交通戦略の策定推進の動きを受けて、宇都宮市では誰もが利用できる、人と環境にやさしい交通ネットワークを目指して「宇都宮都市交通戦略」を発表した。

4　ＬＲＴ事業の進展

二〇一三年には宇都宮副市長に国土交通省から荒川辰雄氏が着任してＬＲＴの実現に向けた動きが加速し始めた。商工業の関係者や周辺自治体の動きも活発化してきた。同年九月には宇都宮市商工会議所がＬＲＴ事業の推進に向けた要望書を市に提出し、その中で市民や交通事業者への丁寧な説明と合意形成を図ること、またＪＲ宇都宮駅西側の早期整備なども要望した。また宇都宮に隣接している芳賀町の町長と町議会が宇都宮市の東の境界で終わっているＬＲＴ路線を芳賀工業団地まで延伸するよう求める要望書を宇都宮市長に提出した。それまでの基本方針では計画区間は宇都宮市と芳賀町の境界までであったが、芳賀町からの要望を受け入れて現在の計画では芳賀・高根沢工業団地内の本田技術研究所の北門まで芳賀町内三キロメートルの区間が延伸されることになった。この決定については荒川副市長の貢献が大きかったものと思われる（図1）。

二〇一五年にはＬＲＴの事業を進めるうえで大きな決定がなされた。基本方針では事業方式は公設型上下分離方式となっているが、ＬＲＴの運営を担う営業主体となる新会社が設立された。一一月に官民連携により設立された「宇都宮ライトレール株式会社」である。

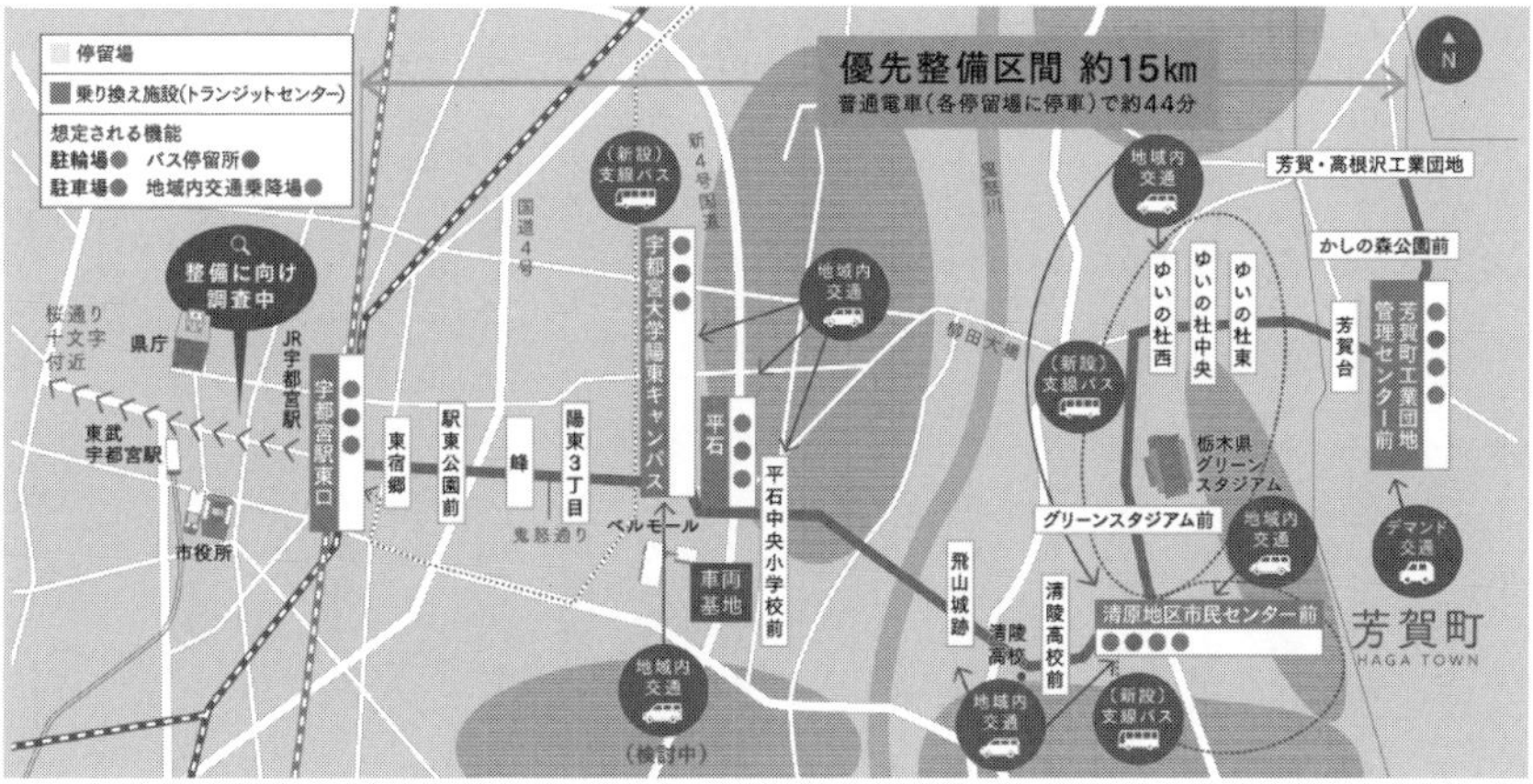

図1　LRTの路線図（出典：宇都宮市HP）

資本金は一億五〇〇〇万円でその出資団体と出資割合は、宇都宮市が四割、芳賀町が一割、残りは交通事業者を含む民間企業となっている。

ＬＲＴの全線新設という日本でも初の公共事業を遂行するに当たっては二つの主要な行政手続きが必要であった。すなわち走行ルートにおける都市計画決定の手続きとＬＲＴの特許を取得するための軌道運送高度化実施計画である。

宇都宮市と芳賀町における都市計画決定については、二〇一六年五月に実施された宇都宮都市計画審議会において都市計画決定され、芳賀町においても同様の手続きで都市計画決定がなされた。

もう一つの重要な行政手続きが地域公共交通の活性化及び再生に関する法律に基づき策定された軌道運送高度化実施計画である。二〇一六年七月に宇都宮の栃木県総合文化センターで運輸審議会の公聴会が開催された。九月になって運輸審議会から宇都宮のＬＲＴ計画は妥当との答申が出され、それを受けて国土交通大臣が特許の認定を行った。全線新設のＬＲＴ事業は国内で初めてであり、開業に向けて事業着手に大きく弾みがついた。

二〇一六年一一月に行われた宇都宮市長選挙は稀に見る接戦となった。四期目を目指す現職に対し、野党が結束して対立候補を立てて激しい選挙戦が行われた。今回の選挙の唯一最大の争点はＬＲＴの是非であった。選挙結果は僅か三・六％の差で、かろうじて現職の佐藤栄一氏が四選を果たした。この結果ＬＲＴ事業は継続されることになったが、市民の理解不足など大きな課題を残すこととなった。ＮＨＫが行った出口調査によると、ＬＲＴに対する賛否では賛成が四割、反対が六割であった。年齢層別にみると、高齢者層ほど反対が多かった。本来であればＬＲＴなどの公共交通の充実によって最も恩恵を受けるのは自動車を運転できなくなる高齢者であるはずだが、その高齢者層がＬＲＴに反対したのは、反対派の候補者が主張しているようにＬＲＴに割り当てられた予算を教育・医療・福祉の充実に使ってほしいという思いからであったろう。しかし、ＬＲＴ整備の総予算のうちの半分は国が負担することになっているが、国からの補助金はＬＲＴ整備以外に使うことができないという事実を反対派は正しく有権者に伝えていなかった。

この選挙から得られた教訓は、ＬＲＴに対する市民の理解がまだ十分には浸透していなかったという事実である。宇都宮市は翌二〇一七年の一月から、市内全戸配布の広報誌「広報うつのみや」を「ＬＲＴ　未来、はじまる。」という表紙でかざり、選挙の争点となった採算性を含め市民に対してわかりやすい説明記事を以後毎月掲載している。これから宇都宮に続いてＬＲＴの導入を目指している都市においては市民への十分な説明が不可欠であるということを今回の宇都宮市の選挙結果が示しているといいえよう。

宇都宮市と芳賀町はＪＲ宇都宮駅から東側の一四・六キロメートルについて、二〇一八年春に着工し、二〇二二年三月の開業を目指す方針を示し、国に対し工事施工認定許可申請を行った。そして二〇一八年三月には国土交通大臣によりＬＲＴの工事施工が認可された。

二〇一八年五月二八日に優先整備区間の起点となるＪＲ宇都宮駅東口で宇都宮市長、芳賀町長、栃木県知事、県選出の国会議員など関係者が出席して起工式が開催された。二〇〇三年に新交通システム導入基本計画が策定されてから、実に一五年経ってようやく実現に向けた工事が開始された。建設工事は県道部の中央分離帯の撤去から始まり、鬼怒川を渡る六四三メートルのＬＲＴ専用架橋工事や車両基地の造成、トランジットセンターの建設などが並行して進められている。

一編成三両からなるＬＲＴ車両は二〇二一年の五月末に一号車が納入され、本年七月には全一七編成が納入された。その間毎週のように市民に対するＬＲＴの見学会が開催され、参加した多くの市民の反応は肯定的で、開業を待ち望んでいるという声が数多く聞こえてきている（写真２）。

5　住民参加と今後の課題

ＬＲＴへの市民の関心を高めるために、「雷都を未来へ」というＬＲＴの基本コンセプトのもと、車両や施設、案内サインなどをすべての要素を連携させるトータルデザインの

写真２　車両基地に並ぶLRT（出典：宇都宮市HP）

取り組みを進めることとなった。とりわけ車両デザインは住民の関心が大きいことから、車両デザインアンケート調査を実施することになった。雷の稲妻の色を表す黄色いシンボルカラーとそれを引き立たせる白から黒までの無彩色のサブカラーによる三つの車両デザインを示して住民投票を実施した。その結果一万七〇〇〇票の回答があり、最も投票数が多かったデザインに決定した。過去に他都市で行われた類似のアンケート調査に比べると芳賀・宇都宮ＬＲＴのアンケート調査に応募した住民の数は多数に上り、住民参加の効果があったといってよい。

また、一九あるＬＲＴの停留場の名称についても地域住民が親しみを持って永続的に利用する公共施設であることから、地域住民へのマイレール意識の醸成を図るためにも住民参加を重視した。地域委員と相談して停留場ごとに二、三程度の名称候補案を抽出し、沿線住民にアンケート用紙を配布して投票してもらうことになった。その結果、約五〇〇〇人弱の沿線住民からの回答が得られ、それぞれの停留場の名称候補の中から最も応募数の多かった名称を主停留場名として選定した。

現在の予定では東側の優先区間の開業は二〇二三年の半ばということになっているが、宇都宮ＬＲＴの全体計画ではＪＲ線を横断して西側の都心部への延伸が必須であり、それが実現してはじめてＬＲＴによるまちづくりが成功したといえよう。また一本の線に過ぎない基幹公共交通であるＬＲＴを市全体への面に広げていくためには、バスや地域内交通、あるいは自転車や電動キックボードなどの二次交通との有機的な連携が欠かせない。それにより自動車交通のみに依存してきたこれまでの宇都宮の都市交通から二一世紀型の人と環境にやさしい健康で持続可能な新たな交通未来都市づくりが推進できるものと考え

図2　宇都宮駅東口交流拠点施設「ライトキューブ宇都宮」（出典：宇都宮市HP）

住めば
愉快だ
宇都宮
UTSUNOMIYA

図3　宇都宮のブランドロゴ（図版提供：宇都宮市）

ている。

おわりに

　ますます激化する都市間競争の中、宇都宮市では都市ブランド戦略の推進を掲げて認知度、愛着度の向上を目指している。最初に述べたブランド総合研究所の二〇二一年までのランキング結果では宇都宮市の認知度が二五位、魅力度が最高で一〇六位まで向上してきた。都市観光の目玉としてコンベンション・センターを中心とした宇都宮駅東口交流拠点施設「ライトキューブ宇都宮」（図2）の二〇二二年末の完成や二〇二三年の芳賀・宇都宮ＬＲＴの開業によりさらなる知名度向上が期待される。「住めば愉快だ宇都宮」というブランド推進ロゴ（図3）が示す通り、すべての市民にとって安全で快適な都市生活が可能となり、それによる市民の誇りと外部からの憧れの好循環が都市間競争の中で宇都宮市、ひいては栃木県の活性化に貢献できることを期待したい。

〔参考文献〕

栃木県・宇都宮市『新交通システム導入基本計画策定調査報告』二〇〇三年
古池弘隆「自動車依存型の地方都市・宇都宮のチャレンジ」『IATSS Review』三四―二、二〇〇九年
古池弘隆「宇都宮のLRT―これまでとこれから―」、『宇都宮共和大学シティライフ学研究』二二、二〇二一年
芳賀・宇都宮LRT公式ホームページ「MOVE NEXT UTSUNOMIYA」

column

LRT沿線の人口動態

丹羽孝仁

宇都宮市と芳賀《はが》町は、宇都宮市東部における自動車交通の渋滞を緩和することを当初の目的としてLRTの整備に乗り出した。首長選挙で何度もLRT整備の可否が問われ続けた中、宇都宮市は「車が運転できなくても多くの人が市内を移動でき、健康で元気に生活していくための公共交通ネットワークを作ることが必要」(1)だと説明している。市は、「ネットワーク型コンパクトシティ」の計画を二〇一三年に策定し、LRTを東西の基幹交通として位置づけ、自動車交通に頼らない社会の構築を目指している。

LRTは、バスと比べて定時性と輸送力を確保でき、かつその整備コストは鉄道よりも低い。LRTが地域社会に対してどんな影響を与えるのか、少し考えてみよう。LRTの沿線上は利便性が高まるから、人口は増えるのだろうか？　あるいは、LRTの整備に伴いバス路線も見直しが進められているため、公共交通の利便性が高まって、バス路線のある地域の人口は増えるのだろうか？　もちろん、人は公共交通の利便性だけを理由に居住地を決めたりしないが、ここでは、単純にLRT沿線の人口動態を簡単に確認してみよう。

特定の地域の人口動態をどうやって確認し、はたまたその将来を考えることができるのだろうか。人口動態とは、人の増減を示すものであり、自然増減（出生と死亡）と社会増減（転入と転出）で把握することができる。言い換えれば、出生・死亡・転入・転出それぞれの予測を元に、将来の人口を推計することができる。推計には複数の手法が提案されているが、国土交通省国土技術政策総合研究所が公開する「将来人口・世帯予測プログラム」(2)を用いて、コーホート要因法（年齢別に自然増減と社会増減の双方の変化を予想する手法）で将来人口を推計してみたい。町丁目別に推計した後、これを一〇〇メートル四方の地域メッシュに配分した。

さらに、地理情報システム（GIS）を用いて宇都宮市と芳賀町のLRT沿線に位置する地域メッシュを抽出した（図1）。本図ではLRTの路線から半径五〇〇メートルの圏内に位置する地域メッシュをLRT沿線として抽出している。

図1中のLRT沿線の地域メッシュとその他の地域メッシュ（宇都宮市と芳賀町を合算）の人口の変化を図2にまとめた。二つの地域で人口の規模が大きく異なるため、二〇一五年を一〇〇とする指標で変化をみてみよう。

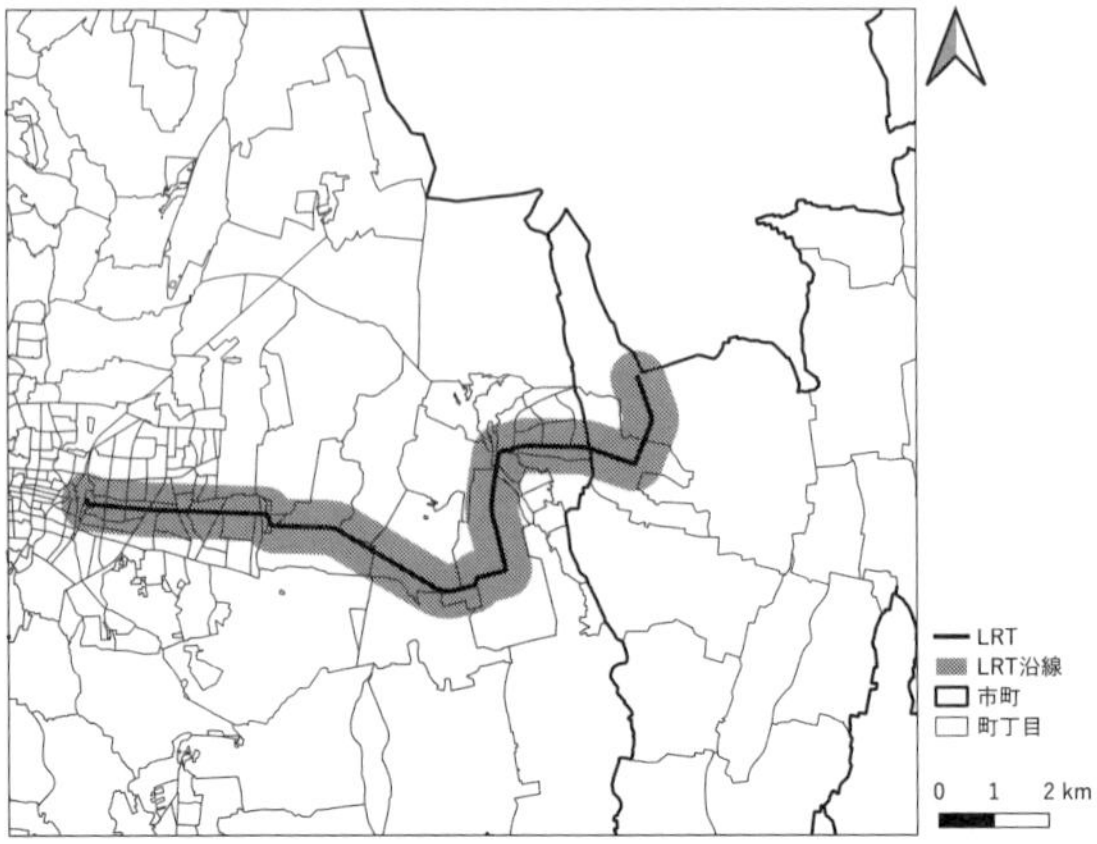

図1　LRT沿線の地域（出典：筆者作成）

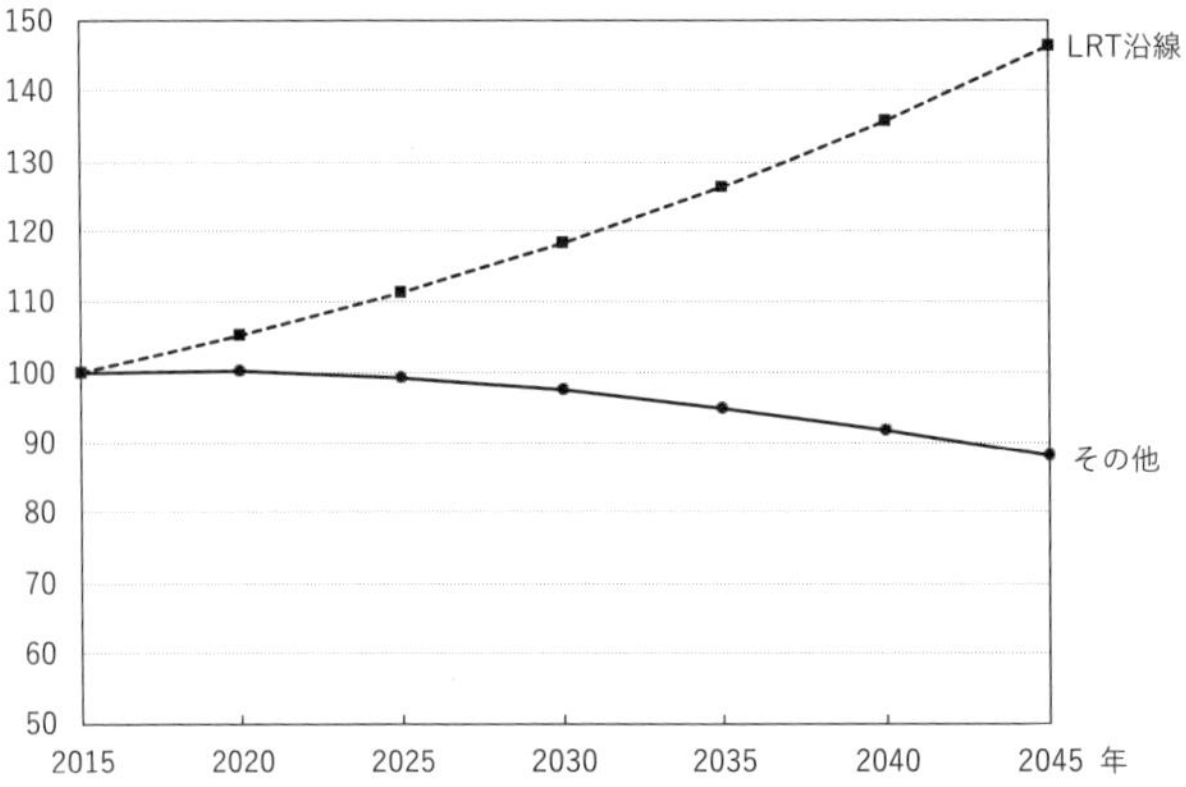

図2　地域別将来人口推計の変化（2015年＝100）（出典：「将来人口・世帯予測プログラム」より筆者作成）

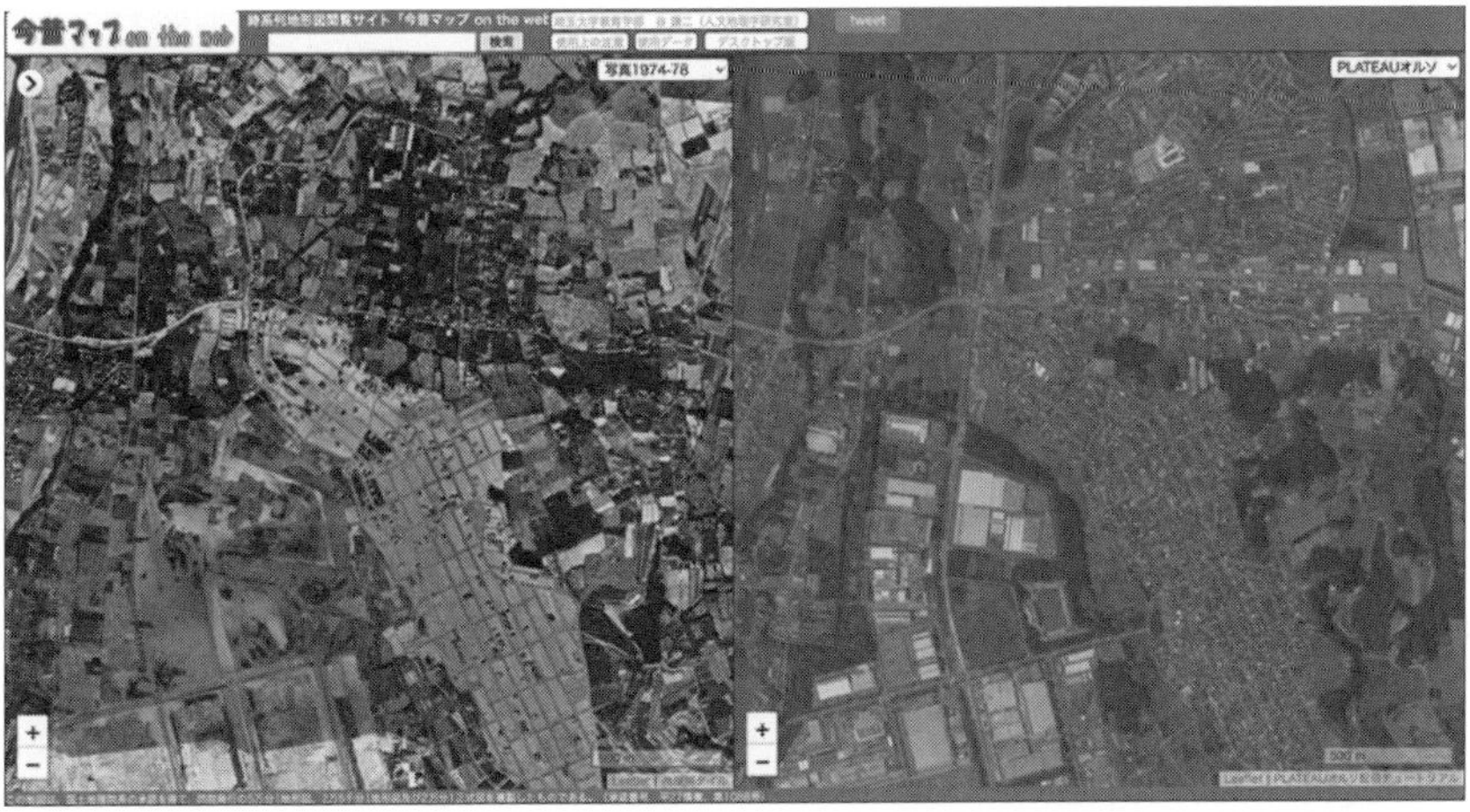

図3　鬼怒川左岸のLRT沿線沿いの土地利用の変化（左：1974–1978年、右：2019年）（出典：今昔マップ）

注：写真の南西側には清原工業団地、その東側には清原台の住宅地、北側にはゆいの杜の住宅地、北東側には芳賀町工業団地が見える。

二〇一五年から二〇二〇年にかけては二つの地域とも人口増加のトレンドを示すが、その後の動きが異なる。ＬＲＴ沿線では人口増加が一貫して続くとみられるが、ＬＲＴ沿線以外では人口減少に転じると目される。ＬＲＴ沿線の人口は、二〇四五年までの三〇年間で四六％増と見積もられた。これは特に、鬼怒川左岸に位置する、ゆいの杜《もり》地区における人口増加を反映している（図3）。当地区の人口増加に対しては、小学校が新設されるなどすでに対応が進んでいる。ＬＲＴはこうした新しい地区の人々に対して移動手段を提供することになろう。

　ＬＲＴの整備に伴い街がこれからどう変化していくのか、人口の側面からみても興味深い。

〔注〕

（1）　宇都宮市、「何のためにＬＲＴ?」、https://www.city.utsunomiya.tochigi.jp/kurashi/kotsu/lrt/1028853/1014256.html（二〇二二年一〇月一〇日最終閲覧）

（2）　コーホート（cohort、コホートとも呼ばれる）とは、同一出生集団のことである。

栃木県の自然災害と防災

坪井塑太郎・林田朋幸・近藤伸也

はじめに

栃木県を代表する観光地には、鬼怒川や那須塩原の温泉や、中禅寺湖から流れ出る風光明媚な「華厳の滝」などが知られている。しかし、これらは、かつての地形変動等により形成されたものでもあり、自然営力の大きさを理解しながら地域を歩いて、見て、考えることが重要である。これまで比較的災害が少ないとされてきた栃木県ではあるが、過去の記録を紐解き、近年の災害を見てみると、必ずしもそうとはいい切れない。本章では、災害種別ごとに被害発生の状況を整理したうえで、防災の取り組み事例を示す。

1　栃木県の災害史

火山災害

栃木県は、県北部から西部にかけて標高二〇〇〇メートルを超える山地が連なり、那須岳、日光白根山、高原山、男体山は代表的な活火山としても知られ、このうち、那須岳と日光白根山は、火山噴火予知連絡会により「監視・観測体制の充実等が必要な火山」として指定されている。過去の記録からは、室町時代の一四〇〇年初頭に、那須岳の噴火により多くの死傷者が発生したことが明らかになっており、近年でも一九六〇年代以降にたびたび火山性の群発地震などが発生している。一方、こうした火山の存在は、温泉の発生とも密接に関係しており、古くから療養を目的とした「湯治」を起源として発展してきた温泉は、現在では、有名な観光地にもなっている。

土砂災害

火山性の地質で形成された県西北部の山地は、急峻なうえに脆く崩れやすい性質を持ち（図1）、過去にはたびたび地震や豪雨により土砂災害の甚大な被害が発生している。特に、江戸時代の一六八三年に発生した日光地震では山体崩壊により河道が堰き止められ、現在の湯西川温泉駅付近を中心に巨大な天然ダム（五十里《いかり》湖）が形成された。しかし、その四〇年後にあたる一七二三年に、長雨と台風による増水で堤体が決壊し、鬼怒川流域で大量の土砂が水と一緒に流出し、一二〇〇名近い死者が発生した記録が残されている。現在は、土砂の流出を防ぐために、山地各所に砂防堰堤（砂防ダム）の建設が進められているほか、県内の各自治体では「土砂災害ハザードマップ」が作成・公開され、住民の自主的な防災・避難の姿勢が求められている。

地震災害

海洋に面していない栃木県では津波による被害発生は想定されていないが、那須塩原市から矢板市にかけて約四〇キロメートルにおよぶ「関谷《せきや》断層」が存在する。一九四九年にこの断層が起因と想定される今市地震による被害が発生しているものの、地震調査研究推進本部による将来的な地震発生確率は低いとされており、近年でも大規模な地震による被害の発生は見られなかった。しかし、二〇一一年の東日本大震災では、県内において死者四名、負傷者一三三名におよぶ人的被害（図2）のほか、全壊二六一棟、半壊二一一八棟、一部損壊七万四一七三棟におよぶ甚大な住家被害（図3）が発生した。同災害後において、近い将来の発生が想定されている首都直下地震の対策として、広域防災体制の確保を目的として県南地区の七市町（足利市、栃木市、佐野市、真岡市、小山市、下野市、野木町）が「首都直下地震緊急対策区域」として指定されている。

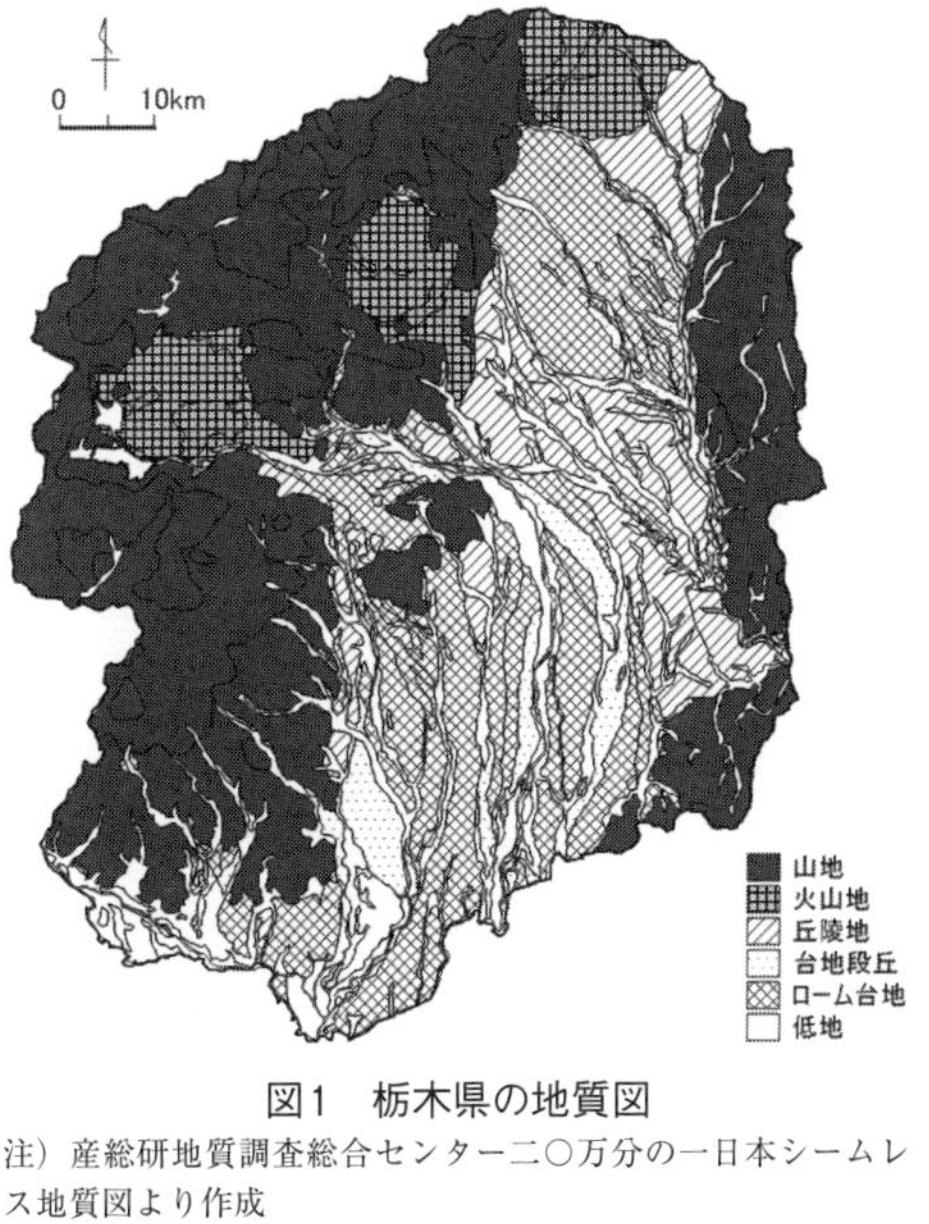

図1　栃木県の地質図

注）産総研地質調査総合センター二〇万分の一日本シームレス地質図より作成

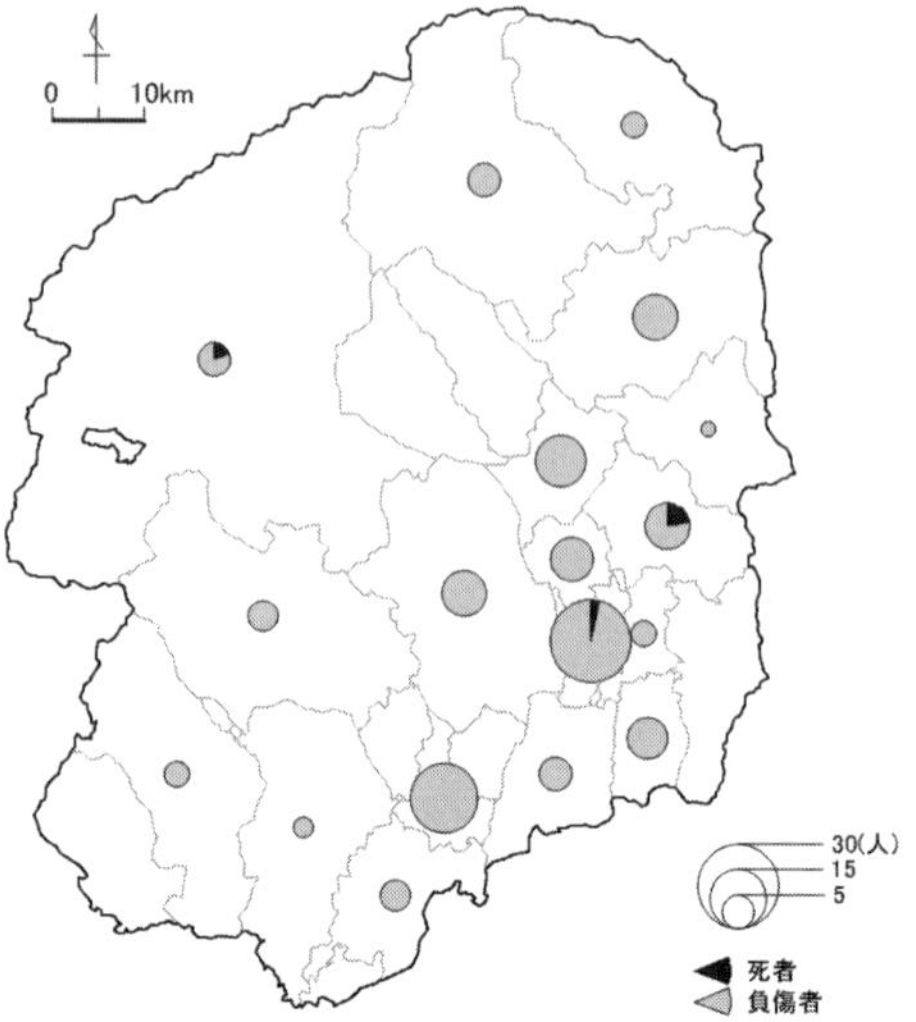

図2　東日本大震災による市町村別人的被害
注）栃木県庁危機管理課資料より作成

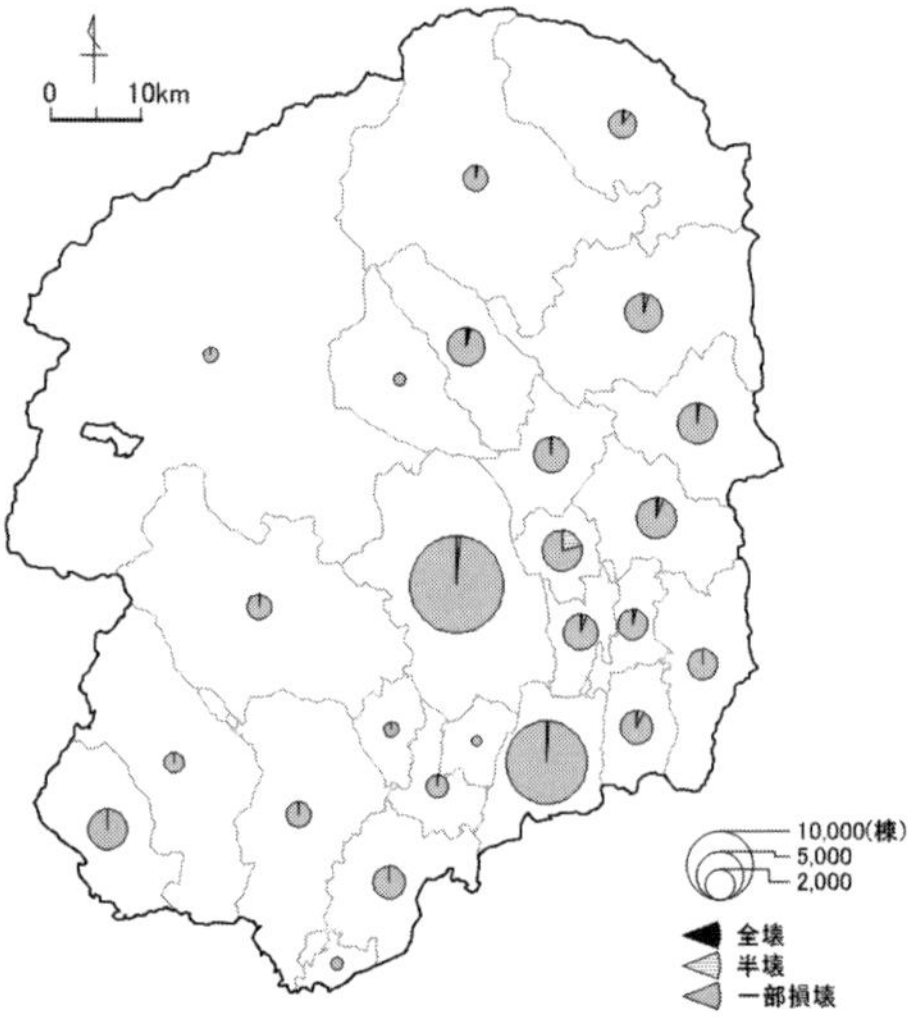

図3　東日本大震災による市町村別住家被害
注）栃木県庁危機管理課資料より作成

洪水災害

県内では台風や梅雨前線の活動に伴う大雨により、河川氾濫を伴う災害が度々発生している。一九四七年のカスリーン台風では、四〇〇名を超す人命が失われたほか、一九九八年の那須豪雨水害でも甚大な被害が発生した。二〇〇〇年代以降に着目してみると、二〇一五年の関東・東北豪雨災害や、二〇一九年の台風第一九号（以下、令和元年東日本台風）により、同期間における水害被害額が増大している（図４）。特に後者の災害では、県西地域を中心に記録的な豪雨となり（図５）、県内一九ヶ所のアメダス観測所のうち、九地点で観測史上最大の降雨が記録された。これにより、各地で浸水による被害が発生し、住

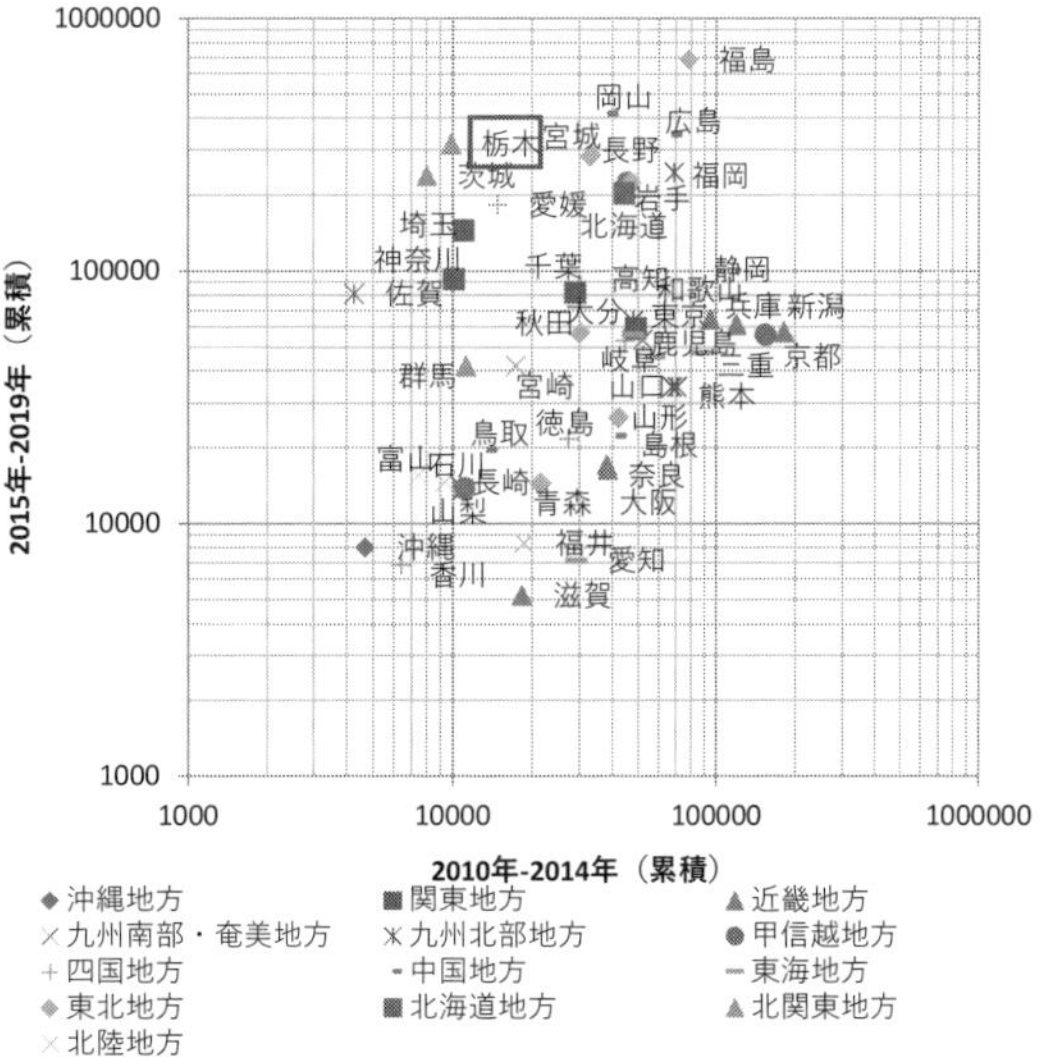

図4　2010年から2019年における10年間の都道府県別水害被害額の変動（単位：百万円）

注）横軸「2010年～2014年」、縦軸「2015年～2019年」の累計地（2011年価格に補正）対数表示。水害統計各年版より作成

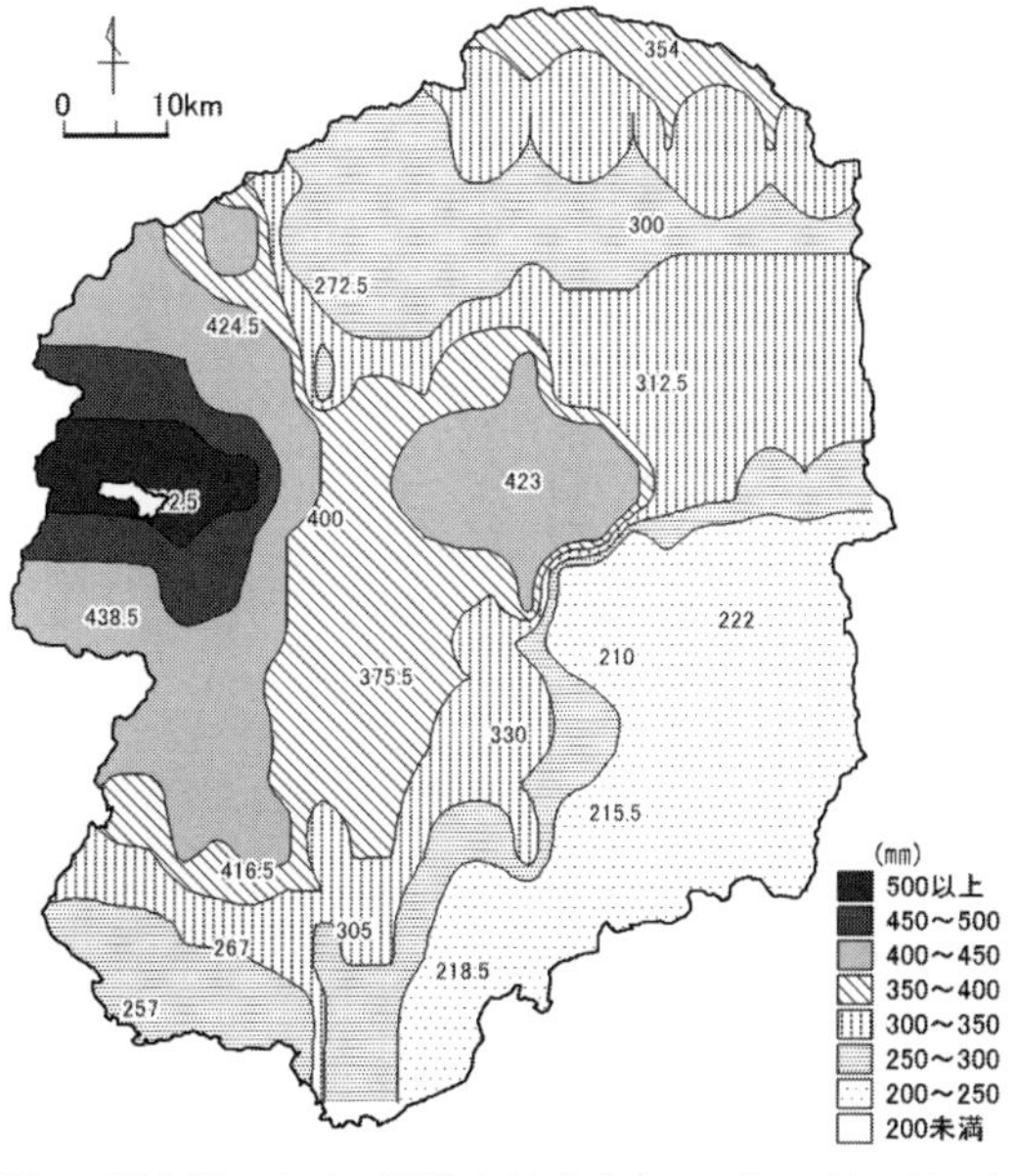

図5　栃木県における総降水量分布（2019年10月11日0時～13日09時）

注）栃木県アメダス観測所データ19地点データより作成

家の一部損壊による被害数（八六六六棟）は、都道府県別で全国最多となった。また、県内の代表的な産業として知られる農業・農作物にも一七七億円を超す深刻な被害が発生した。

2　佐野市秋山地区の歴史・生活と地域構造

近年の記録的な洪水災害の一つとして、先述の通り令和元年東日本台風が挙げられる。

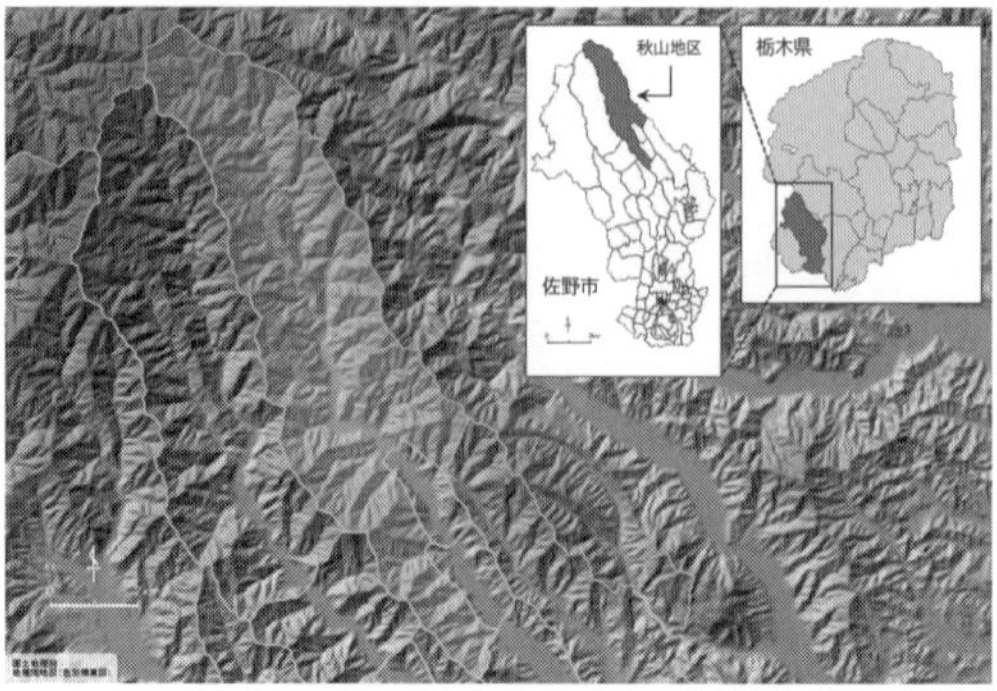

図6　秋山地区位置図（栃木県佐野市）

この台風では栃木県内外で大きな被害となったが、被災地の一つが栃木県南西部に位置する佐野市秋山地区である（図6）。秋山地区の災害対応や防災力について学ぶことは、栃木県さらには日本の山村の歴史・現状・将来について考える良い機会といえる。コラム（296頁）と併せて秋山地区の自然災害について学ぶことで栃木県の山村に興味を持ち、現地を訪れ実際に様々な情報を見聞きするきっかけとしてほしい。

　秋山地区は一級河川の秋山川の最上流に位置する山村である（写真1）。佐野市の市街地まで自動車で約四五分、宇都宮市の市街地まで約一時間一五分であり、最寄り駅の葛生駅がある旧葛生町の市街地まで車で約二〇分の距離に位置する。葛生駅からの唯一の公共交通機関は、事前予約が必要な生活路線バス「さーのって号」である。そのため、住民・訪問者ともに主な交通手段は自家用車である。自然が豊かであり、ログハウスの宿泊施設・屋外運動施設の利用客や渓流釣りの愛好家が訪れる。また、近年ではＴＢＳドラマ「テセウスの船」の撮影場所となった。

　江戸時代には秋山村という一つの村であった。その後、一八九〇（明治二三）年からは氷室村、一九五五（昭和三〇）年からは葛生町、二〇〇五（平成一七）年から現在に至るまで佐野市に属している。現在は秋山町という大字の単位である。人口二一〇人、世帯数一

写真1　秋山川上流

〇〇で（二〇二二年七月時点）、年々人口は減少し高齢化が進んでいる。

現在も住民の生活における基礎的な地域の単位である。たとえば共有山林で得た収益を基にした秋山奨学会という教育振興の団体が明治時代に設立され現在も一般社団法人として存在する。また、年に一度の福祉まつりも秋山地区を単位として開催される。

秋山地区は上秋山町会と下秋山町会の二つの町会からなる。寄り合いと呼ばれる地域の会議や行政とのやり取りは各町会を単位として行われることが多い。さらに各町会は複数の班で構成される。たとえば上秋山町会は人口九三人、世帯数四〇で（二〇二一年一〇月時点）、梅木、原、上ノ山、深堀、今倉・台、山口、木浦原の七班からなる。上秋山町会の平均年齢は七〇歳を超えており高校生以下は約一〇人と過疎高齢化が深刻である。しかし、現在においても上秋山町会では会長・副会長・書記会計と各班長を選出し、生活に関する事業に取り組んでいる。

田畑が少なく、長年にわたり主な産業は林業であった。かつては多くの林業従事者が存在し、製材所も数ヶ所存在していた。木材価格が下がり林業で生計を立てることが難しくなってきているが、現在も林業従事者が存在する。令和元年東日本台風で秋山地区を通る県道が土砂や流木で塞がれた際、住民による土砂・流木の撤去が行われた。その際に重要な役割を果たしたのが、自身が所有する重機を操作した林業従事者であった。

秋山地区では全国の山村と同様に過疎高齢化が進み、地域課題も少なくはない。しかし現在も秋山地区や町会を単位とした住民による地域運営が行われている。令和元年東日本台風は一九四七年のカスリーン台風以来の大規模な洪水災害であったが、災害対応の単位として重要な役割を果たしたのも従来からの地域単位であった。

3　令和元年東日本台風での上秋山町会の対応および防災力の評価

上秋山町会のある佐野市旧葛生町では、これまで台風などによる大雨によって洪水被害や土砂災害が発生している。二〇二二年七月現在において直近で被害が発生したのが令和元年東日本台風（台風第一九号）によるものである。

二〇一九年の台風第一九号は、一〇月一二日に大型で強い勢力で伊豆半島に上陸してから関東地方を通過して、日本の東で温帯低気圧に変わった。この台風第一九号の接近・通過にともない、広い範囲で大雨が降り、栃木県をはじめとした一都一二県に大雨特別警報が発表された。その結果、栃木県のみならず広い範囲で河川の氾濫などによる浸水被害や土砂災害による被害が生じた。栃木県内においても多数の県民が危害を受け、または受けるおそれが生じたことや、住家に多数の被害が生じたときに適用される災害救助法が県内二六市町のうち二一市町で適用されるほど広い範囲で被害を受けている。

佐野市では、秋山川が決壊したために、旧佐野市の住宅地を中心とした浸水被害が生じた。その秋山川の上流にあたる上秋山町会は、二〇一九年一〇月一一日〇時から一三日九時までの総降水量が、佐野で二六七・〇ミリであり、山間部の葛生で四一六・五ミリであったことから平野部より、大量の雨が降っていたことが推測される。その結果、北部上流側の木浦原で秋山川が決壊し、上秋山の北部から鹿沼市粕尾方面に迂回することができなくなった。また町会の中央部にある上ノ山にて土砂災害が発生して道路が閉塞した（図7）。

町会には沢水からの簡易水道により浄水を得ている世帯も複数あり、沢水の増水で水道管が破損して浄水が入手できないなどの被害があった。道路の閉塞により上ノ山から木浦原までの地域では、外部に車両が移動できない孤立した状況になった。そこで木浦原の重機を持っている人が上ノ山の道路にある土砂を移動させて、車両通行ができるようにした。

山間部での災害は、上秋山町会のように集落が道路閉塞により外部との車両通行が難しくなり、外部への移動が困難になる孤立集落への対応が課題となる。災害時に周囲から孤立すること自体は古くから存在するが、その存在が注目されたのは、二〇〇四年に発生した新潟県中越地震である。この災害では、新潟県小千谷市や山古志村（現長岡市）など七市町村六一地区が孤立し、地すべり等の二次災害の危険から全村避難が行われている。しかし、避難前は集落がそれぞれ人命救助や食事の確保を自分たちの力で行っている。このように山間部では、町会だけで災害時の課題を解決できる力がある

図7　令和元年東日本台風における被災状況

と考えている。

そこで近藤らは、上秋山町会の防災力の評価を目的としたアンケート調査を住民に対して実施した。上秋山町会に所属する二〇歳以上の住民七三名を対象に調査項目は①属性（令和元年東日本台風による被害状況、過去の災害の認知など）、②令和元年東日本台風による被害状況、③情報分野、④資源資材の備蓄分野、⑤避難分野、⑥医療分野、⑦コミュニティ分野とした。アンケートの配布数は七三部、回収は七二部、有効回答は六九部となった。

①の属性として、回答者の平均年齢は六九・七五歳であり、男女比は約四対六であった。

②の令和元年東日本台風で被害を受けた人は約六割あり、多くは河川の氾濫や土砂崩れなどを挙げた。避難した人は二割、避難しようとしたができなかった人が二割、避難しなかった人が六割であった。下流の佐野市中心部方面へ行けなくなった（孤立した）人は、約九割であった。

③の情報分野の強みとしては、スマホや携帯の所持率がある程度高いこと、防災行政無線が各家庭に配備されていること、知人から情報を得ることができるといったことが挙げられた。弱みとしては、防災行政無線の内容が場所によって聞こえにくいこと、年齢が高いほど情報を得る手段がすくなくなることが挙げられた。

④の資源・資材の備蓄分野の強みとしては、非常食を備蓄している人が一定数いること、発電機や重機を所持している人が少数ではあるが存在していることが挙げられた。弱みとしては、野菜や漬け物を備蓄している人がほとんどいなかったことが挙げられた。

⑤の避難分野の強みとしては、避難場所や避難経路を認識していること、避難経路の危険性が安全かどうかを認識していることが挙げられた。弱みとしては、一つしかない避難

道路が危険であること、避難所が遠い班が多く車以外で避難するのは危険が伴うこと、高齢者など避難する際に手助けが必要な人が一定数いることが挙げられた。

⑥の医療分野の強みは特に抽出されなかった。弱みとしては、定期的に通院及び薬を飲んでいる人が多いこと、最寄りの診療所が上秋山生活改善センターから約三・四キロメートルと遠い場所にあり、一定規模の病院までは一〇キロメートル以上になることが挙げられる。

⑦のコミュニティ分野の強みとして、近隣の人との交流があること、近隣の人の連絡先を知っていること、防災訓練や防災講演会に参加したことがあること、防災訓練や防災講演会への参加意欲があることが挙げられた。弱みとしては、地域行事への参加率がやや低いことが挙げられた。

以上を踏まえて、上秋山町会の災害時の課題は、①避難道となる道が秋山川沿いにある県道一本しかなく、そこでは土砂災害が発生し孤立する可能性が高いこと、②住民で対応できないほどの被害が出た場合孤立が長引き食料不足や医療を受けにくくなることが挙げられる。これらの課題に対する今後の対策として、①班長宅など各班に数日分の非常食や非常グッズを備蓄すること、②土砂災害発生箇所より北にある飲食店の施設を孤立時に避難所へリポートとして使用出来るように要請する、③住民同士の連携を良くするために防災訓練や防災講演会を実施することが考えられる。

災害時に孤立することによって、生活がどのように変わるのかを想像することは簡単ではない。そこで実際に災害で孤立した集落の状況（二〇二一年台風九号の影響によって孤立した青森県下北郡風間浦村）を時系列に整理した孤立タイムラインを作成し、それを上秋山町会向けにアレンジした想定上秋山タイムライン（表1）を作成した。ライフラインである電力、水道（上秋山町会も風間浦村も簡易水道）、通信に被害が生じて、かつ外部との車での行き来が困難になっていることがわかる。

この想定上秋山タイムラインにより孤立の状況を認識できるかを確認することを目的として、上秋山町会に属する中学生以上を対象にアンケート調査を行った。平均年齢は六一・七歳、男女比は約五対六であった。高齢者が多い地域のため無職の人が一番多く、その他会社員やパートに加え農林業の職についている人がいた。

上秋山タイムライン	
1日目	土砂災害警報発表 洪水警報発表 上秋山、下秋山の避難所を開設 上秋山地区で土砂災害発生 岩鼻橋が崩落→秋山町が孤立状態 断水発生 停電発生 テレビ受信不可 固定電話、携帯電話使用不可
2日目	県もしくは市からの物資支援開始 緊急を要する患者を佐野市民病院に搬送
3日目	一部電気復旧
4日目	一部テレビ放送受信可
5日目	上秋山～下秋山の道路開通
6日目	携帯電話の通信復旧
7日目	仮の橋設置 町内全域で電話復旧
16日目	水道施設復旧
17日目	断水復旧 避難指示解除 避難所閉鎖
20日目	テレビ放送復旧

表1　想定上秋山タイムライン

災害時と普段の生活の違いについて、五段階評価（五が最も違いを感じている）で質問し、想定上秋山孤立タイムラインを見る前の平均は四・〇であった。見た後の平均は四・一五であり、わずかではあるが孤立タイムラインによって孤立時の状況が認識できたといえる。

想定上秋山タイムラインでは、災害後七日間は孤立することになる。この七日間孤立で困るか困らないかについて職種別にまとめたものが図8である。会社員をはじめ、町会外部に通っている人の多くは困ると回答している。無職の人でも困ると回答しているのは、外部にある病院に通院しているからであると推測される。

栃木県は、災害の比較的少ない地域だとされていたが、必ずしもそうだとはいい切れない。佐野市上秋山町会のような山間地域でも地域の孤立をともなう大きな被害が発生する可能性がある。このような山間地域を訪れて生活を感じ、地域にある防災の強みと弱みを感じてほしい。

〔参考文献〕
近藤伸也、下山野萌夏「栃木県佐野市上秋山地区における潜在的防災力の評価の試み」『地域安全学会梗概集』四九、二〇二一年
近藤伸也、伊藤海里「孤立タイムラインを使用した山間農業地域が孤立した時の強みと弱みの抽出」『日本自然災害学会学術講演会講演概要集』四一、二〇〇二年

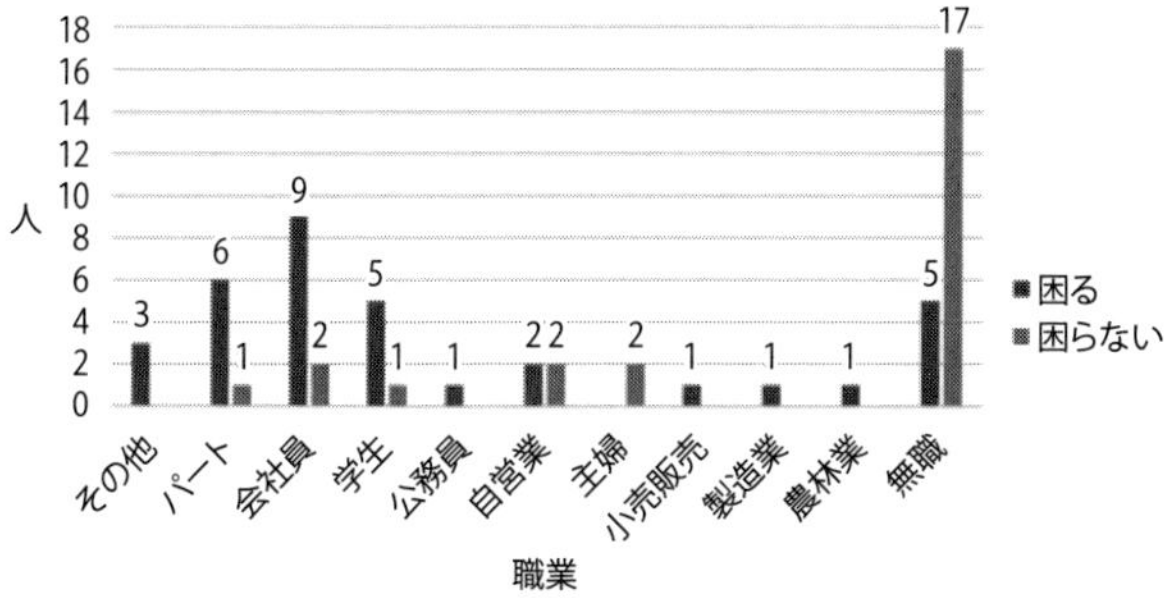

図8　7日間の孤立に対する住民の思い

column

獣害の最前線にある佐野市秋山地区の「生活合理性」とは

闇　美芳

皆さんは獣害という言葉を一度でも耳にしたことがあるだろうか。獣害とはイノシシ、サル、シカなどの野生動物によって引き起こされた農作物被害・健康被害・精神的な被害のことである。なかでも一番目にしやすいのは農作物被害である。たとえば、栃木県における二〇二〇年度の野生動物（シカ、クマ）による林業の被害額は一億一七〇〇万円、獣類（イノシシ、シカ、サルなど）による農作物被害額は二億一一〇〇万円にのぼっている。こうした獣害被害を低減させるために、県では有害鳥獣駆除を推進している。その結果、同年度の有害駆除捕獲数はイノシシ一万一二五二頭、シカ一万一七八〇頭になっている（栃木県自然環境課提供データによる）。

筆者がフィールド調査をした栃木県の山村である佐野市秋山地区は、獣害の最前線に位置している。秋山地区（上秋山・下秋山の二つの町会からなる）は栃木県の西南部を流れる秋山川の上流にあり、地区の全人口は二一一人、一〇三戸からなっている（二〇二二年二月時点）。東京農工大学が二〇一一年に下秋山で実施した調査結果によると、獣害の被害件数はイノシシ（四五）、サル（二三）、シカ（一二）、ハクビシン（一〇）、その他（二）であった。

秋山地区の獣害被害は二〇〇〇年代にまでさかのぼる。二つの町会のうち、川の上流部に位置する上秋山の方が獣害被害がより深刻である。上秋山を訪ねると、道路の真ん中に陣取るサルの群れに頻繁に出くわすことになる。地区に住むある八〇代の女性は、サル・シカ・イノシシによる獣害被害を受け、二〇一六年からは柵で囲まれた家庭菜園も断念せざるを得なくなったという。サルが家に侵入しないように、玄関先には常に小石が用意されている。しかし、高齢の女性では小石を投げられる範囲に限界があるので、サルの群れは軒先からそう遠くへ

下秋山地区の防護柵（2015年3月筆者撮影）

は逃げようとしない。そのため筆者が調査のために訪れると、女性と顔を合わせる前に、庭先や屋根の上を闊歩するサルの群れに遭遇することになるのである。

上秋山は、しかし、行政が呼びかけた効率的な獣害対策（集落単位で山裾へ防護柵を設置すること）には手を挙げなかった。他方で下秋山では、村人の働きかけで二〇一〇年四月に栃木県初の獣害対策モデル地区となった。以来、下秋山では、獣害対策の専門家を交えた学習会や、市民ボランティアの手を借りた耕作放棄地の除草、地域住民による有害鳥獣の出没場所に関する地域点検などの活動が行われたほか、山裾への防護柵も設置された（写真）。

防護柵の設置はたしかに下秋山のイノシシ被害の軽減にはつながった。しかし、柵をよじ登れるサルの被害は防ぐことができず、さらにシカの被害に至ってはむしろ被害を拡大させてしまう場合もあった。その理由は次のとおりである。防護柵は高さが九〇センチであったが、風雨によって山頂から落ちてきた小石がこの防護柵にせきとめられ、結果として高さが五〇センチ程度になった箇所が生じた。そのため、シカは山側からは簡単に防護柵を飛び越え、集落に入れるようになってしまった。ところが、シカが山に戻ろうとした時には、柵は九〇センチより高く見えるため、シカは集落側にずっと足止めされてしまうのである。このことに気づいてから、行政は高さ二メートルの柵を無料で提供すると下秋山に申し出た。しかし、下秋山の住民は次の理由でこの申し出を拒否したのである。①自分たちは農家ではないので、農作物への獣害被害は生活を根本から破壊するほどひどいものではない。二〇二二年現在、下秋山町会所属の専業農家は一軒のみであった。②防護柵自体は行政から無料で支給されても、全長七九四〇メートルにもなる長大な防護柵を設置することや、設置後の手入れ（草刈りなど）については地域住民で担う必要がある。しかし高齢化が進む下秋山では、それを担う体力はない。主にこの二点によって、効率的な獣害対策は結局、下秋山では中途半端な形で終わってしまったのである。

ただし、行政が呼びかける「集落単位の山裾への防護柵設置」という効率的な獣害対策をしない、あるいは設置しても中途半端に終えてしまったことをもって、秋山地区の住民を批判の対象にするのは早計であるだろう。

秋山地区の住民は高度成長期以降、山林地主や若者の流出が続き、さらに過疎高齢化が急速に進んだことで、生活条件が大きく変化した。地主が流出したことによって空き家や耕作放棄地が増え、結果としてイノシシなどの隠れ場を生み出し、獣害の拡大につながった。また、地区の若者は仕事や子供の教育などを理由に、交通の便の良い町や市に移住していった。その結果、秋山地区では消防団員すら確保できない事態に直面したのであった。これらの状況の変化を目の当たりにした村人は、村がいずれ消えていくことを時代の趨勢として受け止めるようになっていった。そして村が世代を超えて継続する組織としてではなく、現にここで暮らすことを選んだ人々の生活組織として存在しているのだというように村を再定義していったのである。こうした状況下において、防護柵設置の問題が浮上した。防護柵はいったん設置すれば長期にわたって維持管理が必要とされる。そうした維持管理は、村が今後も継続することを前提にできれば〝村の将来への設備投資〟ととらえることもできよう。しかし将来のない村に現に生きる人々にとって、村人の限られたエネルギーを防護柵に投下し続けることは、村での生活を拘束する足かせとなりかねないと判断されたのである。

いい換えれば、秋山地区の人々は、長期にわたって維持管理しなければならない防護柵のようなハードな設備投資よりも、山村での暮らしを楽しみつつ、野生動物と向き合っていくソフトな対応に、限られたエネルギーを振り向ける選択をしたのである。秋山地区では週末ごとに集まって趣味の延長でボランティア活動を展開している木工クラブという組織がある。木工クラブでは地区の住民の要望に応えて、空き家周辺の除草などを行ってきた。先に記したサル対策に追われている高齢女性も、二〇一六年に熊の出没情報を耳にしてから、木工クラブに裏庭の枝の剪定を頼み、対応してもらっていた。また、木工クラブには鉄砲撃ちの猟師が一人おり、イノシシやサル、シカなどの駆除のほか、車と衝突した獣の死体の処理などにも相談に乗ってくれている。

このように、秋山地区の人々は、あえて防護柵設置といった効率的な獣害対策を取ろうとはせず、むしろ野生動物が去っていくのをただ待つといったような、一見すると消極的な対応に終始しているように見える。しかしながら、こうした対応も、過疎高齢化が進み、村が消えていくことを受け入れたうえで、なお村で暮らすことを選んだ人々が、十分に吟味したうえで下した判断なのである。

皆さんがもし秋山地区のような山村に足を運び、道路の真ん中に陣取ったサルの群れに出会ったとしても、それをもって獣害対策が不十分なダメな山村だといった先入観だけで判断しないでほしい。あえてサルの群れと小石で攻防する暮らしを選ぶという村の「生活の合理性」の方に、もっと思いを寄せてほしいと願っている。

〔参考文献〕
閻美芳「野生動物に積極的に関わらない選択をする限界集落の〝合理性〟——栃木県佐野市秋山地区を事例として——」『環境社会学研究』二三、二〇一七年

農村でのワーケーションで移住と新たな観光スタイルを促進する那珂川町

——五艘みどり

はじめに

那珂川《なかがわ》町は、栃木県北東部に位置する人口一万五〇〇〇人（二〇二〇年現在）の農林水産業の町で、二〇〇五年に馬頭《ばとう》町と小川町が那珂川を挟んで合併して誕生した。那珂川は「西の四万十、東の那珂川」といわれる清流で、釣り好きには鮎釣りのメッカとして知られ、観光用の「やな」に鮎がピチピチと上がる光景は夏の風物詩でもある。江戸時代から続く馬頭温泉や、温泉水で生まれたトラフグ料理などバラエティに富んだ観光資源が存在している。しかしながら那珂川町は、雇用の少なさや利便性の悪さにより若い世代の人口流出が止まず、町が誕生して以来、過疎地指定されている。高齢化率は三九・七％（二〇二〇年現在）と県内でも高い水準にあり、著しい少子高齢化にある。そこで那珂川町では、移住・定住政策を強く推し進め、人口減少を抑制しようとしている。その切り口の一つがワーケーションの促進である。二〇二〇年に発生した新型コロナウイルス感染症ＣＯＶＩＤ－19は、私たちの生活様式を一変させた。観光業や飲食業が経済的大打撃を受けた一方で、都心のオフィスでテレワーク化が進み、インターネットがあれば場所を選ばず仕事ができることが認識された。今やテレワークが働き方の選択肢として首都圏で定着しつつある。那珂川町はこうしたテレワーカーをワーケーションで吸収し移住・定住に繋げようとしている。[1]さらに地域住民の間には、既存の地域資源を磨き上げることで、新たな観光スタイルを促進しようと奮闘する人もいる。ここでは、ワーケーションで移住と新たな観光スタイルを促進する那珂川町について、地域の方々の活躍を通して紹介する。

(1) ワーケーションとはテレワークを活用しながら観光地などで休暇を取る過ごし方を言う。

1 農泊とワーケーションで移住・定住を促進

那珂川町では、町外でテレワークを行う若い世代に「ワーケーション」をきっかけに来訪してもらい、子育て支援住宅などを紹介して移住・定住に繋げるという政策を実施している。那珂川町では、二〇〇九年に「高手《たかで》の里」として町有地(約一ヘクタール)を住宅用に整備し、移住希望者へ二〇年間無償貸与するとしたものの、リーマンショックの時期も重なって若い世代の応募は少なかった。そこで新たに「エミナール那珂川」として、小学生までの子を持つ家族が二〇世帯入居できる集合住宅を中心地に建設し、二〇二〇年にオープンした。すると共働きの若い世代から、子育て支援施設の併設や立地の利便性などが評価され、供用開始直後から満室の人気の住宅になった。この住宅は、小学生の子どもがいなくなると出ないといけないが、那珂川町はそうした世帯へ分譲宅地を用意する計画である。二〇二二年には「お試しサテライトオフィス」として、未利用だった集会施設を改修し通信環境を整えたコワーキングスペースを開業して、テレワーク環境を向上させた。

テレワークによる移住者誘致に向けて、那珂川町では一般社団法人プロフェッショナル&パラレルキャリア・フリーランス協会と連携して農泊を活用したワーケーションのモニターツアーを二〇二〇年から実施している。「川のせせらぎを聞きながら仕事できる環境を整えたところ『音が大きくて仕事にならない』、子どもの遊びスペースを併設したところ『すぐに子どもがやってきて仕事にならない』など、貴重な意見をもらっています」と謙虚に話すのは、那珂川町役場の露久保さん。移住・定住政策を担当するなかで、モニターツアーにおける参加者の意見を丹念に拾いながら、より良いテレワーク環境作りへ向けて活動している。実際、取り組みの成果はすでに出つつある。露久保さんによれば、施策の結果、二〇一七年から五年間の移住世帯は約四〇世帯とのこと。町ぐるみで移住・定住を強力に推し進めた成果といえよう。

2　那珂川町に移住した若い世代の暮らし

テレワークしながら農村で暮らす

子育て支援住宅の登場で、那珂川町でテレワークをしながら農村暮らしを楽しむ若い世代が見られるようになった。薬事コンサルタントの大井さんもその一人である。大井さんは東京の企業勤務を経て独立し、子どもができたのを機に那珂川町へ移住した。以前から

写真１　子育て支援住宅「エミナール那珂川」（左）、農村景観を背景にテレワークで仕事をする大井さん（右）

夫婦で移住願望があったが、移住の絶対条件は、「子どもの預け先があること」。東京では保育園の待機児童が多く、子どもの預け先を探すのは大変だった。大井さんが二〇一九年に那珂川町を訪れた際、子育て支援住宅「エミナール那珂川」を気に入ったが、移住を決めたのは近くのこども園に空きがあることも大きかった。また、仕事をテレワークで行うものの、どうしても都心に出る必要があるが、住宅から新幹線の那須塩原駅へ車のアクセスが良いことも魅力だった。

大井さんの暮らしぶりはこんな感じだ。朝六時に起きて朝食を作り、子どもと家で八時頃まで遊んで、近くのこども園へ送る。その間、妻が仕事に出る。仕事は机にＰＣ一台を置いて九時から一七時頃まで行う。その後、夕飯の支度をしていると、一七時過ぎに妻が子どもを迎えて帰宅、一八時頃に夕食となる。大井さんの顧客は都心の企業がほとんどだが、オンライン会議やメールを多用して業務を行う。繁忙期には、月五回程度東京に出ないといけないが、「混雑した公共交通に乗るよりずっと良い」とのこと。新型コロナウイルス問題で業務がインターネット経由となり対面の打合せも減少したが、「那珂川町に引っ越したからといって、人との繋がりはこれまでと変わらない」と大井さんはいう。

大井さんに那珂川町の魅力を訪ねると、季節の移り変わりを肌で感じ取れることだそう。住宅からは季節とともに色づく里山が見える。春になればサギが田に降りてきて、その田も水を張れば海のように輝き、直売所に行けば野菜の旬がわかる。細やかな季節の移り変わりを五感で知ることができる。移住生活は家族にも影響を与えた。居住空間が広く圧迫感のない生活になり、家族に余裕が生まれた。町の人は子どもに親切でうれしい。渋滞から解放され、妻は勤め先までの車移動を「マリオカートのよう」と楽しんでいる。若い世代が実践する新しい働き方は、地域への活力を生み出す源にもなりつつある。

Uターンで若い世代が集うカフェを創業

町から流出した若い世代が、移住・定住政策を機にUターンして起業するというケースも見られる。新型コロナウイルス問題がなかなか収束しない逆風のなか、カフェ「Lighten up & Switch 136」をオープンさせた磯野さんはその一人である。磯野さんは高校までを那珂川町で過ごし、町外に進学して東京の飲食業で約二〇年の経験を積んだ。東京で結婚して子どもができたが、いつか帰って飲食業で地元に恩返ししようという強い気持ちがあった。ある時、那珂川町が「消滅市町村」のリストに上がっているというニュースを見て、今こそ戻らねばと考え家族とUターンした。長年地域から離れていたため人脈の再構築の必要もあり、まずは那珂川町の「地域おこし協力隊」となって三ヶ月勤務し、地域の

写真2　カフェ「Lighten up & Switch 136」（左）、Uターンして起業した磯野さん（右）

特産品のPRなどを行った。その間に中心地から車で一五分程度の場所に好条件の物件を見つけることができ、勤務が終了するとともにカフェを創業した。

磯野さんは若者や家族連れがゆっくりできる洋食の店を作りたいという思いがあった。那珂川町には和食の定食屋などはあるが、若者向けの洋食店が少なかったからだ。新型コロナウイルス問題でオープンは一度延期になったが、新しい店を出すことで地域に元気を生み出したいという思いで、二〇二一年六月に開業した。「Lighten up & Switch 136」は、店内の大きな窓から田園を見晴らすことができ、開放感を感じながらのんびりと地元食材を使ったハンバーガーやサンドイッチを楽しむことができる。カフェの特徴は地産地消。猪肉を使ったジビエバーガーは、パンを那珂川町のコメを使って町内の工房に作ってもらっている。野菜や紅茶は町内産、牛肉は県内産とこだわっている。磯野さんのねらい通り、今は若者や家族連れが多く訪れる。「カフェが地域のコミュニティの拠点となって欲しい」と磯野さん。ヨガインストラクターとして活動する妻は、小さい子どもの洋服を譲ったり交換したりする「おさがり会」を主宰するなど、夫婦で地域のコミュニティづくりに積極的である。これからは、時々カフェをレンタルスペースにして町内の様々な人が集う場所にするなど、那珂川町を活気づける構想を描いている。

3　複数の美術館が示す地域の文化水準の高さ

那珂川町を訪れて驚くのは、小さな町でありながら、質の高い美術館が複数存在しているという文化水準の高さである。歌川広重の肉筆画や版画が展示されている「那珂川町馬頭広重美術館」は、建築家・隈研吾設計による平屋の切妻屋根の美しい建物と合わせて、多くの美術愛好家に知られている。また「いわむらかずお絵本の丘美術館」は、那珂川を見下ろす美しい丘にあり、いわむらかずお氏の絵本「14ひきのシリーズ」の世界観を再現するような里山のフィールドもあって、親子連れや若い世代に人気がある。

さらに、那珂川町には素晴らしい美術館がある。それは「もうひとつの美術館」だ。「『もうひとつの』という言葉には、障害のある芸術家の作品など既成の枠にとらわれない、また別の『オルタナティブ・アート』という意味が込められています」と話すのは館長の梶原さんだ。梶原さんは、障害のある家族と暮らしやすい自然豊かな住環境を探すなかで、那珂川町の小砂《こいさご》地区に出会い、一九九八年に家族で移住した。当初は東京から二〇〇キロ圏内で温泉がある移住先を探していたが、小砂地区は温泉のみならず、焼き物の産地で陶芸があり、半農半林の里山にたたずむ民家や集落の様子が美しく、美術大学出身の梶原

写真3　ギャラリー&カフェになっている元職員室（左）、明治・大正時代からの木造校舎の廊下（右）

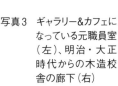

さんにとって魅力的だった。引っ越して一年後、障害のある人たちのアートのすばらしさに出会い、それらを広める拠点として町内の廃校となった明治・大正時代の木造校舎を活用しようと思い立ち、「もうひとつの美術館」をオープンさせた。美術館はNPO法人化して運営し、年二回の企画展とワークショップに加え様々なイベントを開催する。コストを抑えるため作品を直接作家たちのところへ取りに行き、梱包して輸送することもあるが、スタッフが直接行くことで作家との信頼関係が深まるという。かつての教室を展示スペース、元職員室をギャラリー&カフェ、時にはイベントスペースにするなど面白く、それをつなぐ廊下のたたずまいがまた美しい。「那珂川町では新緑のシーズンになると『森が笑う』んですよ」、と優しい顔で話す梶原さんの愛情の詰まった美術館となっている。

4　バイオマス余熱が生んだご当地マンゴーとコーヒー

那珂川町は北関東にありながら、少量だがマンゴーとコーヒーが生産されているという驚きの事実がある。これらは木質バイオマスエネルギーを使ったビニールハウスで生産されている。那珂川町の林業はかつて、材木需要の減少から縮小傾向にあった。しかしながら製材業の株式会社トーセンが那珂川町に進出したのを契機に、町内の鈴木材木店が協力する形で、木質バイオマスエネルギーを利用した取り組みが始まった。取り組みは二〇一三年から環境省の補助を得て行われ、現在は鈴木材木店の社長夫人の鈴木さんが中心となり一〇〇本のコーヒーと一五〇本のマンゴーを育てる。「私たち夫婦は昔から製材で出る

写真4　コーヒー栽培をする鈴木さん（左）、鈴木さんが育てたコーヒーの実

大量の廃材がもったいないと感じ、何とか利用できないかと考えていました」と、鈴木さんは話す。その大量の廃材の余熱は今や、那珂川町でしか味わえない幻の国産コーヒーと、贈答品として人気の「なかよしマンゴー」を生み出している。コーヒーは、ビニールハウスの手作業で栽培するため採算には乗らないが、地域活性化に貢献したいと生産している。マンゴーは宇都宮市の老舗フレンチ「オトワレストラン」で使用され、JR東日本の豪華列車「四季島」のメニューにも並ぶなど、知る人ぞ知る那珂川町の特産品となりつつある。

那珂川町のバイオマス活用は、他にも興味深い取り組みがある。株式会社トーセンは、町民が持ち込んだ木材を地域通貨で買い取っている。林業者以外の町民からも、所有地の管理目的で伐採した木材は買い取る。これにより、地域の山林が荒れずに管理されるのみでなく、地域通貨で町内商店が潤う。また、バイオマス余熱はうなぎの養殖にも活用され、那珂川町の川魚店で販売される。こうした町内のバイオマス発電は、町の七割以上をまかなえる発電量を誇る。那珂川町の林業者を中心としたバイオマスの取り組みは全国でも注目され、多くの視察者が訪れている。那珂川町のバイオマスは、林業を多機能化させ、地域の電力を創出し、新たな特産品まで生み出す。「木質バイオマスエネルギーを利用したマンゴーとコーヒーの栽培を通して、地域の活性化、雇用の創出、更にはＳＤＧｓの取り組みにつなげていきたい。」と鈴木さんは熱弁する。

5　富裕層に支持される古民家ワーケーション

那珂川町の中心に二〇〇年の歴史がある有形文化財をリノベーションした高品質な宿泊施設「飯塚邸」がある。江戸時代の庄屋であった飯塚家によって建てられ、保存状態の良さもあって二〇〇三年に国登録有形文化財に登録された。那珂川町へ譲渡された後、株式会社大田原ツーリズムが借用し、独自資金で建物の修復を行い、二〇一九年六月にホテルとしてオープンした。飯塚邸はリビングとダイニングとキッチンを備えた長期滞在できる部屋が三部屋、蔵を改修しリビングも備えた部屋が三部屋の計六部屋あり、その素晴らしい建築とサービスはスモール・ラグジュアリー・ホテルのレベルである。室内には那須烏山の和紙や宇都宮の大谷石など県内の素材が使われ、食事は地域食材をふんだんに使ったオリジナルのケータリングを町内飲食店より提供している。さらに町内散策マップや体験メニューを用意し、宿泊客がなるべく町なかに出る工夫もしている。「飯塚邸」は、「宿泊

写真5　国登録有形文化財を活用した宿泊施設（左）、リビング、ダイニング、キッチンがあり快適な長期滞在ができる（右）

以外のホテルの機能は町の中にある」として、町とともに発展を目指すコンセプトのホテルとなっている。

株式会社大田原ツーリズムは、大田原市や那珂川町を含めたエリアで農家民宿や農業体験など地元の生活に根付いた体験を提供しているＤＭＯ（観光地域づくり法人）で、以前から多くの事業者、農家、馬頭商店会などと連携しており、飯塚邸でも地域でしかできない体験を提供している。マネージャーの河西さんによると、現在の飯塚邸の顧客の多くは家族連れや国内在住の外国人とのこと。外国人利用は多く、英語を話す外国人スタッフが常駐する。また、滞在のうち二割程度をワーケーションが占め、多くは首都圏から来訪する。時には複数の部屋を企業が予約して定期的に訪れることもある。ワーケーションのスタイルは、午前は仕事をして午後は周辺に遊びに出る、日中はでかけて夜に仕事するなど、さまざま。平均して二泊程度だが、時には一週間の長期滞在もある。キッチン付きの部屋で食事を作ることができるため長期滞在が可能になる。「那珂川町の食のバラエティは素晴らしいんです。野菜や果物だけでなく、肉や魚もおいしいですから。里山や水の恵みだと思います。」と話す河西さん。新型コロナウイルス問題の収束とともに、再度、戻ってくるインバウンドにも飯塚邸を通して、那珂川町の魅力が伝わっていくはずだ。

6　選ばれるワーケーション地域として

これまで紹介した通り、那珂川町には魅力的な地域資源と人々が存在している。ワーケーションの取り組みに加え、移住に向けた施設整備もなされ、今後も移住者の増加が見込まれる。ここで地域側が留意しておくべきなのは、移住者には様々なタイプがいるということだ。地域側は移住といえば永住をイメージしがちだが、実際には数年だけ、特定の季節だけ、といった短期滞在のニーズも高い。移住者にも事情があり、それを理解して受け入れることが重要である。移住者が出たり入ったりしても居心地の良い雰囲気を作るには、地域住民の寛容さが不可欠だろう。また移住者には、移住先で適度な地域貢献ができることを望んでいる人も多い。地域の困りごとを移住者が解決できるケースも少なくなく、こうしたマッチングは自治体など公的機関が担うことが望ましいだろう。那珂川町でワーケーションを契機とした移住促進が進めば、それは全国で人口減少が続く多くの地域に勇気を与える事例となる。今後も那珂川町の取り組みに大いに期待したい。

column

黄ぶな伝説再び
――コロナ禍で見直された宇都宮の文化――

橋爪孝介

新型コロナウイルス感染症とアマビエ

二〇二〇年二月、新型コロナウイルス感染症COVID-19（以下「コロナ」とする）が国内でも流行の兆しを見せ、未知のウイルスの上陸に人々は恐怖した。自粛の名の下に自宅待機を余儀なくされ、年度末や年度初めのイベントは尽く中止に追い込まれ、街からは人が消えた。

人々の不安と不満が高まる中で、一つの投稿がSNS上で注目を浴びた。アマビエである。多くの人にとって初見あるいは忘却の彼方にあったこの妖怪は、厚生労働省が感染拡大防止を訴えるアイコンに採用するほどの大きなうねりを巻き起こした。

発見されたご当地のアマビエ「予言獣」

アマビエブームの裏で、アマビエと同じような伝説上の生物が全国で発見された。たとえば、西日本を中心とした件《くだん》、山梨県のヨゲンノトリ、長崎県などの神社姫《じんじゃひめ》が挙げられる。これらは疫病の流行前に現れるため「予言獣」と総称される。宇都宮でも、類似した伝説を持ち、コロナ禍で注目を集めたものがある。その名を「黄ぶな」という。

宇都宮の「黄ぶな伝説」

語り手や文献により多少の異同はあるが、黄ぶな伝説は、おおむね次の通りである。

写真1　ぬいぐるみと折り紙の黄ぶな（2022年7月撮影）

「江戸時代、宇都宮で天然痘が流行したとき、田川《たがわ》に黄色いフナ（黄ぶな）が出現した。これを釣り上げて食べさせたところ、病人は平癒した。しかし、黄ぶなを再び釣り上げるのは難しいので、人々は黄ぶなを模した張り子を作り、飾ることで無病息災を祈った。」

黄色ないし金色をしたフナは実在するのだが、宇都宮に伝わる黄ぶなは、胴体が黄色、顔が赤、尾が緑、ひれが黒という、独特の色をした伝説上の魚である。それぞれの色には厄病退散の願いを込めた意味付けがなされているだけでなく、現代人にも響く色彩バランスを兼ね備えている。

マスコット化する黄ぶな

本来の黄ぶなは張り子細工である。昭和初期までは、市街地に近接する地域の農家が収穫後の副業として手作りし、初詣や上河原《かみがわら》の初市で販売するものであった。作り手は次第に減少し、一時は途絶えてしまうが、二〇二二年現在、一人の職人が黄ぶな作りを手掛けており、子どもたちへの体験教室も開催している。

張り子の黄ぶなが継承の危機に陥ったのとは対照的に、土鈴、ぬいぐるみ、根付など、新たな形態の黄ぶなが登場した。さらに、市街地を循環するバスは「きぶな」、オリオン通り付近のまちづくり交流センターは「イエローフィッシュ」と命名され、黄ぶなの名を持つ日本酒や菓子などが店頭に並ぶようになった。このように、平成時代の黄ぶなは、厄病退散の意味合いが薄れ、宇都宮の伝統的なキャラクター・マスコットとして扱われるようになっていった。

写真２　商店街に掲げられた黄ぶな（2021年5月撮影）

黄ぶな伝説再び

二〇二〇年二月二二日に栃木県で初の感染者が報告されて以来、黄ぶなを買い求めたり、自宅や店舗に飾ったりする人が急増し、ＳＮＳでは「黄ぶな運動」と称する、コロナに関連する情報を発信・共有する市民の草の根的な活動が展開された。宇都宮市出身の作家・立松《たてまつ》和平《わへい》の絵本『黄ぶな物語』（一九九九年）への注目も集まり、市立南図書館は期間限定で読み聞かせ動画を公開し、二〇二〇年六月には新装版が出版された。

その後も、市内の神社や寺院が黄ぶなのお守りや御朱印の頒布を開始し、中止となった宮の市の代替として、期間限定で「黄ぶな大明神」が設置された。翌二〇二一年には、語呂合わせで九月二七日を「黄ぶなの日」として、協賛店舗によるセールが行われた。そして二〇二二年一月には、三五の団体や企業が参加する「黄ぶな推進協議会」が発足し、黄ぶなの文化商業観光への活用などを模索している。

これらの動きは、マスコット化が進んでいた黄ぶなに、再び無病息災の思いを吹き込み、黄ぶなが新たな交流を生んだという点で、「令和の黄ぶな伝説」と呼べるのではないだろうか。

〔参考文献〕

毎日新聞、下野新聞報道（二〇二〇～二〇二二年）
柏村祐司『なるほど宇都宮　歴史・民俗・人物百科』随想舎、二〇二〇年

渡《わた》良《ら》瀬《せ》遊水地と観光

鈴木富之

はじめに

遊水地とは、「河川において、越流堤等の施設を設け、高水流量の一部を計画的に氾濫させ、一時的に貯留することによって、下流部の流量の低減をはかることを目的とした地域」（内田一九八五）のことである。本章で取り上げる渡良瀬遊水地は、足尾銅山鉱毒事件や台風、豪雨の対策として渡良瀬川下流に造成された日本最大級の遊水地である（村瀬二〇一五、写真1）。同遊水地は栃木・群馬・埼玉・茨城の四県にまたがり、面積が約三三平方キロメートル、総貯水容量が約二億立方メートルを誇る。[1]

渡良瀬遊水地の主な機能的な特徴として、①国土保全機能、②経済的機能、③環境保全・教育的機能、④レクリエーション機能の四点が挙げられる（松井ほか二〇〇四）。

①国土保全機能には、洪水調節を目的とする治水機能と、ダム湖である谷中湖（渡良瀬貯水池）から東京や千葉、埼玉などに都市用水（飲料水）を供給する利水機能がある。なか

（1）　一般財団法人渡良瀬遊水地アクリメーション振興財団「渡良瀬遊水地」ホームページ（https://watarase.or.jp 二〇二二年七月六日最終閲覧）。

写真1　渡良瀬遊水地（2022年7月撮影）

でも、治水機能は最も重要な機能である。遊水地内で上流河川（渡良瀬川、巴波川《うずま》、思川《おもい》）が増水して一定量を超えた場合には、排水門が閉鎖され、河川の水が越流堤（渡良瀬川と各調節池を仕切る「囲繞堤《いぎょうてい》」の一定区間が周囲より低くつくられている）を超えて調節池に貯えられる。

つぎに、②経済的機能として、釣りを含めた内水面漁業やヨシズ生産などが挙げられる（松井ほか二〇〇四）。また、明治中期から一九七一年まで、旧谷中《やなか》村で採取された良質な粘土や川砂などを使った赤煉瓦製造も行われていた。

③環境保全・教育的機能をみると、「渡良瀬遊水地アクリメーション振興財団」や「わたらせ未来基金」、「渡良瀬遊水地を守る利根川流域住民協議会」などの地域団体が近隣の小学生などを対象とした自然・歴史の観察・学習活動を支援している（長濱二〇一四）。

最後に、④レクリエーション機能に注目すると、谷中湖ではウィンドサーフィンやヨット、カヌーなどのウォータースポーツや釣りを行うことができ、遊水地内には運動公園やゴルフ場も立地している。また、谷中湖の造成時に水没を免れた旧谷中村の史跡も存在する。加えて、二〇一二年七月三日に渡良瀬遊水地がラムサール条約湿地に登録されたことにより、湿地の「ワイズユース（賢明な利用）」が重要な課題となっており（長濱二〇一九）、隣接する自治体では農村観光による地域活性化に取り組む例がみられている（村瀬二〇一五）。

そこで、本章では、渡良瀬遊水地における観光資源の特徴と農村観光による地域活性化の事例について紹介する。

1　渡良瀬遊水地の歴史と観光資源の特徴

渡良瀬遊水地の歴史

江戸時代初期、徳川家康は現在の東京湾を流れていた利根川を銚子（千葉県）の太平洋に流れるように付け替えることを命じた。[2] これは「利根川東遷事業」と呼ばれている。これにより、一六二一（元和七）年に利根川を渡良瀬川に流す新河道が開削され、渡良瀬川は利根川最大の支川になった。渡良瀬川下流一帯は、赤麻沼や石川沼など複数の沼があり、洪水が自然に遊水する低湿地帯であった。その中央部に開墾された谷中村は周囲を堤防で囲まれており、農業や漁業、ヨシズやスゲ笠の生産、養蚕業などが行われていた。また、谷中村やその周辺地域では、洪水対策を目的として「水塚《みづか》」（盛り土の上に建てられた避難用の蔵、写真2）や「揚舟《あげぶね》」（農機具小屋などの軒下に吊るされた避難用の小舟、写真3）が存在した。

しかしながら、一八八八（明治二一）年と一八九六（明治二九）年に渡良瀬川下流部で洪水被害が起こると、足尾銅山の鉱毒による被害が拡大した。衆議院議員の田中正造は一八九一（明治二四）年に帝国議会に鉱毒問題に関する質問書を提出し、議員辞職後の一九〇

（2）「渡良瀬遊水地の歴史」については、一般財団法人渡良瀬遊水地アクリメーション振興財団「渡良瀬遊水地」ホームページおよび栃木市渡良瀬遊水地WEB（https://www.city.tochigi.lg.jp/site/watarase-heartland/ 二〇二二年七月二二日最終閲覧）、松井ほか（二〇〇四）を参考とした。

写真2　水塚（2018年12月撮影）

写真3　揚舟（2018年12月撮影）

一（明治三四）年一二月には明治天皇に直訴を試みるなど、大きな社会問題となった。

こうした状況下、治水事業により洪水を防ぎ、鉱毒被害を抑えるため、政府は一九〇三（明治三六）年に谷中村の廃村と遊水地化計画を正式発表した。一九〇六（明治三九）年、谷中村は藤岡町（現・栃木市）に合併され、廃村となった。一九〇七（明治四〇）年には土地収用法を適用して土地の強制買収を行い、六月二九日には栃木県による残留住民が住む家屋の強制破壊が行われた。その後、一九一〇（明治四三）年に内務省による改修事業が開始され、一九二二（大正一一）年に渡良瀬遊水地が完成した。

渡良瀬遊水地完成後（一九三五年、三八年、四七年）も大洪水が発生したため、一九六三年から調節池化事業が開始された。渡良瀬川、思川、巴波川に沿って新しい囲繞堤や越流堤が設けられ、洪水時に川の水が調節池に入るようにし、洪水調節機能を増大させた。一九七〇年には第1調節池が、一九七二年には第2調節池が、一九九七年には第3調節池が概成した。また、洪水調節機能の維持、都市用水の新たな確保などを目的として、日本初の平地型ダムである谷中湖が一九七六年に着工され、一九九〇年に運用が開始された。

渡良瀬遊水地周辺地域における観光資源の特徴

図1は渡良瀬遊水地周辺地域における観光資源の分布を示したものである。これによると、同地域には、旧谷中村の史跡や野木《のぎ》町煉瓦窯（旧下野煉化製造会社煉瓦窯）などの歴史的な観光資源が存在している。遊水地の周辺部には、渡良瀬遊水地湿地資料館（栃木市）、栃木市渡良瀬遊水地ハードランド城、栃木市藤岡歴史民俗資料館、渡良瀬遊水地コウノトリ交流館（小山市）、わたらせ自然館（群馬県板倉町）など自然や歴史の学習施設も点在している。道の駅かぞわたらせの近くには、栃木・群馬・埼玉の三県境があり、多くの観光客が訪れる写真撮影スポットになっている（写真4）。また、谷中湖ではウォータースポーツや釣りなどが可能であり、遊水地内では熱気球やスカイダイビングなどの体験もできる。

ここでは、渡良瀬遊水地固有の歴史的観光資源である旧谷中村の史跡と野木町煉瓦窯について紹介する。

①旧谷中村の史跡

谷中湖周辺部では、レクリエーションの場として整備が行われ、一九九一年から一般に開放されている（松井ほか二〇〇四）。もともと谷中湖は円形でつくられる予定であったが、住民からの強い要望により旧谷中村の中心地を除いて造成されたため、ハート形になった。

写真4　三県境（2019年10月撮影）

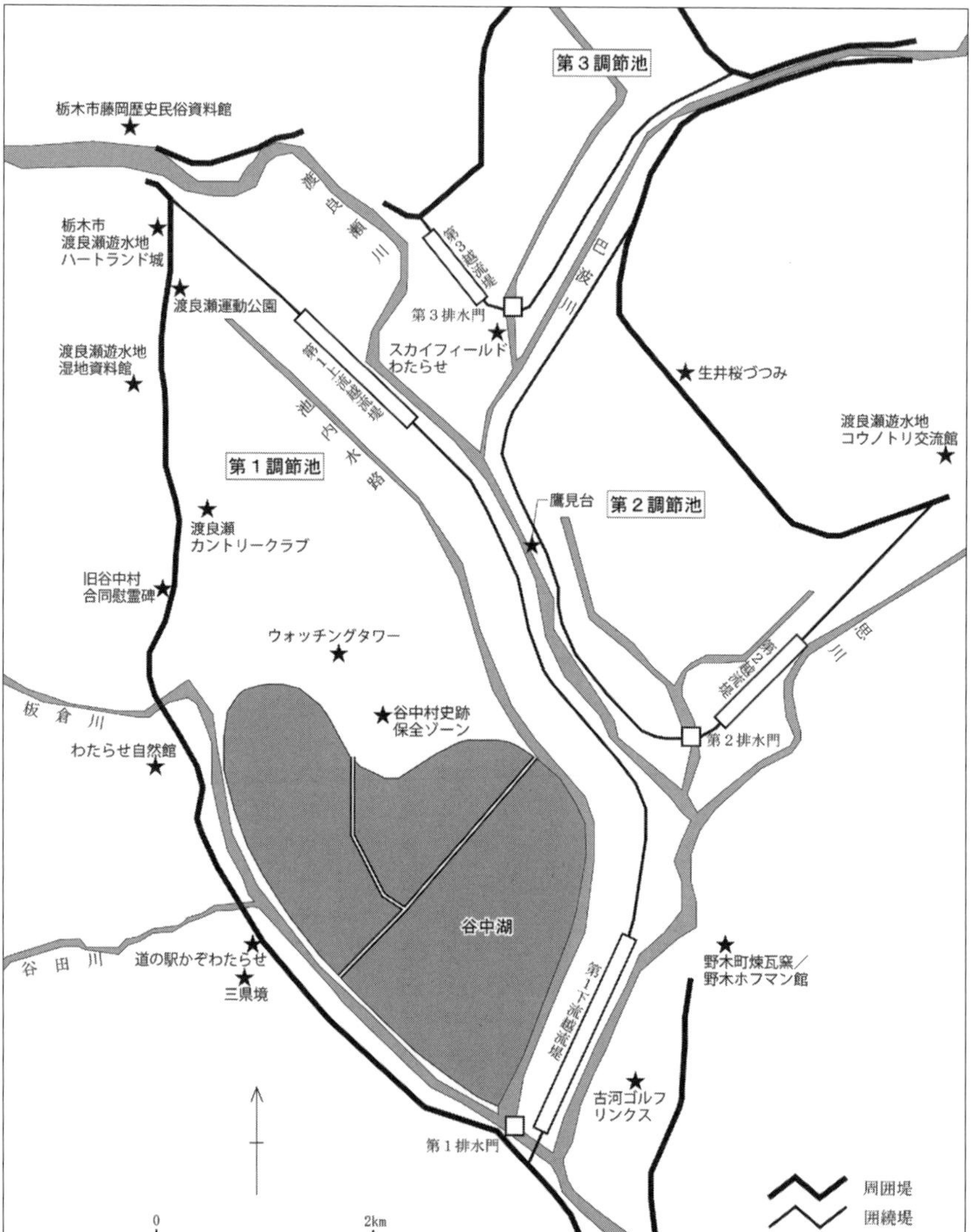

図1　渡良瀬遊水地の観光資源（渡良瀬遊水地アクリメーション振興財団『渡良瀬遊水地ガイドマップ』により作成）

この場所は「谷中村史跡保全ゾーン」に設定されている。谷中村史跡保全ゾーンでは、谷中村役場跡や雷電神社跡、延命院跡、共同墓地、集落跡などが保存されている（写真5）。

②野木町煉瓦窯（旧下野煉化製造会社煉瓦窯）

一八八七（明治二〇）年、下野煉化製造会社の前身である東輝煉化石製造所が谷中村に設立された。[3] 一八八八（明治二一）年には下野煉化製造会社が創立され、現在地（野木町）に工場が建設された。工場の敷地は現在の渡良瀬遊水地の場所に隣接しており、煉瓦の材料として最適な粘土と川砂を採掘でき、渡良瀬川の水運も利用できるなど立地条件が優れていた。

煉瓦焼成窯として、登り窯が一八八九（明治二二）年四月に完成し、その後ホフマン式

(3)「②野木町煉瓦窯（旧下野煉化製造会社煉瓦窯）」については、野木町教育委員会が二〇一六年に発行した野木町煉瓦窯のリーフレットを参考とした。

写真5　延命院共同墓地（2022年7月撮影）

写真6　野木町煉瓦窯（2019年7月撮影）

輪窯（ホフマン窯）が二基築造された（同年一二月西窯完成、一八九〇年六月東窯完成）。ホフマン窯とは、ドイツ人技師のフリードリヒ・ホフマンが一九世紀半ばに開発し、特許を取得した赤煉瓦焼成用の輪窯のことである（写真6）。東窯には一六室の窯が環状に配置されており、これらを循環移動しながら①窯詰め→②予熱→③焼成→④冷却→⑤窯出しを行い、赤煉瓦を生産した。下野煉化製造会社は、「下野煉化株式会社」（一九一九年改称）、「下野煉瓦工業株式会社」（一九三九年改称）を経て、一九七一年に「株式会社シモレン」となり、煉瓦製造を休止した。

西窯は一九二三（大正一二）年の関東大震災で倒壊したが、東窯は現存し、「野木町煉瓦窯」として公開されている。野木町煉瓦窯は日本の近代的建築物の発展に大きく貢献し、一九七九年に国の重要文化財に、二〇〇七年に「近代化産業遺産群」に指定されている。

2　渡良瀬遊水地周辺地域における農村観光による地域活性化
――小山市を対象として

渡良瀬遊水地がラムサール条約湿地に登録された二〇一二年以降、小山市では第2調節池やその周辺の水田を活用し、農村観光による地域活性化の取り組みが実施されている。[4] ここでは、それらの取り組みについて紹介する。

（4）「2　渡良瀬遊水地周辺地域における農村観光による地域活性化――小山市を対象として」については、鈴木（二〇一八）をもとに執筆した。

渡良瀬遊水地第2調節池を活用した農村観光による地域活性化

①観光ボランティアガイドの発足

二〇一七年一二月一三日、小山市渡良瀬遊水地エコツーリズムガイド協会が発足した。二〇一六年度には、小山市在住者（四名）と隣接する下野在住者（一名）の計五名がボランティアガイドとしての役割を担っていたが、同ガイド協会の発足には二〇一五〜二〇一六年度の小山市生涯学習課主催の市民講座を受講した二〇名が加わり、二五名体制になった。小山市自然共生課にボランティアガイドの依頼があった場合、同課が小山市渡良瀬遊水地エコツーリズムガイド協会を紹介し、同協会が渡良瀬遊水地での自然観察ツアーを実施することになっている。

②ヤナギ・セイタカアワダチソウ除去作戦

渡良瀬遊水地第2調節池では、二〇一四年度から小山市や野木町が主催となり、「ヤナギ・セイタカアワダチソウ除去作戦」が年四〜五回実施されている。ヤナギは樹林化することにより、絶滅危惧種を含む在来植物の発芽と育成を阻害する。また、外来種のセイタカアワダチソウは、その根から周囲の植物の生育や発芽を妨げる有害物質を出すといわれている。ヤナギ・セイタカアワダチソウ除去作戦は渡良瀬遊水地の湿地環境と湿地植物の保全を目的として行われており、二〇一四〜二〇一七年度の四年間で延べ約一万一二〇〇人が参加した。

活動時間は一時間程度であり、参加者には軍手とゴミ袋が支給される。ヤナギについては、参加者に貸し出される鍬を使用し、根元から除去する。一方、セイタカアワダチソウについては、根元から手で簡単に取り除くことができる。

③ヨシズの生産

小山市の渡良瀬遊水地第２調節池周辺には、ヨシズの生産農家が多数立地していたが、二〇二二年現在では一軒残存している（写真７）。この農家はヨシが枯れる一二月〜三月にヨシ狩りを行い、倉庫にヨシを保存する。ヨシの皮を剥いた後、機械でヨシと竹を交互に編み込み、その両端に付いている刃でこれらの横幅を調整し、ヨシズを完成する。ヨシズの高さは六〜一二尺（約一・八〜三・六メートル）であり、一尺（約三〇センチメートル）ごとに製造されている。

生産者によると、かつてはヨシズをつくれば必ず売れるという時代が続いたが、昭和五〇年代以降にホームセンターなどで中国製の安価なヨシズが販売されるようになり、採算的には厳しい状況が続いているという。しかしながら、小山市内にある三八校の小中学校でヨシズが行われ、夏季における冷房の節電を目的として教室などで使用されている。また、大型のヨシズは宅配業者が対応できないため、東京などの遠方からこの農家に訪問し、大型のヨシズを購入する愛用者もみられる。

写真７　ヨシズ生産農家（2017年６月撮影）

渡良瀬遊水地第２調節池周辺地域の水田を活用した農村観光による地域活性化

①ふゆみずたんぼ

ふゆみずたんぼとは、稲刈り後に田んぼに水を張って代かきをし、春まで水をため続ける農法のことである。稲の切り株やワラなどが水中で分解され、微生物や藻が発生し、それを餌とするイトミミズやユスリカなど、さまざまな生き物の生息を促進させることができる。これらの生物活動により抑草効果や肥料効果が期待されている。また、ふゆみずた

写真8　コウノトリの人工巣塔（2022年6月撮影）

んぼには、江《ごう》や魚道が併設されており、前者は夏季の中干し期にドジョウや小魚などの避難場所に、後者は江やたんぼと用水路を繋ぐ生き物の通路として機能している。ふゆみずたんぼの周辺には、コウノトリの餌となるドジョウやカエル、小魚などが生息しているおり、その周辺部にはコウノトリ人工巣塔が設置されている（写真8）。

二〇一二年以降、ふゆみずたんぼでは、生態系保全に配慮した無農薬・無化学肥料の「ラムサールふゆみずたんぼ米」が農家で栽培されており（二〇一八年現在、一三軒）、道の駅思川で販売されたり、学校給食として使用されたりしている。また、ラムサールふゆみずたんぼ米の一部は日本酒の原料としても使用されており、市内の杉田酒造から「この酒小山のラムサールふゆみずたんぼ米」という銘柄で販売されている。さらに、二〇一五年度からふゆみずたんぼのオーナー制度が開始された。

②おやま田んぼアート

二〇一一年以降、小山市内では水田を大きなキャンバスに見立てて多種類の稲穂で画を描く「田んぼアート」が開催されている（写真9）。二〇一五年度から田んぼアートの会場は三ヶ所に拡大され、田植え・稲刈りなど農業体験やフォトコンテストなどが開催され

写真9　田んぼアート（2019年7月撮影）

た。二〇一六年度には、株式会社手塚プロダクションの協力により、手塚治虫の代表作である「鉄腕アトム」、「ジャングル大帝レオ」、「ブラックジャック」をテーマにした田んぼアートが実施され、そこで収穫された減農薬・減化学肥料の田んぼアート米「十万馬力」が販売された。二〇一六年五月二二日に実施した田植え体験では、約九〇〇人の来訪者が参加した。二〇一七年度以降、田んぼアートの会場が四ヶ所に拡大し（二〇二〇年度と二〇二一年度は新型コロナウイルス感染症COVID-19の影響により中止）、二〇一九年度には手塚治虫作品の「リボンの騎士」と「鉄腕アトム」、人気アニメ「弱虫ペダル」、国の重要無形民俗文化財「間々田のじゃがまいた（長さ一五メートルを超える龍頭蛇体の巨大な蛇を担ぐ五穀豊穣や疫病退散を祈願する祭り）」、自治体のマスコットキャラクター「政光くん・寒川《さんがわ》尼《に》ちゃん（小山市）＆とち介（栃木市）」をテーマとした田んぼアートがつくられた。(5)

③ホンモロコの養殖

二〇一三年、コイ科の淡水魚であるホンモロコの養殖が小山市寒川《さむかわ》地区で開始された（写真10）。その契機として、小山市長（当時）の大久保寿夫氏が埼玉県加須《かぞ》市の鈴木養殖場を視察し、水田での養殖が可能であるホンモロコに注目したことがあげられる。小山市内でホンモロコの養殖を行っている農家は三軒あり、五アールの養殖池が四ヶ所、一〇アール

（5）小山市役所ホームページ「おやま田んぼアート・稲わらアート」(https://www.city.oyama.tochigi.jp/soshiki/40/365.html 二〇二二年七月八日最終閲覧)。

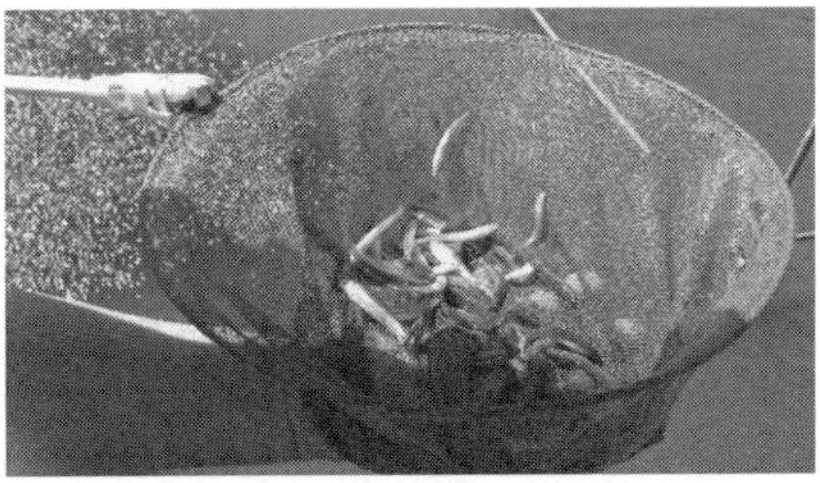

写真10　ホンモロコの養殖（2016年8月撮影）

写真11　渡良瀬遊水地の天然ナマズ（2017年4月撮影）

が一ヶ所存在する（二〇一七年現在）。これらの農家では、ふゆみずたんぼで無農薬・無化学肥料の米作りを実践しているが、一般的な農法より収穫量が少ないという問題点があった。そこで、ふゆみずたんぼによる減収を補填する手段の一つとしてホンモロコの養殖が導入された。ホンモロコは煮つけとして調理され、道の駅思川で販売される。収穫量が少ないことから販売期間は一一月～一月に限定されているが、陳列後一週間以内で完売するケースが多い。

④ナマズの養殖

二〇一六年、ナマズの養殖が上国府塚《かみこうづか》地区で開始された。ナマズ養殖を導入したきっかけは、当時の大久保市長が鈴木養殖場を見学した際に水田でのナマズの養殖を視察したことであり、前述のホンモロコの養殖が成功したことを受けて、ナマズの養殖が導入された。その背景として、小山市生井《なまい》地区の飲食店「新桝屋《しんますや》」で、天然ナマズを使った天ぷらやたたきだんご（天然ナマズの白身と骨、味噌、薬味などを混ぜ合わせたつみれ揚げ）が提供されており、郷土料理の材料としてナマズが親しまれてきたことが指摘できる（写真11）。二〇二一年現在、小山市内でナマズを養殖している農家は二軒あり、[6]養殖ナマズはマスメディアによって「ラムサールナマズ」として報道されるようになった。これらは一一月~二月に道の駅思川で取り扱われており、総菜売り場では天ぷらを、レストランでは鍋物や丼物として提供されている。ナマズの天ぷらは収穫量が少なく、日持ちがしないため、週末に一日五~六パック程度の数量限定で販売されている。

(6) 小山市役所ホームページ「ふゆみずたんぼ・ホンモロコ・ナマズの取組について」(https://www.city.oyama.tochigi.jp/soshiki/39/2495.html 二〇二一年七月二一日最終閲覧)。

おわりに

これまでみてきたように、渡良瀬遊水地周辺地域では、地域固有の歴史的な観光資源が存在し、加えて新たに農村観光による地域活性化への取り組みが実施されている。

一方で、観光振興に向けた課題も多く存在する(鈴木二〇一八)。たとえば、渡良瀬遊水地周辺地域では、著名な観光資源や宿泊施設の集積地域がなく、日光や鬼怒川温泉、塩原温泉、那須高原などの観光地への観光ルート上にも位置していないため、宿泊を伴う観光旅行者による渡良瀬遊水地への立ち寄りが期待しにくいという観光流動上の問題がある。また、渡良瀬遊水地では動植物をはじめとする自然観光資源に依存していたり、ヨシ焼きの時期に来訪者が集中したりするため、観光資源の季節性が大きいことが指摘できる。加えて、自然学習で訪れる生徒・学生や自然愛好家、写真愛好家など、来訪者の客層が限定的であると考えられる。

今後は、地元住民や観光客にナマズ料理店や道の駅思川などで提供されるローカルなグルメをうまくPRをしつつ、そこからさまざまな観光資源に誘導するような仕掛けをつくっていくことが必要であろう。

〔参考文献〕

内田和子『遊水地と治水計画―応用地理学からの提言』古今書院、一九八五年
鈴木富之「渡良瀬遊水地第2調節池周辺地域における農村観光の特徴と地域的課題」『総合観光研究』一六・一七（合併号）、二〇一八年
長濱　元「渡良瀬遊水地自然学習の現状と展望」『国際地域学研究』一七、二〇一四年
長濱　元「渡良瀬遊水地のワイズユースについて」『地域活性化研究所所報』一六、二〇一九年
松井圭介・丹治達義・加藤晴美「渡良瀬遊水地の利用形態からみたオープンスペースの多機能化」『地域調査報告』二六、二〇〇四年
村瀬慶紀「観光による地域活性化と自然保護―ラムサール条約に湿地登録された渡良瀬遊水地を事例として」『現代社会研究』一三、二〇一五年

column

渡良瀬遊水地ヨシ焼きにおける来訪者の行動特性

森田裕一・鈴木富之

ヨシ焼きとは？

毎年三月に渡良瀬遊水地で実施されるヨシ焼きは春の風物詩であり、たくさんの観光客が訪れる[1]（写真1）。その実施面積は全体の約半分にあたる一五〇〇ヘクタールにも及ぶ。ヨシ焼きは、ヨシズ生産が盛んになった昭和三〇年代ごろから病害虫の駆除や良質なヨシの育成を目的として実施されているといわれている。また、ヨシ焼きには、ヨシ原内の樹木を焼くことにより樹林化を防いだり、トネハナヤスリやタチスミレなど春植物の発芽を促進したりするなど、自然環境を保全する効果もある。

写真1　ヨシ焼きの様子（2019年3月撮影）

ヨシ焼き来訪者の行動特性

本コラムでは、二〇一九年三月一六日に渡良瀬遊水地第2調節池（小山市）で実施したヨシ焼きの来訪者一五四名を対象としたアンケート調査をもとに、来訪者がいかなる目的を持ってヨシ焼き会場を訪問し、どのような行動をとっているのかについて紹介する[2]。

来訪目的で最も多かった回答は、「一眼レフカメラ等による写真撮影」（五九・一％）であり、次いで「ヨシ焼きの鑑賞・観光」が三四・四％、「遊水地の散策等」と「その他」がそれぞれ二・六％を占めていた。

表1　訪問目的別滞在時間

滞在時間	①一眼レフカメラ等による写真撮影		②ヨシ焼きの観覧・観光	
1時間未満	0	0.0%	1	1.9%
1時間以上2時間未満	5	5.5%	17	32.1%
2時間以上3時間未満	20	22.0%	15	28.3%
3時間以上4時間未満	20	22.0%	7	13.2%
4時間以上5時間未満	15	16.5%	3	5.7%
5時間以上6時間未満	7	7.7%	2	3.8%
6時間以上7時間未満	4	4.4%	1	1.9%
7時間以上	2	2.2%	0	0.0%
滞在時間不明	18	19.8%	7	13.2%
計（件）	91		53	

（アンケート調査により作成）

ここでは、回答が多かった一眼レフカメラ等による写真撮影を目的とした来訪者（以下、「写真撮影目的の来訪者」とする）とヨシ焼きの鑑賞・観光を目的とした来訪者（以下、「鑑賞・観光目的の来訪者」とする）に焦点をあてて、それぞれの行動特性について述べる。

①来訪目的と滞在時間の関係

来訪者の滞在時間をみると、写真撮影目的の来訪者では、「二時間以上三時間未満」と「三時間以上四時間未満」（それぞれ二二・〇%）が最も多く、「四時間以上五時間未満」が一六・五%であった（表1）。五時間以上滞在予定とした回答も一四・三%あり、長時間にわたり滞在する来訪者もみられた。

一方、鑑賞・観光目的の来訪者では、最も多い回答が「一時間以上二時間未満」（三二・一%）で、次いで「二時間以上三時間未満」が二八・三%、「三時間以上四時間未満」が一三・二%を占めていた。五時間以上滞在予定の回答者は五・七%にとどまっている。

写真撮影目的の来訪者の滞在時間は鑑賞・観光目的の来訪者より長くなる傾向がみられた。その理由として、写真撮影目的の来訪者は着火前から着火後、そして燃え広がる様子を連続的に撮影するため、常にシャッターチャンスを狙っていることが考えられる。

②来訪目的とヨシ焼き会場における活動内容の関係

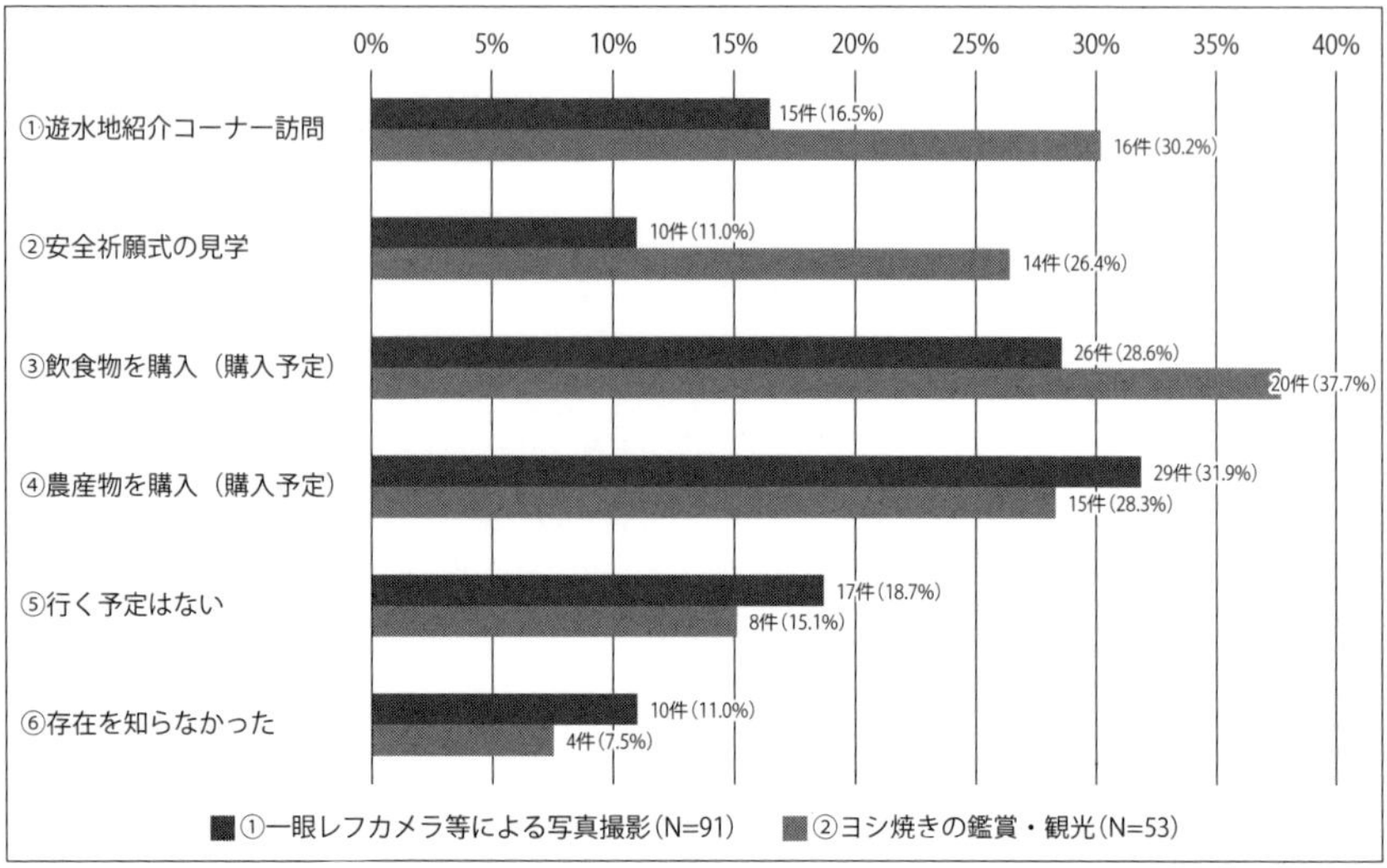

図1　ヨシ焼きの撮影や観覧以外の会場内の行動（アンケート調査により作成）

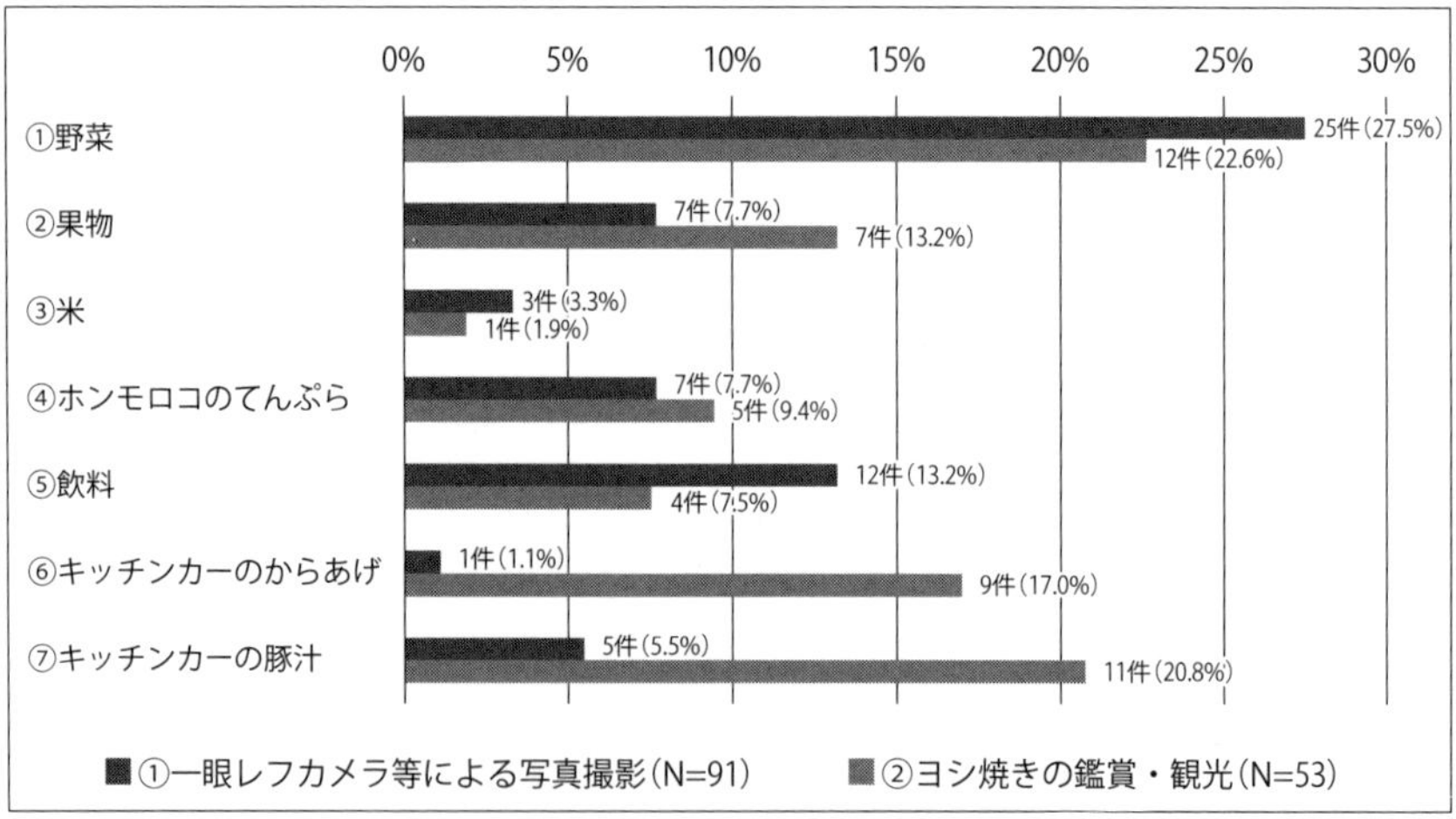

図2　物販コーナーで購入した品目（アンケート調査により作成）

次に、来訪者の活動内容に注目すると、鑑賞・観光目的の来訪者は、遊水地紹介コーナーの訪問や安全祈願式の見学、飲食物の購入などの項目において、写真撮影目的の来訪者より高い割合を示した（図1）。また、写真撮影目的の来訪者では、物販・遊水地紹介コーナーなどへの訪問について「行く予定がない」と「存在を知らなかった」と回答した割合が、鑑賞・観光目的の来訪者より高かった。

③来訪者の購買行動

図2は物販コーナーで販売されていた商品について、来訪目的別に購入した（あるいは購入予定の）品目を集計したものである。双方とも野菜を購入するという回答が目立つ。一方で、キッチンカーによる移動販売については、鑑賞・観光目的の来訪者で豚汁が二〇・八％、からあげが一七・〇％であったのに対し、写真撮影目的の来訪者ではそれぞれ五・五％、一・一％にとどまっていた。

ヨシ焼き来訪者の行動特性からみた観光振興上の課題と可能性

最後に、ヨシ焼き来訪者の行動特性からみた観光振興上の課題と可能性について述べる。

写真撮影目的の来訪者は、前述のように、キッチンカーで食事を購入する割合が低かった。その理由として、写真撮影目的の来訪者は、ヨシ焼きの写真撮影に最適な場所を確保し、そこに三脚を立ててカメラを固定するため、その場所から離れられないことが考えられる。こうした状況を踏まえると、キッチンカーから来訪者が観覧するエリアへの食事や飲み物などの出前販売を行うことも効果的であろう。

一方、鑑賞・観光目的の来訪者は、ヨシ焼き会場での滞在時間が短いのにもかかわらず、市内に立地する他の観光資源を訪問しない傾向にある。小山市内の観光資源は知名度が低く、来訪者がそれらを知る機会が少ない。そのため、来訪者がウェブサイトなどでヨシ焼きの開催状況を調べる際に会場周辺のローカルな観光資源も回遊できるようにしたり、会場内でこれらを紹介するブースを設置したりして、来訪者を誘導することも必要であろう。

一般的に観光客の行動パターンを分析する場合、都道府県や市町村を跨ぐ広範囲の観光行動のみに目が行きがちである。しかしながら、本コラムでみてきたように、観光地域内や観光資源内などの狭い範囲においても観光客の目的や属性、同行者の有無などによって、観光客の観光行動に個人差がみられると考えられる。こうした「小さな違い」に気づき、それらをまちづくりや観光振興に活かしていくことが重要であろう。

〔注〕

（1）「ヨシ焼きとは?」については、鈴木（二〇一八）を参考とした。

（2）「ヨシ焼き来訪者の行動特性」「ヨシ焼き来訪者の行動特性からみた観光振興上の課題と可能性」については、森田・鈴木（二〇一九）をもとに作成した。

〔参考文献〕

鈴木富之「渡良瀬遊水地第2調節池周辺地域における農村観光の特徴と地域的課題」『総合観光研究』一六・一七（合併号）、二〇一八年
森田裕一・鈴木富之「渡良瀬遊水地第2調節池におけるヨシ焼きの集客圏と来訪者の行動特性」『地域デザイン科学』六、二〇一九年

ゴルフ場跡地を活かした複合観光施設「58《ファイブエイト》ロハスクラブ」の発展要因

三浦弓奈・鈴木富之・小森寿久

はじめに

高度経済成長期以降、人口集積地域である首都圏の外縁部では、温泉観光地域やスキー観光地域、海浜観光地域、高原観光地域など多様な観光地域や観光施設が立地している[1]（鈴木二〇二〇）。とくに、モータリゼーションが進展した一九七〇年代以降、ゴルフ場は北関東の高速道路沿線などに集積した（山村二〇〇一）。

しかしながら、バブル崩壊以降、ゴルフ場の利用者は激減し、ゴルフ場会員権の価格も下落している。こうした状況下、二〇一〇年代にはゴルフ場の閉鎖が目立つようになり、その跡地の有効活用が模索されている。松森ほか（二〇一五）によると、栃木県のゴルフ場跡地では、太陽光発電施設や墓地・霊園、農業・園芸施設、宿泊施設、別荘地などに転用される事例がみられている。とくに、株式会社グリーンヘリテージが運営する矢板市の58ロハスクラブは、ゴルフ場跡地を活用し、宿泊や農園、飲食、マルシェなど複合観光施

（1）本章は、三浦が二〇二二年三月に宇都宮大学地域デザイン科学部に提出した卒業論文をもとに作成したものである。

設への転換を図っている。

そこで、本章では、ゴルフ場跡地を活かした58ロハスクラブの展開過程やその主要事業であるマルシェイベント事業の出店者の特徴を分析し、58ロハスクラブが発展した要因について考察する。

1　ゴルフ場跡地を活かした複合観光施設「58ロハスクラブ」の展開

ゴルフ場の開業と東日本大震災の風評被害（一九八八年〜二〇一六年三月）

①ゴルフ場の開業

58ロハスクラブの前身はゴルフ場であった。[2]このゴルフ場は、一九八八年に「サイプレスカントリークラブ」として開業した。二〇〇〇年、プロゴルファー・丸山茂樹氏の父が経営する株式会社マルエンタープライズが買収し、「ファイブエイトゴルフクラブ」に改称した。この名称は、丸山茂樹プロが二〇〇〇年の全米オープン予選で世界最小スコアである一ラウンド五八を出したことに由来する。当時、このゴルフ場は丸山茂樹プロのホームコースとして利用され、ジュニアゴルファー育成の場としても運用されていた。二〇〇〇年、丸山茂樹プロの父が高齢となったため、ゴルフ場の勤務経験があり、業界を熟知していた小森寿久がゴルフ場の経営を引き継ぐことになった。

②ゴルフ人口の減少と東日本大震災の風評被害

しかしながら、バブル崩壊以降の長きにわたる経済不況やそれに伴うゴルフ人口の減少

（2）　第1節はロハスクラブの代表者である株式会社グリーンヘリテージ代表取締役の小森寿久への聞き取り調査（調査日：二〇二一年九月三〇日）をもとに執筆した。

に加え、二〇一一年三月一一日の東日本大震災が起こり、ファイブエイトゴルフクラブはその風評被害を受けるようになった。ファイブエイトゴルフクラブはそれまでグレードが高いゴルフ場として首都圏からの来訪者も多かったが、震災後には売上が年間約四億円から約三億円へと減少した[3]。年間入場者数は三万人を維持していたものの、震災後は地元のゴルファーによる利用が中心となり、近隣のゴルフ場の客単価に合わせて低価格の料金設定で営業を続けていかなければいけない状況になった。サービスやコースの質を落とさずにコストを削減することが経営上の課題となり、エネルギーコストの削減に着手するようになった。

③エネルギー事業への着手

経済産業省の二〇一三年度「住宅・ビルの革新的省エネルギー技術導入促進事業補助金（通称ZEB補助金）」を活用し、風呂、給湯、暖房等の熱源として重油ボイラーからゴルフ場の間伐材を利用したバイオマスボイラーへの転換、省エネを目的とした三〇〇KWの太陽光発電の設置、高効率のエアコンの導入などを実施した。このことにより、ゴルフ場で使用するエネルギーの一〇〇%を自給できるようになった。ファイブエイトゴルフクラブがエネルギー事業に着目したきっかけとして、東日本大震災での経験がある。震災当時、矢板市では断水や停電などが発生したため、ファイブエイトゴルフクラブは所有していた井戸とボイラーを活用し、給水設備とゴルフ場を地域住民に開放した。その際、非常時における既存のエネルギーの不安定さを実感し、エネルギーの自給自足に目を向け始めた。

さらに、敷地内で農園を設け、有機野菜やイチゴ栽培に取り組みながらゴルフ場の経営を継続してきた。しかしながら、東日本大震災による損壊や風評被害などの影響もあり、

（3）嶋崎平人「『撤退する』がゴルフ場の生き残る道だった―丸山茂樹のホームコースがメガソーラーに」東洋経済オンライン（https://toyokeizai.net/articles/-/10623５ 二〇二一年六月四日最終閲覧）。

ゴルフ場の経営状況を好転することは難しかった。

複合観光施設への転換と58ロハスマルシェの開始(二〇一六年四月〜二〇二二年)

①複合観光施設への転換

二〇一六年三月、ファイブエイトゴルフクラブはゴルフコースを閉場した。しかしながら、これに伴い、従業員の雇用や、場内の管理業者および食材納入業者などの関連産業、周辺地域の商業施設、自治体の税収など、地域経済への負の影響が心配された。

そこで、二〇一六年四月以降、ファイブエイトゴルフクラブは、ゴルフ場経営からソーラー発電や複合観光施設「58ロハスクラブ」への事業転用を図った。事業転換後のテーマは「食とエネルギーの自給自足」であり、事業内容として、それまで取り組んできた農園の経営に加え、レストラン事業、マルシェイベント事業、ドッグラン運営事業、カフェ事業、ウェディング事業、観光農園事業、アスレチック運営事業などがある(表1)。

②58ロハスマルシェの開始

二〇一六年以降、58ロハスマルシェは敷地内で年五回程度週末に開催されており(写真1)、毎回さまざまなテーマを掲げて、出店者を募集している(表2)。マルシェイベント事業を開始した経緯として、58ロハスクラブは敷地内で有機野菜を栽培し、レストラン事業を開始したが、その頃に宇都宮市で開催されていたマルシェで野菜を販売するよう誘いがあったことが挙げられる。その後、58ロハスクラブの宣伝をしながら、県内外のさまざまなマルシェに出店するようになった。しかしながら、小森寿久はさまざまな会場に出向くうちに、会場ごとにさまざまな課題ややりにくさなどを感じることがあり、58ロハスク

表1　58ロハスクラブの事業内容一覧

事業	事業内容
マルシェイベント事業	・ハンドメイドと地産地消をテーマに、まちと人を豊かにするマルシェを目指し、年に5～7回開催。 ・出店料を低額に設定することで、参加の障壁を低くし、地域内外多くの出店者との交流ができるようにしている。 ・マルシェイベントの際はボランティアスタッフを募っており、さまざまな形でマルシェに関わることができる。
観光農園事業	・矢板で希少価値が高いイチゴの品種であるロイヤルクイーンのイチゴ狩り、那須でブルーベリーの摘み取り体験を行っている。 ・高級品種であることから贈答品としても好まれている。
宿泊事業	・美しい自然を程よく整備した場内に、アメニティを完備した、グランピングが楽しめる。 ・申請を行えば焚火、バーベキューなども行うことができるほか、犬用の備品も完備しており、愛犬家にも人気がある。 ・風呂等はゴルフ場時代の大浴場を利用している。
レストラン事業	・自農場で採れた野菜と地元産の肉を使用したレストラン。 ・メインメニューのほか、ビュッフェスタイルで前菜なども好きなだけ楽しめる。
カフェ事業	・厳選された珈琲豆を使った香り豊かな珈琲と季節のスイーツを楽しめる。
ウェディング事業	・自然の中で新郎新婦の希望に沿った自由なウェディングが行える。
ドッグラン運営事業	・さまざまな種類のドッグランがあり、日本最大級の広さを誇る。 ・1日ごとに利用ができるほか、年会費を支払えば会員となることもできる。 ・マルシェイベント開催時は無料開放しており、多くの参加者であふれている。
アスレチック運営事業	・自然の中の木々や豊富な木材資源を利用した、空中アスレチックが楽しめる。 ・突起を使って高さ6メートルの壁を登るウォールクライミングや、空中をワイヤーで滑るジップラインがある。

(58ロハスクラブへの聞き取り調査およびホームページより作成)

表2　58ロハスマルシェの年間スケジュール

開催月	テーマ
4月	Dog & Outdoor (犬用の食品やグッズを取りそろえた出店者が多く、カヌーやヨガ体験、しつけ教室などが行われている。)
6月	Niku & Beer (肉料理を扱った飲食店を多く集めたマルシェ。クラフトビールの飲み比べもできる。)
7月	ナイトマルシェ (年1回夜に行われるマルシェ。15～20時に開催され、日没後には会場全体のライトアップがされる。)
9月	Kids & Workshop (大人も子どもも楽しめる、ワークショップ体験を集めたマルシェ。)
10月	Happy Halloween & harvest (運営や来場者が仮装し、子どもにはお菓子を配るなどイベントを行う。フォトスポットも拡充している。)
11月	Coffee & Sweets (1日あたり約30店舗の珈琲店を集めたマルシェ。受付で専用のカップを購入することでさまざま珈琲を少量ずつ飲み比べることができる。)

(58ロハスクラブへの聞き取り調査およびホームページにより作成)

写真1　多くの来訪者で賑わうマルシェ会場
(2021年10月撮影)

ラブの敷地内でマルシェを開催することを模索するようになった。

初回のマルシェでは、地元や知り合いなどを中心に約五〇店舗を集めることができたため、58ロハスクラブは手ごたえを感じたという。二回目の募集では出店者が約一〇〇店舗集まった。初年度の出店者数は年間約一五〇店舗、来訪者が約三〇〇〇人であったが、二〇二一年の聞き取り調査によると出店者は約二〇〇〇業者、来訪者が約七万二〇〇〇人に増加した。

2 58ロハスマルシェにおける出店者の特徴

ここでは、58ロハスクラブが手掛ける事業のなかでも集客力が高い58ロハスマルシェの出店者へのアンケート調査をもとに、①参加の理由・きっかけ、②参加目的、③来訪者との会話内容、④出店してよかったことの四点を分析する。出店者へのアンケート調査は二〇二一年一〇月三〇日と三一日に行われた「58ロハスマルシェ～happy Halloween & harvest」にて、五一名を対象に実施した。

出店者の代表者は女性三三名、男性一八名で、年齢層は「二〇代」が四名、「三〇代」が八名、「四〇代」が一九名、「五〇代」が一七名、「六〇代」が三名であった。出店者の居住地は「栃木県内」が三四名、「県外」が一七名を占めていた。

58ロハスマルシェに参加するきっかけ・理由

表3は58ロハスマルシェへ出店するきっかけ・理由を示したものである。最も多かったのは「出店するための環境が整っているから」であり、回答者全体の七七%を占めていた。次いで、「知名度が高いから」が六一%、「ホームページやSNSなどで募集を見たから」が五三%、「テーマなどが自身に合っていたから」が五一%であった。

58ロハスマルシェに参加する目的

つぎに、出店者が58ロハスマルシェに参加する目的について述べる（表4）。最も多かった回答が「より多くのお客様と交流がしたいから」であり、全回答者の八四%が回答した。次いで、「自店の商品を直に知ってもらいたい」（七七%）、「イベントとして楽しみたいから」（七一%）が多い。これらの回答が「収入を得たいから」（六五%）より高い理由として、出店者が来訪者に直接商品の特徴や作品のこだわりなどを伝えることができ、それを出店者自身も楽しみにしていることが考えられる。なかには、定期便を購入しているお客様に直接会うことを楽しみにしている回答者も存在した。

58ロハスマルシェ来訪者との会話内容

表5は出店者が来訪者とどのような内容の会話をするのかについて集計したものである。最も多かったのが「出店している商品についての会話」が八六%で、次いで「その日の天気などの他愛もない会話」が七三%、「連れているペットについての会話」が七一%、「マルシェそのものについての会話」が五五%を占めていた。

表3　マルシェへ出店するきっかけ・理由（複数回答）

項目	人数（人）	割合（%）
出店するための環境が整っているから	39	76.5
知名度が高い	31	60.8
ホームページやSNSなどで募集を見たから	27	52.9
テーマなどが自身に合っていたから	26	51.0
運営者や知り合いに誘われたから	17	33.3
過去にマルシェに訪れたことがあったから	12	23.5
自宅や常設店舗から近いから	8	15.7
出店への障壁が低いから	4	7.8

（出店者へのアンケート調査により作成）

表4　マルシェに参加する目的（複数回答）

項目	人数（人）	割合（%）
より多くのお客様と交流がしたいから	43	84.3
自店の商品を直に知ってもらいたい	39	76.5
イベントとして楽しみたいから	36	70.6
収入を得たいから	33	64.7
他の出店者などと知り合いたいから	22	43.1
通販商品の販売促進をしたいから	13	25.5
常設店舗の宣伝がしたいから	8	15.7

（出店者へのアンケート調査により作成）

表5　マルシェでの来訪者との会話内容（複数回答）

項目	人数（人）	割合（%）
出店している商品についての会話	44	86.3
その日の天気などの他愛もない会話	37	72.5
連れているペットについての会話	36	70.6
マルシェそのものについての会話	28	54.9
お客様の居住地など、お客様に関わる会話	23	45.1
子どもや家族についての会話	16	31.4
普段のお店についての会話	13	25.5
共通の知り合いなど特定の物事についての会話	11	21.6
周辺の観光地などについての会話	10	19.6

（出店者へのアンケート調査により作成）

58ロハスマルシェに出店してよかったこと

最後に、表6をもとに、出店者が58ロハスマルシェに出店してよかったことについて述べる。最も多かった項目が「他の出店者と知り合い、交流ができた」であり、全体の七三%が回答した。次いで多かったのが「販売や制作のモチベーションが上がった」（六七%）、「お客様との会話からニーズをつかむことができた」（五五%）である。多くの出店者がマルシェで来訪者との会話などから刺激を受けており、それをモチベーションとしていると考えられる。

表6　マルシェに出店して良かったこと（複数回答）

項目	人数（人）	割合（%）
他の出店者と知り合い、交流ができた	37	72.5
販売や制作のモチベーションが上がった	34	66.7
お客様との会話からニーズをつかむことができた	28	54.9
売り上げが多かった	27	52.9
常設店舗に来店しにくい地域のお客様が来店してくれた	13	25.5
マルシェをきっかけとして常設店舗に来店してくれるお客様が増えた	13	25.5
常設店舗での常連や知り合いが来店してくれた	12	23.5
通販商品の注文が増えた	8	15.7

（出店者へのアンケート調査により作成）

3　58ロハスクラブの発展要因

最後に、マルシェイベント事業などで高い集客力を持つなど、58ロハスクラブが発展した要因として、以下の四点が考えられる。

マルシェ会場としての環境や立地の良さ

第一に、マルシェ会場としての環境や立地が優れていることが挙げられる。58ロハスクラブの周辺部には住宅が少なく、マルシェなどの大規模なイベントを開催しても近隣住民から苦情が寄せられることはない。一般的に、市街地で開催しているイベントは迷惑駐車や騒音などの問題で苦情が寄せられ、中止される事例もみられる（尾﨑・鈴木二〇二一）。しかしながら、マルシェ会場は道路から離れた高台にあるため、そのような心配がなく、安心してマルシェを開催できる。

また、ゴルフ場跡地という広大な敷地もマルシェ運営に有効であった。まず、出店者が自動車でマルシェ会場に直接乗り入れ、マルシェ会場の近くで出店者が車内からテントや商品などの荷物を取り出すことができる。これにより、搬入や後片付けの負担を軽減することが可能である。このことは、58ロハスマルシェに参加するきっかけ・理由で「出店するための環境が整っていたから」と回答した出店者が多かったことからもわかる。さらに、約一〇〇〇台の大規模な駐車場を確保できたことも来訪者誘致の点から有効であった。

一方、58ロハスクラブの立地に注目すると、来場者のほとんどが自家用車で訪れる傾向にあり、58ロハスクラブの周辺部に東北自動車道矢板インターチェンジや国道4号線が存在していることも重要であった。また、那須高原や塩原温泉、板室温泉、馬頭温泉、日光、鬼怒川温泉からのアクセスも比較的優れており、こうした宿泊拠点を訪問した観光客が立ち寄ることもできる。とくに、那須高原にはペットと宿泊できるホテルやペンション、別荘などが立地しており、これらに宿泊したペット同伴者も58ロハスクラブを訪問していると考えられる。以上のように、58ロハスクラブは近隣住民に加え、観光客も訪問しやすい立地であった。

非日常性を感じることができること

第二に、58ロハスクラブにおいて、非日常性を感じることができることが挙げられる。まず、58ロハスマルシェの雰囲気や装飾に着目すると、屋外には建物入口の装飾（写真2）、「58 LOHAS」という大きなオブジェ（写真3）などのフォトスペースがあり、来訪者がここで写真撮影をすることもある。また、ヤギ小屋があり、来訪者がヤギに餌を与えることができる。日没時には、自動車で入構できる入場口から駐車場や敷地内がライトアップされることもある。建物内には、大きなぬいぐるみや大型のランプなどが飾られており、ハロウィンのイベント時にはバルーンなどの装飾がなされる（写真4）。ウッドデッキの上ではグランピング[4]の設備があり、自然のなかでハンモックや焚火などを楽しむことができる。

写真2　建物入口のフォトスペース（2021年10月撮影）

写真3　オブジェ（2021年10月撮影）

写真4　建物内の装飾（2021年10月撮影）

（4）一般社団法人日本グランピング協会ホームページによると、グランピング（Glamping）とは、「グラマラス（魅惑的な）とキャンピングを掛け合わせた造語で、テント設営や食事の準備などの煩わしさから旅行者を解放した『良い所取りの自然体験』に与えられた名称」である（http://glamping.or.jp/about-glamping.html 二〇二二年六月九日最終閲覧）。

図1　ブランドロゴ（58ロハスクラブホームページより引用）

広大な敷地では「ラスティックウェディング」と称し、自然の中で行う型にはまらない結婚式のプランも用意されている。58ロハスマルシェでは、歌や演奏をするライブコンサートなどが行われている。以上のように、58ロハスクラブはさまざまな事業を通じて来訪者に向けて非日常感や特別感を演出している。

ブランド形成に主体的に取り組んでいること

第三に、58ロハスクラブは、利用者のニーズに合わせてさまざまなブランドを形成していることを挙げる（図1）。同クラブは「ロハス」（LOHAS）をメインテーマとし、健康的で持続可能な生活様式を意識した地域に密着した事業を展開している。二〇一〇年代後半以降、「ＳＤＧｓ」（Sustainable Development Goals：持続可能な開発目標）や「エシカル消費」という用語に注目が集まり、環境保護に対する意識がより高まるようになったが、それ以前から58ロハスクラブでは先進的な環境問題に向き合った事業に取り組んできた。こうした先見性や来訪者のニーズに対応できる柔軟性が成功した要因の一つであろう。

交流の場としての役割を果たしていること

第四に、58ロハスマルシェが交流の場として機能していることが挙げられる。前出のアンケート調査結果でみたように、58ロハスマルシェでは、来訪者が出店者から自店の商品など説明を受けたり、会話をしたりするなかで商品を購入することも多い。県外在住の出店者は県外でも58ロハスマルシェの宣伝をすることもあり、それを聞いた県外からの来訪者もみられる。また、出店者同士の交流がみられ、それらが出店のモチベーションになっていることも多い。さらに、58ロハスマルシェではドッグランを無料開放していることから、犬連れの来訪者が多く訪れる。犬はすれ違う他の犬と触れ合おうとすることが多く、それをきっかけに飼い主同士の会話が生まれることもある（写真5）。以上のように、来訪者と出店者、出店者同士、愛犬家同士での交流が起こりやすいこともリピーターの創出につながっていると考えられる。

おわりに

今後も、少子高齢化や人口減少社会の進展、利用者ニーズの変化、施設の老朽化などにより、東京をはじめとする都市住民に支えられてきた首都圏外縁部の観光施設のなかには、閉鎖したり、業態転換を迫られたりする施設も出現することが予想される。58ロハスクラブはこうした変化にいち早く対応し、来訪者の多様なニーズに応えるなど、首都圏外縁部の観光施設における経営転換の成功事例といえるだろう。

写真5　犬や飼い主同士の交流（2021年10月撮影）

〔参考文献〕
尾崎菜々子・鈴木富之「来訪者の購買行動からみた八戸市「館鼻岸壁朝市」の存立基盤」『地域デザイン科学』九、二〇二一年
鈴木富之「首都圏外縁部における観光地域の形成」地域デザイン科学研究会編『地域デザイン思考―地域と向き合う82のテーマ』北樹出版、二〇二〇年
松森太嗣・三橋伸夫・佐藤栄治「ゴルフ場の用途転用に関する研究」『日本建築学会大会学術講演梗概集（農村計画）』二〇一五年
山村順次『新観光地理学（第四刷）』大明堂、二〇〇一年

column

日光市の宿泊施設型ゲストハウスにおける外国人旅行者の受け入れ態勢

吉田未南・鈴木富之

宿泊施設型ゲストハウスとは？

日本では、外国人の個人自由旅行者の増加に伴い、安価で宿泊できる宿泊施設型ゲストハウス（以下、「ゲストハウス」とする）が二〇〇〇年代以降に台頭した。[1]ゲストハウスの定義にはさまざまなものがあるが、鈴木（二〇一四）は「旅行業法に基づいた簡易宿泊営業許可を受け、ドミトリーと個室を主体とする客室を有し、交流スペースやシャワールーム、トイレなどの共用設備を備えた一泊三〇〇〇円台以下の観光客向け低廉宿泊施設」と定義している。ゲストハウスの魅力は、低廉な宿泊料金に加え、他の宿泊客やスタッフとの交流が挙げられ、著名な観光資源が立地する沖縄県、北海道、京都府などに数多く立地している。日光においても、東京からの近接性や、世界遺産に登録された「日光の社寺」（日光東照宮や日光二荒山神社、輪王寺など）の存在などにより、多くの外国人旅行者が訪れており、その受け皿としてゲストハウスが出現している。

本コラムでは、外国人旅行者が多く利用する日光市の代表的なゲストハウス四軒を対象として、①経営者の特徴、②宿泊する外国人旅行者の特徴、③外国人旅行者の受け入れ態勢の三点について紹介する。[2]

日光市の宿泊施設型ゲストハウスにおける経営者の特徴

四軒のゲストハウス経営者の特徴は、いずれも長期の海外旅行や海外移住、海外留学などを経験していることである。経営者は豊富な海外経験から異文化や多様な価値観を受け入れることに寛容であった。また、経営者はこれまでの海外経験で英会話のスキルを習得し、それが外国人旅行者の受け入れに役立っている。

表1　日光市における主なゲストハウスの特徴

項目	内容	施設1	施設2	施設3	施設4
出店	開業年	2010年	2017年	2014年	2019年
	建物の従前利用	民家	大家の物置	民家	新築
客層	日本人と外国人の比率	1：9	1：9	1：9	2：8
	外国人宿泊客の居住地	フランス タイ オーストラリア 台湾	フランス 台湾 ドイツ タイ	フランス 台湾 香港 イギリス ドイツ	台湾 中国 オランダ イギリス
	標準的な滞在期間	1泊2日	1泊2日	1泊2日	1泊2日
	最長滞在期間	37日間	2週間	2週間	5日
客室	客室数	4室	2室	4室	3室
	総収容人数	11人	5人	13人	15人
	和室	○	×	○	×
	洋室	×	×	○	○
	ドミトリー	○	○	○	○
主な設備	交流スペース	○	○	○	○
	共同シャワー	○	○	○	○
	Wi-Fi環境	○	○	○	○
	洋式トイレ	○	○	○	○
	多言語案内表示	○	○	○	○
	クレジットカード	○	○	○	○
主なサービス	共有スペースでのゲーム	○	○	○	○
	ガイドマップの設置	○	○	○	○
	日光の観光案内	○	○	○	○
	外食への同行	○	○	×	○
スタッフの特徴	スタッフの人数	5人	5人	5人	2人
	スタッフの対応言語	英語	英語	英語	英語

（聞き取り調査により作成）

日光市の宿泊施設型ゲストハウスに宿泊する外国人旅行者の特徴

ゲストハウスの客層をみると、いずれの施設においても外国人利用者が八割以上を占めており、とくにフランスや台湾などからの旅行者が多い（表1）。なかには、経営者と仲良くなり、毎年のように宿泊するリピーターも存在する。一方で、外国人利用者とのコミュニケーションを目的としてゲストハウスに宿泊する日本人利用者もみられており、外国人との会話やカードゲームなどを楽しんでいる。

外国人利用者はインターネット上の宿泊予約サイトでゲストハウスを知ることが多く、とくに「ブッキング・ドットコム（Booking.com）」が最も多く利用される。このサイトには外国語による口コミの投稿が全体の半数以上を占めていた。四軒の総合評価は一〇点満点中で約九点前後であり、外国人利用者に高い評価を得ている（https://www.booking.com/index.ja.html 二〇二一年一二月二三日閲覧）。

外国人利用者の観光行動は多岐にわたるが、一般的に東京を滞在拠点としつつ、日光をはじめとする首都圏外縁部の観光地域に足を延ばすことが多い。そのため、日光のゲストハウスにおける外国人利用者の滞在は短く、標準的な宿泊日数は一泊二日とのことである。

日光市の宿泊施設型ゲストハウスにおける外国人旅行者の受け入れ態勢

ゲストハウスの客室数は二〜四室で、総収容人数は五〜一五人であり、ホテルや温泉旅館などに比べて収容規模は小さい。そのため、外国人利用者は他の宿泊客やスタッフとの交流がしやすく、アットホームな雰囲気がつくり出されている。設備の特徴をみると、四軒とも宿泊客が集う交流スペース（写真1）や共同シャワー、Wi-Fi環境、洋式トイレ、外国語案内表示、クレジットカード決済などがあり、外国人利用者の受け入れ態勢が整っているといえる。

交流スペースには、トランプやＵＮＯ、花札などのテーブルゲーム（写真2）やけん玉、書道用品などが置かれており、外国人利用者やスタッフが一緒に遊んでいるという。なかには、仲良くなった利用者が自国の料理をふるまったり、流しそうめんをしたりすることもある。施設2では、交流スペースに浴衣が並んでおり、実際に外国人利用者が身に着けることができる。外国人利用者が浴衣を気に入った場合には、プレゼントすることもあるという。

また、交流スペースでは日光に関する観光情報の提供も行われている。四軒とも交流スペースに日光の外国語版ガイドマップなどを置いており、口頭で日光の観光案内をしている。また、外国人利用者の外食に同行することもある。施設2では、外国人利用者を居酒屋に連れていくことが多いという。

写真1　交流スペース（2021年撮影）

写真2　交流スペースに置かれた紙相撲（2021年撮影）

以上のように、ゲストハウスは外国人利用者に対し、ホテルや旅館では体験できない、心遣いのきいた「おもてなし」を提供している。こうした丁寧な「おもてなし」は、今後のインバウンドツーリズムの発展に向けたヒントになるだろう。

〔注〕
（1） 本コラムは、吉田が二〇二二年三月に宇都宮大学地域デザイン科学部に提出した卒業論文をもとに作成したものである。
（2） ゲストハウスへの聞き取り調査は、二〇二一年一〇月一九日～一一月二四日に実施した。

〔参考文献〕
鈴木富之「那覇市における宿泊施設型ゲストハウスの成立要因」『総合観光研究』一三、二〇一四年

索引

●あ行●

●か行●

●さ行●

●た行●

●な行●

●は行●

●ま行●

●や行●

●ら行●

●わ行●

原田　淳（はらだ・じゅん）／宇都宮大学地域デザイン科学部教授／農業経営学／『食と農でつなぐ地域社会の未来』（共著）下野新聞社、2018年など

*西山弘泰（にしやま・ひろやす）／駒澤大学文学部准教授／都市地理学／『都市の空き家問題―なぜ？どうする？地域に即した問題解決にむけて』（共編著）古今書院、2016年など

陣内雄次（じんのうち・ゆうじ）／宇都宮共和大学シティライフ学部特任教授、宇都宮大学名誉教授／都市計画学（まちづくり）、住居学／『コミュニティ・カフェと市民育ち』（共著）萌文社、2007年など

古池弘隆（こいけ・ひろたか）／宇都宮共和大学シティライフ学部特任教授、宇都宮大学名誉教授／交通計画、交通工学、都市および地域計画／ Mobility Perspective for a Local City in Japan, IATSS Research 38, Elsevier, 2014など

坪井塑太郎（つぼい・そたろう）／人と防災未来センターリサーチフェロー／応用地理学、防災科学／『親水空間論―時代と場所から考える水辺のあり方』（共著）技法堂出版、2014年など

近藤伸也（こんどう・しんや）／宇都宮大学地域デザイン科学部准教授／防災マネジメント／『はじめての地域防災マネジメント』（共編著）北樹出版、2021年など

閻美芳（やん・めいふぁん）／龍谷大学社会学部講師／環境社会学、農村社会学／『日本と中国の村落秩序の研究―生活論からみた「村の公」』御茶の水書房、2021年など

五艘みどり（ごそう・みどり）／帝京大学経済学部准教授／観光学／『神戸客船ものがたり』（共著）、神戸新聞出版センター、2010年など

*鈴木富之（すずき・とみゆき）／宇都宮大学地域デザイン科学部講師／人文地理学（観光地理学）／『地域デザイン技法―地域を「読み・解く」55のアプローチ』（共著）北樹出版、2022年など

森田裕一（もりた・ゆういち）／大同情報技術株式会社／測量・建設コンサルタント／『地域デザイン技法―地域を「読み・解く」55のアプローチ』（共著）北樹出版、2022年など

三浦弓奈（みうら・ゆみな）／宇都宮大学地域デザイン科学部卒業生

小森寿久（こもり・としひさ）／株式会社グリーンヘリテージ代表取締役社長

吉田未南（よしだ・みな）／宇都宮大学地域デザイン科学部卒業生

執筆者一覧（執筆順：氏名〔*は編者〕／所属〔2023年３月現在〕／専門分野／主要業績）

瀧本家康（たきもと・いえやす）／宇都宮大学共同教育学部助教／地学教育、自然地理学／Case study of the downslope wind of Japan “Rokko-oroshi”, Atmospheric Science Letters, Vol.23, 2022など

髙橋俊守（たかはし・としもり）／宇都宮大学地域デザイン科学部教授／地域生態学、ランドスケープ学／『里山・里海 ―自然の恵みと人々の暮らし』（共著）朝倉書店、2012年など

*松村啓子（まつむら・けいこ）／宇都宮大学共同教育学部教授／人文地理学、農業地理学／『日本農業の存続・発展―地域農業の戦略』（共著）農林統計出版、2021年など

江田郁夫（えだ・いくお）／宇都宮短期大学人間福祉学科教授／日本中世史／『下野の中世を旅する』随想舎、2009年など

寺内由佳（てらうち・ゆか）／宇都宮共和大学非常勤講師／日本近世史／『近世の衣料品流通と商人―地方都市宇都宮を中心に』山川出版社、2022年など

橋爪孝介（はしづめ・こうすけ）／宇都宮市役所うつのみや市政研究センター専門研究員／人文地理学／「地域の記憶の収集・継承・活用に関する調査研究」『市政研究うつのみや』17号、2021年など

玉真之介（たま・しんのすけ）／帝京大学経済学部教授／農業経済学、農業史／『日本農業5.0―次の進化は始まっている』筑波書房、2022年など

平野哲也（ひらの・てつや）／常磐大学人間科学部教授／日本近世史／『江戸時代村社会の存立構造』御茶の水書房、2004年など

*渡邊瑛季（わたなべ・えいき）／宇都宮共和大学シティライフ学部専任講師／人文地理学、観光地理学／『若者と地域観光』（共著）ナカニシヤ出版、2021年など

金井忠夫（かない・ただお）／元那須塩原市那須野が原博物館長／日本近代史、民俗学／『近代を潤す三大疏水と国家プロジェクト―安積疏水・那須疏水・琵琶湖疏水』（編著）那須塩原市那須野が原博物館、2009年など

村松英男（むらまつ・ひでお）／宇都宮大学大学院地域創生科学研究科博士後期課程院生／コミュニティデザイン学／『なぜ、人は栃木に魅せられるのかⅠ・Ⅱ（人物編）』（共著）随想舎、2018・2022年など

髙山慶子（たかやま・けいこ）／宇都宮大学共同教育学部准教授／日本近世史／『江戸の名主 馬込勘解由』春風社、2020年など

*丹羽孝仁（にわ・たかひと）／帝京大学経済学部准教授／経済地理学／『若者たちの海外就職』（共編著）ナカニシヤ出版、2018年など

林田朋幸（はやしだ・ともゆき）／帝京大学経済学部講師／農村社会学／『「地域」の学び方：経済・社会を身近に考えよう』（共編著）八朔社、2022年

大森玲子（おおもり・れいこ）／宇都宮大学地域デザイン科学部教授／食生活学／『食と健康の科学』（編著）建帛社、2021年など

大学的栃木ガイド―こだわりの歩き方

2023年3月30日　初版第1刷発行

松村　啓子
鈴木　富之
編　者　西山　弘泰
丹羽　孝仁
渡邊　瑛季

発行者　杉田　啓三
〒607-8494 京都市山科区日ノ岡堤谷町 3-1
発行所　株式会社　昭和堂
振込口座　01060-5-9347
TEL(075)502-7500／FAX(075)502-7501
ホームページ　http://www.showado-kyoto.jp

印刷　亜細亜印刷

ISBN 978-4-8122-2205-8

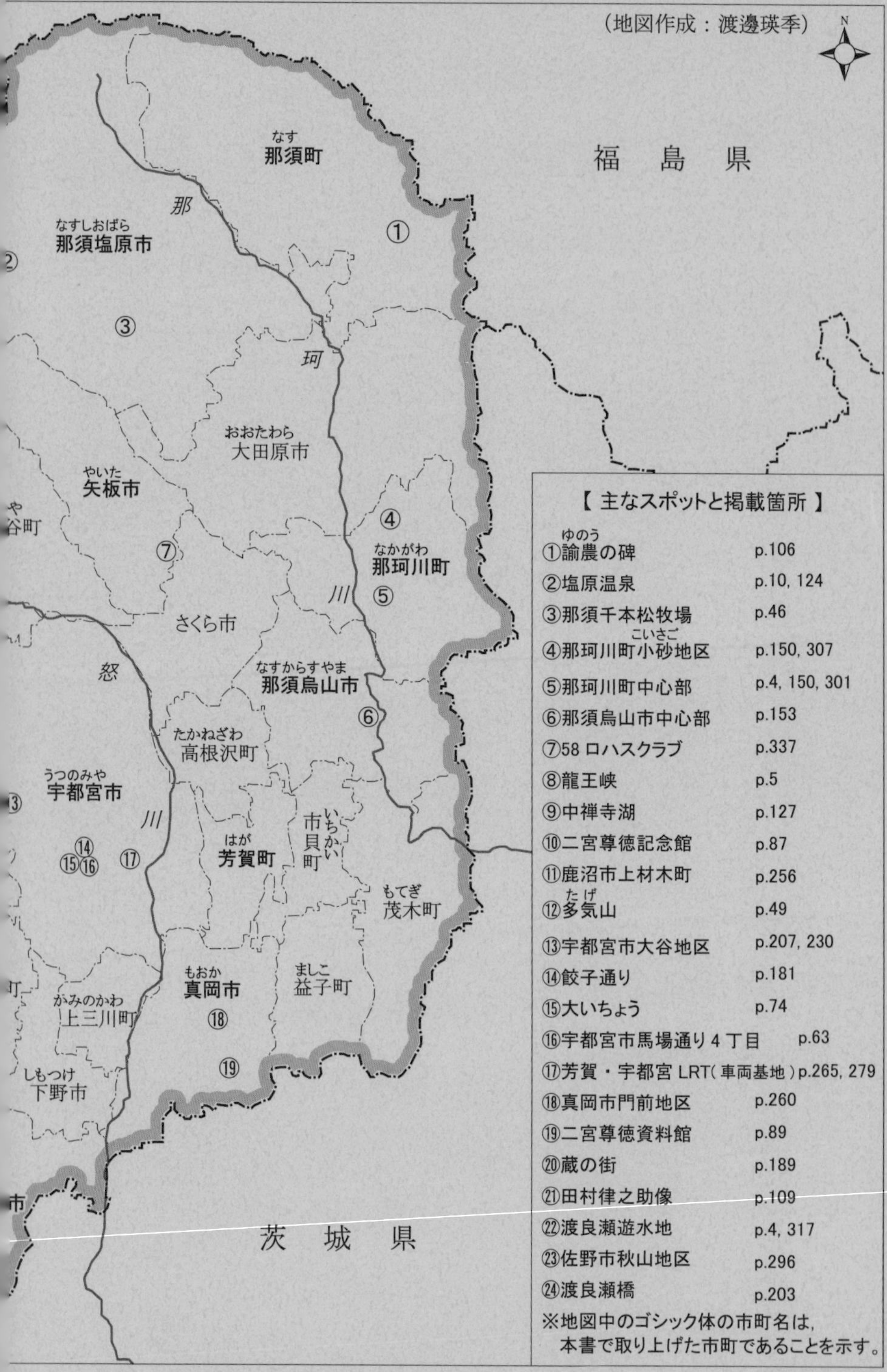

【 主なスポットと掲載箇所 】

①諭農《ゆのう》の碑	p.106
②塩原温泉	p.10, 124
③那須千本松牧場	p.46
④那珂川町小砂《こいさご》地区	p.150, 307
⑤那珂川町中心部	p.4, 150, 301
⑥那須烏山市中心部	p.153
⑦58 ロハスクラブ	p.337
⑧龍王峡	p.5
⑨中禅寺湖	p.127
⑩二宮尊徳記念館	p.87
⑪鹿沼市上材木町	p.256
⑫多気《たげ》山	p.49
⑬宇都宮市大谷地区	p.207, 230
⑭餃子通り	p.181
⑮大いちょう	p.74
⑯宇都宮市馬場通り 4 丁目	p.63
⑰芳賀・宇都宮 LRT（車両基地）	p.265, 279
⑱真岡市門前地区	p.260
⑲二宮尊徳資料館	p.89
⑳蔵の街	p.189
㉑田村律之助像	p.109
㉒渡良瀬遊水地	p.4, 317
㉓佐野市秋山地区	p.296
㉔渡良瀬橋	p.203

※地図中のゴシック体の市町名は，
本書で取り上げた市町であることを示す。